आचार्य रामचंद्र शुक्ल के श्रेष्ठ निबंध

प्रो. सत्यप्रकाश मिश्र

जन्म : 1947 ई., कस्बा दोस्तपुर, जिला सुल्तानपुर, उत्तर प्रदेश।

शिक्षा : एम.ए., डी. फिल् इलाहाबाद विश्वविद्यालय

सम्प्रति : हिन्दी विभाग, इलाहाबाद विश्वविद्यालय में प्रोफेसर साहित्य सेवा : कवि शिक्षा की परम्परा और हिन्दी रीति साहित्य (शोध प्रबन्ध), मध्यकालीन काव्य आन्दोलन-भाग-2, आलोचना और समीक्षाएँ, सम्पादन : कहानीकार-ज्ञानरंजन, अमृत कविताएँ, गोदान का महत्व, वर्तमान साहित्य : आलोचना विशेषांक।

सम्पर्क : 422/143-ए, अलोपीबाग, इलाहाबाद

निधन : 27 मार्च 2007

डॉ. विनोद तिवारी

जन्म : देवरिया (उ॰प्र॰) जिले के बरारी नामक गाँव में 23 मार्च, 1973 को एक निम्न मध्यवर्गीय किसान परिवार में।

शिक्षा : प्रारंभिक शिक्षा गाँव के कस्बे और देवरिया में। बी.ए. और एम.ए. की शिक्षा इलाहाबाद विश्वविद्यालय, इलाहाबाद से। एम.ए. हिन्दी) में सर्वोच्च अंक। विश्वविद्यालय अनुदान आयोग द्वारा प्राप्त शोध अध्येतावृत्ति (जे.आर.एफ.) के तहत इलाहाबाद विश्वविद्यालय, इलाहाबाद से डी.फिल.।

गतिविधियाँ : 1997 से लेखन की शुरुआत। 2002 में महात्मा गांधी अन्तर्राष्ट्रीय हिन्दी विश्वविद्यालय, वर्धा से अध्यापकी शुरू की। वर्ष 2004 में 'परंपरा, सर्जन और उपन्यास' नामक आलोचना की पुस्तक प्रकाशित। 'निबंध : विचार और रचना', 'पक्षधर' पत्रिका संपादन-प्रकाशन। भक्तिकाव्य एवं आंदोलन, समकालीन रचनाशीलता और उपन्यास में विशेष रुचि।

सम्पर्क : हिन्दी विभाग, बनारस हिन्दू विश्वविद्यालय, वाराणसी-05,

मो. : 09450711825

आवरण : लोकभारती स्टूडियो

प्रधान सम्पादक

प्रो. सत्यप्रकाश मिश्र

सह–सम्पादक

डॉ. विनोद तिवारी

आचार्य रामचंद्र शुक्ल के श्रेष्ठ निबंध

लोकभारती पेपरबैक्स

प्रथम पेपरबैक संस्करण : 2010
द्वितीय पेपरबैक संस्करण : 2021

लोकभारती पेपरबैक्स : उत्कृष्ट साहित्य के लोकप्रिय संस्करण

लोकभारती प्रकाशन
पहली मंज़िल, दरबारी बिल्डिंग, महात्मा गाँधी मार्ग,
प्रयागराज-211 001

वेबसाइट : www.lokbhartiprakashan.com
ईमेल : info@lokbhartiprakashan.com
शाखाएँ : 1-बी, नेताजी सुभाष मार्ग, दरियागंज, नई दिल्ली-110 002
अशोक राजपथ, साइंस कॉलेज के सामने, पटना-800 006 (बिहार)
36-ए, शेक्सपियर सरणी, कोलकाता-700 017 (प. बंगाल)

सिटी ऑफसेट
प्रयागराज द्वारा मुद्रित

मूल्य : ₹ 225

ACHARYA RAMCHANDRA SHUKLA KE SRESTH NIBANDH
Chief Editor : Dr. Satya Prakash Mishra
Editor : Dr. Vinod Tiwari

ISBN : 978-81-8031-494-0

अनुक्रम

भूमिका

आचार्य रामचंद्र शुक्ल का जन्म अश्विनी शुक्ल चतुर्दशी के उपरान्त पूर्णिमा को मध्याह्न में सन् 1884 ई. में अगौना, जिला बस्ती (उ.प्र.) में हुआ था। पिता पं. चन्द्रबली शुक्ल सरकारी नौकरी में कानूनगो थे। सरकारी लिखत-पढ़त में फ़ारसी भाषा और तत्कालीन समाज में इस्लामी-संस्कृति एवं तहज़ीब के चलते पं. चंद्रबली शुक्ल पर भी इसका प्रभाव था। वे घर में भी बोलचाल में अवधी के साथ, अरबी-फ़ारसी बहुल उर्दू का व्यवहार करते थे। इस प्रभाव के चलते ही शुक्ल जी की प्रारंभिक शिक्षा में फ़ारसी भी एक विषय के रूप में शामिल था। आचार्य रामचन्द्र शुक्ल की प्रारंभिक शिक्षा हमीरपुर जिले की राठ तहसील से शुरू हुई और वहाँ से 1893 ई. में पिताजी का तबादला हो जाने पर वे मिर्जापुर आ गए। काशी प्रस्थान तक (1908 ई. तक) शुक्ल जी मिर्जापुर में ही रहे। यहीं रमई पट्टी मोहल्ले में घर के पास ही स्थिति एंग्लों-संस्कृत जुबली स्कूल में शुक्ल जी का 1893 ई. में दाखिला हुआ। इसी वर्ष (1893 ई. में) काशी में 'नागरी प्रचारिणी सभा' की स्थापना होती है। इसी स्कूल से उन्होंने अंग्रेजी के साथ फ़ारसी उर्दू विषय लेकर मिडिल पास किया। इसके बाद 15 वर्ष की वय में आगे की पढ़ाई के लिए वे लन्दन मिशन स्कूल में भर्ती किए गए जहाँ से 1901 ई. में उन्होंने स्कूल फाईनल की परीक्षा उतीर्ण की। जब वे मिडिल में थे तभी बारह वर्ष की अवस्था (सन् 1896 ई.) में उनका विवाह हो गया। स्कूल फाईनल की परीक्षा उतीर्ण करने के पश्चात शुक्ल जी ने कायस्थ पाठशाला, इलाहाबाद में इण्टरमीडिएट की पढ़ाई करने के लिए नाम लिखाया पर घरेलू कलह और अशांति के कारण वे वहाँ नहीं रह सके और वापस मिर्जापुर आ गए। 1902 ई. में वे प्लीडरशिप की परीक्षा में बैठे पर उत्तीर्ण न हुए। 1903 में मिर्जापुर कचहरी में अप्रेन्टिसशिप शुरू की, चार-पाँच दिन के अनुभव के बाद ही सरकारी काम काज और वातावरण से उनके मन में ऐसी खिन्नता पैदा हुई कि उन्हें सरकारी नौकरी से घृणा हो गई। तभी तो जब सन् 1904 ई.

में उन्हें नायब तहसीलदार की नौकरी मिल रही थी, उन्होंने उसे ठोकर मार दी। संभवतः इसी समय से आचार्य रामचंद्र शुक्ल ने अध्ययन-अध्यापन के प्रति अपनी रुचि को और दृढ़ बनाया और इसकी शुरुआत हुई 20 रुपये प्रतिमाह की तनख्वाह पर लंदन मिशन स्कूल में ड्राइंग-मास्टरी से। आगे चित्र बनाने और सिखाने की यह कला और ज्ञान शुक्ल जी के काव्य संबंधी चिन्तन और साहित्य-विवेचन का एक सहयोगी पक्ष बना जो उनके कई निबंधों में संकेतित होता है। मलयज ने अपनी पुस्तक 'रामचंद्र शुक्ल' (जो उनके मरणोपरांत नामवर सिंह के संपादन और भूमिका के साथ सन् 1987 में राजकमल प्रकाशन, नई दिल्ली द्वारा प्रकाशित हुआ।) में उनकी चित्रकला संबंधी इस भूमिका को रेखांकित करते हुए लिखा है—"शुक्ल जी के साहित्य विमर्श में जो चित्रकला और साहित्यशास्त्र की शब्द-ध्वनियाँ अन्तर्भुक्त हो जाती हैं—और सारा विवेचन एक चित्र रचना की सी सुस्पष्टता, मूर्तता और रूपकात्मकता ग्रहण कर लेता है—उसका श्रेय अंशतः शुक्ल जी के इन दिनों के चित्रकला प्रेम को दिया जाना चाहिए।"

लंदन मिशन स्कूल के अपने उपर्युक्त पद और कार्य को शुक्ल जी 1908 ई. तक पूरी ईमानदारी और रचनात्मक-कौशल से निभाते रहे। इसी बीच उन्होंने अपनी साहित्यिक रचनात्मकता की भी शुरुआत की। हालाँकि, उनकी पहली कविता 'भारत और बसन्त' 1896 ई. में 'आनंद कादंबिनी' में छपी थी उस समय उनकी उम्र 18 वर्ष की थी। सन् 1901 ई. में स्कूल फाइनल परीक्षा उत्तीर्ण करने के कुछ महीने पूर्व ही उन्होंने एडिसन के 'ऐसे आन इमेजिनेशन' का अनुवाद 'कल्पना का आनंद' नाम से कर लिया था। यह निबंध 1905 ई. में 'नागरी प्रचारिणी पत्रिका' में छपा। मिर्जापुर में रहते हुए ही शुक्ल जी ने 'ह्वाट हैज इण्डिया टु डू' नामक निबंध लिखा जो इलाहाबाद से निकलनेवाले अखबार 'हिन्दुस्तान रिव्यू' में 1907 ई. में प्रकाशित हुआ था। अपनी साहित्यिक रुचि, देश-चिन्ता और वातावरण निर्माण की आकांक्षा के चलते शुक्ल जी ने मिर्जापुर में ही नवयुवक हिन्दी प्रेमियों की एक मित्र मंडली तैयार कर ली थी, जिनमें श्री काशीप्रसाद जायसवाल, बाबू भगवानदास हालना, पं. बद्रीनाथ गौड़, पं. लक्ष्मीशंकर द्विवेदी और उमाशंकर द्विवेदी प्रमुख थे। परंतु इन सबके अलावा शुक्ल जी के लिए सबसे महत्वपूर्ण थे—बदरीनारायण चौधरी 'प्रेमघन। 'प्रेमघन' जी का सान्निध्य शुक्ल जी के लिए इस नाते महत्वपूर्ण था कि 'प्रेमघन' जी भारतेन्दु मण्डल के प्रमुख साहित्यकार-रचनाकार थे। वे तत्कालीन साहित्यिक-वातावरण से पूरी तरह परिचित थे, शुक्ल जी को इसका लाभ मिला। 'प्रेमघन' जी से

अपने प्रथम परिचय (1896 ई.) के बाद से यह संबंध अत्यन्त ही प्रगाढ़ और स्थायी होता गया शुक्ल जी के लिए हिन्दी में रुचि विकसित करने और प्रोत्साहन देने में प्रेमघन जी का योगदान हिन्दी साहित्य के भविष्य के लिए अत्यंत ही सार्थक सिद्ध हुआ। श्री चन्द्रशेखर शुक्ल ने शुक्ल जी पर लिखी जीवनी 'रामचन्द्र शुक्ल' में इस महत्व और योगदान को रेखांकित करते हुए लिखा है—"यदि उन्हें 'प्रेमघन' जी का पथ-प्रदर्शन और उनके द्वारा बनाया हुआ हिन्दी समाज न मिला होता तो वे भी प्रेमचंद की तरह हिन्दी के लिए 'उर्दू की देन' से अधिक सिद्ध न होते। शुक्ल जी भी इस बात को खूब समझते थे।" शुक्ल जी भी क्यों न समझें जिस 'भारतेन्दु के संबंध में एक अपूर्व मधुर भावना' उनके मन में 8 वर्ष की उम्र में ही भर गई थी उसी 'भारतेन्दु मंडल की सजीव स्मृति' का एक रूप 'प्रेमघन' जी थे, जो उन्हें मिर्जापुर में मिले। 'प्रेमघन' जी के अलावा दो अन्य व्यक्तियों—बाबू बलभद्र सिंह और पं. विन्ध्येश्वरी प्रसाद तिवारी का भी शुक्ल जी के साहित्यिक-निर्माण में विशेष योगदान रहा। मलयज ने लिखा है, "विन्ध्येश्वरी जी संस्कृत साहित्य के ज्ञाता, आचारवान, तेजस्वी और निष्ठावान उदार व्यक्ति थे। वे शुक्ल जी के वन-विहार के अनन्य साथी थे। वाल्मीकि, कालिदास और भवभूति का परिचय शुक्ल जी को इन्हीं से मिला। बाबू बलभद्र सिंह के अद्भुत धैर्य, साहस और कष्ट सहिष्णुता के कारण—बिना क्लोरोफार्म सूँघे, पीठ पर कारबंकल के आपरेशन में पैतालिस दिन तक रोज बिना आह किए चाकू चलवाते रहना—शुक्ल जी को शिवि, दधीचि आदि के पौराणिक चरित्र सच लगने लगे थे और सम्भवतः यही घटना शुक्ल जी की उस काव्यधारणा के मूल में हो जहाँ वे कोमलता और कठोरता (वज्रादपि कठोराणि मृदुनि कुसुमादपि) के संयुक्त रूप को अपना लोकादर्श और काव्यादर्श मानते हैं और जिसका जीता-जागता उदाहरण वे राम के चरित्र में देखते और दिखाते हैं।"

बदरीनारायण चौधरी 'प्रेमघन' द्वारा प्रकाशित 'आनंद-कादंबिनी', एक गंभीर और महत्वपूर्ण पत्रिका मानी जाती थी। ऊपर उल्लेख हो चुका है कि सबसे पहले शुक्ल जी एक कवि के रूप में इसी पत्रिका में छपे। इसी पत्रिका में में उनकी पहली गद्य रचना 'भाषा विस्तार' नामक लेख सन् 1899 ई. में प्रकाशित हुआ। 'आनंद कादंबिनी' और प्रेमघन' जी से यह संबंध इतना दृढ़ हुआ कि जिस वर्ष आचार्य महावीर प्रसाद द्विवेदी 'सरस्वती' के सम्पादक होकर आए, उसी वर्ष (1903 ई.) 'प्रेमघन' जी ने 'आनंद कादंबिनी' के संपादन का दायित्व शुक्ल जी को सौंप दिया। सन् 1903-04 तक, सोलह,

सत्रह वर्ष की अवस्था में शुक्ल जी अपने को लेखक मानने लगे थे। उन्होंने स्वयं लिखा है—"16 वर्ष की अवस्था तक पहुँचते-पहुँचते मैं भी अपने को एक लेखक मानने लगा था। हम लोगों की बातचीत प्रायः लिखने-पढ़ने की हिन्दी में हुआ करती जिसमें 'निस्संदेह' इत्यादि शब्द आया करते थे। जिस स्थान पर मैं रहता था, वहाँ अधिकतर वकील, मुख्तारों तथा कचहरी के अफसरों और अमलों की बस्ती थी। ऐसे लोगों के उर्दू कानों में हम लोगों की बोली कुछ अनोखी लगती। इसी से उन्होंने हम लोगों का नाम 'निस्संदेह' लोग रख छोड़ा था। मेरे मुहल्ले पर कोई मुसलमान सब-जज आ गए थे। एक दिन मेरे पिता जी खड़े-खड़े उनके साथ बातचीत कर रहे थे। इसी बीच मैं उधर जा निकला। पिताजी ने मेरा परिचय देते हुए उनसे कहा—"इन्हें हिन्दी का बड़ा शौक है।" चट जवाब मिला—"आपको बताने की जरूरत नहीं मैं तो इनकी सूरत देखते ही इस बात से 'वाक़िफ' हो गया था।"

इस तरह से आचार्य रामचंद्र शुक्ल मिर्जापुर में रहते हुए ही हिन्दी के लेखक-साहित्यिक हो गए थे। हिन्दी और अंग्रेजी दोनों में उन्होंने लिखना शुरू कर दिया था। सन् 1904 ई. से 1907 ई. तक उन्होंने इलाहाबाद से निकलने वाले अखबार 'इण्डियन पीपुल' में हिन्दी लेखकों की कुरीतियों पर एक लेखमाला लिखी थी। 'हिन्दुस्तान रिव्यू में अपने उल्लेखित लेख के अतिरिक्त वे सामयिक हिन्दी पुस्तकों की समीक्षाएँ लिखते थे। सही अर्थों में यह समय शुक्ल जी के निर्माण का समय था, वह अपनी जमीन तैयार कर रहे थे, काशी में जाकर जिसे पल्लवित-पुष्पित होना था। अरबी, फ़ारसी उर्दू, संस्कृत, हिन्दी, अंग्रेजी, सबके स्वाध्याय और मनन का ही परिणाम था कि, जब 1907 ई. में नागरी प्रचारिणी सभा ने हिन्दी का एक वृहत् कोश बनाने का निश्चय किया तो बाबूसाहब (बाबू श्यामसुन्दर दास, 'निर्मल' बी.ए.) के सहयोगियों पं. बालकृष्ण भट्ट, लाला भगवानदीन, बाबू अमीर सिंह, बाबू जगमोहन वर्मा के साथ शुक्ल जी का नाम भी सहायक संपादक के लिए उचित पाया गया। अक्टूबर, 1908 में शुक्ल जी रमई पट्टी (मिर्जापुर) छोड़कर काशी आ गए और 'हिन्दी शब्द-सागर' नामक इस कोश पर 1927 ई. तक कार्य करते रहे। धीरे-धीरे शुक्ल जी ही इस कोश के अकेले कर्त्ता हो गए। अन्य लोग आते-जाते रहे, पर शुक्ल जी ने इस गुरुतर दायित्व में अपने को रत कर दिया। 'मेरी आत्मकहानी' में बाबू साहब ने लिखा है—"कोश ने शुक्ल जी को बनाया और शुक्ल जी ने कोश को।" कोश-निर्माण की प्रक्रिया में ही, 1921 ई. में बाबू श्यामसुन्दर दास ने शुक्ल जी से कोश की प्रस्तावना के रूप में हिन्दी साहित्य का इतिहास लिख देने की बात चलायी।

चूँकि, 1921 ई. तक कोश का संपादन एक तरह से समाप्त हो चुका था अतः शुक्ल जी ने इतिहास पर 1922-23 से ही कार्य शुरू कर दिया था और 1927 तक उसका प्रारूप तैयार हो चुका था। यही प्रारूप 1929 ई. में 'हिन्दी साहित्य का विकास' शीर्षक से कोश की प्रस्तावना के रूप में प्रकाशित हुआ। थोड़े दिनों बाद ही 1929 में यह 'हिन्दी साहित्य का इतिहास' नाम से प्रकाशित हुआ। कहते हैं कि इस पुस्तक के साथ बाबू साहब अपना नाम भी जोड़ना चाहते थे, परन्तु वह संभव न हो सका जिसको लेकर शुक्ल जी और बाबू साहब में मनोमालिन्य पैदा हो गया था।

काशी आने और 1919 ई. में हिन्दू विश्वविद्यालय में नियुक्त हो जाने के बाद शुक्ल जी की साहित्यिक-प्रतिभा का उद्घाटन और स्थापन व्यापक एवं प्रभावशाली ढंग से हुआ। श्री राधाकृष्णदास की जीवनी लिखते हुए शुक्ल जी ने लिखा कि, "मनुष्य के जीवन की शक्ति उसके कार्य के फल के विस्तार और स्थायित्व में देखी जाती है। और इसी के आधार पर हम उसके महत्व का विचार करते हैं।" यही तो वह सिद्धान्त है जो उनके निबंध 'श्रद्धा भक्ति' के इस एक वाक्य से वलित होता है "कर्ता से बढ़कर कर्म का स्मारक दूसरा नहीं।" इस दृष्टि से शुक्ल जी के महत्व पर जब हम विचार करते हैं तो 'निस्संदेह' आचार्य रामचंद्र शुक्ल आधुनिक हिन्दी साहित्येतिहास में आधुनिकता के वाहक एक सजग विवेक सम्पन्न साहित्यिक प्रतिभा के रूप में हमारे सामने आते हैं। हिन्दी साहित्य का इतिहास लिखकर, हिन्दी की विचार-भक्ति को देशी साँचे में ढालकर, समालोचना के नये औजार गढ़कर, काव्य-चिन्तन संबंधी मौलिक विचार प्रस्तुत कर आचार्य रामचंद्र शुक्ल ने हिन्दी गद्य की तुतलाहट को साफ और स्पष्ट आवाज दी। आचार्य रामचंद्र शुक्ल के कई रूप हैं, वह जितने बड़े इतिहासकार हैं उससे गंभीर आलोचक। पर यह गंभीरता उनकी लिखी जीवनी और संस्मरणों में सहज-संवेदी और सरस हो जाती है। वे एक प्राकृतिक भाव-सम्पदा वाले भावुक कवि भी हैं और कल्पना प्रवण कहानीकार भी। परंतु इन सबका अन्त एक जगह संघनित होकर जहाँ प्रस्तुत होता है वह है उनका निबन्ध लेखन। इस दृष्टि से, वे आधुनिकता बोध से लैस एक विचार संपन्न निबंधकार हैं। आचार्य शुक्ल निबंध-लेखन के लिए कौन-सा मानक, कैसा प्रतिमान चाहते थे, उसका आभास हमें 'हिन्दी साहित्य का इतिहास' में आचार्य महावीरप्रसाद द्विवेदी पर लिखे उनके इस उद्धरण से मिलता है—"कहने की आवश्यकता नहीं कि द्विवेदी जी के लेख या निबंध विचारात्मक श्रेणी में आयेंगे पर विचार की वह गूढ़-गुम्फित परम्परा उनमें नहीं मिलती जिससे पाठक की बुद्धि

उत्तेजित होकर किसी नई विचार-पद्धति पर दौड़ पड़े। शुद्ध विचारात्मक निबंधों का चरम उत्कर्ष वही कहा जा सकता है जहाँ एक पैराग्राफ में विचार दबा-दबाकर कसे गए हों और एक वाक्य किसी संबद्ध विचार खंड को लिए हों।'' तो ये है निबंध के बारे शुक्ल जी की अवधारणा। लेकिन साथ ही हमें यह नहीं भूलना चाहिए कि 'चिन्तामणि के निबंधों के लिए शुक्ल जी ने जिस हृदय और बुद्धि के संतुलन की बात की है वह निबंध-लेखन की आवश्यक मनोभूमि है। शुक्ल जी के अनुसार निबंध में भाव और विचार दोनों का निर्वाह इस तरह से हो कि वह विज्ञ पाठकों को नए विचारों से जोड़कर उसके कर्म-भाव को जाग्रत कर सके। बिना इन भावों के 'आनन्दपूर्ण तत्परता' नहीं आती, और यह आनन्दपूर्ण तत्परता ही तो उत्साह के रूप में कर्म में परिणत होती है। इसी को व्यक्त करते हुए शुक्ल जी लिखते हैं कि साहसपूर्ण आनंद की उमंग का नाम उत्साह है। कर्म-सौन्दर्य के सच्चे उपासक ही उत्साही कहलाते हैं। भाव और कर्म, ये दो ऐसे विषय हैं जो शुक्ल जी के निबंधों की बुनियाद है। इसके पीछे निश्चित ही उस भावयित्री और कारयित्री प्रतिभा का संदर्भ हैं जिसे राजशेखर ने उल्लेखित किया है। यही रसिक और कारक की मनोभूमि भी है और संभवतः यही शुक्ल जी के यहाँ साधनावस्था और सिद्धावस्था है।

आचार्य रामचंद्र शुक्ल ने निबंध को गद्य की कसौटी कहा है। कारण कि भावों और विचारों की पूर्ण शक्ति का विकास गद्य भाषा में सबसे अधिक निबंधों में ही संभव है। शुक्ल जी ने अपने अर्जित विवेक और लोक संग्रह की मनोभूमि से निबंधों की रचना की। उनके भाव और मनोविकार तथा काव्य-सिद्धान्त संबंधी निबंधों में इस मनोभूमि के दर्शन होते हैं। इन निबंधों में उन्होंने 'व्यक्ति के विकल्प में लोक को, व्यक्ति धर्म के विरुद्ध लोक धर्म को और व्यक्ति हित के ऊपर लोक मंगल को प्रतिष्ठित करने का प्रयास किया हैं।' प्रायः इस बात पर बहस होती रही है कि शुक्ल जी के निबंध आत्मव्यंजक हैं या वस्तुनिष्ठ? व्यक्ति प्रधान हैं, विषय प्रधान? परन्तु शुक्ल जी को इनमें से किसी एक खाँचे में नहीं फिट किया किया जा सकता। पाश्चात्य निबंध की परंपरा के अनुसार शुक्ल जी के निबंध उसी अर्थ में व्यक्तिप्रधान नहीं है जिस अर्थ में मॉन्तेन, बेकन या जॉनसन परिभाषित करते हैं। आचार्य शुक्ल ने लिखा है ''आधुनिक पाश्चात्य लक्षणों के अनुसार निबंध उसी को कहना चाहिए जिसमें व्यक्ति अर्थात् व्यक्तिगत विशेषता हो। बात तो ठीक है, यदि ठीक तरह से समझी जाय। व्यक्तिगत विशेषता का यह मतलब नहीं है कि उसके प्रदर्शन के लिए विचारों की शृंखला रखी ही न

जाय या जानबूझकर जगह-जगह से तोड़ दी जाय भावों की विचित्रता दिखाने के लिए ऐसी अर्थ योजना की जाय जो उनकी अनुभूति के प्रकृत और लोकसामान्य स्वरूप से कोई संबंध ही न रखे अथवा भाषा से सरकसवालों की सी कसरतें या हठयोगियों के से आसन कराए जायँ जिनका लक्ष्य तमाशा दिखाने के सिवा और कुछ न हो।'' निबंध के लक्ष्य की यह निर्धारण और साफगोई इस बात का प्रमाण है कि शुक्ल जी अकादमिक ढंग से निर्धारित निबंधों की किसी एक श्रेणी के अन्तर्गत नहीं आते उनमें इन सबका समाहार मिलता है। कारण कि 'निबंध लेखक अपने मन की प्रवृति के अनुसार स्वच्छंद गति से इधर-उधर फूटी हुई सूत्र शाखाओं पर विचरता चलता है। यही उसकी अर्थ संबंधी व्यक्तिगत विशेषता है। शुक्ल जी इसी को 'अर्थ वैचित्र्य और भाषा शैली का नूतन विकास' कहते हैं और मानते हैं कि निबंध अपने स्वाभाविक रूप में अर्थ-प्रधान अर्थात् विषय प्रधान होता है। कहना ही हो तो यह कहा जा सकता है कि शुक्ल जी के निबंध विषय प्रधान ही हैं जिसमें बुद्धि विचार और भावों का संगुम्फन इस तरह से होता है कि ये सम्मिलित प्रभाव में विषय-वैशिष्ट्य और उसके गतिशील अर्थ को व्यंजित करते चलते हैं जिसमें विषय की प्रधानता और उसका सतर्क निर्वाह होने पर भी पूरा निबंध लेखक की मानसिक चेष्टा तथा कलात्मक अभिरुचि से अनुरंजित रहता है।

आचार्य रामचंद्र शुक्ल मूलतः भाववादी आचार्य थे। परंतु इस 'भाववाद' में सहज भावुकता का प्रवाह नहीं यह मनुष्य मात्र की सहज और साधारण जीवन-प्रक्रिया को समझने और परखने की एक आवश्यक दृष्टि है। इसे आध्यात्मिक भाववाद भी नहीं समझना चाहिए इस भाववाद में 'मानवीय संदर्भ' को परिभाषित करने या बनाने की कोशिश पायी जाती है, इसमें बाहरी और भीतरी दुनिया को संवेद्य, सुन्दर और संवेदना को उदार बनाकर देखने की भावाकुलता पायी जाती है। कहने का तात्पर्य यह है कि अध्यात्मवादियों की तरह शुक्ल जी का भाववाद शुष्क एवं नीरस व्यक्तिवाद नहीं है। वरन् इसमें 'भावनाओं का व्यायाम' कराने की मनोवैज्ञानिक ताकत है और यह ताकत इसलिए है कि इसकी धुरी वास्तविक, दृश्य मानव जीवन और मनुष्य है। मनमोहन की यह बात सही प्रतीत होती है कि 'शुक्ल जी का साहित्य हमें आध्यात्मिक शून्य से मानवीय क्षेत्र में ले आता है।' शुक्ल जी के मनोविकार संबंधी निबन्धों को मनोवैज्ञानिक विवेचन प्रस्तुत करने वाला निबंध नहीं मानना चाहिए, वरन उन सबका ठोस सामाजिक आधार है जिसे शुक्ल जी ने मनुष्य के व्यवहार से जोड़कर परिभाषित-विवेचित किया है। शुक्ल जी

ने अपने मनोविकार विषयक निबंधों की रचना का उद्देश्य 'मनुष्यों की स्वाभाविक वृत्तियों की छानबीन' माना है।

हिन्दी में मनोविकारों पर लिखने की शुरुआत तो हिन्दी गद्य के प्रवर्तक बाबू भारतेन्दु हरिश्चन्द्र से ही हो गई थी। भारतेन्दु ने 'खुशी' शीर्षक से एक लंबा निबंध लिखा था जो 'सहज और शुद्ध उर्दू भाषा' में लिखा गया था परंतु लिपि उसकी देवनागरी ही थी। परन्तु, पं बालकृष्ण भट्ट द्वारा लिखित 'प्रीति' शीर्षक निबंध हिन्दी में मनोविकार विषयक पहला निबंध माना जाता है। यह निबंध 'सुदर्शन समाचार' में सन् 1876 ई० में छपा था। इसके पश्चात तो पं. प्रतापनारायण मिश्र ने 1893 ई. में 'मनोयोग' शीर्षक निबंध लिखा। पं. माधव प्रसाद मिश्र ने 'धृति' और 'क्षमा' शीर्षक दो निबंध लिखे। आचार्य महावीर प्रसाद द्विवेदी ने 'क्रोध' (1905) और 'लोभ' (1908) नाम से निबंध लिखे। इस तथ्यात्मक उल्लेख का एकमात्र तात्पर्य यह है कि आचार्य रामचंद्र शुक्ल के मनोविकार विषयक निबंधों की श्रृंखला के पहले निबंधकारों के यहाँ तद्विषयक लेखन की कोशिश मिलती है। हालाँकि इन निबंधों में शुक्ल जी की तरह का रचनात्मक सौष्ठव और अभिव्यक्तिगत उन्मुक्तता नहीं मिलती है। शुक्ल जी के मनोविकार विषयक निबंधों में सर्जनात्मकता की सर्वश्रेष्ठ अभिव्यक्ति हुई है। इन निबंधों में 'हम रस-मीमांसा और मनोविज्ञान की प्रयोगशाला में शुक्ल जी के सामाजिक-नैतिक और काव्यशास्त्रीय प्रतिमानों को बनते और स्थिर होते देखते हैं।' मलयज ने शुक्ल जी पर लिखते हुए उनके भाव संबंधी रुचि एवं तर्क को अत्यंत ही सार्थक ढंग से प्रस्तुत किया है। वे लिखते हैं—"भाव में पड़कर बहना नहीं, भाव के गुण और धर्म को दृढ़ता से पकड़ना, उन्हें एक पुष्ट सांस्कृतिक एकता में नियोजित करना और किन्हीं व्यापक मानव मूल्यों में अर्थान्तरित करना उनकी समालोचना का स्वभाव था। अन्तर्वृत्ति का सूक्ष्म व्यवच्छेद भावों में सहज पैठने और रमने से या सहज आस्वाद लेने मात्र से नहीं होता, बल्कि उन्हें एक निर्मम बौद्धिक कसौटी पर घिसने और परखने से होता है। इस कर्म के संपादन में शुक्ल जी की समीक्षा का भावानात्मक आधार है वह मजबूत चट्टान जिस पर उनकी समीक्षा के पैर टिके हुए हैं। इस आधार को शुक्ल जी अपने समय के ज्ञान-विज्ञान से और पुख्ता बनाते हैं। वे भावों से भावों के मूल में, मानव कर्म के मूल में पहुँचते हैं। परंपरा और परिवेश की इस द्वन्द्वात्मक दृष्टि के कारण ही शुक्ल जी द्वारा किया गया भाव-विभाव, रस आदि का विवेचन सिर्फ साहित्य का नहीं मानव-धर्म का विवेचन बन जाता है। यह विवेचन सिर्फ अन्तर्वृत्ति का व्यवच्छेद नहीं अन्तर्वृत्ति के समग्र

अन्तर्बाह्य रूप और वस्तु का निर्माण करता है, साहित्य की समीक्षा नहीं, साहित्य के दर्शन की रचना करता है।''

आचार्य शुक्ल के मनोविकार संबंधी निबंध उनके उक्त साहित्य-दर्शन के उदाहरण हैं। ये निबंध 'नागरी प्रचारिणी पत्रिका' में 1912 से 1918 ई. के बीच लिखित एवं प्रकाशित हुए। शुक्ल जी की पौत्री कुसुम चतुर्वेदी ने अक्टूबर 1912 ई. की 'नागरी प्रचारिणी' पत्रिका से शुक्ल जी का एक निबंध 'मनोविकारों का विकास' ढूँढ़ कर निकाला, जो कि चिन्तामणि-4 में संकलित है। यह निबंध शुक्ल जी के मनोविकार संबंधी निबंधों के विकास की आधार-भूमि है। इस निबंध में शुक्ल जी ने साफ तौर पर कहा है कि "सभी मनोवेग दुःख और आनंद ही के सामाजिक विकार हैं।'' इस दुःख और आनंद को ही शुक्ल जी 'एक जोड़ी अनुभूति' कहते हैं, जिसे लेकर मनुष्य पैदा होता है और समाज के साथ धीरे-धीरे उसका संसर्ग होने पर यही अनुभूति भाव और मनोविकार में रूपान्तरित होकर मानव-जीवन को प्रवर्तित और संचालित करते हैं। ये भाव या मनोविकार ही मनुष्य की प्रवृत्तियों के प्रेरक होते हैं। ''शील या चरित्र का मूल भी भावों के विशेष प्रकार के संगठन में ही समझना चाहिए। लोक रक्षा और लोकरंजन की सारी व्यवस्था का ढाँचा इन्हीं पर ठहराया गया है। धर्म-शासन, राज-शासन, मत-शासन सबमें इनसे पूरा काम लिया गया है।'' शुक्ल जी मानते हैं कि मनुष्य-समाज में इन भावों और मनोविकारों का सदुपयोग भी हुआ है और दुरुपयोग भी। जहाँ मनुष्य के अंदर लोकमंगल की भावना का विस्तार है वहाँ इनका सदुपयोग होता है परंतु सांप्रदायिक, संकीर्ण, संकुचित और परिमित विधान की स्वार्थपरता के लिए इनका दुरुपयोग भी होता है। पर शुक्ल जी का जोर इस बात पर है कि मनुष्य को इन भावों और मनोविकारों को हमेशा व्यापक लोक कल्याण के उद्देश्य की ओर प्रवृत्ति करना चाहिए और लोकमंगल की यह भावना तभी पैदा होगी जब मनुष्य प्रकृति के क्षेत्र के बीच अपने हृदय के प्रसार का अभ्यास करेगा। शुक्ल जी यहाँ तक कहते हैं कि 'काव्ययोग की साधना मनुष्य को इसी भूमि पर पहुँचाने के लिए है।' यही संशलिष्ट और समग्र भाववादी दृष्टि शुक्ल जी के साहित्य-दर्शन की आधार भूमि है। इसी दृष्टि से वह तुलसी, सूर, जायसी, घनानंद सबको समझते परखते हैं और यही वह दृष्टि है जिसका उपयोग वह अपने काव्य संबंधी सिद्धान्तों में प्रयुक्त करते हैं। 'लोकहृदय', 'लोकमंगल', 'लोकधर्म' जैसे पदों की अवधारणाएँ यहीं से निर्मित और विकसित होती हैं जिसे नामवर सिंह केवल अवधारणा या विचार मात्र नहीं मानते हैं बल्कि उसे शुक्ल जी का संस्कार और अनुभूत सत्य कहते

हैं। संभवतः यही वह अनुभूत सत्य है जिसके तहत वह ईश्वर को भी सामान्य मनुष्य के रूप में कल्पित करते हैं "जब भगवान मनुष्य के पैरों से दीन-दुखियों की पुकार पर दौड़कर आते दिखाई दें और उनका हाथ मनुष्य के हाथ के रूप में दुष्टों का दमन करता और पीड़ितों को सहारा देता दिखाई दे, उनकी आँखें मनुष्य की आँखें होकर आँसू गिराती दिखाई दें तभी मनुष्य के भावों की पूर्ण तृप्ति हो सकती है और लोकधर्म का स्वरूप प्रत्यक्ष हो सकता है।"

मनोविकार संबंधी शुक्ल जी के दसों निबंध, वे दस दरवाजे हैं जिनसे होकर उनका समग्र लोक और शास्त्र संबंधी चिंतन अपना स्वरूप ग्रहण करता है। उनके आगे के कई महत्त्वपूर्ण निबंधों की आवयविक संबद्धता इन निबंधों से स्थापित होती है। 'श्रद्धा-भक्ति' और 'करुणा' जैसे निबन्धों की मनोभूमि काव्य प्रतिमान का शिखर माने जाने वाले उनके प्रसिद्ध निबंध 'काव्य में लोकमंगल की साधना व सिद्धावस्था' में विस्तार पाती है। 'शुक्ल जी द्वारा भावों अथवा मनोविकारों के स्वरूप का स्पष्ट विवेचन, उन्हें काव्य के ठोस आधार के रूप में परिभाषित करना एक तरह से उन पर कविता के भवन की बुनियाद रखना है।' भावक्षेत्र को शुक्ल जी ने 'अत्यन्त पवित्र क्षेत्र' कहा है, यही भावक्षेत्र काव्य साधना में 'भावयोग' बन कर आता है। इस भावयोग की साधना से 'मनुष्य का हृदय' स्वार्थ संबंधों के संकुचित मंडल से ऊपर उठकर 'लोक सामान्य' की भाव भूमि पर पहुँच जाता है। 'कर्म योग' और 'ज्ञान योग' के सापेक्ष-समानान्तर 'भावयोग' की यह परिकल्पना और 'लोक सामान्य' की अवधारणा शुक्ल जी के साहित्य संबंधी भावना एवं विचारणा का प्रत्यक्षीकरण है। वे 'काव्य में लोक मंगल की साधनावस्था और सिद्धावस्था' में लिखते हैं—"भावों की छानबीन करने पर मंगल का विधान करने वाले दो भाव ठहरते हैं—करुणा और प्रेम। करुणा की गति रक्षा की ओर होती है और प्रेम की रंजन की ओर। लोक में प्रथम साध्य रक्षा है। रंजन का अवसर उसके पीछे आता है।" इसी भूमि पर शुक्ल जी तुलसीदास और सूरदास का अन्तर स्थापित करते हैं और लोकरक्षा के परिप्रेक्ष्य में तुलसी के काव्य को सर्वश्रेष्ठ सिद्ध करते हैं। जैसा कि शुक्ल जी के निबन्धों की शैली है—समास शैली और व्यास शैली। पहले वे समास शैली में सूत्रात्मक ढंग से परिभाषा प्रस्तुत करते हैं फिर व्यास शैली में व्याख्या में रत होते हैं उपर्युक्त उद्धरण की यह व्याख्या उनके इस शैली का सुन्दर उदाहरण है—"करुणा से रक्षा का विधान होता है, प्रेम से पालन और रंजन का रक्षा और पालन में अंतर अच्छी तरह समझ लेना चाहिए। विष्णु भगवान जगत का

पालन तो हर समय करते रहते हैं, पर रक्षा समय-समय पर किया करते हैं। सुरक्षा आपद्ग्रस्त की होती है, पालन रक्षित का होता है। बच्चे को समय पर दूध पिला देना पालन है, भूख से मरते को खिला देना रक्षा है। लोकरक्षा का विधान किसी आयी हुई आपत्ति से रक्षा का विधान है।'' अतः लोकमंगल की साधनावस्था या प्रयत्न पक्ष को लेकर चलने वाले कवियों या समीक्षकों को 'करुणा' ही को बीजभाव कहना चाहिए। सिद्धावस्था की प्रशान्त भूमि पर चलने वाले कवियों को 'प्रेमतत्त्व' को ही बीज भाव कहना ठीक है।''

आचार्य रामचंद्र शुक्ल की मौलिक प्रतिभा, व्यापक अध्ययन, सूक्ष्म पर्यवेक्षण और गहन अनुभव का निदर्शन यदि उनके किसी एक निबंध में करना हो तो वह निबंध है 'कविता क्या है?' इस एक निबंध में उनका 'भाव-योग' और 'ज्ञान-योग' अपनी पूरी वस्तुपरकता के साथ एक तर्क पद्धति में विकसित हुआ है। रामविलास जी ने आचार्य शुक्ल संबंधी विवेचन के क्रम में एक जगह लिखा है कि ''बौद्धिक चिन्तन, इन्द्रिय बोध और भावना का समन्वय साहित्य की विशेषता है। इस विशेषता के मौलिक व्याख्याकार आचार्य शुक्ल हैं। यह व्याख्या पूर्व और पश्चिम दोनों के काव्यशास्त्र से ज्यादा संगत और वैज्ञानिक है। यह हिन्दी का अपना साहित्यशास्त्र है।'' कविता क्या है?' निबंध में शुक्ल जी हिन्दी के इसी साहित्यशास्त्र की रचना करते हैं। यह निबंध शुक्ल जी का हिन्दी में पहला मौलिक निबंध माना जाता है। यह 1909 की 'सरस्वती' में प्रकाशित हुआ, पर ऐसा प्रतीत होता है कि इसका लेखन शुक्ल जी ने मिर्जापुर में रहते हुए ही कर लिया था, हालाँकि इस निबंध को शुक्ल जी आजीवन लिखते रहे। कई संशोधनों परिवर्तनों के बाद यह चिन्तामणि भाग-1 में संकलित है। नामवर सिंह ने चिन्तामणि-3 की भूमिका में इस संशोधन, परिवर्द्धन के कुछ संकेत दिए हैं। जिस युग में शुक्ल जी लिख रहे थे वह महावीरप्रसाद द्विवेदी का युग था जिसमें कविता और काव्य-संस्कार की चिन्ता प्रमुख थी जिसके लिए 'कवि कर्तव्य' का निर्धारण और निर्देशन जरूरी हो गया था। अतः शुक्ल जी के उपर्युक्त निबंध से पूर्व ही इस विषय पर अनेक निबंध प्रकाशित हो चुके थे। स्वयं महावीर प्रसाद द्विवेदी के निबंध 'कवि कर्तव्य' (1901) 'कविता (1903) और 'कवि और कविता' (1907) 'सरस्वती' में प्रकाशित हो चुके थे। राधाचरण गोस्वामी ने भी 'कवि और कल्पना' शीर्षक निबन्ध लिखा था। परंतु ये सभी निबंध एक तरह से उपदेशक और कवि-निर्देशक निबंध हैं। कवियों को कविता लिखते समय किन-किन तत्त्वों एवं विषयों का ध्यान रखना चाहिए इन बातों पर इन निबंधों में महत्व दिया गया है। द्विवेदी जी ने 'कवि-कर्तव्य' के

अंत में कवियों को संबोधित करते हुए लिखा है "हिन्दी-कवि का कर्तव्य यह है कि वह लोगों की रुचि का विचार रखकर अपनी कविता ऐसी सहज और मनोहर रचे कि साधारण पढ़े लिखे लोगों में भी पुरानी कविता के साथ नई कविता का अनुराग उत्पन्न हो जाए। पढ़ने वाले के मन में नई-नई उपमाओं को, नए-नए शब्दों को और नये-नये विचारों को समझने की योग्यता उत्पन्न करना कवि ही का कर्तव्य है।" द्विवेदी जी ने इस कर्तव्य निर्वाह के लिए, कविता कैसी लिखी जाय इसके लिए पाँच गुणों का निर्देश दिया है।

परंतु शुक्ल जी ने 'कविता क्या है में अपने समय में विद्यमान सभी तरह के ऐतिहासिक सामाजिक, प्राकृतिक और साभ्यतिक प्रश्नों को लोक सामान्य की भाव भूमि से उठाते हुए और उनसे उत्पन्न जीवन-जगत की जटिलताओं को रेखांकित करते हुए कविकर्म की कठिनाई को रेखांकित किया। इस एक निबंध में शुक्ल जी ने कविता संबंधी जो विचार प्रस्तुत किए हैं वह अपने समय की उपलब्धियों और रिक्तताओं के साथ-साथ भविष्य में काव्य सम्बन्धी प्रतिमानों, मान्यताओं और संभावनाओं के लिए एक जरूरी संदर्भ बन जाता है। व्यवहार, प्रकृति, सौन्दर्य, चमत्कार, रस, भाव, मनुष्यता, भावना, कल्पना, मनोरंजन, इत्यादि जितने काव्य से संबंधित तत्व गिनाए जाते हैं शुक्ल जी ने उन सबको कविता के साथ उसकी सापेक्षता में विवेचित विश्लेषित किया है और तद्विषयक निष्कर्ष दिया है। निबंध के प्रारम्भ में ही कविता की जो परिभाषा शुक्ल जी देते हैं वह उनके भारतीय साहित्य, दर्शन व ज्ञान परंपरा के साथ पाश्चात्य काव्यालोचन संबंधी सिद्धान्तों का निचोड़ है। यह निबंध शुक्ल जी के आधुनिक प्रगतिशील वैज्ञानिक दृष्टि का परिचायक है। वस्तुन्मुखी, यथातथ्य, तर्कनिष्ठ एवं भावसंवलित विषयगत चेतना और चिन्तन का प्रवाह शुक्ल जी के इस निबंध में देखने को मिलता है। निबंध के शुरू में ही कविता को वे जिस उच्च भावभूमि पर स्थापित करते हैं वह काव्य संबंधी उनके मनोभावों को स्पष्ट करता है—"कविता ही मनुष्य को स्वार्थ संबंधों के संकुचित मंडल से ऊपर उठाकर लोक-सामान्य भावभूमि पर ले जाती है।" शुक्ल जी यह मानते हैं कि यही वह भाव भूमि है जिस पर मनुष्य अपनी सत्ता को लोकसत्ता में लीन कर देता है, उसकी अनुभूति सबकी अनुभूति हो जाती है और उसके मनोविकारों का परिष्कार हो जाता है। 'कविता बाह्य प्रकृति के साथ मनुष्य की अंतः प्रकृति का सामंजस्य घटित करती हुई उसकी भावात्मक सत्ता के प्रसार का प्रयास करती है। यदि अपने भावों को समेट कर मनुष्य अपने हृदय को शेष सृष्टि से किनारे कर ले या स्वार्थ की पशुवृत्ति में ही लिप्त रखे तो उसकी मनुष्यता कहीं रहेगी?' शुक्ल

जी मनुष्य को बचाये रखने के इसी संदर्भ को सभ्यता के विकास के साथ परिवर्तित और संवर्द्धित करते रहने की आवश्यकता पर जोर देते हैं—"ज्यों-ज्यों अंतःकरण का विकास होता गया और सभ्यता बढ़ती गई त्यों-त्यों मनुष्य का ज्ञान बुद्धि व्यवसायात्मक होता गया। अब मनुष्य का ज्ञान क्षेत्र बुद्धि—व्यवसायात्मक या विचारात्मक होकर बहुत ही विस्तृत हो गया है। अतः उसके विस्तार के साथ हमें अपने हृदय का विस्तार भी बढ़ाना पड़ेगा।"

'काव्य में रहस्यवाद', 'काव्य में लोक-मंगल की साधनावस्था एवं सिद्धावस्था' और 'साधारणीकरण और व्यक्ति वैचित्र्यवाद' जैसे निबंध 'कविता क्या है' निबंध के निरंतर परिशोधन, परिवर्द्धन एवं चिन्तन के परिणाम हैं। 'काव्य में रहस्यवाद' उनका विस्तृत प्रबन्ध है। इसमें उन्होंने कुछ खास धारणाओं और स्थापनाओं का खंडन करते हुए काव्य संबंधी अपनी उन्हीं मान्यताओं और रुचियों को स्थापित किया है जिनकी चर्चा ऊपर की गई है। शुक्ल जी काव्य में रहस्यवाद, वक्रता या वैचित्र्य के विरोधी थे क्योंकि शुक्ल जी की मान्यता है कि काव्य में वक्रता या वैचित्र्य भावना को गोचर और सजीव नहीं होने देते। यही वह धरातल है जिस पर शुक्ल जी रीतिकालीन कविता की आलोचना करते हैं। इसी भूमि पर वह अभिव्यंजनावाद को भी सही नहीं ठहराते, क्योंकि वाग्वैचित्र्य और अप्रस्तुत, लाक्षणिक व्यंञ्जनावादी काव्य जीवन से विच्छिन्न हो जाता है, उसकी अर्थभूमि संकुचित हो जाती है, विभाव पक्ष शून्य और अनिर्दिष्ट रह जाता है। शुक्ल जी काव्य में गोचर, मूर्त्त, लोकसिद्ध, प्रकृत और सर्वानुभूत तत्त्वों एवं विषयों को महत्व देते हैं। छायावाद पर लिखते हुए वे स्पष्ट तौर पर अपने इस मत का समर्थन करते हैं—"छायावाद नाम चल पड़ने का परिणाम यह हुआ कि बहुत से कवि रहस्यात्मकता, अभिव्यंजना के लाक्षाणिक वैचित्र्य, वस्तुविन्यास की विशृंखलता, चित्रमयी भाषा और मधुमयी कल्पना को ही साध्य मानकर चले। शैली की इन दूरारूढ़ साधना में ही लीन हो जाने के कारण अर्थभूमि के विस्तार की ओर उनकी दृष्टि ही नहीं रही। विभाव पक्ष शून्य अथवा अनिर्दिष्ट रह गया। इस प्रकार प्रसरणोन्मुख काव्यक्षेत्र बहुत कुछ संकुचित हो गया।" जाहिर है कि यदि काव्यक्षेत्र ही संकुचित हो जायगा तो वह मनुष्य के हृदय को स्वार्थ संबंधों के संकुचित मंडल से ऊपर उठाकर लोक सामान्य भाव-भूमि पर कैसे पहुँचा सकता है। शुक्ल जी ने 'व्यक्तिवाद' को इन सबके पीछे की मूल व्याधि माना है।

इस अर्थ में शुक्ल जी एक जनवादी, सामाजिक दृष्टिकोण रखने वाले लोकहित को सर्वोपरि मानने वाले मानवतावादी साहित्यकार हैं। मुक्तिबोध ने

जिस सभ्यता-समीक्षा और ज्ञानात्मक-संवेदना की बात कही है उनके बीज भाव आचार्य रामचंद्र शुक्ल के यहाँ मौजूद हैं। शुक्ल जी की दृढ़ मान्यता है कि 'ज्ञान प्रसार के भीतर ही भाव प्रसार होता है।' क्या इसी को मुक्तिबोध 'ज्ञानात्मक-संवेदन' के रूप में पदारूढ़ नहीं करते? इस दृष्टि से मुक्तिबोध को शुक्ल जी की परंपरा का आलोचक मानना चाहिए। प्रारंभ में यह कहा गया है कि शुक्ल जी मूलतः भाववादी आचार्य है, पूर्णतः नहीं। यदि उनकी साहित्य दृष्टि भाववादी है तो दार्शनिक दृष्टिकोण से वे वस्तुवादी हैं। इस तरह उनका साहित्य दर्शन 'वस्तुपरक-भाववाद' को लेकर चलता है। वस्तुवाद, विकासवाद संबंधी उनकी धारणाओं का पूरा परिचय, 'विश्व प्रपंच' की भूमिका से मिल सकता है। यह पुस्तक जर्मनी के प्रसिद्ध प्राणिविज्ञानी हैकेल की विश्वप्रसिद्ध पुस्तक 'रिडल ऑफ दि यूनिवर्स' का अनुवाद है। इस पुस्तक में अनात्मवाद, भौतिकवाद आदि विचारों का विस्तार पूर्वक विश्लेषण हुआ है। शुक्ल जी ने इन वादों-विचारों का सुचिन्त्य और तर्कनिष्ठ वस्तुवादी विवेचन अपनी 98 पृष्ठ की भूमिका में किया है। हिन्दी की नवजागरणकालीन चेतना का प्रवाह और विकास शुक्ल जी के व्यक्तित्व एवं विचार में पूरी तरह सन्निविष्ट था। अपने समय और इतिहास से शुक्ल जी की गहरी सहानुभूति और संपृक्ति थी। वे तत्कालीन राजनीति और उसके क्रिया-व्यवहार से विच्छिन्न नहीं थे। शुक्ल जी के चिन्तनपरक वैचारिक लेखों और टिप्पणियों में उनकी देश-चिन्ता और मानवीय-विकलता देखी जा सकती है। 'लोक-मंगल' शुक्ल जी का साहित्य-दर्शन और जीवन-दर्शन दोनों ही था। मलयज ने शुक्ल जी के समय का विश्लेषण करते हुए शुक्ल जी की मुश्किलों का जो हवाला दिया है उससे पता चलता है कि साहित्य के क्षेत्र में शुक्ल जी के ऊपर कितना गुरुतर भार था, संभवतः शुक्ल जी ने अपनी तर्कशील मेधा और भावप्रवण-विवेक से इस गुरुतर दायित्व का निर्वाह किया। मलयज ने लिखा है "उन्नीसवीं सदी में आरंभ हुए सामाजिक और धार्मिक सुधारों की लहर गाँधीजी के प्रवेश के साथ जन-आंदोलन के रूप में नई शक्ल ले रही थी। सब कुछ हिल गया था, गो आपस में गड्ड-मड्ड नहीं हुआ था। सत्-अ-सत् की पुरानी कसौटियाँ अभी जीवित थीं, हृदय परिवर्तन सामजिक परिवर्तन का अब भी कारगर औजार था। मूल्य व्यवस्था अभी भी लचीली थी और उसमें नए पुराने दोनों के लिए जगह थी। पर साथ ही समाज और व्यक्ति के रेशे, कहीं-कहीं मर्मस्थल पर रगड़ खा रहे थे। उनके परस्पर संबंधों में एक फाँक उभर रही थी। नए पूँजीवाद से उत्पन्न ऊर्जा पुराने महाजनी तंत्र को धकियाकार परंपराबद्ध शास्त्रीय कठोर दृष्टि के स्थान पर

अपने स्वतः स्फूर्त व्यक्तिवाद के लिए जगह बना रही थी। और चूँकि यह प्रक्रिया कशमकश की थी, इसलिए समूचे परिदृश्य में एक प्रकार का असंतुलन था, किसी हद तक मतिभ्रम और अविवेक भी। पश्चिम से बढ़ रहे परिचय ने इस असंतुलन को और बढ़ा दिया था। अराजकता तो नहीं क्योंकि मूल्यबोध अभी भी बरकरार था—पर धुँधलके के आसार जरूर थे। शुक्ल जी की वास्तविक चिन्ता इस धुँधलके को लेकर ही थी जिसमें क्रमशः मूल्य-चेतना के स्खलित और दिग्भ्रमित हो जाने का डर था। शुक्ल जी ने ऐसे संक्रमण के समय अपने ऊपर एक नियामक की जिम्मेदारी ली, तथ्य और भाव की टूटती-चिटकती हुई सरणियों और तन्तुओं के बीच एक सामंजस्य, एक अनुशासन स्थापित करने की।" हालाँकि यह काम मुश्किल था पर शुक्ल जी ने अपने अध्ययन, चिन्तन और इन सबसे ऊपर मानवीय-सहानुभूति के आधार पर अपने युग-बोध को जिन भावों और विचारों के द्वारा अभिव्यक्ति प्रदान की उससे सचमुच में शुक्ल जी एक मिथ में बदलते हुए आदमी की तरह प्रत्यक्ष होते हैं। अपने समय और समाज की नब्ज को पकड़ कर उसे जिस विलक्षण मौलिक प्रतिभा के साथ साहित्य-दृष्टि बनाकर आचार्य शुक्ल ने प्रस्तुत किया वह महत्तम है। शुक्ल जी ने सच्चे अर्थों में देश-प्रेम, राष्ट्रीयता, जातीय संस्कृति, राजनीति, धर्मनीति आदि को मनुष्यता की जिस उच्च भूमि से देखा, परखा और मूल्यांकित किया वह जनतांत्रिक और लोकबद्ध रचना-प्रक्रिया की उपलब्धि है।

इस प्रतिनिधि संकलन में पाँच निबंध भाव और मनोविकारों से संबंधित है। छठाँ निबंध 'कविता क्या है' जो उनके कविता संबंधी चिन्तन मनन का परिणाम है। 'काव्य में लोक मंगल की साधना व सिद्धावस्था' 'साधारणीकरण एवं व्यक्ति वैचित्र्यवाद' और 'काव्य में रहस्यवाद' उनकी काव्य संबंधी शास्त्रीय एवं आधुनिक दृष्टि से निर्मित सैद्धांतिकी के परिचायक हैं। 'साहित्य', 'उपन्यास', 'तुलसी की भावुकता' और 'तुलसी का भक्तिमार्ग', जैसे निबंध शुक्ल जी की सैद्धान्तिक एवं व्यावहारिक समीक्षा पद्धति एवं मूल्यांकन दृष्टि के परिचायक हैं। शेष पाँच निबन्ध—'हिन्दी की पूर्व और वर्तमान स्थिति', 'हिन्दी और हिन्दुस्तानी' 'भारत को क्या करना चाहिए', 'असहयोग और अव्यापारिक श्रेणियाँ, तथा 'हिन्दू और मुसलमान' उनकी विशुद्ध साहित्य-रुचि से भिन्न राष्ट्र, जाति और भाषा संबंधी उनके चिन्ता, चिन्तन और विचार को प्रस्तुत करते हैं। इस दृष्टि से इस संकलन में यह प्रयास किया गया है कि शुक्ल जी के भाव-पक्ष और सिद्धान्त-पक्ष संबंधी विशुद्ध साहित्यिक स्थापनाओं के साथ-साथ उनके वैचारिक मान्यताओं एवं उपपत्तियों को समझा

जा सके। 'भारत को क्या करना चाहिए' निबंध में वे जिस ढंग से भारत की सामाजिक और राजनैतिक परिस्थिति के परिप्रेक्ष्य में कार्यक्रमों की योजना प्रस्तुत करते हैं वह तत्कालीन भारतीय-जनता को आगे बढ़ाने की उनकी सोच को प्रकट करता है। इस निबंध में वे तत्कालीन सामाजिक बुराइयों को-जो कि नवजागरण चेतना के विकास में महत्वपूर्ण मुद्दा था—को दूर करने की बात करते हैं। इस निबंध में वे शिक्षा, देशी भाषा का उत्थान, उद्योग धन्धों का परिवर्द्धन और परिष्कार, स्वदेशी आंदोलन आदि विषयों का महत्व बताते हुए साम्राज्यवादी ब्रिटिश सत्ता की नीतियों की आलोचना करते हैं। इस निबन्ध को भारतेन्दु के 'भारत वर्षोन्नति कैसे हो सकती है' के साथ पढ़ने पर पता चलता है कि नवजागरण कालीन चेतना के दो साहित्य मनीषि कैसे एक तरह से सोच रहे हैं। शुक्ल जी ब्रिटिश हुकूमत से, उनके नियंताओं से सीधा प्रश्न करते हैं—"सदाशय क्रिश्चियन भाइयों, क्या हम आप से भी ऐसी उम्मीद करें? क्या आप मानवता के नाम पर मदद के लिए हाथ बढ़ाएँगे? या यह कहेंगे कि 'हमें किसी भी दूसरी चीज की परवाह नहीं। हम सिर्फ अपना 'बटुआ' भरना चाहते हैं? भरते रहो और भूखे मारते रहो—क्या यही आपका शासक सिद्धान्त होगा? आज तक हम अपने कर्तव्य के प्रति आँखे मूँदे हुए थे, अब हम उसके प्रति सजग हो गये हैं, इस क्षण में जो हमारे साथ हैं, वे हमारे दोस्त हैं जो खुद को अलग रखे हुए हैं, उदासीन हैं और जो हमारी मुखालिफ़त करते हैं वे हमारे दुश्मन हैं। मेरे देशवासियों, जो इलाज आपने खोजा है, वही एकमात्र इलाज है, उसे दृढ़ता से पकड़े रहिए। अपनी पकड़ ढीली न होने दीजिए वरना वह हमेशा के लिए आपके हाथ से निकल जाएगा और फिर आपका विनाश सुनिश्चित हो जाएगा।" स्वदेशी आंदोलन के प्रति ब्रिटिश हुकूमत के विरुद्ध शुक्ल जी का यह समर्थन उनके साहित्य-कर्म की उत्तरदायी चेतना को स्पष्ट करता है। सन् 1919 ई. में असहयोग आंदोलन और उससे उपजे राजनीतिक एवं आर्थिक प्रश्नों को लेकर उन्होंने 1921 ई. में पटना से प्रकाशित 'एक्सप्रेस' अखबार में 'नॉन को-आपरेशन एण्ड दि नॉन मर्केन्टाइल क्लासेज' शीर्षक निबंध लिखा जो 'असहयोग और अव्यापारिक श्रेणियाँ' नाम से चिन्तामणी-4 में संकलित है। इस निबंध में शुक्ल जी ने साम्राज्यवादी औपनिवेशिक व्यवस्था के पनपने और स्थायी होते जाने की प्रक्रिया में व्यापारिक और अव्यापारिक श्रेणियों का जो वर्गीकरण किया है वह भारत जैसे कृषि आधारित देश के परिप्रेक्ष्य में कितना सार्थक और महत्वपूर्ण है, इसे लक्षित किया जाना चाहिए। पूँजीवादी सभ्यता के विकास के पूर्व सामन्ती समाज में महाजनी सभ्यता और किसानी सभ्यता ये

दो श्रेणियाँ थी, और इन दोनों के बीच स्वार्थगत वैर-भाव होने के बाद भी एक सामंजस्यपूर्ण समझौता था परंतु 'ईस्ट इंडिया कम्पनी के रूप में यूरोप के घृणित वाणिज्यवाद ने भारत में कदम रखा और समाज के द्विस्तरीय विभाजन के आधार पर जो सामंजस्य इतने दिनों से चला आ रहा था उसे अस्त-व्यस्त कर दिया।' इस लेख में शुक्ल जी ने अपने समकालीन राजनीति में एक महत्वपूर्ण व्यक्ति के रूप में स्थापित हो रहे राष्ट्र पुरुष महात्मा गाँधी के प्रति अपनी जो दो टूक आलोचना-दृष्टि प्रदर्शित की है, उसका जो तेवर है, गाँधी के प्रति जो प्रश्नांकन है वह उनके आत्मविश्वास के साथ-साथ उन करोड़ों भारतीयों के आत्मविश्वास का परिचायक है जिनके प्रतिनिधि गाँधी जी थे। शुक्ल जी गाँधी जी के असहयोग आंदोलन के मुकाबले बाल गंगाधर तिलक के 'होमरूल' को एक सार्थक विकल्प के रूप में प्रस्तुत करने की बात करते हैं। वे लिखते हैं—"इस असहयोग आंदोलन के ऐसे लक्ष्यहीन और असंतुलित चरित्र को अनावृत्त करने तथा इसकी पताका के नीचे छद्मवेश में छिपी हुई दुष्ट शक्तियों का पर्दाफाश करने के लिए जनता के समक्ष स्पष्ट और सुनिश्चित स्वराज्य प्रचार (होमरूल) विकल्प के रूप में प्रस्तुत करना चाहिए।" आचार्य शुक्ल यह मानते थे कि गाँधी जी के आंदोलन की क्रिया-विधि व्यापारिक श्रेणियों की पक्षधर हैं। शुक्ल जी मानते है कि मि. गाँधी के अर्द्धधार्मिक और अर्द्धराजनीतिक प्रवचनों ने जहाँ करोड़ों हृदयों को झकझोर के रख दिया है वहीं व्यापारिक समुदाय तो जैसे उनका अन्ध भक्त हो गया हैं। शुक्ल जी अत्यन्त ही साफ शब्दों में कहते हैं कि "मि. गाँधी के स्वराज्य संबंधी विचार कल्पना विलासी हैं।"

साहित्यिक निबंधों के साथ शुक्ल जी के वैचारिक निबंधों को इस संकलन में देने के पीछे यही एक उद्देश्य है कि जो लोग शुक्ल जी को विशुद्ध रूप से प्रबुद्ध, सुचिन्तित और आधुनिक-दृष्टि संपन्न साहित्य-सिद्धान्तकार और अकादमिक मात्र मानते हैं वे यह देख सकें कि शुक्ल जी तत्कालीन राजनीति और अर्थनीति के संबंध में आम जन के पक्ष में एक जनतांत्रिक दृष्टि रखते हैं। शुक्ल जी का लोकहित संबंधी समाजिक दृष्टिकोण ही उनकी देशभक्ति और देशप्रेम का नियामक है। आमजन की चिंता शुक्ल जी को इस कदर संवेदित करती थी कि वह कभी-कभी अपनी शील और मर्यादा वाली भाषा छोड़ इस तरह की भाषा पर उतर जाते थे—"देश प्रेम की दुहाई देने वालों में से कितने अपने किसी थके मांदे भाई के फटे-पुराने कपड़ों पर रीझकर या कम से कम न खीझकर बिना मन मैला किये कमरे की फर्श भी मैली होने देंगे? मोटे आदमियों तुम जरा सा दुबले हो जाते—अपने

अंदेशों से ही—तो न जाने कितनी ठंठरियों पर माँस चढ़ जाता।'' तो यह है शुक्ल जी की साहित्य, राजनीति, समाजनीति और अर्थनीति संबंधी दृष्टि। यही वह दृष्टि है जो उन्हें 'एक भारतीय आत्मा' के रूप में लक्षित किए जाने की प्रेरणा देता है।

यह वर्ष आचार्य शुक्ल की 125वीं जयन्ती का वर्ष है। हिन्दी में ऐसे उपलक्ष्य प्रेरणादायी और सार्थक कम उत्सवधर्मी अधिक होते जा रहे हैं। ऐसे उत्सवधर्मी समय में आचार्य शुक्ल के श्रेष्ठ निबंधों का यह संकलन सार्थक दिशा में एक प्रारम्भिक प्रयास मात्र है।

हर संकलन और चयन की अपनी उपलब्धि और सीमाएँ होती हैं जो इस संकलन के साथ भी लागू होती है। ऐसे संकलनों के पीछे जो उद्देश्य कार्य करता है वह यह कि किसी भी रचनाकार का जो उत्तमांश है वह पाठकों के समक्ष एक जगह एकत्र होकर प्रस्तुत हो सके। आचार्य रामचंद्र शुक्ल के निबंधों का यह प्रतिनिधि-चयन भी इसी उद्देश्य को ध्यान में रखते हुए प्रस्तुत किया जा रहा है।

—विनोद तिवारी

भाव या मनोविकार

अनुभूति के द्वन्द्व ही से प्राणी के जीवन का आरम्भ होता है। उच्च प्राणी मनुष्य भी केवल एक जोड़ी अनुभूति लेकर इस संसार में आता है। बच्चे के छोटे से हृदय में पहले सुख और दुःख की सामान्य अनुभूति भरने के लिए जगह होती है। पेट का भरा या खाली रहना ही ऐसी अनुभूति के लिए पर्याप्त होता है। जीवन के आरम्भ में इन्हीं दोनों के चिह्न हँसना और रोना देखे जाते हैं पर ये अनुभूतियाँ बिल्कुल सामान्य रूप में रहती हैं, विशेष-विशेष विषयों की ओर विशेष-विशेष रूपों में ज्ञानपूर्वक उन्मुख नहीं होतीं।

नाना विषयों के बोध का विधान होने पर ही उनसे सम्बन्ध रखने वाली इच्छा की अनेकरूपता के अनुसार अनुभूति के भिन्न-भिन्न योग संघटित होते हैं जो भाव या मनोविकार कहलाते हैं। अतः हम कह सकते हैं कि सुख और दुःख की मूल अनुभूति ही विषय-भेद के अनुसार प्रेम, हास, उत्साह, आश्चर्य, क्रोध, भय, करुणा, घृणा इत्यादि मनोविकारों का जटिल रूप धारण करता है। जैसे यदि शरीर में कहीं सुई चुभने की पीड़ा हो तो केवल सामान्य दुःख होगा; पर यदि साथ ही यह ज्ञात हो जाय कि सुई चुभोने वाला कोई व्यक्ति है तो उस दुःख की भावना कई मानसिक और शारीरिक वृत्तियों के साथ संश्लिष्ट होकर उस मनोविकार की योजना करेगी जिसे क्रोध कहते हैं। जिस बच्चे को पहले अपने ही दुःख का ज्ञान होता था, बढ़ने पर असंलक्ष्यक्रम-अनुमान द्वारा उसे और बालकों का कष्ट या रोना देखकर भी एक विशेष प्रकार का दुःख होने लगता है जिसे दया या करुणा कहते हैं। इसी प्रकार जिस पर अपना वश न हो ऐसे कारण से पहुँचने वाले भावी अनिष्ट के निश्चय से जो दुःख होता है वह भय कहलाता है। बहुत छोटे बच्चे को, जिसमें यह निश्चयात्मिका बुद्धि नहीं होती, भय कुछ भी नहीं होता। यहाँ तक कि उसे मारने के लिए हाथ उठायें तो भी वह विचलित न होगा; क्योंकि वह निश्चय नहीं कर सकता कि इस हाथ उठाने का परिणाम दुःख होगा।

मनोविकारों या भावों की अनुभूतियाँ परस्पर तथा सुख या दुःख की मूल अनुभूति से ऐसी ही भिन्न होती हैं जैसे रासायनिक मिश्रण परस्पर तथा अपने संयोजक द्रव्यों से भिन्न होते हैं। विषय-बोध की विभिन्नता तथा उससे सम्बन्ध रखने वाली इच्छाओं की विभिन्नता के अनुसार मनोविकारों की अनेकरूपता का विकास होता है। हानि या दुःख के कारण में हानि या दुःख पहुँचाने की चेतन वृत्ति का पता पाने पर हमारा काम उस मूल अनुभूति से नहीं चल सकता जिसे दुःख कहते हैं, बल्कि उसके योग से संघटित क्रोध नामक जटिल भाव की आवश्यकता होती है। जब हमारी इन्द्रियाँ दूर से आती हुई क्लेशकारिणी बातों का पता देने लगती हैं, जब हमारा अन्तःकरण हमें भावी आपदा का निश्चय कराने लगता है; तब हमारा काम दुःख मात्र से नहीं चल सकता बल्कि भागने या बचने की प्रेरणा करने वाले भय से चल सकता है। इसी प्रकार अच्छी लगने वाली वस्तु या व्यक्ति के प्रति जो सुखानुभूति होती है उसी तक प्रयत्नवान प्राणी नहीं रह सकता, बल्कि उसकी प्राप्ति, रक्षा या संयोग की प्रेरणा करने वाले लोभ या प्रेम के वशीभूत होता है।

अपने मूल रूपों में सुख और दुःख दोनों की अनुभूतियाँ कुछ बँधी हुई शारीरिक क्रियाओं की ही प्रेरणा प्रवृत्ति के रूप में करती हैं। उनकी भावना, इच्छा और प्रयत्न की अनेकरूपता का स्फुरण नहीं होता। विशुद्ध सुख की अनुभूति होने पर हम बहुत करेंगे दाँत निकालकर हँसेंगे, कूदेंगे या सुख पहुँचाने वाली वस्तु से लगे रहेंगे, इसी प्रकार शुद्ध दुःख में हम बहुत करेंगे हाथ पैर पटकेंगे, रोयेंगे या दुःख पहुँचाने वाली वस्तु से हटेंगे पर हम चाहे कितना ही उछल-कूदकर हँसें, कितना ही हाथ-पैर पटककर रोयें, इस हँसने या रोने को प्रयत्न नहीं कह सकते। ये सुख और दुःख के अनिवार्य लक्षण मात्र हैं जो किसी प्रकार की इच्छा का पता नहीं देते। इच्छा के बिना कोई शारीरिक क्रिया प्रयत्न नहीं कहला सकती।

शरीर-मात्र धर्म के प्रकाश से बहुत थोड़े भावों की निर्दिष्ट और पूर्ण व्यंजना हो सकती है। उदाहरण के लिए कम्प को लीजिए कम्प शीत की संवेदना से भी हो सकता है, भय से भी, क्रोध से भी और प्रेम के वेग से भी। अतः जब तक भागना, छिपना या मारना, झपटना इत्यादि प्रयत्नों के द्वारा इच्छा के स्वरूप का पता न लगेगा तब तक भय या क्रोध की सत्ता पूर्णतया व्यक्त न होगी। सभ्य जातियों के बीच इन प्रयत्नों का स्थान बहुत कुछ शब्दों ने लिया है। मुँह से निकले हुए वचन ही अधिकतर भिन्न-भिन्न प्रकार की इच्छाओं का पता देकर भावों की व्यंजना किया करते हैं। इसी से

साहित्य-मीमांसकों ने अनुभाव के अन्तर्गत आश्रय की उक्तियों को विशेष स्थान दिया है।

क्रोधी चाहे किसी ओर झपटे या न झपटे, उसका यह कहना है कि 'मैं उसे पीस डालूँगा' क्रोध की व्यंजना के लिए काफी होता है। इसी प्रकार लोभी चाहे लपके या न लपके, उसका कहना ही कि 'कहीं वह वस्तु हमें मिल जाती' उसके लोभ का पता देने के लिए बहुत है। वीर रस की जैसी अच्छी और परिष्कृत अनुभूति उत्साहपूर्ण उक्तियों द्वारा होती है वैसी तत्परता के साथ हथियार चलाने और रणक्षेत्र में उछलने-कूदने के वर्णन में नहीं।' बात यह है कि भावों द्वारा प्रेरित प्रयत्न या व्यापार परिमित होते हैं। पर वाणी के प्रसार की कोई सीमा नहीं। उक्तियों में जितनी नवीनता और अनेकरूपता आ सकती है या भावों का जितना अधिक वेग व्यंजित हो सकता है उतना अनुभाव कहलाने वाले व्यापारों द्वारा नहीं। क्रोध के वास्तविक व्यापार तोड़ना-फोड़ना, मारना-पीटना इत्यादि ही हुआ करते हैं, पर क्रोध की उक्ति चाहे जहाँ तक बढ़ सकती है। 'किसी को धूल में मिला देना, चटनी कर डालना, किसी का घर खोदकर तालाब बना डालना' तो मामूली बात है। यही बात सब भावों के सम्बन्ध में समझिए।

समस्त मानव-जीवन के प्रवर्तक भाव या मनोविकार ही होते हैं। मनुष्य की प्रवृत्तियों की तह में अनेक प्रकार के भाव ही प्रेरक के रूप में पाये जाते हैं। शील या चरित्र का मूल भी भावों के विशेष प्रकार के संगठन में ही समझना चाहिए। लोक-रक्षा, और लोक-रंजन की सारी व्यवस्था का ढाँचा इन्हीं पर ठहराया गया है। धर्म-शासन, राज-शासन, मत-शासन सबमें इनसे पूरा काम लिया गया है। इनका सदुपयोग भी हुआ है और दुरुपयोग भी। जिस प्रकार लोक-कल्याण के व्यापक उद्देश्य की सिद्धि के लिए मनुष्य के मनोविकार काम में लाये गये हैं उसी प्रकार किसी सम्प्रदाय या संस्था के संकुचित और परिमित विधान की सफलता के लिए भी।

सब प्रकार के शासन में चाहे धर्म-शासन हो, चाहे राज-शासन, या सम्प्रदाय-शासन मनुष्य-जाति के भय और लोभ से पूरा काम लिया गया है। दण्ड का भय और अनुग्रह का लोभ दिखाते हुए राज-शासन तथा नरक का भय और स्वर्ग का लोभ दिखाते हुए धर्म-शासन और मत-शासन चलते आ रहे हैं। इनके द्वारा भय और लोभ का प्रवर्त्तन उचित सीमा के बाहर भी प्रायः हुआ है और होता रहता है। जिस प्रकार शासक वर्ग अपनी रक्षा और स्वार्थ-सिद्धि के लिए भी इनसे काम लेते आये हैं उसी प्रकार धर्म-प्रवर्त्तक और आचार्य आपके स्वरूप वैचित्र्य की रक्षा और अपने प्रभाव की प्रतिष्ठा के

लिए भी। शासक वर्ग अपने अन्याय और अत्याचार के विरोध की शान्ति के लिए भी डराते और ललचाते आये हैं। मत-प्रवर्त्तक अपने द्वेष और संकुचित विचारों के प्रचार के लिए भी जनता को कँपाते और लपकाते आये हैं। एक जाति को मूर्ति-पूजा करते देख दूसरी जाति के मत-प्रवर्तक ने उसे गुनाहों में दाखिल किया है। एक सम्प्रदाय को भस्म और रुद्राक्ष धारण करते देख दूसरे सम्प्रदाय के प्रचारक ने उसके दर्शन तक में पाप लगाया है। भावक्षेत्र अत्यन्त पवित्र क्षेत्र है। उसे इस प्रकार गन्दा करना लोक के प्रति भारी अपराध समझना चाहिए।

शासन की पहुँच प्रवृत्ति और निवृत्ति की बाहरी व्यवस्था तक ही होती है। उनके मूल या मर्म तक उनकी गति नहीं होती। भीतरी या सच्ची प्रवृत्ति-निवृत्ति को जागरित रखनेवाली शक्ति कविता है जो धर्म क्षेत्र में शक्ति भावना को जगाती रहती है। भक्ति धर्म की रसात्मक अनुभूति है। अपने मंगल और लोक के मंगल का संगम उसी के भीतर दिखाई पड़ता है। इस संगम के लिए प्रकृति के क्षेत्र के बीच मनुष्य को अपने हृदय के प्रसार का अभ्यास करना चाहिए। जिस प्रकार ज्ञान नरसत्ता के प्रसार के लिए है उसी प्रकार हृदय भी। रागात्मिका वृत्ति के प्रसार के बिना विश्व के साथ जीवन का प्रकृत सामंजस्य घटित नहीं हो सकता। जब मनुष्य के सुख और आनन्द का मेल शेष प्रकृति के सुख-सौन्दर्य के साथ हो जायेगा, जब उसकी रक्षा का भाव तृणगुल्म, वृक्ष-लता, पशु-पक्षी, कीट-पतंग, सबकी रक्षा के भाव के साथ समन्वित हो जायेगा, तब उसके अवतार का उद्देश्य पूर्ण हो जायेगा और वह जगत् का सच्चा प्रतिनिधि हो जायेगा। काव्य योग की साधना इसी भूमि पर पहुँचाने के लिए है। सच्चे कवियों की वाणी बराबर पुकारती आ रही है—

विधि के बनाये जीव जेते हैं जहाँ के तहाँ
खेलत फिरत तिन्हैं खेलन फिरन देव।

—ठाकुर

●●●

उत्साह

दुःख के वर्ग में जो स्थान भय का है, वही स्थान आनन्द-वर्ग में उत्साह का है। भय में हम प्रस्तुत कठिन स्थिति के नियम से विशेष रूप में दुःखी और कभी-कभी उस स्थिति से अपने को दूर रखने के लिए प्रयत्नवान भी होते हैं। उत्साह में हम आने वाली कठिन स्थिति के भीतर साहस के अवसर के निश्चय द्वारा प्रस्तुत कर्म-सुख की उमंग से अवश्य प्रयत्नवान होते हैं। उत्साह में कष्ट या हानि सहने की दृढ़ता के साथ कर्म में प्रवृति होने के आनन्द का योग रहता है। साहस-पूर्ण आनन्द की उमंग का नाम उत्साह है। कर्म-सौन्दर्य के उपासक ही सच्चे उत्साही कहलाते हैं।

जिन कर्मों में किसी प्रकार का कष्ट या हानि का साहस अपेक्षित होता है उन सब के प्रति उत्कण्ठापूर्ण आनन्द उत्साह के अन्तर्गत लिया जाता है। कष्ट या हानि के भेद के अनुसार उत्साह के भी भेद हो जाते हैं। साहित्य-मीमांसकों ने इसी दृष्टि से युद्ध-वीर, दान-वीर, दया-वीर इत्यादि भेद किये हैं। इनमें सबसे प्राचीन और प्रधान युद्ध-वीरता है, जिसमें आघात, पीड़ा क्या मृत्यु तक की परवा नहीं रहती। इस प्रकार की वीरता का प्रयोजन अत्यन्त प्राचीन काल से पड़ता चला आ रहा है, जिसमें साहस और प्रयत्न दोनों चरम उत्कर्ष पर पहुँचते हैं। पर केवल कष्ट या पीड़ा सहन करने के साहस में ही उत्साह का स्वरूप स्फुरित नहीं होता। उसके साथ आनन्द-पूर्ण प्रयत्न या उसकी उत्कण्ठा का योग होना चाहिये। बिना बेहोश हुए भारी फोड़ा चिराने को तैयार होना साहस कहा जायेगा, पर उत्साह नहीं। इसी प्रकार चुपचाप, बिना हाथ-पैर हिलाये, घोर प्रहार सहने के लिए तैयार रहना साहस और कठिन से कठिन प्रहार सहकर भी जगह से न हटना धीरता कही जायेगी। ऐसे साहस और धीरता को उत्साह के अन्तर्गत तभी ले सकते हैं जबकि साहसी या धीर उस काम को आनन्द के साथ करता चला जायेगा जिसके कारण उसे इतने प्रहार सहने पड़ते हैं। सारांश यह कि आनन्दपूर्ण प्रयत्न या उसकी उत्कण्ठा में ही

उत्साह का दर्शन होता है, केवल कष्ट सहने के निश्चेष्ट साहस में नहीं। धृति और साहस दोनों का उत्साह के बीच संचरण होता है।

दान-वीर में अर्थ-त्याग का साहस अर्थात् उसके कारण होने वाले कष्ट या कठिनता को सहने की क्षमता अन्तर्निहित रहती है। दानवीरता तभी कही जायेगी जब दान के कारण दानी को अपने जीवन-निर्वाह में किसी प्रकार का कष्ट या कठिनता दिखाई देगी। इसी कष्ट या कठिनता की मात्रा या सम्भावना जितनी ही अधिक होगी, दानवीरता उतनी ही ऊँची समझी जायेगी। पर इस अर्थ-त्याग के साहस के साथ ही जब तक पूर्ण तत्परता और आनन्द के चिन्ह न दिखाई पड़ेंगे तब तक उत्साह का स्वरूप न खड़ा होगा।

युद्ध के अतिरिक्त संसार में और भी ऐसे विकट काम होते हैं जिसमें घोर शारीरिक कष्ट सहना पड़ता है और प्राण-हानि तक की सम्भावना रहती है। अनुसंधान के लिए तुषार-मण्डित अभ्रभेदी अगम्य पर्वतों की चढ़ाई, ध्रुव देश या सहारा के रेगिस्तान का सफर; क्रूर, बर्बर जातियों के बीच अज्ञात घोर जंगलों में प्रवेश इत्यादि भी पूरी वीरता और पराक्रम के कर्म हैं। इनमें जिस आनन्दपूर्ण तत्परता के साथ लोग प्रवृत्त हुए हैं वह भी उत्साह ही है।

मनुष्य शारीरिक कष्ट से ही पीछे हटने वाला प्राणी नहीं है। मानसिक क्लेश की सम्भावना से भी बहुत से कर्मों की ओर प्रवृत्त होने का साहस उसे नहीं होता। जिन बातों से समाज के बीच उपहास, निन्दा, अपमान इत्यादि का भय रहता है उन्हें अच्छी और कल्याणकारिणी समझते हुए भी बहुत से लोग उनसे दूर रहते हैं। प्रत्यक्ष हानि देखते हुए भी कुछ प्रथाओं का अनुसरण बड़े-बड़े समझदार तक इसलिए करते चलते हैं कि उनके त्याग से वे बुरे कहे जायेंगे, लोगों में उनका वैसा आदर-सम्मान न रह जायेगा। उसके लिए मानग्लानि का कष्ट सब शारीरिक क्लेषों से बढ़कर होता है। जो लोग मान-अपमान का कुछ भी ध्यान न करके निन्दा-स्तुति की कुछ भी परवा न करके किसी प्रचलित प्रथा के विरुद्ध पूर्ण तत्परता और प्रसन्नता के साथ कार्य करते जाते हैं वे एक ओर तो उत्साही और वीर कहलाते हैं दूसरी ओर भारी बेहया।

किसी शुभ परिणाम पर दृष्टि रखकर निन्दा-स्तुति, मान-अपमान आदि की कुछ परवा न करके प्रचलित प्रथाओं का उल्लंघन करने वाले वीर या उत्साही कहलाते हैं, यह देखकर बहुत से लोग केवल इसके विरुद्ध लोभ में ही अपनी उछल-कूद दिखाया करते हैं। वे केवल उत्साही या साहसी कहे जाने के लिए ही चली आती हुई प्रथाओं को तोड़ने की धूम मचाया करते हैं।

शुभ या अशुभ परिणाम से उनसे कोई मतलब नहीं, उनकी ओर उनका ध्यान लेशमात्र नहीं रहता। जिस पक्ष के बीच की सुख्याति का वे अधिक महत्व समझते हैं उनकी वाहवाही से उत्पन्न आनन्द की चाह में वे दूसरे पक्ष के बीच की निन्दा या अपमान की कुछ परवा नहीं करते। ऐसे ओछे लोगों के साहस या उत्साह की अपेक्षा उन लोगों का उत्साह या साहस-भाव की दृष्टि से कहीं अधिक मूल्यवान है जो किसी प्राचीन प्रथा की चाहे वह वास्तव में हानिकारिणी ही हो उपयोगिता का सच्चा विश्वास रखते हुए तोड़ने वालों की निन्दा, उपहास, अपमान आदि सहा करते हैं।

समाज-सुधार के वर्तमान आन्दोलनों के बीच जिस प्रकार सच्ची अनुभूति से प्रेरित उच्चाशय और दम्भी पुरुष पाये जाते हैं उसी प्रकार तुच्छ मनोवृत्तियों द्वारा प्रेरित साहसी और दयावान भी बहुत मिलते हैं। मैंने कई छिछोरों और लम्पटों को विधवाओं की दशा पर दया दिखाते हुए उनके पापाचार के लम्बे-चौड़े दास्तान हरदम सुनते-सुनाते पाया है। ऐसे लोग वास्तव में काम-कथा के रूप में ऐसे वृत्तान्तों का तन्मयता के साथ कथन और श्रवण करते हैं। इस ढाँचे के लोगों से सुधार के कार्य में कुछ सहायता पहुँचाने के स्थान पर बाधा पहुँचाने की ही सम्भावना रहती है। 'सुधार' के नाम पर साहित्य के क्षेत्र में भी ऐसे लोग गन्दगी फैलाते पाये जाते हैं।

उत्साह की गिनती अच्छे गुणों में होती है। किसी भाव के अच्छे या बुरे होने का निश्चय अधिकतर उसकी प्रवृत्ति के शुभ या अशुभ परिणाम के विचार से होता है। वही उत्साह जो कर्त्तव्य कर्मों के प्रति इतना सुन्दर दिखाई पड़ता है, अकर्त्तव्य कर्मों की ओर होने पर वैसा श्लाघ्य नहीं प्रतीत होता। आत्मरक्षा, पर-रक्षा, देश-रक्षा आदि के निमित्त साहस की जो उमंग दिखाई देती है उसके सौन्दर्य को परपीड़न, डकैती आदि कर्मों का साहस कभी नहीं पहुँच सकता। यह बात होते हुए भी विशुद्ध उत्साह या साहस की प्रशंसा संसार में थोड़ी बहुत होती ही है। अत्याचारियों या डाकुओं के शौर्य और साहस की कथाएँ भी लोग तारीफ करते हुए सुनते हैं।

अब तक उत्साह का प्रधान रूप ही हमारे सामने रहा, जिसमें साहस का पूरा योग रहता है पर कर्ममात्र के संपादन में जो तत्परतापूर्ण आनन्द देखा जाता है वह उत्साह ही कहा जाता है। सब कामों में साहस अपेक्षित नहीं होता, पर थोड़ा बहुत आराम-विश्राम, सुभीते आदि का त्याग सबको करना पड़ता है, और कुछ नहीं तो उठकर बैठना, खड़ा होना या दस-पाँच कदम चलना ही पड़ता है। जब तक आनन्द का लगाव किसी क्रिया, व्यापार या

उसकी भावना के साथ नहीं दिखाई पड़ता तब तक उसे 'उत्साह' की संज्ञा प्राप्त नहीं होती। यदि किसी प्रिय मित्र के आने का समाचार पाकर हम चुपचाप ज्यों के त्यों आनन्दित होकर बैठे रह जायँ या थोड़ा हँस भी दें तो यह हमारा उत्साह नहीं कहा जायेगा। हमारा उत्साह तभी कहा जायेगा जब हम अपने मित्र का आगमन सुनते ही उठ खड़े होंगे। उससे मिलने के लिए दौड़ पड़ेंगे और उसके ठहरने आदि के प्रबन्ध में प्रसन्न-मुख इधर-उधर आते-जाते दिखाई देंगे। प्रयत्न और कर्म संकल्प उत्साह नामक आनन्द के नित्य लक्षण हैं।

प्रत्येक कर्म में थोड़ा या बहुत बुद्धि का योग भी रहता है। कुछ कर्मों में तो बुद्धि की तत्परता और शरीर की तत्परता दोनों बराबर साथ-साथ चलती है। उत्साह की उमंग जिस प्रकार हाथ-पैर चलवाती है, उसी प्रकार बुद्धि से भी काम कराती है। ऐसे उत्साहवाले वीर को कर्मवीर कहना चाहिए या बुद्धिवीर यह प्रश्न मुद्राराक्षस नाटक बहुत अच्छी तरह हमारे सामने लाता है। चाणक्य और राक्षस के बीच जो चोटें चली हैं वे नीति की हैं शस्त्र की नहीं। अतः विचार करने की बात यह है कि उत्साह की अभिव्यक्ति बुद्धि व्यापार के अवसर पर होती है अथवा बुद्धि द्वारा निश्चित उद्योग में तत्पर होने की दशा में। हमारे देखने में तो उद्योग की तत्परता में ही उत्साह की अभिव्यक्ति होती है; अतः कर्मवीर ही कहना ठीक है।

बुद्धि-वीर दृष्टान्त कभी-कभी हमारे पुराने ढंग के शास्त्रार्थों में देखने को मिल जाते हैं। जिस समय किसी भारी शास्त्रार्थी पण्डित से भिड़ने के लिए कोई विद्यार्थी आनन्द के साथ सभा में आगे आता है, उस समय उसके बुद्धि साहस की प्रशंसा अवश्य होती है। वह जीते या हारे, बुद्धि-वीर समझा ही जाता है। इस जमाने में वीरता का प्रसंग उठाकर वाग्वीर का उल्लेख यदि न हो तो बात अधूरी ही समझी जायेगी। ये वाग्वीर आजकल बड़ी-बड़ी सभाओं के मंचों पर से लेकर स्त्रियों के उठाये पारिवारिक प्रपंचों तक में पाये जाते हैं और काफी तादाद में।

थोड़ा यह भी देखना चाहिये कि उत्साह में ध्यान किस पर रहता है। कर्म पर, उसके फल पर अथवा व्यक्ति या वस्तु पर? हमारे विचार में उत्साही वीर का ध्यान आदि से अन्त तक पूरी कर्म शृंखला पर से होता हुआ उसकी सफलतारूपी समाप्ति तक फैला रहता है। इसी ध्यान से जो आनन्द की तरंगें उठती हैं वे ही सारे प्रयत्न को आनन्दमय कर देती हैं। युद्ध-वीर में विजेतव्य को आलम्बन कहा गया है। उसका अभिप्राय यही है कि विजेतव्य कर्म-प्रेरक

के रूप में वीर के ध्यान में स्थिर रहता है, वह कर्मस्वरूप का भी निर्धारण करता है। पर आनन्द और साहस के मिश्रित भाव का सीधा लगाव उसके साथ नहीं रहता। सच पूछिये तो वीर के उत्साह का विषय विजय-विधायक कर्म या युद्ध ही रहता है। दानवीर और धर्मवीर पर विचार करने से यह बात स्पष्ट हो जाती है। दान दयावश, श्रद्धावश या कीर्ति-लोभवश दिया जाता है। यदि श्रद्धा-वश दान दिया जा रहा है तो दान-पात्र वास्तव में श्रद्धा का और यदि दया-वश दिया जा रहा है तो पीड़ित यथार्थ में दया का विषय या आलम्बन ठहरता है। अतः उस श्रद्धा या दया की प्रेरणा से जिस कठिन या दुस्साध्य कर्म की प्रवृत्ति होती है उसी की ओर उत्साही का साहसपूर्ण आनन्द उन्मुख कहा जा सकता है। अतः और रसों में आलम्बन का स्वरूप जैसा निर्दिष्ट रहता है वैसा वीररस में नहीं। बात यह है कि उत्साह एक यौगिक भाव है जिसमें साहस और आनन्द का मेल रहता है।

जिस व्यक्ति या वस्तु पर प्रभाव डालने के लिए वीरता दिखाई जाती है उसकी ओर उन्मुख कर्म होता है और कर्म की ओर उन्मुख उत्साह नामक भाव होता है। सारांश यह है कि किसी व्यक्ति या वस्तु के साथ उत्साह का सीधा लगाव नहीं होता। समुद्र लाँघने के लिए जिस उत्साह के साथ हनुमान उठे हैं उसका कारण समुद्र नहीं समुद्र लाँघने का विकट कर्म है। कर्म-भावना ही उत्साह उत्पन्न करती है, वस्तु या व्यक्ति की भावना नहीं।

किसी कर्म के सम्बन्ध में जहाँ आनन्दपूर्ण तत्परता दिखाई पड़ी कि हम उसे उत्साह कह देते हैं। कर्म के अनुष्ठान में जो आनन्द होता है उसका विधान तीन रूपों में दिखाई पड़ता है

1. कर्म-भावना से उत्पन्न,
2. फल-भावना से उत्पन्न और
3. आगन्तुक, अर्थात विषयान्तर से प्राप्त।

इनमें कर्म-भावना-प्रसूत आनन्द को ही सच्चे वीरों का आनन्द समझना चाहिए, जिसमें साहस का योग प्रायः बहुत अधिक रहा करता है। सच्चा वीर जिस समय मैदान में उतरता है उसी समय उसमें उतना आनन्द भरा रहता है जितना औरों को विजय या सफलता प्राप्त करने पर होता है। उसके सामने कर्म और फल के बीच या तो कोई अन्तर होता ही नहीं या बहुत सिमटा हुआ होता है। इसी से कर्म की ओर यह उसी झोंक से लपकता है जिस झोंक से साधारण लोग फल की ओर लपका करते हैं। इसी कर्मप्रवर्तक आनन्द की मात्रा के हिसाब से शौर्य और साहस का स्फुरण होता है।

फल की भावना से उत्पन्न आनन्द भी साधक कर्मों की ओर हर्ष और तत्परता के साथ प्रवृत्त करता है। पर फल का लोभ जहाँ प्रधान रहता है वहाँ कर्म-विषयक आनन्द उसी फल की भावना की तीव्रता और मन्दता पर अवलम्बित रहता है। उद्योग के प्रभाव के बीच जब-जब फल की भावना मंद पड़ती है उसकी आशा कुछ धुँधली पड़ जाती है तब-तब आनन्द की उमंग गिर जाती है और उसी के साथ उद्योग में भी शिथिलता आ जाती है। पर कर्म-भावना-प्रधान उत्साह बराबर एकरस रहता है। फलासक्त उत्साही असफल होने पर खिन्न और दुःखी होता है, पर कर्मासक्त उत्साही केवल कर्मानुष्ठान के पूर्व की अवस्था में हो जाता है। अतः हम कह सकते हैं कि कर्म-भावना-प्रधान उत्साह ही सच्चा उत्साह है। फल-भावना-प्रधान उत्साह तो लोभ ही का एक प्रच्छन्न रूप है।

उत्साह वास्तव में कर्म और फल की मिली-जुली अनुभूति है जिसकी प्रेरणा से तत्परता आती है। यदि फल दूर ही पर दिखाई पड़े, उसकी भावना के साथ ही उसका लेशमात्र भी कर्म या प्रयत्न के साथ लगाव न मालूम हो तो हमारे हाथ-पाँव कभी न उठें और उस फल के साथ हमारा संयोग ही न हो। इससे कर्म-श्रृंखला की पहली कड़ी पकड़ते ही फल के आनन्द की भी कुछ अनुभूति होने लगती है। यदि हमें यह निश्चय हो जाये कि अमुक स्थान पर जाने से हमें किसी प्रिय व्यक्ति का दर्शन होगा तो उस निश्चय के प्रभाव से हमारी यात्रा भी अत्यन्त प्रिय हो जायेगी। हम चल पड़ेंगे और हमारे अंगों की प्रत्येक गति में प्रफुल्लता दिखाई देगी। यही प्रफुल्लता कठिन से कठिन कर्मों के साधन में भी देखी जाती है। वे कर्म भी प्रिय हो जाते हैं और अच्छे लगने लगते हैं। जब तक फल तक पहुँचने वाला कर्म-पथ अच्छा न लगेगा तब तक केवल फल का अच्छा लगना कुछ नहीं। फल की इच्छा मात्र हृदय में रखकर जो प्रयत्न किया जायेगा वह अभावमय और आनन्दशून्य होने के कारण निर्जीव सा होगा।

कर्म-रुचि-शून्य प्रयत्न में कभी-कभी इतनी उतावली और आकुलता होती है कि मनुष्य साधना के उत्तरोत्तरक्रम का निर्वाह न कर सकने के कारण बीच ही में चूक जाता है। मान लीजिए कि एक ऊँचे पर्वत के शिखर पर विचरते हुए किसी व्यक्ति को नीचे बहुत दूर तक गयी हुई सीढ़ियाँ दिखाई दीं और यह मालूम हुआ कि नीचे उतरने पर सोने का ढेर मिलेगा। यदि उसमें इतनी सजीवता है कि उक्त सूचना के साथ ही वह उस स्वर्ण-राशि के साथ एक प्रकार का मानसिक संयोग का अनुभव करने लगा तथा उसका चित्त प्रफुल्ल और अंग सचेष्ट हो गये, उसे एक-एक सीढ़ी स्वर्णमयी दिखाई देगी, एक-

एक सीढ़ी उतरने में उसे आनन्द मिलता जायेगा, एक-एक क्षण उसे सुख से बीतता हुआ जान पड़ेगा और वह प्रसन्नता के साथ स्वर्णराशि तक पहुँचेगा। इस प्रकार उसके प्रयत्न-काल को भी फल-प्राप्ति काल के अर्न्तगत ही समझना चाहिये। इसके विरुद्ध यदि उसका हृदय दुर्बल होगा और उसमें इच्छामात्र ही उत्पन्न होकर रह जायेगी; तो अभाव के बोध के कारण उसके चित्त में यही होगा कि कैसे झट से नीचे पहुँच जायँ। उसे एक-एक सीढ़ी उतरना बुरा मालूम होगा और आश्चर्य नहीं कि वह या तो हारकर बैठ जाय या लड़खड़ाकर मुँह के बल गिर पड़े।

फल की विशेष आसक्ति से कर्म के लाघव की वासना उत्पन्न होती है; चित्त में यही आता है कि कर्म बहुत कम या बहुत सरल करना पड़े और फल बहुत सा मिल जाये। श्रीकृष्ण ने कर्म-मार्ग से फलासक्ति की प्रबलता हटाने का बहुत ही स्पष्ट उपदेश दिया; पर उनके समझाने पर भी भारतवासी इस वासना से ग्रस्त होकर कर्म से तो उदास हो बैठे और फल के इतने पीछे पड़े कि गरमी में ब्राह्मण को एक पेठा देकर पुत्र की आशा करने लगे; चार आने रोज का अनुष्ठान कराके व्यापार से लाभ, शत्रु पर विजय, रोग से मुक्ति, धन-धान्य की वृद्धि तथा और भी न जाने क्या-क्या चाहने लगे। आसक्ति प्रस्तुत या उपस्थित वस्तु में ही ठीक कही जा सकती है। कर्म सामने उपस्थित रहता है। इससे आसक्ति उसी में चाहिए। फल दूर रहता है, इससे उसकी ओर कर्म का लक्ष्य काफी है। जिस आनन्द से कर्म की उत्तेजना होती है और जो आनन्द कर्म करते समय तक बराबर चला चलता है उसी का नाम उत्साह है।

कर्म के मार्ग पर आनन्दपूर्वक चलता हुआ उत्साही मनुष्य यदि अन्तिम फल तक न भी पहुँचे तो भी उसकी दशा कर्म न करने वाले की अपेक्षा अधिकतर अवस्थाओं में अच्छी रहेगी; क्योंकि एक तो कर्म-काल में उसका जो जीवन बीता वह सन्तोष या आनन्द में बीता, उसके उपरान्त फल की अप्राप्ति पर भी उसे यह पछतावा न रहा कि मैंने प्रयत्न नहीं किया। फल पहले से कोई बना-बनाया पदार्थ नहीं होता। अनुकूल प्रयत्न-कर्म के अनुसार, उसके एक-एक अंग की योजना होती है। बुद्धि द्वारा पूर्ण रूप से निश्चित की हुई व्यापार परम्परा का नाम ही प्रयत्न है। किसी मनुष्य के घर का कोई प्राणी बीमार है। वह वैद्यों के यहाँ से जब तक औषधि ला-लाकर रोगी को देता जाता है और इधर-उधर दौड़-धूप करता जाता है तब तक उसके चित्त में जो सन्तोष रहता है प्रत्येक नये उपचार के साथ जो आनन्द का उन्मेष होता रहता है यह उसे कदापि न प्राप्त होता, यदि वह रोता हुआ बैठा रहता। प्रयत्न की

अवस्था में उसके जीवन का जितना अंश सन्तोष, आशा और उत्साह में बीता, अप्रयत्न की दशा में उतना ही अंश केवल शोक और दुःख में कटता। इसके अतिरिक्त रोगी के न अच्छे होने की दशा में भी वह आत्मग्लानि के उस कठोर दुःख से बचा रहेगा जो उसे जीवन भर यह सोच-सोचकर होता है कि मैंने पूरा प्रयत्न नहीं किया।

कर्म में आनन्द का अनुभव करने वालों ही का नाम कर्मण्य है। धर्म और उदारता के उच्च कर्मों के विधान में ही एक ऐसा दिव्य आनन्द भरा रहता है कि कर्ता को वे कर्म ही फलस्वरूप लगते हैं। अत्याचार का दमन और क्लेश का शमन करते हुए चित्त में जो उल्लास और तुष्टि होती है, वही लोकोपकारी कर्मवीर का सच्चा सुख है। उसके लिए सुख तब तक के लिए रुका नहीं रहता जब तक कि फल प्राप्त न हो जाये; बल्कि उसी समय से थोड़ा थोड़ा करके मिलने लगा है जब से वह कर्म की ओर हाथ बढ़ाता है।

कभी-कभी आनन्द का मूल विषय तो कुछ और रहता है, पर उस आनन्द के कारण एक ऐसी स्फूर्ति होती है जो बहुत से कामों की ओर हर्ष के साथ अग्रसर करती है। इसी प्रसन्नता और तत्परता को देख लोग कहते हैं कि वे काम बड़े उत्साह से किये जा रहे हैं। यदि किसी मनुष्य को बहुत सा लाभ हो जाता है या उसकी कोई बड़ी भारी कामना पूर्ण हो जाती है तो जो काम उसके सामने आते हैं उन सबको वह बड़े हर्ष और तत्परता के साथ करता है। उसके इस हर्ष और तत्परता को भी लोग उत्साह ही कहते हैं। इसी प्रकार किसी उत्तम फल या सुख की प्राप्ति की आशा या निश्चय से उत्पन्न आनन्द, फलोन्मुख प्रयत्नों के अतिरिक्त और दूसरे व्यापारों के साथ संलग्न होकर, उत्साह के रूप में दिखाई पड़ता है। यदि हम किसी ऐसे उद्योग में लगे हैं जिससे आगे चलकर हमें बहुत लाभ या सुख की आशा है तो हम उस उद्योग को तो उत्साह के साथ करते ही हैं, अन्य कार्यों में भी प्रायः अपना उत्साह दिखा देते हैं।

यह बात उत्साह में नहीं, अन्य मनोविकारों में बराबर पायी जाती है। यदि हम किसी बात पर क्रुद्ध बैठे हैं और इसी बीच में कोई दूसरा आकर हमसे कोई बात सीधी तरह भी पूछता है तो भी हम उस पर झुंझला उठते हैं। इस झुंझलाहट का न तो कोई निर्दिष्ट कारण होता है, न उद्देश्य। यह केवल क्रोध की स्थिति व्याघात को रोकने की क्रिया है, क्रोध की रक्षा का प्रयत्न है। इस झुंझलाहट द्वारा हम यह प्रकट करते हैं कि हम क्रोध में हैं और क्रोध में ही रहना चाहते हैं। क्रोध को बनाये रखने के लिए हम उन बातों से भी क्रोध ही

संचित करते हैं जिनसे दूसरी अवस्था में हम विपरीत भाव प्राप्त करते हैं। इसी प्रकार यदि हमारा चित्त किसी विषय में उत्साहित रहता है तो हम अन्य विषयों में भी अपना उत्साह दिखा देते हैं। यदि हमारा मन बढ़ा हुआ रहता है तो हम बहुत से काम प्रसन्नतापूर्वक करने के लिए तैयार हो जाते हैं। इसी बात का विचार करके सलाम-साधक लोग हाकिमों से मुलाकात करने के पहले अर्दलियों से उनका मिजाज पूछ लिया करते हैं।

●●●

श्रद्धा-भक्ति

किसी मनुष्य में जन-साधारण से विशेष गुण व शक्ति का विकास देख उसके सम्बन्ध में जो एक स्थायी आनन्द पद्धति हृदय में स्थापित हो जाती है उसे श्रद्धा कहते हैं। श्रद्धा महत्व की आनन्दपूर्ण स्वीकृति के साथ-साथ पूज्य बुद्धि का संचार है। यदि हमें निश्चय हो जायेगा कि कोई मनुष्य बड़ा वीर, बड़ा सज्जन, बड़ा गुणी, बड़ा दानी, बड़ा विद्वान, बड़ा परोपकारी व बड़ा धर्मात्मा है तो वह हमारे आनन्द का एक विषय हो जायेगा। हम उसका नाम आने पर प्रशंसा करने लगेंगे, उसे सामने देख आदर से सिर नवायेंगे; किसी प्रकार का स्वार्थ न रहने पर भी हम सदा उसका भला चाहेंगे, उसकी बढ़ती से प्रसन्न होंगे और अपनी पोषित आनन्दपद्धति में व्याघात पहुँचने के कारण उसकी निंदा न सह सकेंगे। इससे सिद्ध होता है कि जिन कर्मों के प्रति श्रद्धा होती है उनका होना संसार को वांछित है। यही विश्वकामना श्रद्धा की प्रेरणा का मूल है।

प्रेम और श्रद्धा में अन्तर यह है कि प्रेम स्वाधीन कार्यों पर उतना निर्भर नहीं—कभी-कभी किसी का रूप मात्र, जिसमें उसका कुछ भी हाथ नहीं, उसके प्रति प्रेम उत्पन्न होने का कारण होता है, पर श्रद्धा ऐसी नहीं है। किसी की सुन्दर आँख या नाक देखकर उसके प्रति श्रद्धा उत्पन्न नहीं होगी, प्रीति उत्पन्न हो सकती है। प्रेम के लिए इतना ही बस है कि कोई मनुष्य हमें अच्छा लगे, पर श्रद्धा के लिए आवश्यक यह है कि मनुष्य किसी बात में बढ़ा हुआ होने के कारण हमारे सम्मान का पात्र हो। श्रद्धा का व्यापार स्थल विस्तृत है, प्रेम का एकांत। प्रेम में घनत्व अधिक है और श्रद्धा में विस्तार। किसी मनुष्य से प्रेम रखने वाले दो ही एक मिलेंगे, पर उस पर श्रद्धा रखने वाले सैकड़ों, हजारों, लाखों क्या करोड़ों मिल सकते हैं। सच पूछिये तो इसी श्रद्धा के आश्रय से उन कर्मों के महत्व का भाव दृढ़ होता रहता है जिन्हें धर्म कहते हैं और जिनमें मनुष्य-समाज की स्थिति है। कर्त्ता से बढ़कर कर्म का

स्मारक दूसरा नहीं। कर्म की क्षमता प्राप्त करने के लिए बार-बार कर्त्ता ही क ओर आँख उठती है। कर्मों से कर्त्ता की स्थिति को जो मनोहरता प्राप्त ह जाती है उस पर मुग्ध होकर बहुत से प्राणी उन कर्मों की ओर से प्रेरित होत हैं। कर्त्ता अपने सत्कर्म द्वारा एक विस्तृत क्षेत्र में मनुष्य की सद्वृत्तियों वे आकर्षण का एक शक्तिकेन्द्र हो जाता है। जिस समाज में किसी ऐसे ज्योतिष्मान् शक्तिकेन्द्र का उदय होता है उस समाज में भिन्न-भिन्न हृदयों स शुभ भावनाएँ मेघ-खण्डों के समान उठकर तथा एक ओर और एक सा अग्रसर होने के कारण परस्पर मिलकर, इतनी घनी हो जाती हैं कि उनकी घटा सी उमड़ पड़ती है और मंगल की ऐसी वर्षा होती है कि सारे दुःख औ क्लेश बह जाते हैं।

हमारे अन्तःकरण में प्रिय के आदर्श रूप का संघटन उसके शरीर य व्यक्ति मात्र के आश्रय से हो सकता है, पर श्रद्धेय के आदर्श रूप का संघटन उसके फैलाये हुए कर्म-तन्तु के उपादान से होता है। प्रिय का चिन्तन हम आँख मूँदे हुए, संसार को भुलाकर करते हैं, पर श्रद्धेय का चिन्तन हम आँख खोले हुए, संसार का कुछ अंश सामने रखकर करते हैं। यदि प्रेम स्वप्न है तो श्रद्धा जागरण है। प्रेमी प्रिय को अपने लिए और अपने को प्रिय के लिए संसार से अलग करना चाहता है। प्रेम में केवल दो पक्ष होते हैं, श्रद्धा मे तीन। प्रेम में कोई मध्यस्थ नहीं, पर श्रद्धा में मध्यस्थ अपेक्षित है। प्रेमी और प्रिय के बीच कोई और वस्तु अनिवार्य नहीं, पर श्रद्धालु और श्रद्धेय के बीच कोई वस्तु चाहिए। इस बात का स्मरण रखने से यह पहचानना उतना कठिन न रह जायेगा कि किसी के प्रति किसी का कोई आनन्दान्तर्गत भाव प्रेम है या श्रद्धा। यदि किसी कवि का काव्य बहुत अच्छा लगा, किसी चित्रकार का बनाया चित्र बहुत सुन्दर जँचा और हमारे चित्त में उस कवि या चित्रकार के प्रति एक सुहृद भाव उत्पन्न हुआ तो वह श्रद्धा है; क्योंकि यह काव्य या चित्ररूप मध्यस्थ द्वारा प्राप्त हुआ है।

प्रेम का कारण बहुत कुछ अनिर्दिष्ट और अज्ञात होता है; पर श्रद्धा का कारण निर्दिष्ट और ज्ञात होता है। कभी-कभी केवल एक साथ रहते-रहते दो प्राणियों में यह भाव उत्पन्न हो जाता है कि वे बराबर साथ रहें; उनका साथ कभी न छूटे। प्रेमी प्रिय के सम्पूर्ण जीवन-क्रम के सतत् साक्षात्कार का अभिलाषी होता है। वह उसका उठना, बैठना, चलना, फिरना, सोना, खाना-पीना सब कुछ देखना चाहता है। संसार में बहुत से लोग उठते-बैठते, चलते-फिरते हैं, पर सबका उठना-बैठना, चलना-फिरना उसको वैसा अच्छा नहीं लगता। प्रेमी प्रिय के जीवन को अपने जीवन से मिलाकर एक निराला मिश्रण

तैयार करना चाहता है। वह दो से एक करना चाहता है। सारांश यह है कि श्रद्धा में दृष्टि पहले कर्मों पर होती हुई श्रद्धेय तक पहुँचती है और प्रीति में प्रिय पर से होती हुई उसके कर्मों आदि पर आ जाती है। एक में व्यक्ति को कर्मों द्वारा मनोहरता प्राप्त होती है, दूसरी में कर्मों को व्यक्ति-द्वारा। एक में कर्म प्रधान है, दूसरी में व्यक्ति।

किसी के रूप को स्वयं देखकर हम तुरन्त मोहित होकर उससे प्रेम कर सकते हैं, पर उसके रूप की प्रशंसा किसी दूसरे से सुनकर चट हमारा प्रेम नहीं उमड़ पड़ेगा। कुछ काल तक हमारा भाव लोभ के रूप में रहेगा, पीछे वह प्रेम में परिणत हो सकता है। बात यह है कि प्रेम एकमात्र अपने ही अनुभव पर निर्भर रहता है; पर श्रद्धा अपनी सामाजिक विशेषता के कारण दूसरों के अनुभव पर भी जगती है। रूप की भावना का बहुत कुछ सम्बन्ध व्यक्तिगत रुचि से होता है। अतः किसी के रूप और हमारे बीच यदि कोई तीसरा व्यक्ति आया तो इस व्यापार में सामाजिकता आ गयी; क्योंकि हमें उस समय यह ध्यान हुआ कि उस रूप से एक तीसरे व्यक्ति को आनन्द या सुख मिला और हमें भी मिल सकता है। जब तक हम किसी के रूप का बखान सुनकर 'वाह-वाह' करते जायेंगे तब तक हम एक प्रकार के लोभी अथवा रीझने वाले कद्रदान ही कहलायेंगे, पर जब हम उसके दर्शन के लिए आकुल होंगे, उसे बराबर अपने सामने ही रखना चाहेंगे, तब प्रेम का सूत्रपात समझा जायेगा। श्रद्धा-भाजन पर श्रद्धावान अपना किसी प्रकार अधिकार नहीं चाहता, पर प्रेमी प्रिय के हृदय पर अपना अधिकार चाहता है।

श्रद्धा एक सामाजिक भाव है, इससे अपनी श्रद्धा के बदले में हम श्रद्धेय से अपने लिए कोई बात नहीं चाहते। श्रद्धा धारण करते हुए हम अपने को उस समाज में समझते हैं जिसके किसी अंश पर-चाहे हम व्यष्टि रूप में उनके अन्तर्गत न भी हों जान-बूझकर उसने कोई शुभ प्रभाव डाला। श्रद्धा स्वयं ऐसे कर्मों के प्रतिकार में होती है जिनका शुभ प्रभाव अकेले हम पर नहीं बल्कि सारे मनुष्य समाज पर पड़ सकता है। श्रद्धा एक ऐसी आनन्दपूर्ण कृतज्ञता है जिसे हम केवल समाज के प्रतिनिधि रूप में प्रकट करते हैं। सदाचार पर श्रद्धा और अत्याचार पर क्रोध या घृणा प्रकट करने के लिए समाज ने प्रत्येक व्यक्ति को प्रतिनिधित्व प्रदान कर रखा है। यह काम उसने इतना भारी समझा है कि उसका भार सारे मनुष्यों को बाँट दिया है, दो चार माननीय लोगों के ही सिर पर नहीं छोड़ रखा है। जिस समाज में सदाचार पर श्रद्धा और अत्याचार पर क्रोध प्रकट करने के लिए जितने ही अधिक लोग तत्पर पाये जायेंगे उतना ही वह समाज जाग्रत समझा जायेगा। श्रद्धा की सामाजिक

विशेषता एक इसी बात से समझ लीजिए कि जिस पर हम श्रद्धा रखते हैं उस पर चाहते हैं कि और लोग भी श्रद्धा रक्खें जिस पर हमारा प्रेम होता है उससे और दस-पाँच आदमी प्रेम रक्खें-इसकी हमें परवा क्या, इच्छा ही नहीं होती; क्योंकि हम प्रिय पर लोभवश एक प्रकार का अनन्य अधिकार या इजारा चाहते हैं। श्रद्धालु अपने भाव में संसार को भी सम्मिलित करना चाहता है पर प्रेमी नहीं।

जब तक समष्टि-रूप में हमें संसार के लक्ष्य का बोध नहीं होता और हमारे अन्तःकरण में सामान्य आदर्शों की स्थापना नहीं होती तब तक हमें श्रद्धा का अनुभव नहीं होता। बच्चों में कृतज्ञता का भाव पाया जाता है पर सदाचार के प्रति उस कृतज्ञता का नहीं जिसे श्रद्धा कहते हैं। अपने साथ किये जाने वाले जिस व्यवहार के लिए वे कृतज्ञ होते हैं उसी को दूसरों के साथ होते देख कर्ता के प्रति कृतज्ञ होना वे देर में सीखते हैं उस समय सीखते हैं जब वे अपने को किसी समुदाय का अंग समझने लगते हैं। अपने साथ या किसी विशेष मनुष्य के साथ किये जाने वाले व्यवहार के लिए जो कृतज्ञता होती है वह श्रद्धा नहीं है। श्रद्धालु की दृष्टि सामान्य की ओर होनी चाहिए, विशेष की ओर नहीं। अपने सम्बन्धी के प्रति किसी को कोई उपकार करते देख यदि हम कहें कि उस पर हमारी श्रद्धा हो गयी है तो यह हमारा पाखंड है, हम झूठ-मूठ अपने को ऐसे उच्च भाव का धारणकर्ता प्रकट करते हैं। पर उसी सज्जन को दस-पाँच और ऐसे आदमियों के साथ जब हम उपकार करते देखें जिन्हें हम जानते तक नहीं और इस प्रकार हमारी दृष्टि विशेष से सामान्य की ओर हो जाय, तब यदि हमारे चित्त में उसके प्रति पहले से कहीं अधिक कृतज्ञता या पूज्य-बुद्धि का उदय हो तो हम श्रद्धालु की उच्च पदवी के अधिकारी हो सकते हैं। सामान्य रूप में हम किसी गुण या शक्ति का विचार सारे संसार से सम्बद्ध करके करते हैं, अपने से या किसी विशेष प्राणी से सम्बद्ध करके नहीं। हम देखते हैं कि किसी मनुष्य में कोई गुण या शक्ति है जिसका प्रयोग वह चाहे जहाँ और जिसके प्रति कर सकता है।

श्रद्धा का मूल तत्व है दूसरे का महत्व स्वीकारना। अतः जिनकी स्वार्थबद्ध दृष्टि अपने से आगे नहीं जा सकती अथवा अभिमान के कारण जिन्हें अपनी ही बड़ाई के अनुभव की लत लग गयी है उनकी इतनी समायी नहीं कि वे श्रद्धा जैसे पवित्र भाव को धारण करें। स्वार्थियों और अभिमानियों के हृदय में श्रद्धा नहीं टिक सकती। उनका अन्तःकरण संकुचित और मलिन होता है कि वे दूसरों की कृति का यथार्थ मूल्य नहीं परख सकते।

स्थूल रूप से श्रद्धा तीन प्रकार की कही जा सकती है—

1. प्रतिभा-सम्बन्धिनी,
2. शील-सम्बन्धिनी और
3. साधन-सम्पत्ति-सम्बन्धिनी।

प्रतिभा से मेरा अभिप्राय अन्तःकरण की उस उद्भाविका क्रिया से है जिसके द्वारा कला, विज्ञान आदि नाना क्षेत्रों में नयी-नयी बातें या कृतियाँ उपस्थित की जाती हैं। यह ग्रहण और धारणा-शक्ति से भिन्न है, जिसके द्वारा इधर-उधर से प्राप्त ज्ञान (विद्वता) संचित किया जाता है। कला-सम्बन्धिनी श्रद्धा के लिए श्रद्धालु में भी थोड़ी बहुत मार्मिक निपुणता चाहिए, इससे उसका अभाव कोई भारी त्रुटि नहीं, वह क्षम्य है। यदि किसी उत्तम काव्य या चित्र की विशेषता न समझने के कारण हम कवि या चित्रकार पर श्रद्धा न कर सके तो यह हमारा अनाड़ीपन है हमारे रुचि-संस्कार की त्रुटि है। इसका उपाय यही है कि समाज कला-सम्बन्धिनी मर्मज्ञता के प्रचार की व्यवस्था करे, जिससे विविध कलाओं के सामान्य आदर्श की स्थापना जन-समूह में हो जाय। पर इतना होने पर भी कला-सम्बन्धिनी रुचि की विभिन्नता थोड़ी-बहुत अवश्य रहेगी। अश्रद्धालु रुचि का नाम लेकर ईर्ष्या या अहंकार के दोषारोपण से बच जाया करेंगे।

पर शील-सम्बन्धिनी श्रद्धा प्रत्येक व्यक्ति का कर्तव्य है। शील या धर्म के सामान्य लक्षण संसार के प्रत्येक सभ्य जन-समुदाय में प्रतिष्ठित हैं। धर्म ही से मनुष्य-समाज की स्थिति है, अतः उसके सम्बन्ध में किसी प्रकार का रुचि-भेद, मत-भेद आदि नहीं। सदाचारी के प्रति यदि हम श्रद्धा नहीं रखते तो समाज के प्रति अपने कर्तव्य का पालन नहीं करते। यदि किसी को दूसरों के कल्याण के लिए भारी स्वार्थ-त्याग करते देख हमारे मुँह से 'धन्य- धन्य' भी न निकला तो हम समाज के किसी काम के न ठहरे, समाज को हमसे कोई आशा नहीं, हम समाज में रहने के योग्य नहीं। किसी कर्म में प्रवृत्त होने से पहले यह स्वीकार करना आवश्यक होता है कि वह कर्म या तो हमारे लिए या समाज के लिए अच्छा है। इस प्रकार की स्वीकृति कर्म की पहली तैयारी है। श्रद्धा द्वारा हम यह आनन्दपूर्वक स्वीकार करते हैं कि कर्म अमुक-अमुक दृष्टान्त धर्म के हैं, अतः श्रद्धा धर्म की पहली सीढ़ी है। धर्म के इस प्रथम सोपान पर प्रत्येक मनुष्य को रहना चाहिए, जिसमें जब कभी अवसर आये तब वह कर्म-रूपी दूसरे सोपान पर हो जाय।

अब रह गयी साधन-सम्पत्ति-सम्बन्धिनी श्रद्धा की बात। यहाँ पर साधन-सम्पन्नता का ठीक-ठीक भाव समझ लेना आवश्यक है। साधन-सम्पत्ति का अनुपयोग भी हो सकता है, सदुपयोग भी हो सकता है और दुरुपयोग भी हो सकता है। किसी को पद्य रचने की अच्छी अभ्यास-सम्पन्नता है। यदि शिक्षा द्वारा उसके भाव उन्नत हैं, वह सहृदय है तो वह अपनी इस सम्पन्नता का उपयोग मनोहर उच्चभावपूर्ण काव्य प्रस्तुत करने में कर सकता है; यदि उसकी अवस्था ऐसी नहीं है तो वह या तो साधारण, भाव-शून्य गद्य की गीतिका, शिखरिणी आदि नाना छंदों में परिणत करेगा या अपनी भद्दी और कुरुचिपूर्ण भावनाओं को छन्दोबद्ध करेगा। उसके इस कृत्य पर श्रद्धा रखने वाले भी बहुत मिल जायेंगे। ऐसे व्यक्ति के प्रति जो श्रद्धा होती है वह साधन-सम्पन्नता पर ही होती है, साध्य की पूर्णता पर नहीं।

देशी कारीगरी, चित्रकारी, संगीत आदि में नियम पालन के अभ्यास द्वारा प्राप्त इस साधन-सम्पन्नता पर ही इधर बहुत दिनों से अधिक ध्यान दिया जाने लगा था और मानव- हृदय पर इन मनोहारिणी कलाओं के प्रभाव का बहुत कम विचार होने लगा था। बहुत से पुराने मकानों की कारीगरी देखिए तो उनमें बहुत सा काम गिचपिच किया हुआ दिखाई देगा, ऐसे महीन बेल-बूटों की भिन्न-भिन्न पटरियाँ दीवारों में जमाई हुई मिलेंगी जो बिना आँख को पास ले जाकर सटाये स्पष्ट न जान पड़ेंगे। सारे मकान को एक बार में देखने से इन सबों का सम्मिलित प्रभाव दृष्टि और मन पर क्या पड़ेगा, इसका कुछ भी विचार बनाने वालों ने नहीं किया, यह स्पष्ट दिखाई पड़ेगा। ऐसे कामों में अभ्यास का तथा समय और श्रम के व्यय (या अपव्यय) का पूरा परिचय मिलता है, पर विचार और सहृदयतापूर्वक उनके उपयोग का बहुत कम। समझने की बात है कि इमारत हाथ पर हाथ लेकर देखने की चीज नहीं है, दस-पाँच हाथ दूर पर खड़े होकर देखने की चीज है।

चित्रकारी की दशा भी इसी प्रकार की हो गयी थी। राधा-कृष्ण कदम्ब के नीचे खड़े हैं। कदम्ब की एक-एक पत्ती अलग-अलग बारीकी के साथ बनी दिखाई पड़ती है। राधा की चुनरी की एक-एक बूटी बड़ी सावधानी और मेहनत के साथ बनाई गयी है। देखने वाले को यह नहीं जान पड़ता कि वह कुछ दूर पर खड़ा होकर कदम्ब और राधा-कृष्ण को एक साथ देख रहा है, बल्कि यह जान पड़ता है कि कभी तो पत्तियाँ गिनने के लिए वह पेड़ पर चढ़ता है और कभी नमूना लेने के लिए चुनरी हाथ में लेता है। ऐसी रचनाओं के प्रति यदि श्रद्धा प्रकट की जायेगी तो वह अभ्यास, श्रम और बारीकी अर्थात् साधन-सम्पन्नता के विचार से होगी, साहित्य की पूर्णता अर्थात् कला

के विचार से नहीं, जिसका उद्‌देश्य मानव-हृदय पर मधुर प्रभाव डालता है।

संगीत के पेच-पाँच देखकर भी हठयोग याद आता है। जिस समय कोई कलावन्त पक्का गाना गाने के लिए आठ अंगुल मुँह फैलाता है और 'आ आ' करके विकल होता है उस समय बड़े-बड़े धीरों का धैर्य छूट जाता है दिन-दिन भर चुपचाप बैठे रहने वाले बड़े-बड़े आलसियों का आसन डिग जाता है। जो संगीत नाद की मधुर गति द्वारा मन में माधुर्य का संचार करने के लिए था वह इन पक्के लोगों के हाथ में पड़कर केवल स्वरग्राम की लम्बी-चौड़ी कवायद हो गया। श्रद्धालुओं के अन्तःकरण की मार्मिकता इतनी स्तब्ध हो गयी कि एक-खर-श्वान के गले से भी इस लम्बी कवायद को ठीक उतरते देख उनके मुँह से 'वाह-वाह', 'ओहो हो' निकलने लगा। काव्य पर शब्दालंकार आदि का इतना बोझ लादा गया कि उसका सारा रूप ही छिप गया। बात यह हुई कि इन विविध कलाओं के जितने अभ्यासगम्य और श्रमसाध्य अंग थे वे तो हद से बाहर घसीटे गये और जितने सहृदयता से सम्बन्ध रखने वाले थे उन पर ध्यान ही न रहा। यदि ये कलाएँ मूर्तिमान रूप धारण करके सामने आतीं तो दिखाई पड़ता कि किसी को जलोदर हुआ है, किसी को फीलपाँव। इनकी दशा सोने और रत्नों से जड़ी गुठली धारदार तलवार की सी हो गयी।

किसी मनुष्य में बहुत अधिक शारीरिक बल देख उस पर जन साधारण की श्रद्धा होती है और होनी चाहिये। प्रो. राममूर्ति को मोटर रोकते, लोहे के मोटे-मोटे सीकड़े तोड़ते, छाती पर 40 मन का पत्थर रखते, हाथी खड़ा करते और गाड़ी दौड़ाते देख उनके शारीरिक बल के कारण उन पर श्रद्धा होती है। अब इस सम्पन्नता का वे सदुपयोग भी कर सकते हैं, दुरुपयोग भी कर सकते हैं और अनुपयोग भी कर सकते हैं। वे इसके द्वारा किसी भारी संकट से अपनी या दूसरे की रक्षा भी कर सकते हैं और किसी निरपराध को पीड़ित भी कर सकते हैं पर हमारी श्रद्धा बिना सदुपयोग या दुरुपयोग की सम्भावना की कल्पना किये शुभ-साधन-सम्पन्नता ही पर होती है। कोरे विद्वानों के प्रति जो श्रद्धा होती है वह भी साधन-सम्पन्नता ही पर होती है, उसके उपयोग की निपुणता या प्रतिभा पर निर्भर नहीं होती। विद्वत्ता किसी विषय की बहुत सी बातों की जानकारी का नाम है, जिसका संचय बहुत कष्ट, श्रम और धारणा से होता है। यह बात विद्वान की प्रतिभा पर निर्भर है कि वह ज्ञान का भण्डारी और उपयोग कर्ता दोनों हो अर्थात् वह उत्तम चिन्तक, वक्ता, लेखक, अन्वेषक या कवि भी होकर उस संचित साधन का उपयोग करे और अपने मूल विचारों का प्रभावपूर्ण प्रकाश करे। यदि विद्वान में यह

प्रतिभा नहीं है यह शक्ति नहीं है तो वह अपनी संचित जानकारी को कला-कुशल और प्रतिभाशाली लेखकों या तत्वान्वेषकों के सामने रख दे कि वे उससे आवश्यकतानुसार काम लें। इस रीति से उसकी विद्वत्ता सामाजिक उपयोग में आ जायेगी।

भिन्न-भिन्न मानसिक संस्कार के लोगों में किसी विषय से सम्बन्ध रखने वाली श्रद्धा भिन्न-भिन्न मात्रा की हुआ करती है। यदि किसी को शारीरिक बल, साहस या चतुराई पर अत्यन्त अधिक श्रद्धा है तो वह इनका दुरुपयोग देखकर भी बनी रह सकती है। अत्याचारियों के बल, डाकुओं के साहस और लम्पटों की चालाकी की तारीफ संसार में थोड़ी-बहुत होती ही है। एक बात और है। यदि किसी पर किसी एक विषय में अत्यन्त अधिक श्रद्धा है तो उसकी अन्य विषयों की त्रुटियों पर ध्यान नहीं जाता और कभी ध्यान भी जाता है तो वे भी सुहावनी लगती हैं। कोई प्रतिभाशाली कवि विलासप्रिय, मद्यप या सनकी है तो जो अत्यन्त काव्य-प्रेमी होंगे उनकी घृणा को उसके ये दुर्गुण पूर्ण रूप से आकर्षित न कर सकेंगे। यहाँ तक कि उसके इन दुर्गुणों की चर्चा भी वे बड़ी रुचि के साथ करेंगे और सुनेंगे। बात यह है कि मनुष्य का अन्तःकरण एक है। उसकी एक साथ दो परस्पर-विरुद्ध स्थितियाँ नहीं हो सकतीं। इस प्रकार की मानसिक स्तब्धता को श्रद्धान्धता कह सकते हैं। यद्यपि श्रद्धान्ध समाज में उतना अनर्थकारी नहीं हो सकता, उतना अपराधी नहीं ठहराया जा सकता, जितना मदान्ध, क्रोधान्ध या ईर्ष्यान्ध; पर उसकी श्रद्धा के बढ़ते-बढ़ते क्रियमाण रूप धारण करने पर और शील सम्बन्धिनी चेतना को बिल्कुल जवाब मिल जाने पर समाज के अनिष्ट में व्याज से सहायता पहुँच सकती है।

यदि किसी अपव्ययी और मद्यप कवि पर अत्यन्त श्रद्धालु होकर कोई उसकी आर्थिक सहायता करता जाता है तो वह उस अन्याय और उपद्रव का थोड़ा बहुत उत्तरदाता अवश्य होता है जो कविजी अपने सहवर्तियों के बीच करने में समर्थ होते हैं। यदि किसी पहलवान के बल पर प्रसन्न होकर कोई उसे हलवा-पूरी खाने के लिए कुछ महीना बाँधता है तो उसके गुण्डेपन के कारण लोगों को पहुँची हुई पीड़ा के दोष का वह कम से कम उतना भाग अवश्य पा सकता है जितना इन्द्रकृत हत्या की बँटाई के समय बहुतों को मिला था। उद्देश्य के अभाव के बल से यद्यपि इन श्रद्धालुओं पर दोष उतना सटीक नहीं लग सकता, पर समाज की दृष्टि में वे दान के पात्रता-सम्बन्धी अविवेक के अभियोग से नहीं बच सकते।

अब यहाँ पर यह प्रश्न उठता है कि शील, कला और साधन-सम्पत्ति श्रद्धा के इन तीनों विषयों में से किसका ध्यान मनुष्य को पहले होना चाहिये और किसका पीछे। इसका बेधड़क यही उत्तर दिया जा सकता है कि जन साधारण के लिए शील ही का सबसे पहले ध्यान होना स्वाभाविक है; क्योंकि उसका सम्बन्ध मनुष्य मात्र की सामान्य स्थिति रक्षा से है। उसके अभाव में समाज या उस आधार की स्थिति ही नहीं रह सकती जिसमें कलाओं की उपयोगिता या मनोहारिता का प्रसार और साधन-सम्पत्ति की प्रचुरता का वितरण और व्यवहार होता है।

दूसरों की श्रद्धा संसार में एक अत्यंत वांछनीय वस्तु है, क्योंकि वह एक प्रकार का ऐसा परकीय निश्चय या विश्वास है जिसके सहारे स्वकीय कार्य सुगम होता है जीवन की कठिनता कम होती है। जिस पर लोगों की अश्रद्धा होती है उसके लिए व्यवहार के सब सीधे और सुगम मार्ग बंद हो जाते हैं उसे या तो काँटों पर या ढाई कोस नौ दिन में चलना पड़ता है। पर जो किसी प्रकार दूसरों की श्रद्धा सम्पादित कर लेता है, उसके पैर रखने के लिए फूलों की पंखुड़ियाँ आजकल लाल बनातें बिछायी जाती हैं। समाज में ये वस्तुएँ सच्चे गुणियों और परोपकारियों के लिए हैं पर इन्हें छीनने और चुराने की ताक में बहुत से चोर, चाईं और लुटेरे रहते हैं जो इनके द्वारा स्वार्थ-साधन करना या अपनी तुच्छ मानसिक वृत्तियों को तृप्त करना चाहते हैं। इनसे समाज को हर घड़ी सावधान रहना चाहिए। इन्हें सामाजिक दण्ड देने के लिए उसे सदा सन्नद्ध रहना चाहिए। ये अनेक रूपों में दिखाई पड़ते हैं। कोई गेरूआ वस्त्र लपेटे धर्म का डंका पीटता दिखाई देता है, कोई देश-हितैषिता का लम्बा चोगा पहने देशोद्धार की पुकार करता पाया जाता है।

मनुष्य किसी ओर तीन प्रकार से प्रवृत्त होता है मन से, वचन से और कर्म से। इनमें से मन तो देखने दिखाने की चीज नहीं। वाणी और कार्यप्रणाली की नकल की जाती है और बड़ी सफाई से की जाती है। हितोपदेश के गदहे ने तो बाघ की खाल ही ओढ़ी थी, पर ये लोग तो बाघ की बोली भी बोल लेते हैं। कहीं-कहीं केवल वचन से ही काम निकल जाता है। एक दिन मैं काशी की एक गली से जा रहा था। एक ठठेरी की दुकान पर कुछ परदेशी यात्री किसी बरतन का मोल भाव कर रहे थे और कह रहे थे कि इतना नहीं, इतना लो तो लें। इतने में ही सौभाग्यवश दूकानदार जी को ब्रह्मज्ञानियों के वाक्य याद आ गये और उन्होंने चट कहा—"माया छोड़ो और इसे ले लो।" सोचिए तो, काशी ऐसा पुण्य-क्षेत्र ! वहाँ न माया छोड़ी जायेगी तो कहाँ छोड़ी जाएगी। थोड़े दिन हुए, किसी लेखक ने कहीं पढ़ा कि

प्रतिभाशाली लोग कुछ उग्रता और पागलपन लिए होते हैं। तब से वे बराबर अपने में इन दोनों शुभ लक्षणों के स्थापना के यत्न में लगे रहते हैं। सुनते हैं कि पहले में वे कुछ कृतकार्य भी हुए हैं, पर पागलपन की नकल करना कुछ हँसी खेल नहीं; भूल-चूक से कुछ समझदारी की बातें मुँह से निकल ही जाती हैं।

जैसे और सब विद्याओं की, वैसी ही पर—श्रद्धा-कर्षण की विद्या की भी आजकल खूब उन्नति हुई है। आश्चर्य नहीं कि इसके लिए कुछ दिनों में एक अलग विद्यालय खुले। श्रद्धा के यथार्थ कारण का जितना ही अभाव हो, आकर्षक हो, अपनी विद्या में उतना ही दक्ष समझना चाहिए। आजकल सार्वजनिक उद्योगों की बड़ी धूम रहा करती है और बहुत से लोग निराहार परोपकार व्रत करते सुने जाते हैं। ऊपर कहा जा चुका है कि पर-श्रद्धा के सहारे कार्य में सुगमता आती है, अतः किसी कार्य-साधना के लिए जो लोग प्रयत्न द्वारा दूसरों के हृदय में श्रद्धा उत्पन्न करते हैं वे उस कार्य के अनुसार चतुर, नीति-कुशल, धूर्त या पाखण्डी कहे जाते हैं। पर संसार में बहुत ऐसे लोग भी होते हैं जिन्हें अपने ऊपर परायी श्रद्धा के चिन्तन से जो एक प्रकार का आनन्द मिलता है उसकी लत पड़ जाती है। वे पर-श्रद्धा को मनोरंजन या मानसिक भोग-विलास की एक सामग्री समझते हैं। वे परायी श्रद्धा केवल इसी निमित्त चाहते हैं, और किसी उद्देश्य से नहीं। ऐसे पर श्रद्धाभिलाषियों को मानसिक दुर्व्यसन रहता है और वे उसी प्रकार दुर्व्यसनी कहे जा सकते हैं जिस प्रकार शराबी, गँजेड़ी और चंडूबाज आदि। पर समाज की श्रद्धा ऐसे अपव्यय के लिए नहीं है, प्रयोजन के लिए है। ऐसे लोग अपनी धुन में कभी-कभी बड़े-बड़े सार्वजनिक कार्य भी छोड़ बैठते हैं जिनका होना उन्हें इतना अभीष्ट नहीं होता जितना अपने द्वारा होना। ये लोग पहचाने इस प्रकार जाते हैं कि उन कार्यों से अपने नाम का वियोग घड़ी भर भी नहीं सह सकते, यहाँ तक कि यदि वे दूसरों को कोई ऐसा कार्य हाथ में लेते देखते हैं जिसमें समाज के साधुवाद की सम्भावना होती है तो इनका पेट फूलने लगता है और ये या तो गुप्त रूप से उसमें विघ्न की व्यवस्था करते हैं या कम से कम उसके महत्व को बहुत कम करके दिखाया करते हैं। दूसरी पहचान यह है कि ये लोग ऐसे ही काम ठानते हैं जिनका नाम और आडम्बर बड़ा होता है।

ऊपर कहा जा चुका है कि श्रद्धावान् अपनी श्रद्धा द्वारा श्रद्धेय में कोई ऐसा परिवर्तन उपस्थित नहीं करना चाहता जिसका अपने लिए कोई अनुकूल फल हो। श्रद्धावान् श्रद्धेय को प्रसन्न करने की इच्छा कर सकता है, पर उस प्रसन्नता से आप कोई लाभ उठाने की नहीं। श्रद्धा न्याय-बुद्धि के पलड़े पर

तुली हुई एक वस्तु है जो दूसरे पलड़े पर रक्खे हुए श्रद्धेय के गुण, कर्म आदि के हिसाब से होती है। श्रद्धा सत्कर्म या सद्‌गुण ही का मूल्य है जिससे और किसी प्रकार का सौदा नहीं हो सकता; पर जबकि इस व्यापार युग में ज्ञान बिकता है, न्याय बिकता है, धर्म बिकता है-तब श्रद्धा ऐसे भाव क्यों न बिके? पर असली भाव तो इस लेन-देन के व्यवहार के लिए उपस्थित नहीं किये जा सकते। खैर, नकली सही। एक भाव पर दूसरे भाव की कलई करके हम बाजार में क्यों न जायँ। अपनी भीरूता या चापलूसी को हम 'श्रद्धा-श्रद्धा' कहकर गलियों और संवादपत्रों में क्यों न पुकारें? ऐसे झूठे श्रद्धावानों से घिरकर झूठे श्रद्धा-पात्र सच्चे श्रद्धा-पात्रों को क्यों न मात करें, जबकि आजकल झूठे मोती सच्चे मोतियों को मात करते हैं?

कला-कुशल या सदाचारी अपने चारों ओर प्रसन्नता देखना चाहता है, अतः अपनी श्रद्धा द्वारा हम अपनी प्रसन्नता का निश्चय मात्र कराते हैं। हमारी प्रसन्नता से उसे अपनी सामर्थ्य का बोध हो जाता है और उसका उत्साह बढ़ता है। इस प्रकार अपनी श्रद्धा द्वारा हम भी समाज का मंगल साधन करते हैं।। दूसरे को श्रद्धा का श्रद्धेय पर इतना ही प्रभाव पड़ना ही चाहिए, इससे अधिक नहीं। यदि हमारी श्रद्धा के कारण वह हमें किसी प्रकार का लाभ पहुँचाना चाहता है तो वह हमारी श्रद्धा को खुशामद समझता है और हमारा अपमान करता है। श्रद्धा में याचकता का भाव लेश-मात्र भी नहीं है। श्रद्धा द्वारा हम अपने हृदय का परिचय मात्र देते हैं कि उसमें मार्मिकता या धर्मभाव है सात्विक आचरण या प्रतिभा की कला से प्रसन्न होने की क्षमता है। यदि हमें किसी पर श्रद्धा है तो हमें उसके पास जाकर यह कहने की आवश्यकता नहीं है कि 'महाराज मेरी यह श्रद्धा स्वीकार हो।' इस प्रकार की स्वीकृति की हमें कोई आवश्यकता नहीं। हम अपनी श्रद्धा लिये अपने घर बैठे रह सकते हैं या उसे इस रीति से प्रकट कर सकते हैं जिस पर श्रद्धेय का कोई वश नहीं। यदि हमें किसी सुलेखक पर श्रद्धा है और वह हमसे रुष्ट है तो भी हम उसका सच्चा चित्र और चरित्र छाप सकते हैं। इसका स्वत्व हमें समाज द्वारा प्राप्त है इसका हक हमें कानूनन हासिल है पर वही यदि हम उस सुलेखक से प्रेम करने चलें, उसके साथ-साथ लगे फिरें और हरदम उसे घेरे रहें तो हमें हटा सकता है। श्रद्धा प्रदर्शित करने का जितना विस्तृत सामाजिक अधिकार हमें प्राप्त है उतना उसके विपरीत भाव अश्रद्धा या घृणा प्रकट करने का नहीं, क्योंकि श्रद्धा यदि हमने भूल से या स्वार्थवश प्रकट की तो किसी को उतनी हानि नहीं, पर यदि घृणा भूल से या द्वेष-वश प्रकट की तो व्यर्थ का असन्तोष और दुःख फैल सकता है।

ऊपर कहा जा चुका है कि श्रद्धा के विषय तीन हैं शील, प्रतिभा और साधन-सम्पत्ति। शील या धर्म से समाज की स्थिति, प्रतिभा से रंजन और साधन सम्पत्ति से शील और साधन और प्रतिभा विकास दोनों की सम्भावना है। श्रद्धेय समाज की स्थिति या सुख का विधान करता है और समाज उसकी स्थिति और सुख का विधान करता है। समाज अपने श्रद्धालु प्रतिनिधियों को कभी तो उसे आपत्ति से बचाने के लिए भेजता है कभी कुछ भेंट उसके सामने रखने के लिए। श्रद्धावश जो दान दिया जाता है वह उसी प्रकार की भेंट है। सच्चा दान दो प्रकार का होता है एक वह जो श्रद्धा वश दिया जाता है, दूसरा वह जो दया-वश दिया जाता है। पण्डितों, विद्वानों और धार्मिकों को जो दान दिया जाता है वह दया-वश दिया जाता है। अंधों, लूलों और लँगड़ों को जो दान दिया जाता है वह श्रद्धा-वश दिया जाता है। श्रद्धा सामर्थ्य के प्रति होती है और दया असामर्थ्य के प्रति। जन-साधारण अपनी दया द्वारा केवल असामर्थ्य के उपस्थित परिणामों का, कुछ स्थान के बीच और कुछ काल तक के लिए निवारण कर सकते हैं, अतः श्रद्धा द्वारा वे ऐसे असाधारण जनो को अपने वित्तानुसार थोड़ी-थोड़ी शक्ति दान करते हैं जो असामर्थ्य के कारणों के निराकरण में समर्थ होते हैं।

श्रद्धा-वश दान में उपयोगिता का तत्व छिपा हुआ है। स्मृतियों में श्रद्धा-वश दान पर बड़ा जोर दिया गया है और ऐसे दान के विषय में पात्रापात्र का विचार भी खूब किया गया है। विद्या-दान में रत विद्वानों को, परोपकार में रत कर्म-वीरों को, मानवज्ञान की वृद्धि में तत्पर तत्वान्वेषकों को जो अभाव हो उसे हमें समाज की भूख समझनी चाहिए। इन्हें जो कुछ हम श्रद्धावश देते हैं, वह ठीक समाज के दुरुस्त पेट में जाता है, जहाँ से रस-रूप में उसका संचार अंग-अंग में होता है। इसके विरुद्ध स्वार्थियों, अन्यायियों आदि को जो कुछ दिया जाता है वह समाज के अंग में उसी प्रकार नहीं लगता जिस प्रकार अतिसार या संग्रहणी वाले को खिलाया हुआ अन्न। भारतवर्ष में श्रद्धा का सम्बन्ध दान के साथ इतना गहरा समझा जाता है कि अश्रद्धापूर्वक दिया हुआ दान निष्फल माना जाता है। इसी से शुष्क प्रथानुसरण के रूप में भी यदि कुछ दिया जाता है तो श्रद्धा का नाम ले लिया जाता है। पंडों-पुरोहितों को देते हुए यजमान भी कहता है कि 'महाराज ! इतनी ही श्रद्धा है' और पंडे-पुरोहित भी कहते हैं 'जितनी श्रद्धा हो उतना दो', यद्यपि इन पंडों और पुरोहितों के सम्बन्ध में सदा यह निश्चय नहीं रहता कि वे बड़े विद्वान, बड़े धार्मिक या बड़े परोपकारी हैं। मनोविकार के उपयुक्त विषयों के निश्चय में कभी-कभी बुद्धि की भी थोड़ी बहुत आवश्यकता होती है। क्योंकि एक ही

व्यक्ति के प्रति किसी को श्रद्धा होती है और किसी को अश्रद्धा। इसका कारण घृणा के अन्तर्गत अच्छी तरह दिखाया गया है।

श्रद्धा और प्रेम के योग का नाम भक्ति है। जब पूज्य भाव की वृद्धि के साथ श्रद्धाभाजन के सामीप्य-लाभ की प्रवृत्ति हो, उसकी सत्ता के कई रूपों के साक्षात्कार की वासना हो, तब हृदय में भक्ति का प्रादुर्भाव समझना चाहिए। जब श्रद्धेय के दर्शन, श्रवण, कीर्तन, ध्यान आदि से आनन्द का अनुभव होने लगेजब उससे सम्बन्ध रखने वाले श्रद्धा के विषयों के अतिरिक्त बातों की ओर भी मन आकर्षित होने लगे, तब भक्तिरस का संचार समझना चाहिए। जब श्रद्धेय का उठना, बैठना, चलना फिरना, हँसना, बोलना, क्रोध करना आदि भी हमें अच्छा लगने लगे तब हम समझ लें कि हम उसके भक्त हो गये। भक्ति की अवस्था प्राप्त होने पर हम अपने जीवन क्रम का थोड़ा या बहुत अंश उसे अर्पित करने को प्रस्तुत होते हैं और उसके जीवन क्रम पर भी अपना कुछ प्रभाव रखना चाहते हैं। कभी हम अर्पण करते हैं और कभी याचना करते हैं। सारांश यह कि भक्ति द्वारा हम भक्ति-भाजन से विशेष घनिष्ट सम्बन्ध स्थापित करते हैं उसकी सत्ता में विशेष रूप से योग देना चाहते हैं। किसी के प्रति श्रद्धा धारण करके हम बहुत करेंगे तो समय-समय पर उसकी प्रशंसा करेंगे, उसकी निंदा करने वालों से झगड़ा करेंगे या कभी कुछ उपहार लेकर उपस्थित होंगे, पर जिसके प्रति हमारी अनन्य भक्ति हो जायेगी वह अपने जीवन के बहुत से अवसरों पर हमें अपने साथ देख सकता है। वह अपने बहुत से उद्योगों में हमारा योगदान पा सकता है। भक्त वे ही कहला सकते हैं जो अपने जीवन का बहुत अंश स्वार्थ (परिवार या शारीरिक सुख आदि) से विभक्त करके किसी के आश्रय से किसी ओर लगा सकते हैं। इसी का नाम है आत्मनिवेदन।

महात्माओं के ऊपर श्रद्धामात्र करके हम उन्हें जीवन-शक्ति द्वारा उपार्जित कोई फल अर्पित कर सकते हैं, पर उनके भक्त होकर हम उन्हें अपने जीवन ही के कुछ अंश को अर्पित कर देते हैं। किसी वीरव्रती महात्मा पर बहुत श्रद्धालु होकर हम आर्थिक सहायता द्वारा उसके लिए कुछ सुभीता कर सकते हैं, अपने वचनों से उसे प्रसन्न और उत्साहित कर सकते हैं, पर उसके भक्त बनकर हम अपने शारीरिक बल को उसका शारीरिक बल बनायेंगे, अपनी जानकारी और चतुराई को उसकी जानकारी और चतुराई बनायेंगे, अपनी वाग्मिता को उसकी वाग्मिता बनायेंगे, और अपनी तत्परता को उसकी तत्परता बनायेंगे, यहाँ तक कि जो कुछ हमसे होगा उसे हम उसका कर डालेंगे और इसी प्रकार उसके जीवन में अपने जीवन का योग देकर उसके सामाजिक

महत्व या प्रभाव को बढ़ाएँगे और उसके थोड़े बहुत भागी हम भी होंगे। श्रद्धा द्वारा हम दूसरे के महत्व के किसी अंश के अधिकारी नहीं हो सकते, पर भक्ति द्वारा हो सकते हैं। यहाँ तक कि दूसरे की भक्ति करके हम तीसरे की भक्ति के आधिकारी हो सकते हैं। राम पर अनन्य भक्ति करके हनुमान, अन्य रामभक्तों की भक्ति के अधिकारी हुए।

श्रद्धालु महत्व को स्वीकार करता है, पर भक्त महत्व की ओर अग्रसर होता है। श्रद्धालु अपने जीवन-क्रम को ज्यों का त्यों छोड़ता है; पर भक्त उसकी काट-छाँट में लग जाता है। अपने आचरण द्वारा दूसरों की भक्ति के अधिकारी होकर ही संसार के बड़े-बड़े महात्मा समाज के कल्याण-साधन में समर्थ हुए हैं। गुरु गोविन्द सिंह को यदि केवल दण्डवत् करने वाले और गद्दी पर भेंट चढ़ाने वाले श्रद्धालु ही मिलते, दिन-रात साथ रहने वाले अपने सारे जीवन को अर्पित करने वाले भक्त न मिलते तो वे अन्याय-दमन में कभी समर्थ न होते। इससे भक्ति के सामाजिक महत्व को, इसकी लोक-हितकारिणी शक्ति को स्वीकार करने में किसी को आगा-पीछा नहीं हो सकता। सामाजिक महत्व के लिए आवश्यक है कि या तो आकर्षित करो या आकर्षित हो। जैसे इस आकर्षण विधान के बिना अणुओं द्वारा व्यक्त पिण्डों का आविर्भाव नहीं हो सकता, वैसे ही मानव-जीवन की विशद अभिव्यक्ति भी नहीं हो सकती।

भक्ति में किसी ऐसे सानिध्य की प्रवृत्ति होती है जिसके द्वारा हमारी महत्व के अनुकूल गति का प्रसार और प्रतिकूल गति का संकोच होता है। इस प्रकार का सामीप्य लाभ करके हम अपने ऊपर पहरा बिठा देते हैं अपने को ऐसे ग्वच्छ आदर्श के सामने कर देते हैं जिससे हमारे कर्मों का प्रतिबिम्ब ठीक-ठीक दिखाई पड़ता है। जिसे अपनी वास्तविक क्षुद्रता का परिज्ञान अरुचिकर होगा वह सापेक्षिकता के भय से ऐसे महत्वादर्श का सामीप्य कभी न चाहेगा, दूर-दूर भागा फिरेगा। 'हमी-हम' वाले 'तुम भी' नहीं सह सकते, 'तुम्ही तुम' की क्या बात है? ऐसे लोग तो स्वयं अपने लिए भक्त ढूँढ़ने निकलते हैं। भक्ति के लिए दैन्य अर्थात दूसरे के महत्व के साथ अपने लघुत्व की भावना पहली बात है। इस भावना को जब हम मुक्त हृदय से मुग्ध होकर धारण करेंगे और दूसरे पर श्रद्धा कर लेंगे, तब हम उसके महत्व के सतत् साक्षात्कार के लिए-अनेक रूपों में परिचय के लिए-उसके सामीप्य की इच्छा करते हुए इस श्रद्धा में प्रेम का भी मिश्रण करेंगे और अपने बहुत से क्रिया-कलाप को अपने पूज्य प्रेमपात्र के अधीन करके स्वयं महत्व के अभ्यास में प्रवृत्त होंगे। जन-साधारण के लिए इस प्रकार के आश्रय द्वारा महत्व-प्राप्ति

सुगम होती है। जो उच्च-पथ पहले कष्टकर और श्रमसाध्य जान पड़ता है वही भक्ति के बल से मनोहर लगने लगता है।

व्यक्ति-सम्बधहीन सिद्धान्त मार्ग निश्चयात्मिकता बुद्धि को चाहे व्यक्त हो, पर प्रवर्तक मन को अव्यक्त रहते हैं वे मनोरंजनकारी तभी लगते हैं, जब किसी व्यक्ति के जीवन-क्रम के रूप में देखे जाते हैं। शील की विभूतियाँ अनन्त रूपों में दिखाई पड़ती हैं। मनुष्य जाति ने जब से होश सँभाला, तब से वह इन अनन्त रूपों को महात्माओं के आचरणों तथा आख्यानों और चरित्र-सम्बन्धी पुस्तकों में देखती चली आ रही है। जब इन रूपों पर मनुष्य मोहित होता है, तब सात्विक शील की ओर आप से आप आकर्षित होता है। 'सदा सत्य बोलो', 'दूसरों की भलाई करो', 'क्षमा करना सीखो'-ऐसे-ऐसे सिद्धान्त वाक्य किसी को बार-बार बकते सुन वैसा ही क्रोध आता है जैसे किसी बेहूदे की बात सुनकर। जो इस प्रकार की बातें करता चला जाय उससे चट कहना चाहिए 'बस चुप रहो, तुम्हें बोलने की तमीज नहीं, तुम बच्चों या कोल-भीलों के पास जाओ। ये बातें हम पहले से जानते हैं। मानव-जीवन के बीच हम इसके सौन्दर्य का विकास देखना चाहते हैं। यदि तुम्हें दिखाने की प्रतिभा या शक्ति हो तो दिखाओ, नहीं तो चुपचाप अपना रास्ता लो।' गुण प्रत्यक्ष नहीं होता, उसके आश्रय और परिणाम प्रत्यक्ष होते हैं। अनुभावात्मक मन को आकर्षित करने वाले आश्रय और परिणाम हैं, गुण नहीं। ये ही अनुभूति के विषय हैं। अनुभूति पर प्रवृत्ति और निवृत्ति निर्भर है। अनुभूति मन की पहली क्रिया है, संकल्प-विकल्प दूसरी। अतः सिद्धान्त-पथों के सम्बन्ध में जो आनन्दानुभव करने की बातें हैं, जो अच्छी लगने की बातें हैं, वे पथिकों में तथा उनके चारों ओर पाई जायेंगी। सत्पथ के दीपक उन्हीं के हाथ में हैं-या वे ही सत्पथ के दीपक हैं। सत्वोन्मुख प्राणियों के लिए ऐसे पथिकों की सामीप्य-लाभ की कामना करना स्वाभाविक ही है।

सामीप्य से अभिप्राय केवल किसी के साथ-साथ बने रहना नहीं है। श्रवण, कीर्तन और स्मरण आदि भी सामीप्य ही के विधान हैं। बाह्य और अभ्यन्तर दोनों प्रयत्नों से सामीप्य की सिद्धि होती है। स्मरण द्वारा हम अपने को आराध्य को उसके कर्म-क्षेत्र को अपने अन्तःकरण के सामने उपस्थित करते हैं। यहाँ पर कहा जा सकता है कि जब हम इष्ट के कर्म-क्षेत्र को सामने लाते हैं तब उसमें ऐसे लोग भी तो आ जाते हैं जिन पर हमारी कुछ भी भक्ति नहीं है। हाँ, आते अवश्य हैं। इनके द्वारा हमारे इष्ट के स्वरूप का पूर्ण विकास दिखाई पड़ता है इनके बीच उनका (इष्ट का) रंग और खुल पड़ता है। यदि राम हमारे काम के हैं तो रावण भी हमारे काम का है। एक में हम

अपने लिए प्रवृत्ति का क्रम पाते हैं, दूसरे में निवृत्ति का। जीवन में इस निवृत्ति और प्रवृत्ति का प्रवाह साथ-साथ चलता है। दुराचारी भी यदि अपने दुराचार का फल संसार के सामने पूर्ण रूप से भोग लेता है तो समाज के लिए उपयोगी ठहर जाता है। राम के हाथ से मारे जाने से रावण का जीवन भी सार्थक हो गया। यदि पापी अपने पाप का फल एकान्त में या आत्मा में ही, भोगकर चला जाता है तो वह अपनी जीवन की सामाजिक उपयोगिता की एकमात्र सम्भावना को भी नष्ट कर देता है। इसी से बहुत से प्रायश्चितों के विधान में किये हुए पापों का सबके समक्ष कथन आवश्यक होता है।

पाप का फल छिपाने वाला पाप छिपाने वाले से अधिक अपराधी है। पर ऐसे बहुत से लोग होते हैं जो किसी का घर जलाते हाथ जलता है तो कहते हैं कि होम करते जला है। दुराचारियों के जीवन का सामाजिक उपयोग करने के लिए ही संसार में धर्म की मर्यादा स्थापित करने के लिए ही श्रीकृष्ण ने अर्जुन को युद्ध में प्रवृत्त किया। यदि अधर्म में तत्पर कौरवों का नाश न होता और पांडव जीवन भर मारे-मारे ही फिरते तो संसार में अन्याय और अधर्म की ऐसी लीक खिंच जाती जो मिटाये न मिटती। जिस समाज में सुख और वैभव के रंग में रँगी अधर्म की ऐसी लीक दिखाई पड़े उसमें रक्षा करने वाली आत्मा का अभाव तथा विश्वात्मा की विशेष कला के अवतार की आवश्यकता समझनी चाहिए, क्योंकि भगवान श्रीकृष्ण ने कहा है

यदा यदा हि धर्मस्य ग्लानिर्भवति भारत।
अभ्युत्थानमधर्मस्य तदात्मानं सृजाम्यहम्॥

यदि कहीं पाप है, अन्याय है, अत्याचार है तो उनका आशुफल उत्पन्न करना और संसार के समक्ष रखना, लोक-रक्षा का कार्य है। अपने ऊपर किये जाने वाले अत्याचार और अन्याय का फल ईश्वर के ऊपर छोड़ना व्यक्तिगत आत्मोन्नति के लिए चाहे श्रेष्ठ हो; पर यदि अन्यायी या अत्याचारी अपना हाथ नहीं खींचता है तो लोक-संग्रह की दृष्टि से वह उसी प्रकार आलस्य या कायरपन है जिस प्रकार अपने ऊपर किये हुए उपकार का कुछ भी बदला न देना कृतघ्नता है।

अब भगवद्‌भक्ति को लीजिए। ऊपर जो कुछ कहा गया उससे स्पष्ट हो गया होगा कि मनुष्य की भक्ति के आधार क्या-क्या हैं। मनुष्य विश्व-विधान का एक क्षुद्र चेतन अंश है। उसमें धर्म, अधर्म, दया, निष्ठुरता आदि के भाव विश्व के उतने ही अंश से सम्बन्ध रखते हैं जितने के भीतर उसे कार्य करना है। यह कार्य और कुछ नहीं, अपनी समष्टि स्थिति और सुख-सन्तोष का

प्रयत्न मात्र है। अपने कार्यक्षेत्र के बाहर यदि वह अपने इन भावों का सामंजस्य ढूँढ़ता है तो नहीं पाता है कहीं उसे 'जीवो जीवस्य जीवनम्' का सिद्धान्त चलता दिखाई पड़ता है, कहीं लाठी और भैंस का। वह सोचता है कि इन बातों का अनुसरण मनुष्य समाज में भी जान-बूझकर क्यों न किया जाय, यह नहीं सोचता कि मनुष्य-जाति की स्थिति इन अवस्थाओं में बहुत आगे बढ़ी है और चेतना की श्रेणी में उससे आगे की ओर से कोई भूमि दिखाई नहीं पड़ रही है। वह दया को निरर्थक समझ अपने अंतःकरण का एक अंग ही खण्डित करना चाहता है। वह किसी को काना देखकर अपनी एक आँख फोड़ने चलता है। कुछ दिन पहले की सभ्यता मनुष्य जीवन को देवतुल्य बनाने में थी; अब मर्कटतुल्य और मत्स्यतुल्य बनाने में समझी जाने लगी है। पर यह सभ्यता जड़त्व और नाश की ओर ले जाने वाली है। जब हृदय की कुछ उदात्त प्रवृत्तियाँ बोझ मालूम होने लगी हैं तब और प्राणियों की अपेक्षा अपने अंतःकरण की पूर्णता का गर्व मनुष्य जाति कब तक कर सकती हैं? उसके मार्मिक अंग की व्यापकता के ह्रास और स्तब्धता की वृद्धि के भयंकर परिणाम का आभास योरप दे रहा है। अंतःकरण की जितनी वृत्तियाँ हैं उनमें से कोई निरर्थक नहीं सबका उपयोग है। इनमें से किसी की शक्ति फालतू नहीं। यदि मनुष्य इनमें से किसी को निष्क्रिय करने का अभ्यास डालेगा तो अपनी पूर्णता को खोयेगा और अपनी स्थिति को जोखिम में डालेगा।

मिट्टी के ढेले, गुलाब के पौधे, कुत्ते और बिल्ली की अपेक्षा मनुष्य अपने में अंशी का अधिक अंश समझता है उस सर्वात्मा का अधिक अंश समझता है विश्व-विधान जिसकी नित्य क्रिया है; अतः स्थिति रक्षा-विधान की जो-जो बातें अपने में हैं उनका अभाव उसे अंशी या सर्व में मानते नहीं बनता। दया, दाक्षिण्य, प्रेम, क्रोध आदि अपनी अंशात्मा में देखते हुए सर्वात्मा में उनके अभाव की धारणा मनुष्य करे तो कैसे करे? अतः ज्ञान-क्षेत्र में ईश्वर की खोज हम उतने ही घेरे में करेंगे जितने में इन्द्रियों की सहायता लेकर बुद्धि पहुँचती है और कर्म-क्षेत्र में उसकी भावना हम उसे उतने ही भावों से परिमित करके करेंगे जितने कि हमारे मन में जगह है। हम हैं, हम समझते हैं कि हम हैं और हम चाहते हैं कि हम रहें, ऐसी अवस्था में हम अपने स्थिति-रक्षा सम्बन्धी भावों को परमावस्था पर पहुँचाकर ही उस परमभावमय की भावना करेंगे। हम उसे धर्ममय, दयामय, प्रेममय मानेंगे और यह प्रेम उसी रूप का होगा जिस रूप में उसका व्यवहार मनुष्य-जाति में दिखाई पड़ता है जिस रूप में मनुष्य जाति को उसकी आवश्यकता पड़ती है। अत्याचारी से

पीड़ित होकर मनुष्य उसके कोप का आह्वान करता है, आपद्ग्रस्त होकर उसकी दया का भिखारी होता है, सुख से सम्पन्न होकर उसके धन्यवाद के लिए हाथ उठाता है, भक्ति से पूर्ण होकर उसके आश्रय की वांक्षा करता है। ये ही व्यवहार वह मनुष्यों के साथ भी करता है।

अपने व्यवहार-पथ में आश्रय-प्राप्ति के निमित्त मनुष्य के लिए ईश्वर की स्वानुरूप भावना ही सम्भव है। स्वानुभूति द्वारा ही उस परमानुभूति की धारणा कर सकता है। इसी से भर्तृहरि ने 'स्वानुभूत्यैकमानव' कहकर नमस्कार किया है। यदि चिन्मय में अपनी इतनी अनुभूति का भी निश्चय मनुष्य को न हो तो वह प्रार्थना आदि क्यों करने जाय? कुत्ते प्रार्थना क्यों नहीं करते? उनमें धर्म की प्रतिष्ठा नहीं है अर्थात् वे चेतना की उस भूमि तक नहीं पहुँचे हैं जिनमें समष्टि स्थिति की रक्षा से सम्बन्ध रखने वालों का संचार होता है। वे यह नहीं जानते कि एक-दूसरे को काटने दौड़ने से कुक्कुर समाज की उन्नति और वृद्धि नहीं हो सकती। समष्टि रक्षा या धर्म की ओर प्रवृत्त करने वाले दया आदि भाव उन्हें प्राप्त नहीं हैं। उनमें स्वार्थ का भाव है परमार्थ का नहीं। 'धर्मो रक्षति रक्षितः' की धारणा उन्हें नहीं होती। जहाँ धर्म-भाव है वहीं ईश्वर की भावना है। जिन प्राणियों में जिन भावों का विकास नहीं हुआ है उनमें उनकी चरितार्थता की आवश्यकता प्रकृति नहीं समझती।

भक्ति का स्थान जहाँ मानव-हृदय है वहीं श्रद्धा और प्रेम के संयोग से उसका प्रादुर्भाव होता है। अतः मनुष्य की श्रद्धा के जो विषय ऊपर कहे जा चुके हैं उन्हीं को परमात्मा में अत्यन्त विशद् रूप में देखकर ही उसका मन खिंचता है और वह उस विशद् रूप विशिष्ट का सामीप्य चाहता है, उसके हृदय में जो सौन्दर्य का भाव है, जो शील का भाव है, जो उदारता का भाव है, जो शक्ति का भाव है, उसे वह अत्यन्त पूर्ण रूप से परमात्मा में देखता है और ऐसे पूर्ण पुरुष की भावना से उसका हृदय गद्‌गद हो जाता है और उसका धर्म-पथ आनन्द से जगमगा उठता है। धर्म-क्षेत्र या व्यवहार-पथ में वह अपने मतलब भर ही ईश्वरता से प्रयोजन रखता है। राम, कृष्ण आदि अवतारों में परमात्मा की विशेष कला देख एक हिन्दू के हृदय की सारी शुभ और आनन्दमयी वृत्तियाँ उनकी ओर दौड़ पड़ती हैं, उनके प्रेम, श्रद्धा आदि को बड़ा भारी अवलम्ब मिल जाता है। उसके सारे जीवन में एक अपूर्व माधुर्य और बल का संचार हो जाता है। उसके सामीप्य का आनन्द लेने के लिए कभी वह उनके अलौकिक रूप-सौन्दर्य की भावना करता है, कभी उनकी बाल-लीला के चिन्तन से विनोद प्राप्त करता है, कभी धर्म-बलपूर्ण उनके निर्मल चरित्र का गान करता है, कभी सिर झुकाकर वन्दना करता है

यहाँ तक कि जब जी में आता है, प्रेम से भरा उलाहना भी देता है। यह हृदय द्वारा अर्थात् आनन्द अनुभव करते हुए धर्म में प्रवृत्त होने का मार्ग सुगम है। भक्ति हृदय से की जाती है। बुद्धि से भक्ति करना ऐसा ही है जैसे नाक से खाना और कान से सूँघना। हमारे यहाँ भक्ति विधान के अर्न्तगत श्रवण, कीर्तन, स्मरण, सेवा, अर्चन, वन्दन, दास्य, सख्य और आत्मनिवेदन ये नौ बातें ली गई हैं। जैसा कि ऊपर कहा जा चुका है, कोरी श्रद्धा में याचकता का भाव नहीं है, जब प्रेम के साथ उसका संयोग होता है तभी इस भाव की प्राप्ति होती है। श्रद्धावान श्रद्धेय पर अपने निमित्त किसी प्रकार का प्रभाव डालना नहीं चाहता, पर भक्त दाक्षिण्य चाहता है।

रामलीला, कृष्णलीला आदि सामीप्य-सिद्धि के विधान हैं। इस सामीप्य की कामना, भक्तवर रसखान ने बड़ी मार्मिकता से इस प्रकार प्रकट की है

मानुष हों तो वही 'रसखान'
बसौं सँग गौकुल गाँव के ग्वारन।
जौ पसु हों तो कहा बस मेरो,
चरौं नित नन्द के धेनु मझारन।
पाहन हों तो वही गिरि को,
जो किए हरि छत्र पुरंदर-धारन।
जौ खग हों तो बसेरो करौं,
मिलि कूल कलिंदी कदंब के डारन॥

रामलीला-द्वारा लोग वर्ष में एक बार अपने पूज्यदेव की आदर्श मानवलीला का माधुर्य देखते हैं। जिस समय दूर-दूर के गाँवों के लोग एक मैदान में आकर इकट्ठे होते हैं तथा एक ओर जटा-मुकुटधारी विजयी राम-लक्ष्मण की मधुर मूर्ति देखते हैं और दूसरी ओर तीरों से बिंधा रावण का विशाल शरीर जलता देखते हैं, उस समय वे धर्म के सौंदर्य पर लुब्ध और धर्म की घोरता पर क्षुब्ध हो जाते हैं। इसी प्रकार जब कृष्णलीला में जीवन की प्रफुल्लता के साथ धर्म-रक्षा के अलौकिक बल का विकास देखते हैं, तब हमारी जीवन-धारणा की अभिलाषा दूनी-चौगुनी हो जाती है। हिन्दू-जाति इन्हीं की भक्ति के बल से इनकी प्रतिकूल अवस्थाओं के बीच अपना स्वतन्त्र अस्तित्व बचाती चली आई है इन्हीं की अद्भुत आकर्षण शक्ति से वह इधर-उधर ढलने नहीं पाई है। राम और कृष्ण को बिना आँसू बहाये छोड़ना हिन्दू-जाति के लिए सहज नहीं था, क्योंकि ये अवतार अलग टीले पर खड़े होकर

उपदेश देने वाले नहीं थे, बल्कि मानव-जीवन में पूर्ण रूप से सम्मिलित होकर उसके एक-एक अंग की मनोहरता दिखाने वाले थे। मंगल के अवसरों पर उनके गीत गाये जाते हैं। विमाताओं की कुटिलता की, बड़ों के आदर की, दुष्टों की दमन की, जीवन के कष्ट की, घर की, वन की, सम्पद की, विपद की जहाँ चर्चा होती है, वहाँ इनका स्मरण किया जाता है।

संसार से तटस्थ रहकर शान्ति-सुखपूर्वक लोक-व्यवहार-सम्बन्धी उपदेश देने वालों का उतना अधिक महत्व हिन्दू-धर्म में नहीं है जितना संसार के भीतर घुसकर उसके व्यवहारों के बीच सात्विक विभूति की ज्योति जगाने वालों का है। हमारे यहाँ उपदेशक ईश्वर के अवतार नहीं माने गये हैं। अपने जीवन द्वारा कर्म-सौन्दर्य संघटित करने वाले ही अवतार कहे गये हैं। कर्म-सौन्दर्य के योग से उनके स्वरूप में इतना माधुर्य आ गया है कि हमारा हृदय आप से आप उनकी ओर खिंचा पड़ता है। जो कुछ हम करते हैं खेलना, कूदना, हँसना, बोलना, क्रोध करना, शोक करना, प्रेम करना, विनोद करना उन सबमें सौन्दर्य लाते हुए हम जिन्हें देखेंगे उन्ही की ओर ढल सकते हैं। वे हमें दूर से रास्ता दिखाने वाले नहीं हैं, आप रास्ते में चलकर हमें अपने पीछे लगाने क्या खींचने वाले हैं। जो उसके स्वरूप पर मोहित न हो वह निस्संदेह जड़ है।

सुनि सीतापति सील सुभाउ।

मोद न मन, तन पुलक, नयन जल सो नर खेहर खाउ।।

जो उनका नाम सुनकर पुलकित होता है, जो उनके स्वरूप पर मोहित होता है, उसके सुधरने की बहुत कुछ आशा हो सकती है। जो संसार या मनुष्यत्व का सर्वथा त्याग न कर दे, उसके लिए शुद्ध सात्विक जीवन का यही मार्ग है। रागों के सम्पूर्ण दमन की अपेक्षा रागों का परिष्कार ज्यादा काम में आने वाली बात है। निर्लिप्त रहकर दूसरों का गला काटने वालों से लिप्त होकर दूसरों की भलाई करने वाले लोक-कल्याण के विचार से कहीं अच्छे हैं।

जनता के सम्पूर्ण जीवन को स्पर्श करने वाला क्षात्र-धर्म है। क्षात्र-धर्म के इसी व्यापकत्व के कारण हमारे मुख्य अवतार राम और कृष्ण क्षत्रिय हैं। क्षात्र-धर्म एकान्तिक नहीं है। उसका सम्बन्ध लोक-रक्षा से है। 'कोई राजा होगा तो अपने घर का होगा।' इससे बढ़कर झूठ शायद ही कोई मिले। झूठे खिताबों के द्वारा यह कभी सच नहीं की जा सकती। कर्म-सौन्दर्य की योजना क्षात्र-जीवन के जितने रूप में सम्भव है, उतने रूपों में किसी और जीवन में

नहीं। शक्ति के साथ क्षमा, वैभव के साथ विनय, पराक्रम के साथ रूप-माधुर्य, तेज के साथ कोमलता, सुख-भोग के साथ परदुःखकातरता, प्रताप के साथ कठिन धर्म-पथ का अवलम्बन इत्यादि कर्म-सौन्दर्य के इतने अधिक प्रकार के उत्कर्ष-योग और कहाँ घट सकते हैं इसी से क्षात्र-धर्म के सौन्दर्य में जो मधुर आकर्षण है वह अधिक व्यापक, अधिक मर्मस्पर्शी और अधिक स्पष्ट है। मनुष्य की सम्पूर्ण रागात्मिका वृत्तियों को उत्कर्ष पर ले जाने और विशुद्ध करने की सामर्थ्य उसमें है।

संसार में मनुष्य मात्र की समान वृत्ति कभी नहीं हो सकती। इस बात को भूलकर जो उपदेश दिये जाया करते हैं वे पाखंड के अन्तर्गत आते हैं। वृत्तियों की भिन्नता के बीच से जो मार्ग निकल सकेगा वही लोक-रक्षा का मार्ग होगा वही धर्म का चलता हुआ मार्ग होगा। जिसमें शिष्टों के आदर, दीनों पर दया, दुष्टों के दमन आदि जीवन के अनेक रूपों का सौन्दर्य दिखाई पड़ेगा, वही सर्वांगपूर्ण लोक-धर्म का मार्ग होगा। क्षात्र-धर्म पालन की आवश्यकता संसार में सब दिन बनी रहेगी। कोई व्यापार-युग उसे हटा नहीं सकता। किसी अनाथ अबला पर अत्याचार करने पर एक क्रूर पिशाच को हम उद्यत देख रहे हैं। समझाना-बुझाना या तो व्यर्थ है अथवा उसका समय ही नहीं है। ऐसी दशा में यदि उन अबला की रक्षा इष्ट है, तो हमें चटपट उस कर्म में प्रवृत्त होना होगा जिससे उस दुष्ट को बाधा पहुँचे। उस समय का हमारा क्रोध कितना सुन्दर और अक्रोध कितना गर्हित होगा।

●●●

करुणा

जब बच्चे को सम्बन्ध ज्ञान कुछ-कुछ होने लगता है तभी दुःख के उस भेद की नींव पड़ जाती है जिसे करुणा कहते हैं। बच्चा पहले परखता है कि जैसे हम हैं वैसे ही ये और प्राणी भी हैं और बिना किसी विवेचना क्रम के स्वाभाविक प्रवृत्ति द्वारा, वह अपने अनुभवों का आरोप दूसरे प्राणियों पर करता है। फिर कार्य-कारण सम्बन्ध से अभ्यस्त होने पर दूसरों के दुःख के कारण या कार्य को देखकर उनके दुःख का अनुमान करता है और स्वयं एक प्रकार का दुःख अनुभव करता है। प्रायः देखा जाता है कि जब माँ झूठमूठ 'ऊँ-ऊँ' करके रोने लगती है तब कोई कोई बच्चे भी रो पड़ते हैं। इसी प्रकार जब उनके किसी भी भाई या बहिन को कोई मारने उठता है तब वे कुछ चंचल हो उठते हैं।

दुःख की श्रेणी में प्रवृत्ति के विचार से करुणा का उल्टा क्रोध है। क्रोध जिसके प्रति उत्पन्न होता है उसकी हानि की चेष्टा की जाती है। करुणा जिसके प्रति उत्पन्न होती है उसकी भलाई का उद्योग किया जाता है। किसी पर प्रसन्न होकर भी लोग उसकी भलाई करते हैं। इस प्रकार पात्र की भलाई की उत्तेजना दुःख और आनन्द दोनों की श्रेणियों में रखी गई है। आनन्द की श्रेणी में ऐसा कोई शुद्ध मनोविकार नहीं है जो पात्र की हानि की उत्तेजना करे, पर दुःख की श्रेणी में ऐसा मनोविकार है जो पात्र की भलाई की उत्तेजना करता है। लोभ से, जिसे मैंने आनन्द की श्रेणी में रखा है, चाहे कभी-कभी और व्यक्तियों या वस्तुओं को हानि पहुँच जाये पर जिसे जिस व्यक्ति या वस्तु का लोभ होगा, उसकी हानि वह कभी न करेगा। लोभी महमूद ने सोमनाथ को तोड़ा, पर भीतर से जो जवाहरात निकले उनको खूब सम्भालकर रक्खा। नूरजहाँ के रूप में लोभी जहाँगीर ने शेर अफगान को मरवाया, पर नूरजहाँ को बड़े चैन से रक्खा।

ऊपर कहा जा चुका है कि मनुष्य ज्यों ही समाज में प्रवेश करता है, उसके सुख और दुःख का बहुत सा अंश दूसरे की क्रिया या अवस्था पर अवलम्बित हो जाता है और उसके मनोविकारों के प्रवाह तथा जीवन के विस्तार के लिए अधिक क्षेत्र हो जाता है। वह दूसरों के दुःख से दुःखी और दूसरों के सुख से सुखी होने लगता है। अब देखना यह है कि दूसरों के दुःख से दुःखी होने का नियम जितना व्यापक है क्या उतना ही दूसरों के सुख से सुखी होने का भी। मैं समझता हूँ, नहीं। हम अज्ञात-कुल-शील मनुष्य के दुःख को देखकर भी दुःखी होते हैं। किसी दुःखी मनुष्य को सामने देख हम अपना दुःखी होना तब तक के लिए बंद नहीं रखते जब तक कि यह न मालूम हो जाये कि वह कौन है, कहाँ रहता है और कैसा है; यह और बात है कि यह जानकर कि जिसे पीड़ा पहुँच रही है उसने कोई भारी अपराध या अत्याचार किया है। हमारी दया दूर या कम हो जायेगी। ऐसे अवसर पर हमारे ध्यान के सामने वह अपराध या अत्याचार आ जाता है और उस अपराधी या अत्याचारी का वर्तमान क्लेश हमारे क्रोध की तुष्टि या साधक हो जाता है।

सारांश यह है कि करुणा की प्राप्ति के लिए पात्र में दुःख के अतिरिक्त और किसी विशेषता की अपेक्षा नहीं। पर आनन्दित हम ऐसे ही आदमी के सुख को देखकर होते हैं जो या तो हमारा सुहृद या सम्बन्धी हो अथवा अत्यन्त सज्जन, शीलवान या चरित्रवान होने के कारण समाज का मित्र या हितकारी हो। यों ही किसी अज्ञात व्यक्ति का लाभ या कल्याण सुनने से हमारे हृदय में किसी प्रकार के आनन्द का उदय नहीं होता। इससे प्रकट है कि दूसरों के दुःख से दुःखी होने का नियम बहुत व्यापक है और दूसरों के सुख से सुखी होने का नियम उसकी अपेक्षा परिमित है। इसके अतिरिक्त दूसरों को सुखी देखकर जो आनन्द होता है उसका न तो कोई अलग नाम रखा गया है और न उनमें वेग या प्रेरणा होती है। पर दूसरों के दुःख के परिज्ञान से जो दुःख होता है, वह करुणा, दया आदि नामों से पुकारा जाता है और अपने कारण को दूर करने की उत्तेजना करता है।

जबकि अज्ञात व्यक्ति के दुःख पर दया बराबर उत्पन्न होती है तो जिस व्यक्ति के साथ हमारा अधिक संसर्ग होता है, जिसके गुणों से हम अच्छी तरह परिचित रहते हैं, जिसका रूप हमें भला मालूम होता है उसके उतने ही दुःख पर हमें अवश्य अधिक करुणा होगी। किसी भोली-भाली सुन्दरी रमणी को, किसी सच्चरित्र परोपकारी महात्मा को, किसी अपने भाई-बन्धु को दुःख में देख, हमें अधिक व्याकुलता होगी। करुणा की तीव्रता या सापेक्ष विधान

जीवन-निर्वाह की सुगमता और कार्य-विभाग की पूर्णता के उद्देश्य से समझना चाहिए।

मनुष्य की प्रकृति में शील और सात्विकता का आदि संस्थापक यही मनोविकार है। मनुष्य की सज्जनता या दुर्जनता अन्य प्राणियों के साथ उसके सम्बन्ध या संसर्ग द्वारा ही व्यक्त होती है। यदि कोई मनुष्य जन्म से ही किसी निर्जन स्थान में अपना निर्वाह करे तो उसका कोई कर्म सज्जनता या दुर्जनता की कोटि में न आएगा। उसके सब कर्म निर्लिप्त होंगे। संसार में प्रत्येक प्राणी के जीवन का उद्देश्य दुःख की निवृत्ति और सुख की प्राप्ति है। अतः सबके उद्देश्य को एक साथ जोड़ने से संसार का उद्देश्य सुख का स्थापन और दुःख का निराकरण हुआ। अतः जिन कर्मों से संसार के इस उद्‌देश्य के साधन हों वे उत्तम हैं। प्रत्येक प्राणी के लिए उससे भिन्न प्राणी संसार है। जिन कर्मों से दूसरे के वास्तविक सुख का साधन और दुःख की निवृत्ति हो वे शुभ और सात्विक हैं तथा जिस अन्तःकरण वृत्ति से इन कर्मों से प्रवृत्ति हो वह सात्विक है। कृपा या अनुग्रह से भी दूसरों के सुख की योजना की जाती है, पर एक तो कृपा या अनुग्रह में आत्म-भाव छिपा रहता है और उसकी प्रेरणा से पहुँचाया हुआ सुख एक प्रकार का प्रतिकार है। दूसरी बात यह है कि नवीन सुख की योजना की अपेक्षा प्राप्त दुःख की निवृत्ति की आवश्यकता अत्यन्त अधिक है।

दूसरे के उपस्थित दुःख से उत्पन्न दुःख का अनुभव अपनी तीव्रता के कारण मनोविकारों की श्रेणी में माना जाता है पर अपने भावी आचरण द्वारा दूसरे के सम्भाव्य दुःख का ध्यान या अनुमान, शील या साधारण सद्‌वृत्ति के अन्तर्गत समझा जाता है। बोलचाल की भाषा में तो 'शील' शब्द से चित्त की कोमलता या मुरौवत ही का भाव समझा जाता है, जैसे 'उनकी आँखों में शील नहीं है', 'शील तोड़ना अच्छा नहीं', दूसरों का दुःख दूर करना और दूसरों को दुःख न पहुँचाना इन दोनों बातों का निर्वाह करने वाला नियम न पालने का दोषी हो सकता है, पर दुःखशीलता या दुर्भाव का नहीं। ऐसा मनुष्य झूठ बोल सकता है, पर ऐसा नहीं जिससे किसी का कोई काम बिगड़े या जी दुखे। यदि वह किसी अवसर पर बड़ों की कोई बात न मानेगा तो इसलिए कि वह उसे ठीक नहीं जँचती या वह उसके अनुकूल चलने में असमर्थ है, इसलिए नहीं कि बड़ों का अकारण जी दुखे।

मेरे विचार में तो 'सदा सत्य बोलना', 'बड़ों का कहना मानना', ये नियम के अन्तर्गत हैं, शील या सद्‌भाव के अर्न्तगत नहीं। झूठ बोलने से बहुधा बड़े-बड़े अनर्थ हो जाते हैं इसी से उसका अभ्यास रोकने के लिए यह

नियम कर दिया गया कि किसी अवस्था में झूठ बोला ही न जाय। पर मनोरंजन, खुशामद और शिष्टाचार आदि के बहाने संसार में बहुत सा झूठ बोला जाता है जिस पर कोई समाज कुपित नहीं होता। किसी-किसी अवस्था में तो धर्मग्रंथों में झूठ बोलने की इजाजत तक दे दी गई है, विशेषतः जब इस नियम भंग द्वारा अन्तःकरण की किसी उच्च और उदार वृत्ति का साधन होती हो। यदि किसी के झूठ बोलने से कोई निरपराध और निःसहाय व्यक्ति अनुचित दण्ड से बच जाये तो ऐसा झूठ बोलना बुरा नहीं बतलाया गया है क्योंकि नियम शील या सद्वृत्ति का साधक है, समकक्ष नहीं। मनोवेग-वर्जित सदाचार दम्भ या झूठी कवायद है। मनुष्य के अन्तःकरण में सात्विकता की ज्योति जगाने वाली यही करुणा है। इसी से जैन और बौद्धधर्म में इसको बड़ी प्रधानता दी गई है और गोस्वामी तुलसीदास जी ने भी कहा है—

पर उपकार सरिस न भलाई। पर-पीड़ा सम नहिं अधमाई॥

यह बात स्थिर और निर्विवाद है कि श्रद्धा का विषय किसी न किसी रूप में सात्विक शील ही होता है। अतः करुणा और सात्विकता का सम्बंध इस बात से और भी सिद्ध होता है कि किसी पुरुष को दूसरे पर करुणा करते देख तीसरे को करुणा करने वाले पर श्रद्धा उत्पन्न होती है। किसी प्राणी में और किसी मनोवेग को देख श्रद्धा नहीं उत्पन्न होती। किसी को क्रोध, भय, ईर्ष्या, घृणा, आनन्द आदि करते देख लोग उस पर श्रद्धा नहीं कर बैठते। क्रिया में तत्पर करने वाली प्राणियों की आदि अन्तःकरण वृत्ति मन या मनोवेग है। अतः इन मनोवेगों में जो श्रद्धा का विषय हो वही सात्विकता का आदि संस्थापक ठहरा। दूसरी बात यह भी ध्यान देने की है कि मनुष्य के आचरण के प्रवर्तक भाव या मनोविकार ही होते हैं, बुद्धि नहीं। बुद्धि दो वस्तुओं के रूपों को अलग-अलग दिखला देगी, यह मनुष्य के मन के वेग या प्रवृत्ति पर है कि वह उनमें से किसी एक को चुनकर कार्य में प्रवृत्त हो। यदि विचार कर देखा जाय तो स्मृति, अनुमान, बुद्धि आदि अन्तःकरण की सारी वृत्तियाँ केवल मनोवेगों की सहायक हैं वे भावों या मनोवेगों के लिए उपयुक्त विषय मात्र ढूँढ़ती हैं। मनुष्य की प्रवृत्ति पर भाव को और भावना को तीव्र करने वाले कवियों का प्रभाव प्रकट ही है।

प्रिय के वियोग से जो दुःख होता है उसमें कभी-कभी दया या करुणा का भी कुछ अंश मिला रहता है। ऊपर कहा जा चुका है कि करुणा का विषय दूसरे का दुःख है। अतः प्रिय के वियोग में इस विषय की भावना किस प्रकार होती है, यह देखना है। प्रत्यक्ष निश्चय कराता है और परोक्ष अनिश्चय

में डालता है। प्रिय व्यक्ति के सामने रहने से उसके सुख का जो निश्चय होता रहता है, वह उसके दूर होने से अनिश्चय में परिवर्तित हो जाता है। अतः प्रिय के वियोग पर उत्पन्न करुणा का विषय प्रिय के सुख का निश्चय है। जो करुणा हमें साधारण जनों के वास्तविक दुःख के परिज्ञान से होती है, वही करुणा हमें प्रियजन के सुख के अनिश्चय मात्र से होती है। साधारण जनों का तो हमें दुःखी होना असह्य होता है, पर प्रिय जनों के सुख का अनिश्चय ही। अनिश्चय बात पर सुखी या दुःखी होना ज्ञानवादियों के निकट अज्ञान है, इसी से इस प्रकार के दुःख का करुणा को किसी-किसी प्रान्तिक भाषा में 'मोह' भी कहते हैं। सारांश यह कि प्रिय से वियोग-जनित दुःख में जो करुणा का अंश रहता है उसका विषय प्रिय के सुख का अनिश्चय है। राम-जानकी के वन चले जाने पर कौशल्या उनके सुख के अनिश्चय पर इस प्रकार दुःखी होती हैं

बन को निकरि गये दोउ भाई।
सावन गरजै, भादौ बरसै, पवन चले पुरवाई।
कौन बिरिछ तर भीजत ह्वैहैं राम लखन दोउ भाई।

(गीतावली)

प्रेमी को यह विश्वास कभी नहीं होता कि उसके प्रिय के सुख का ध्यान जितना वह रखता है उतना संसार में और भी कोई रख सकता है। श्रीकृष्ण गोकुल से मथुरा चले गये जहाँ सब प्रकार का सुख-वैभव था; पर यशोदा इसी सोच में मरती रहीं कि—

प्रात समय उठि माखन रोटी को बिन माँगे देहैं?
को मेरे बालक कुँवर कान्ह को छिन-छिन आगे लैहैं?

और उद्धव से कहती हैं

सँदसो देवकी सों कहियो।
हौं तो धाय, तिहारे सुत की कृपा करत ही रहियो॥
उबटन, तेल और तातो जल देखत ही भजि जाते।
जोइ जोइ माँगत सोइ सोइ देती क्रम-क्रम करि कै न्हाते॥
तुम तो टेव जानतिहि ह्वैहै तऊ मोहिं कहि आवै।
प्रात उठत मेरे लाल लड़ैतनि माखन रोटी भावै॥
अब यह सूर मोहि निसि बासर बड़ो रहत जिय सोच।
अब मेरे अलकलड़ैते लालन ह्वैहैं करत सँकोच॥

वियोग की दशा में गहरे प्रेमियों को प्रिय के सुख का अनिश्चय ही नहीं, कभी-कभी घोर अनिष्ट की आशंका तक होती है; जैसे एक पति-वियोगिनी सन्देह करती है कि—

नदी किनारे धुँआ उठत है, मैं जानूँ कछु होय।

जिसके कारण मैं जली, वही न जलता होय॥

शुद्ध वियोग का दुःख केवल प्रिय के अलग हो जाने की भावना से उत्पन्न क्षोभ या विषाद है जिसमें प्रिय के दुःख आदि की कोई भावना नहीं रहती।

जिस व्यक्ति से किसी की घनिष्टता और प्रीति होती है वह उसके जीवन के बहुत से व्यापारों तथा मनोवृत्तियों का आधार होता है। उसके जीवन का बहुत सा अंश उसी के सम्बन्ध द्वारा व्यक्त होता है। मनुष्य अपने लिए संसार आप बनाता है। संसार तो कहने-सुनने के लिए है, वास्तव में किसी मनुष्य का संसार तो वे ही लोग हैं जिनसे उसका संसर्ग या व्यवहार है। अतः ऐसे लोग में से किसी का दूर होना उसके संसार के एक प्रधान अंश का कट जाना या जीवन के एक अंग का खंडित हो जाना है। किसी प्रिय या सुहृदय के चिरवियोग या मृत्यु के शोक के साथ करुणा या दया का भाव मिलकर चित्त को बहुत व्याकुल करता है। किसी के मरने पर उसके प्राणी उसके साथ किये हुए अन्याय या कुव्यवहार तथा उसकी इच्छा-पूर्ति करने में अपनी त्रुटियों का स्मरण कर और यह सोचकर कि उसकी आत्मा को संतुष्ट करने की भावना सब दिन के लिए जाती रही, बहुत अधीर और विकल होते हैं।

सामाजिक जीवन की स्थिति और पुष्टि के लिए करुणा का प्रसार आवश्यक है। समाज-शास्त्र के पश्चिमी ग्रंथकार कहा करें कि समाज में एक-दूसरे की सहायता अपनी-अपनी रक्षा के विचार से की जाती है; यदि ध्यान से देखा जाये तो कर्म-क्षेत्र में परस्पर सहायता की सच्ची उत्तेजना देने वाली किसी न किसी रूप में करुणा ही दिखाई देगी। मेरा यह कहना नहीं कि परस्पर की सहायता का परिणाम प्रत्येक का कल्याण नहीं है। मेरे कहने का अभिप्राय है कि संसार में एक-दूसरे की सहायता विवेचना द्वारा निश्चित इस प्रकार के दूरस्थ परिणाम पर दृष्टि रखकर नहीं की जाती बल्कि मन को स्वतः प्रवृत्त करने वाली प्रेरणा से की जाती है। दूसरे की सहायता करने से अपनी रक्षा की भी सम्भावना है, इस बात या उद्देश्य का ध्यान प्रत्येक, विशेषकर सच्चे सहायक को तो नहीं रहता। ऐसे विस्तृत उद्देश्यों का ध्यान तो विश्वास स्वयं रखती है; वह उसे प्राणियों की बुद्धि ऐसी चंचल और मुण्डे-मुण्डे भिन्न

वस्तु के भरोसे नहीं छोड़ती। किस युग में और किस प्रकार मनुष्यों ने समाज-रक्षा के लिए एक-दूसरे की सहायता करने की गोष्ठी की होगी, यह समाज-शास्त्र के बहुत से वक्ता लोग ही जानते होंगे। यदि परस्पर सहायता की प्रवृत्ति पुरखों की उस पुरानी पंचायत ही के कारण होती और यदि उसका उद्देश्य वहीं तक होता जहाँ तक समाजशास्त्र के वक्ता बतलाते हैं, तो हमारी दया मोटे, मुस्टण्डे और समर्थ लोगों पर जितनी होती उतनी दीन, अशक्त और अपाहिज लोगों पर नहीं, जिनसे समाज को उतना लाभ नहीं। पर इसका बिल्कुल उलटा देखने में आता है। दुःखी व्यक्ति जितना ही असहाय और असमर्थ होगा उतनी ही अधिक उसके प्रति हमारी करुणा होगी। एक अनाथ अबला को मार खाते देख हमें जितनी करुणा होगी उतनी एक सिपाही या पहलवान को पिटते देखकर नहीं। इससे स्पष्ट है कि परस्पर साहाय्य के जो व्यापक उद्देश्य हैं उनका धारण करने वाला मनुष्य का छोटा सा अन्तःकरण नहीं, विश्वात्मा है।

दूसरों के, विशेषतया अपने परिचितों के, थोड़े क्लेश या शोक पर जो वेगरहित दुःख होता है, उसे सहानुभूति कहते हैं। शिष्टाचार में इस शब्द का प्रयोग इतना अधिक होने लगा है कि यह निकम्मा सा हो गया है। अब प्रायः इस शब्द से हृदय का कोई सच्चा भाव नहीं समझा जाता है। सहानुभूति के तार, सहानुभूति की चिट्ठियाँ लोग यों ही भेजा करते हैं। यह छद्मशिष्टता मनुष्य के व्यवहार-क्षेत्र से सच्चाई के अंश को क्रमशः चरती जा रही है।

करुणा अपना बीज अपने आलम्बन या पात्र में नहीं फेंकती है अर्थात् जिस पर करुणा की जाती है वह बदले में करुणा करने वाले पर भी करुणा नहीं करता जैसा कि क्रोध और प्रेम में होता है बल्कि कृतज्ञ होता अथवा श्रद्धा या प्रीति करता है। बहुत सी औपन्यासिक कथाओं में यह बात दिखाई गयी है कि युवतियाँ दुष्टों के हाथ से अपना उद्धार करने वाले युवकों के प्रेम में फँस गई हैं। कोमल भावों की योजना के दक्ष बँगला उपन्यास-लेखक करुणा और प्रीति के मेल से बड़े ही प्रभावोत्पादक दृश्य उपस्थित करते हैं।

मनुष्य के प्रत्यक्ष ज्ञान में देश और काल की परिमिति अत्यन्त संकुचित होती है। मनुष्य जिस वस्तु को जिस समय और जिस स्थान पर देखता है उसकी उसी समय और उसी स्थान की अवस्था का अनुभव होता है। पर स्मृति, अनुमान या दूसरों से प्राप्त ज्ञान के सहारे मनुष्य का ज्ञान इस परिमिति को लाँघता हुआ अपना देशकाल सम्बन्धी विस्तार बढ़ाता है। प्रस्तुत विषय के सम्बन्ध में उपयुक्त भाव प्राप्त करने के लिए यह विस्तार कभी-कभी आवश्यक होता है। मनोविकारों की उपयुक्तता कभी-कभी इस विस्तार पर

निर्भर रहती है। किसी मार खाते हुए अपराधी के विलाप पर हमें दया आती है, पर जब हम सुनते हैं कि कई बार वह बड़े-बड़े अपराध कर चुका है, इससे आगे भी ऐसे ही अत्याचार करेगा, तो हमें अपनी दया की अनुपयुक्तता मालूम हो जाती है। ऊपर कहा जा चुका है कि स्मृति और अनुमान आदि भावों या मनोविकारों के केवल सहायक हैं अर्थात प्रकारान्तर से वे उनके लिए विषय उपस्थित करते हैं। वे कभी तो आप से आप विषयों को मन के सामने लाते हैं, कभी किसी विषय के सामने आने पर उससे सम्बन्ध (पूर्वापर व कार्यकारण सम्बन्ध) रखने वाले और बहुत से विषय उपस्थित करते हैं जो कभी तो सबके सब एक ही भाव के विषय होते हैं और उस प्रत्यक्ष विषय से उत्पन्न भाव को तीव्र करते हैं, कभी-कभी भिन्न भावों के विषय से उत्पन्न भावों को उपस्थित करते हैं जो कभी तो सबको परिवर्तित या धीमा करते हैं। इससे यह स्पष्ट है कि मनोवेग या भावों को मंद या दूर करने वाली, स्मृति, अनुमान या बुद्धि आदि कोई दूसरी अन्तःकरण वृत्ति नहीं है, मन का दूसरा भाव या वेग ही है।

मनुष्य की सजीवता मनोवग या प्रवृत्ति में, भावों की तत्परता में, है। नीतिज्ञों और धार्मिकों का मनोविकारों को दूर करने का उपदेश घोर पाखण्ड है? इस विषय में कवियों का प्रयत्न सच्चा है। जो मनोविकारों पर सान ही नहीं चढ़ाते बल्कि उन्हें परिमार्जित करते हुए सृष्टि के पदार्थों के साथ उनके उपयुक्त सम्बन्ध निर्वाह पर जोर देते हैं। यदि मनोवेग न हो तो स्मृति, अनुमान, बुद्धि आदि के रहते भी मनुष्य बिल्कुल जड़ है। प्रचलित सभ्यता और जीवन की कठिनता से मनुष्य अपने इन मनोवेगों को मारने और अशक्त करने पर विवश होता जाता है और इस प्रकार उसके जीवन का स्वाद निकलता जाता है। वन, नदी, पर्वत आदि को देख आनन्दित होने के लिए अब उसके हृदय में उतनी जगह नहीं। दुराचार पर उसे क्रोध या घृणा होती है। पर झूठे शिष्टाचार के अनुसार उसे दुराचारी की मुँह पर प्रशंसा करनी पड़ती है। जीवन-निर्वाह की कठिनता से उत्पन्न स्वार्थ की शुष्क प्रेरणा के कारण उसे दूसरे के दुःख की ओर ध्यान देने, उस पर दया करने और उसके दुःख की निवृत्ति का सुख प्राप्त करने की फुरसत नहीं। इस प्रकार मनुष्य हृदय को दबाकर केवल क्रूर आवश्यकता और कृत्रिम नियमों के अनुसार ही चलने पर विवश और कठपुतली सा जड़ होता जाता है। उसकी भावुकता का नाश होता जाता है। पाखण्डी लोग मनोवेगों का सच्चा निर्वाह न देख, हताश हो मुँह बनाकर कहने लगे हैं "करुणा छोड़ो, प्रेम छोड़ो, आनन्द छोड़ो। बस, हाथ-पैर हिलाओ, काम करो।"

यह ठीक है कि मनोवेग उत्पन्न होना और बात है और मनोवेग के अनुसार व्यवहार करना और बात; पर अनुसारी परिणाम के निरन्तर अभाव के मनोवेगों का अभ्यास भी घटने लगता है। यदि कोई मनुष्य आवश्यकतावश कोई निष्ठुर कार्य अपने ऊपर ले लो तो पहले दो चार बार उसे दया उत्पन्न होगी; पर जब बार-बार दया की प्रेरणा के अनुसार कोई परिणाम वह उपस्थित न कर सकेगा तब धीरे-धीरे उसका दया का अभ्यास कम होने लगेगा; यहाँ तक कि उसकी दया की वृत्ति ही मारी जायेगी।

बहुत से अवसर आ पड़ते हैं जिनमें करुणा आदि मनोवेगों के अनुसार काम नहीं किया जा सकता। पर ऐसे अवसरों की संख्या का बहुत बढ़ना ठीक नहीं है। जीवन में मनोवेगों के अनुसार परिणामों का विरोध प्रायः तीन वस्तुओं से होता है (1) आवश्यकता, (2) नियम और (3) न्याय। हमारा कोई नौकर बहुत बुड्ढा और कार्य करने में अशक्त हो गया है जिससे हमारे काम में हर्ज होता है। हमें उसकी अवस्था पर दया तो आती है पर आवश्यकता के अनुरोध से उसे अलग करना पड़ता है। किसी दुष्ट अफसर के कुवाक्य पर क्रोध तो आता है पर मातहत लोग आवश्यकता के वश उस क्रोध के अनुसार कार्य करने की कौन कहे, उसका चिन्ह तक प्रकट नहीं होने देते। यदि कहीं पर यह नियम है कि इतना रुपया देकर लोग कोई कार्य करने पायें तो जो व्यक्ति रुपया वसूल करने पर नियुक्त होगा, वह किसी ऐसे दीन अकिंचन को देख जिसके पास एक पैसा भी न होगा, दया तो करेगा पर नियम के वशीभूत हो उसे वह उस कार्य के करने से रोकेगा। राजा हरिश्चन्द्र ने अपनी रानी शैव्या से अपने ही मृत पुत्र के कफन का टुकड़ा फड़वा नियम का अद्‌भुत पालन किया था। पर यह समझ रखना चाहिए कि यदि शैव्या के स्थान पर कोई दूसरी स्त्री होती तो राजा हरिश्चन्द्र के उस नियम-पालन का उतना महत्व न दिखाई पड़ता; करुणा ही लोगों की श्रद्धा को अपनी ओर अधिक खींचती है। करुणा का विषय दूसरे का दुःख है, अपना दुःख नहीं। आत्मीय जनों का दुःख एक प्रकार से अपना ही दुःख है। इससे राजा हरिश्चन्द्र के नियम-पालन का जितना स्वार्थ से विरोध था उतना करुणा से नहीं।

न्याय और करुणा का विरोध प्रायः सुनने में आता है। न्याय से ठीक प्रतिकार का भाव समझा जाता है। यदि किसी ने हमसे 1000 रुपया उधार लिये तो न्याय यह है कि वह हमें 1000 रुपया लौटा दे। यदि किसी ने कोई अपराध किया तो न्याय यह है कि उसको दण्ड मिले। यदि 1000 रुपया लेने के उपरान्त उस व्यक्ति पर कोई आपत्ति पड़ी और उसकी दशा

अत्यन्त सोचनीय हो गयी तो न्याय पालने के विचार का विरोध करुणा कर सकती है। इसी प्रकार यदि अपराधी मनुष्य बहुत रोता, गिड़गिड़ाता और कान पकड़ता है तथा पूर्ण दण्ड की अवस्था में अपने परिवार की घोर दुर्दशा का वर्णन करता है, तो न्याय के पूर्ण निर्वाह का विरोध करुणा कर सकती है। ऐसी अवस्थाओं में करुणा करने का सारा अधिकार विपक्षी अर्थात् जिसका रुपया चाहिए या जिसका अपराध किया गया है उसको है, न्यायकर्ता या तीसरे व्यक्ति को नहीं। जिसने अपनी कमाई के 1000 रुपये अलग किये, या अपराध द्वारा जो क्षति-ग्रस्त हुआ विश्वात्मा उसी के हाथ में करुणा ऐसी उच्च सद्वृत्ति के पालन का शुभ अवसर देती है। करुणा सेंत का सौदा नहीं है। यदि न्यायकर्ता को करुणा है तो वह उसकी शान्ति पृथक रूप से कर सकता है, जैसे ऊपर लिखे मामले में वह चाहे तो दुखिया ऋणी को हजार-पाँच सौ अपने पास से दे दे या दण्डित व्यक्ति तथा उसके परिवार की और प्रकार से सहायता कर दे। उसके लिए भी करुणा का द्वार खुला है।

●●●

लोभ और प्रीति

जिस प्रकार का सुख या आनन्द देने वाली वस्तु के सम्बंध में मन की ऐसी स्थिति को जिसमें उस वस्तु के अभाव की भावना होते ही प्राप्ति, सान्निध्य या रक्षा की प्रबल इच्छा जग पड़े लोभ कहते हैं। दूसरे की वस्तु का लोभ करके उसे लोग लेना चाहते हैं, अपनी वस्तु का लोभ करके उसे लोग देना या नष्ट होने देना नहीं चाहते। प्राप्य या प्राप्त सुख के अभाव या अभाव कल्पना के बिना लोभ की अभिव्यक्ति नहीं होती। अतः इसके सुखात्मक और दुखात्मक दोनों पक्ष हैं। जब लोभ अप्राप्त के लिए होता है तब तो दुःख स्पष्ट ही रहता है। प्राप्त के सम्बन्ध में दुःख का अंग निहित रहता है और अभाव के निश्चय या आशंका मात्र पर व्यक्त हो जाता है। कोई सुखद वस्तु पास में रहने पर भी मन में इस इच्छा का बीज रहता है कि उसका अभाव न हो। पर अभाव का जब तक ध्यान नहीं होता तब तक इस वासना का कहीं पता नहीं रहता। हम बैठे-बैठे किसी वस्तु का आनंद ले रहे हैं। उस आनंद के अभाव से जो दुःख होगा उसका कुछ भी ध्यान हमारे मन में नहीं है। इसी बीच में कोई आकर उस वस्तु को ले जाना चाहता है; तब हम उससे कुछ व्यग्र होकर कहते हैं 'अभी रहने दो'। इसके पहले कोरे आनन्द के अभाव में इच्छा का कहीं पता न था कि वह वस्तु हटाई न जाये।

विशिष्ट वस्तु या व्यक्ति के प्रति होने पर वह सात्विक रूप प्राप्त करता है जिसे प्रीति या प्रेम कहते हैं। जहाँ लोभ सामान्य या जाति के प्रति होता है वहाँ वह लोभ ही रहता है, जहाँ पर किसी जाति के एक ही विशेष व्यक्ति के प्रति होता है वहाँ 'रुचि' या 'प्रीति' का पद प्राप्त करता है। लोभ सामान्योन्मुख होता है और प्रेम विशेषोन्मुख। कहीं कोई अच्छी चीज सुनकर दौड़ पड़ना लोभ है। किसी विशेष वस्तु पर इस प्रकार मुग्ध रहना कि उससे

कितनी अच्छी अच्छी वस्तुओं के सामने आने पर भी उस विशेष वस्तु से प्रवृत्ति न हटे, रुचि या प्रेम है। किसी स्त्री या पुरुष के रूप की प्रशंसा सुनते ही पहला भाव लोभ का होगा। किसी को हमने बहुत सुन्दर देखा और लुभा गये, उसके पीछे दूसरे को उससे भी सुन्दर देखा तो उस पर लुभा गये। जब तक प्रवृत्ति का यह व्यभिचार रहेगा, तब तक हम रूप-लोभी ही माने जायेंगे। जब हमारा लोभ किसी एक ही व्यक्ति पर स्थिर हो जायेगा, हमारी वृत्ति, एकनिष्ठ हो जायेगी, तब हम प्रेमी कहे जाने के अधिकारी होंगे, पर साधारणतः मन की ललक यदि वस्तु के प्रति है तो लोभ और किसी प्राणी या मनुष्य के प्रति होती है वह प्रीति कहलाती है।

लोभ का प्रथम संवेदानात्मक अवयव है किसी वस्तु का बहुत अच्छा लगना, उससे बहुत सुख या आनन्द का अनुभव होना। अतः वह आनन्द-स्वरूप है। इसी से किसी अच्छी वस्तु को देखकर लुभा जाना कहा जाता है। पर केवल इस अवस्था में लोभ की पूरी अभिव्यक्ति नहीं होती। कोई वस्तु हमें बहुत अच्छी लगी, किसी वस्तु से हमें बहुत सुख या आनन्द मिला, इतने ही पर दुनिया में यह नहीं कहा जाता कि हमने लोभ किया। जब संवेदनात्मक अवयव के साथ इच्छात्मक अवयव का संयोग होगा अर्थात् जब उस वस्तु को प्राप्त करने की, दूर न करने की, नष्ट न होने देने की इच्छा प्रकट होगी तभी हमारा लोभ लोगों पर खुलेगा। इच्छा लोभ या प्रीति का ऐसा आवश्यक अंग है कि यदि किसी को कोई बहुत अच्छा और प्रिय लगता है तो लोग कहते हैं कि 'वह उसे चाहता है।'

भूखे रहने पर सबको पेड़ा अच्छा लगता है पर चौबे जी पेट भर भोजन के ऊपर भी पेड़े पर हाथ फेरते हैं। अतः हम कह सकते हैं कि चौबे जी को मिष्ठान से अधिक रुचि है। यह अभिरुचि भी लोभ की चेष्टाएँ उत्पन्न करती हैं। इन्द्रियों के विषय-भेद से अभिरुचि के विषय भी भिन्न-भिन्न हो सकते हैं। कमल का फूल और रमणी का सुन्दर मुख अच्छा लगता है। वीणा की तान और अपनी तारीफ अच्छी लगती है, जूही और केसर की गंध अच्छी लगती है, रबड़ी और मालपुआ अच्छा लगता है, मुलायम गद्दा अच्छा लगता है। ये सब वस्तुएँ तो आपको आनन्द देती हैं, इससे इनके प्राप्ति की इच्छा बहुत सीधी-सादी और स्वाभाविक कही जा सकती है; पर जिससे इन सब वस्तुओं की प्राप्ति सुलभ होती है, उसमें चाहे आनन्द देने वाली स्वतः कोई बात न हो पर उसकी प्राप्ति की होती है, उसका लोभ होता है। रुपये के रूप, रस, गंध आदि में कोई आकर्षण नहीं होता, पर जिस वेग से मनुष्य उस पर टूटते हैं उस वेग से भौंरे कमल पर और कौए मांस पर भी न टूटते होंगे। यहाँ तक

कि 'लोभी' शब्द से साधारणतः रुपये-पैसे का लोभी, धन का लोभी समझा जाता है। एक धातुखण्ड के गर्भ में कितने प्रकार के सुख और आनन्द मनुष्य समझता है। पर यह समझ इतनी पुरानी पड़ गई है कि इसकी ओर हमारा ध्यान अब प्रायः नहीं रहता। धन संचय करने में बहुतों का लक्ष्य धन ही रहता है, उससे प्राप्य सुख नहीं। वे बड़े से बड़े सुख के बदले में या कठिन से कठिन कष्ट निवारण के लिए थोड़ा सा धन अलग करना नहीं चाहते। उनके लिए साधन ही साध्य हो जाता है।

स्थिति भेद से प्रिय या अच्छी लगने वाली वस्तु के सम्बन्ध में इच्छा दो प्रकार की होती है—

1. प्राप्ति या सान्निध्य की इच्छा।
2. दूर न करने या नष्ट न होने देने की इच्छा।

प्राप्ति या सान्निध्य की इच्छा भी दो प्रकार की हो सकती है

1. इतने सम्पर्क की इच्छा जितना और किसी का न हो।
2. इतने सम्पर्क की इच्छा जितना सब कोई या बहुत से लोग एक साथ रख सकते हों।

इसमें से प्रथम प्रतिषेधात्मक होने के कारण प्रायः विरोधग्रस्त होती है, इससे उस पर समाज का ध्यान अधिक रहता है। कोई वस्तु हमें बहुत अच्छी लगती है, लगा करे, दूसरों को इससे क्या? पर जब हम उस वस्तु की ओर हाथ बढ़ाएँगें या औरों को उसकी ओर हाथ बढ़ाने न देंगे तब बहुत से लोगों का ध्यान हमारे इस कृत्य पर जायेगा जिनमें से कुछ हाथ थामने वाले और मुँह लटकाने वाले भी निकल सकते हैं। हमारे लोभ की शिकायत ऐसे ही लोग अधिक करते पाये जायेंगे। दूसरों के लोभ की निन्दा जैसी अच्छी लोभी कर सकते हैं वैसी और लोग नहीं। माँगने पर पाने वाले और न देने वाले दोनों इसमें प्रवृत्त होते हैं। एक कहता है कि 'वह बड़ा लोभी है, देता नहीं', दूसरा कहता है 'वह बड़ा लोभी है बराबर माँगा करता है।' रहीम दोनों को लोभी, दोनों को बुरा कहते हैं

रहिमन वे नर मर चुके जे कछु माँगन जाहिं।

उनतें पहिले वे मुए जिन मुख निकसत नाहिं॥

ऐसा उस समय होता है जब एक ही वस्तु के सम्बन्ध में एक ओर तो प्राप्त करने और दूसरी ओर न करने की इच्छा बिम्ब-प्रतिबिम्ब रूप से दो व्यक्तियों में होती है। इसके अतिरिक्त एक ही वस्तु को प्राप्त करने की इच्छा

यदि संयोग से कई प्राणियों के चित्त में हुई तो भी विरोध का पूरा विधान होता है। सारांश यह कि दोनों अवस्थाओं में लोभ का लक्ष्य एक होने पर लोभी एक-दूसरे को बहुत व्याकुल करते हैं।

प्राप्ति की प्रतिषेधात्मक इच्छा की सदोषता और निर्दोषता लोभ के विषय पर निर्भर रहती है। लोभ के विषय दो प्रकार के होते हैं सामान्य और विशेष। अच्छा खाना, अच्छा कपड़ा, अच्छा घर तथा धन, जिससे ये सब वस्तुएँ सुलभ होती हैं, सबको भाता है, सबको उसकी प्राप्ति की आकांक्षा है। ये लोभ के सामान्य विषय हुए जिन पर प्रायः मनुष्य मात्र का लक्ष्य रहता है, अतः इनके प्रति जो लोभ होता है उस पर बहुत लोगों का ध्यान जाता है। पर यदि किसी को गुलाब जामुन या विशेष बूटी की छींट बहुत अच्छी लगे और वह उसे प्राप्त करना या न देना चाहे तो उसके इस लोभ पर बहुत कम लोगों का ध्यान जायेगा और जिसका ध्यान जायेगा भी उन्हें वह खटकेगा नहीं। ऐसे लोभ को वे रुचि कहेंगे। सबको जिसकी हाय-हाय होती है, सब जिसको पाना चाहते हैं, वह बहुत से लोगों को एक मैदान में लाकर खड़ा किया करता है, जहाँ एक-दूसरे की गति-विधि का निरीक्षण और अवरोध बड़ी कड़ी नजर और पूरी मुस्तैदी से होता है।

यदि मनुष्य समाज में सब के लोभ के लक्ष्य भिन्न-भिन्न होते तो लोभ को बुरा कहने वाले कहीं न मिलते। यदि एक साथ रहने वाले दस आदमियों से कोई गाय बहुत चाहता, कोई घोड़ा, कोई कपड़ा, कोई ईंट, कोई पत्थर, कोई सोना, कोई चाँदी, कोई ताँबा; और इन वस्तुओं में से किसी को शेष सब वस्तुओं को प्राप्त कराने की कृत्रिम शक्ति न दी जाती, तो एक के लोभ से दूसरे को कोई कष्ट न पहुँचता और दूसरी बात यह होती कि लोभ का एक बुरा लक्षण जो असन्तोष है, उसकी भी एक सीमा हो जाती कोई कितनी गायें रखता, कितने घोड़े बाँधता, कहाँ तक सोना-चाँदी इकट्ठा करता। पर विनिमय की कठिनता दूर करने के लिए मनुष्यों ने कुछ धातुओं में सब आवश्यक वस्तुएँ प्राप्त करने का कृत्रिम गुण आरोपित किया जिससे मनुष्य मात्र की सांसारिक इच्छा और प्रयत्न का लक्ष्य एक हो गया, सबकी टक-टकी टके की ओर लग गयी।

लक्ष्य की इस एकता से समाज में एक-दूसरे की आँखों में खटकने वाले की वृद्धि हुई। जब एक ही को चाहने वाले बहुत से हो गये तब एक ही चाह को दूसरे कहाँ तक पसन्द करते हैं? लक्ष्मी की मूर्ति, धातुमयी हो गयी, उपासक सब पत्थर के हो गये, धीरे-धीरे यह दशा आयी कि जो बातें

पारस्परिक प्रेम की दृष्टि से, धर्म की दृष्टि से की जाती थीं वे भी रुपये-पैसे की दृष्टि से होने लगीं। आजकल तो बहुत-सी बातें धातु के ठीकरों पर ठहरा दी गयी हैं। पैसे से राज-सम्मान की प्राप्ति, विद्या की प्राप्ति, और न्याय की प्राप्ति होती है जिसके पास कुछ रुपया है बड़े-बड़े विद्यालयों में अपने लड़कों को भेज सकते हैं, न्यायालयों में फीस देकर मुकदमें दाखिल कर सकते हैं, अत्यन्त भीरु और कायर होकर बहादुर कहला सकते हैं, राजधर्म, आचार्य धर्म, वीरधर्म सब पर सोने का पानी फिर गया, सब टकाधर्म हो गये। धन की पैठ मनुष्य के सब कार्य-क्षेत्रों में करा देने से, उसके प्रभाव को इतना विस्तृत कर देने से, ब्राह्मण-धर्म और क्षात्र-धर्म का लोप हो गया; केवल वणिग्धर्म रह गया।

व्यापार नीति राजनीति का प्रधान अंग हो गयी। बड़े-बड़े राज्य माल की बिक्री के लिए लड़ने वाले सौदागर हो गये। जिस समय क्षात्र-धर्म की प्रतिष्ठा थी, एक राज्य दूसरे राज्य पर कभी-कभी विजय-कीर्ति की कामना से डंके की चोट पर चढ़ाई करता था। अब सदा एक देश दूसरे देश पर चुपचाप दबे पाँव धन हरण करने की ताक में लगा रहता है। इसी से भिन्न-भिन्न राज्यों की परस्पर सम्बन्ध-समस्या इतनी जटिल हो गयी है। कोई-कोई देश लोभवश इतना अधिक माल तैयार करते हैं कि उसे किसी देश के गले मढ़ने की फिक्र में दिन-रात मरते रहते है। जब तक यह व्यापारोन्माद दूर न होगा तब तक इस पृथ्वी पर सुख-शान्ति न होगी। दूर वह अवश्य होगा। क्षात्र-धर्म की संसार में एक बार फिर प्रतिष्ठा होगी, चोरी का बदला डकैती से लिया जायेगा।

सामान्य-विषयगत प्रतिषेधात्मक लोभ में भी लोभदृष्टि जितनी ही संकुचित होती है, उसके भीतर जितनी ही कम वस्तुएँ आती हैं, उतना ही उसका दोष कम होता है। अच्छे भोजन की चाह सबको होती है। अतः उसे बहुत चाहने वाला भी लोभी कहला सकता है, पर अच्छे भोजनों में यदि किसी को मिठाई की चाह अधिक रहे, तो उसका दोष कम और मिठाइयों में से गुलाब जामुन की अधिक चाह रहे तो और भी कम क्या कुछ भी न समझा जायेगा। इसी प्रकार जहाँ एक ही वस्तु बहुत प्रकार की रखी हुई है वहाँ भी यदि कोई एक किसी को पसन्द आ जाय और वह उसे लेना चाहे तो उसकी गिनती लोभियों में न होगी। विश्वामित्र को वशिष्ठ की गाय बहुत पसन्द आई वे उसके बदले में बहुत सी गायें देने के लिए तैयार हो गये पर वशिष्ठ ने उसे अपनी गाय नहीं दी। इसके लिए लड़-भिड़कर भी न वशिष्ठ लोभी कहलाए, न विश्वामित्र। इसी प्रकार एक नवाब साहब को बाबू हरिश्चन्द्र का एक अलबम

बहुत पसन्द आया था। ये लोभ के विशेष विषय के उदाहरण हैं। इनके प्रति जो लोभ होता है उसके अवसर इतने कम होते हैं कि उनके स्वभाव या अधिक अभ्यास का अनुमान नहीं किया जा सकता। पर किसी की अच्छी चीज देखते ही मुँह में पानी आ जाता है, बराबर खरी-खोटी सुना करते हैं। एक लोभ से दूसरे लोभ का निवारण भी होता है जिससे लोभी में अन्य वस्तुओं के त्याग का साहस आता है। विशेष विषयगत लोभ यदि बहुत प्रबल और सच्चा हुआ तो लोभी के त्याग का विस्तार बहुत बड़ा होता है। लोभ तो उसे एक विशेष और निर्दिष्ट वस्तु से है अतः उसके अतिरिक्त अन्य अनेक वस्तुओं का त्याग वह उसके लिए कर सकता है। विश्वामित्र एक गाय के लिए अपना सारा राजपाट देने को तैयार हो गये थे। अन्य का त्याग अनन्य और सच्चे लोभ की पहचान है।

यहाँ तक तो प्राप्ति की प्रतिषेधात्मक इच्छावाले लोभ की बात हुई जिसका प्रायः विरोध होता है। अब प्राप्ति की उस इच्छा का विचार करता हूँ जिसे एक ही वस्तु के सम्बन्ध में बहुत से लोग बिना विरोध के रख सकते हैं। जिस लोभ से दूसरे को कोई बाधा या कष्ट पहुँचता है,उसी को पहले एक प्रायः जिसे बाधा या कष्ट होता है बुरा कहता है, फिर दूसरा, फिर तीसरा, इसी प्रकार बहुत से बुरा कहने वाले हो जाते हैं। सारांश यह कि जो लोग दूसरे की सुख-शांति या स्वच्छन्दता के बाधक होते हैं, अधिकतर वही निन्द्य समझे जाते हैं। उपवन की शोभा सबको लुभाती है। यदि कोई नित्य किसी के बगीचे में जाकर टहला करे तो उसका क्या जाता है? यदि हम किसी वस्तु पर लुभाकर उससे उतना ही सम्पर्क रखना चाहते हैं जितना सब लोग एक साथ रख सकते हैं, तो हमारा लोभ किसी की आँखों में नहीं खटक सकता। बगीचे को आँख से एक साथ बहुत लोग देख सकते हैं, पर उसमें के फल नहीं खा सकते। जहाँ देखने का भी दाम लगता है या कुछ आदमियों का देखना बिना बंद किये देखा नहीं जा सकता, वहाँ दृष्टि-सम्पर्क की इच्छा भी मुश्किल में डाल देती है। पर जहाँ एक इच्छा दूसरे की इच्छा की बाधक न होकर साधक होती है, वहाँ एक ही वस्तु का लोभ रखनेवाले बहुत से लोग बड़े सद्‌भाव के साथ रहते हैं। लुटेरे या डाकू इसी प्रकार दल-बद्ध होकर काम करते हैं।

किसी को कोई स्थान बहुत प्रिय हो जाता है और वह हानि और कष्ट उठाकर भी वहाँ से नहीं जाना चाहता। हम कह सकते हैं कि उसे उस स्थान का पूरा लोभ है। जन्म-भूमि का प्रेम, स्वदेश-प्रेम यदि वास्तव में अन्तःकरण

का कोई भाव है तो स्थान के लोभ के अतिरिक्त और कुछ नहीं है। इस लोभ के लक्षणों से शून्य देश-प्रेम कोरी बकवाद या फैशन के लिए गढ़ा हुआ शब्द है। यदि किसी को अपने देश से प्रेम है तो उसे अपने देश के मनुष्य, पशु, पक्षी, लता, गुल्म, पेड़, पत्ते, वन, पर्वत, नदी, निर्झर सबसे प्रेम होगा, सबको वह चाहभरी दृष्टि से देखेगा, सबकी सुध करके वह विदेश में आँसू बहायेगा। जो यह भी नहीं जानते कि कोयल किस चिड़िया का नाम है, जो यह भी नहीं सुनते कि चातक कहाँ चिल्लाता है, जो आँख भर यह भी नहीं देखते कि आम प्रणय-सौरभपूर्ण मंजरियों से कैसे लदे हुए हैं, जो यह भी नहीं झाँकते कि किसानों के झोपड़ों के भीतर क्या हो रहा है, वे यदि दस बने-ठने मित्रों के बीच प्रत्येक भारतवासी की औसत आमदनी का परता बताकर देश-प्रेम का दावा करें तो उनसे पूछना चाहिए कि, 'भाइयों ! बिना परिचय का यह प्रेम कैसा? जिनके सुख-दुख के तुम कभी साथी न हुए उन्हें तुम सुखी देखना चाहते हो, यह समझते नहीं बनता। उनसे कोसों दूर बैठे-बैठे, पड़े-पड़े या खड़े-खड़े, तुम विलायती बोली में अर्थशास्त्र की दुहाई दिया करो, पर प्रेम का नाम उसके साथ न घसीटो। प्रेम हिसाब-किताब की बात नहीं है। हिसाब-किताब करने वाले भाड़े पर भी मिल सकते हैं पर प्रेम करने वाले नहीं। हिसाब-किताब से देश की दशा का ज्ञान मात्र हो सकता है। हितचिन्तन और हित-साधन की प्रवृत्ति इस ज्ञान से भिन्न है। वह मन के वेग पर निर्भर है, उसका सम्बन्ध लोभ या प्रेम से है जिसके बिना आवश्यक त्याग का उत्साह हो ही नहीं सकता। जिसे ब्रज की भूमि से प्रेम होगा वह इस प्रकार कहेगा—

नैनन सों रसखान जबै ब्रज के बन बाग तड़ाग निहारौं।
केतिक ये कलधौत के धाम करील के कुञ्जन ऊपर बारौं॥

रसखान तो किसी की 'लकुटी अरु कामरिया' पर तीनों पुरों का राजसिंहासन तक त्यागने को तैयार थे, पर देश-प्रेम की दुहाई देने वालों में से कितने अपने किसी थके-माँदे भाई के फटे-पुराने कपड़ों और धूल भरे पैरों पर रीझकर या कम से कम खीझकर, बिना मन मैला किये कमरे की फर्श भी मैली होने देंगे? मोटे आदमियों ! तुम जरा सा दुबले हो जाते अपने अंदेशे से सही तो न जाने कितनी ठठरियों पर मांसचढ़ जाता।

अब पूछिये कि जिनमें यह देश-प्रेम नहीं है उनमें वह किसी प्रकार हो भी सकता है। हाँ, हो सकता है परिचय से, सान्निध्य से जिस प्रकार लोभ से सान्निध्य की इच्छा उत्पन्न होती है, उसी प्रकार सान्निध्य से भी लोभ या प्रेम की प्रतिष्ठा होती है। जिनके बीच हम रहते हैं, जिन्हें हम बराबर आँखों

देखते हैं, जिनकी बातें हम बराबर सुनते रहते हैं, जिनका हमारा हर घड़ी का साथ हो जाता है, सारांश यह है कि जिनके सान्निध्य का हमें अभ्यास पड़ जाता है उनके प्रति लोभ या राग हो जाता है। जिस स्थान पर कोई बहुत दिनों तक रह आता है उसे छोड़ते हुए दुःख होता है। पशु और बालक भी जिनके साथ अधिक रहते हैं उन्हें परच जाते हैं। यह 'परचना' परिचय से निकला है। परिचय प्रेम का प्रवर्तक है। बिना परिचय के प्रेम नहीं हो सकता। यदि देश-प्रेम के लिए हृदय में जगह करनी है तो देश के स्वरूप में परिचित और अभ्यस्त हो जाओ। बाहर निकलो तो आँखें खोलकर देखो कि खेत कैसे लहलहा रहे हैं, नाले झाड़ियों के बीच से कैसे बह रहे हैं, टेसू के फूलों से वनस्थली कैसी लाल हो रही है, चौपायों के झुण्ड चरते हैं, चरवाहे तान लड़ा रहे हैं, अमराइयों के बीच में गाँव झाँक रहे हैं। उनमें घुसो, देखो क्या हो रहा है। जो मिलें उनसे दो-दो बातें करो; उनके साथ किसी पेड़ की छाया के नीचे घड़ी-अधघड़ी बैठ जाओ और समझो कि ये सब हमारे हैं। इस प्रकार जब देश का रूप तुम्हारी आँखों में समा जायेगा; तुम उसके अंग-प्रत्यंग से परिचित हो जाओगे, तब तुम्हारे अन्तःकरण में इस इच्छा का उदय होगा कि वह हमसे कभी न छूटे; वह सदा हरा-भरा और फूला-फला रहे; उसके धन-धान्य की वृद्धि हो, उसके सब प्राणी सुखी रहें। यह तो वर्तमान प्रेमसूत्र हुआ। अतीत की ओर दृष्टि फैलाओ। राम, कृष्ण, भीम, अर्जुन, विक्रम, कालिदास, भवभूति इत्यादि का स्मरण करो जिससे यह सब नाम तुम्हारे हो जायें। इनके नाते यह भूमि और इस भूमि के निवासी तुम्हें प्रिय होंगे।

पर आजकल इस प्रकार का परिचय बाबुओं की लज्जा का एक विषय हो रहा है। वे देश के स्वरूप से अनजान रहने या बनने में अपनी बड़ी शान समझते हैं। मैं अपने एक लखनवी दोस्त के साथ साँची का स्तूप देखने गया। यह स्तूप एक बहुत सुन्दर छोटी सी पहाड़ी के ऊपर है, नीचे एक छोटा सा जंगल है जिसमें महुए के पेड़ भी बहुत से हैं। संयोग से उन दिनों पुरातत्व विभाग का एक कैंप पड़ा हुआ था। रात हो जाने से हम लोग उस दिन स्तूप नहीं देख सके। सबेरे देखने का विचार करके नीचे उतर रहे थे। वसन्त का समय था। महुए चारों ओर टपक रहे थे। मेरे मुँह से निकला "महुओं की कैसी मीठी सी महक आ रही है।" इस पर लखनवी महाशय ने मुझे रोककर कहा, "यहाँ महुए-सहुए का नाम न लीजिए, लोग देहाती समझेंगे।" मैं चुप हो गया, समझ गया कि महुए का नाम जानने से बाबूपन में बड़ा भारी बट्टा लगता है।

आरम्भ में ही कहा जा चुका है कि प्रवृत्ति-भेद से प्रिय वस्तु के सम्बन्ध में इच्छा दो प्रकार की होती है प्राप्ति या सान्निध्य की इच्छा तथा दूर न करने या कष्ट न होने देने की इच्छा। प्राप्ति या सान्निध्य की इच्छा का विचार तो हो चुका, अब रक्षा की इच्छा का अन्वेषण करना है। रक्षा की इच्छा भी दो प्रकार की होती है

1. स्वायत्त रक्षा की इच्छा अर्थात् अपने अधिकार में रखने की इच्छा।
2. स्व-निरपेक्ष रक्षा की इच्छा अर्थात् केवल बने रहने देने की इच्छा।

स्वायत्त रखने की इच्छा प्रायः अनन्य उपयोग या उपभोग की वासना से सम्बद्ध रहती है। इससे वह कभी-कभी लोगों को खटकती है और लोग उसका विरोध करते हैं। कोई बहुत मीठे आम का पेड़ है, जिसका फल सब लोग खाते हैं और जिसकी रखवाली सब लोग करते हैं, यदि उनमें से कोई एक अकेले उसकी रखवाली करने चले और किसी को पास न आने दे, तो सब लोग मिलकर विरोध करेंगे। पर कभी-कभी स्वायत्त रखने की इच्छा अन्य द्वारा यथेष्ट रक्षा के उस अविश्वास के कारण होती है जो लोभ या प्रीति की अधिकता से उत्पन्न होता है। ऐसी दशा में यदि संरक्ष्य वस्तु के उपयोग या उपभोग आदि से औरों को कोई बाधा नहीं पहुँचती है तो किसी एक का उसे अपनी रक्षा में रखना दूसरे को बुरा नहीं लगता।

यदि लोभ की वस्तु ऐसी है जिससे सबको सुख और आनन्द है तो उस पर जितना ही अधिक ध्यान रहेगा, रक्षा के भाव की एकता के कारण परस्पर मेल की उतनी ही प्रवृत्ति होगी। यदि दस आदमियों में से सबकी यह इच्छा है कि कोई मन्दिर बना रहे; गिरने-पड़ने न पाये अथवा और अधिक उन्नत और सुसज्जित हो, तो यह सम्मिलित इच्छा ऐक्य-सूत्र होगी। मिलकर कोई कार्य करने से उसका साधन अधिक या सुगम होता है, यह बतलाना 'पर उपदेश कुशल' नीतिज्ञों का काम है, मेरे विचार का विषय नहीं। मेरा उद्देश्य तो मनुष्य की स्वाभाविक प्रवृत्तियों की छानबीन है जो निश्चयात्मिका वृत्ति से भिन्न है। मुझे तो यह कहना है कि इन-इन अवस्थाओं में मेल की प्रवृत्ति होती है। अब मेल से क्या-क्या लाभ होते हैं, यह तो न जाने कितने झगड़ालू बताते हैं और न जाने कितने लोग सुनकर झगड़ा करते हैं।

लोभ का सबसे प्रशस्त रूप वह है जो रक्षा मात्र की इच्छा का प्रवर्तक होता है, जो मन में ही वासना उत्पन्न करता है कि कोई चीज बनी रहे, चाहे वह हमारे किसी उपयोग में आये या न आये। इस लोभ में दोष का लेश

उसी अवस्था में आ सकता है जबकि वह वस्तु ऐसी हो जिससे किसी को कोई बाधा या हानि पहुँचती हो। केाई सुन्दर कृष्णसार मृग नित्य आकर खेती की हानि किया करता है। उसके सौन्दर्य पर मुग्ध होकर उसकी रक्षा चाहने वाला यदि बराबर उसकी रक्षा में प्रवृत्त रहेगा तो बहुतों से उसकी अनबन हो सकती है। वह लोभ धन्य है जिससे किसी के लोभ का विरोध नहीं और लोभ की जो वस्तु अपने सब लोभियों को एक-दूसरे का लोभी बनाये रहती वह भी परम पूज्य है। घर का प्रेम, पुर या ग्राम का प्रेम, देश का प्रेम इसी पवित्र लोभ के क्रमशः विस्तृत रूप हैं। मनुष्य के प्रयत्नों की पहुँच परिमित होती है। अतः जो प्रेम-क्षेत्र जितना ही निकटस्थ होगा उसमें उतने ही अधिक प्रयत्न की आवश्यकता होगी और जो जितना ही दूर होगा, प्रयत्नों का उतना ही कम अंश उसके लिए आवश्यक होगा। सबसे अधिक घर की रक्षा का, फिर पुर या ग्राम की रक्षा का और फिर देश की रक्षा का ध्यान जन-साधारण के लिए स्वाभाविक है। पर जिनकी दृष्टि बहुत व्यापक होती है, जिनके अन्तःकरण में परार्थ को छोड़ स्वार्थ के लिए अलग जगह नहीं होती वे इस क्रम का विपर्यय कर दिखाते हैं। वे देश की रक्षा के लिए अवसर पड़ने पर घर का लोभ क्या, प्राण तक का लोभ छोड़ देते हैं। पर ऐसे लोग विरले होते हैं। सबसे ऐसी आशा नहीं की जा सकती।

अब घर का प्रेम, पुर का प्रेम, देश का प्रेम, कहाँ तक विरोध शून्य होता है, यह भी देखिये। इनका अवरोध परिमित होता है "घर के भीतर, पुर या ग्राम के भीतर" ही उसके होने का निश्चय रहता है घर के बाहर, पुर या ग्राम के बाहर, देश के बाहर विरोध करने वाले मिल सकते हैं। एक घर की रक्षा दूसरे घर वालों से, एक पुर की रक्षा दूसरे पुर वालों से और एक देश की रक्षा दूसरे देश वालों से करनी पड़ती है।

जिनकी आत्मा समस्त भेदभाव को भेदकर अत्यन्त उत्कर्ष पर पहुँची हुई होती है, वे सारे संसार की रक्षा चाहते हैं जिस स्थिति में भूमण्डल के समस्त प्राणी, कीट-पतंग से लेकर मनुष्य तक सुखपूर्वक रह सकते हैं, उसके अभिलाषी होते हैं, ऐसे लोग विरोध के परे होते हैं। उनसे जो विरोध रखें वे सारे संसार के विरोधी हैं, वे लोक के कण्टक हैं।

कोई वस्तु हमें बराबर सुख या आनन्द देती रहे और कोई वस्तु बनी रहे, इन्हीं दो भावों को लेकर स्वायत्त की रक्षा की इच्छा और स्वनिरपेक्ष रक्षा की इच्छा, ये दो विभाग पहले किये गये हैं। अतः पहली को यदि हम अपने सुख की रक्षा की इच्छा कहें तो बहुत अनुचित न होगा। वस्तु के दूसरे के

पास जाने से या नष्ट हो जाने से हमें सुख का आनन्द न मिल सकेगा, इसी से हम उसकी रक्षा के लिए व्यग्र होते हैं। यदि ऐसी वस्तु को कोई उठाये लिये जाता हो और वह बीच में नष्ट हो जाये, तो हमें दुःख न होगा; क्योंकि जब चीज हमारे हाथ से निकल गयी, हमें वह सुख या आनन्द दे नहीं सकती, तब वह चाहे रहे, चाहे नष्ट हो। यहाँ तक कि यदि ले जाने के प्रति हमें क्रोध होगा या ईर्ष्या होगी तब हम प्रसन्न होंगे। जहाँ वस्तु-रक्षा की इच्छा होगी वहाँ यह बात न होगी। हम किसी देश में उस वस्तु का नाश न चाहेंगे। किसी पुराने काजी के पास दो स्त्रियाँ एक बच्चे को लेकर लड़ती हुई आयीं। एक कहती थी कि बच्चा मेरा है, दूसरी कहती थी कि मेरा। काजी साहब ने परीक्षा के विचार से कहा "अच्छा, तुम दोनों को बच्चा काटकर, आधा-आधा बाँट दिया जायेगा।" इतना सुनते ही दोनों में से एक स्त्री घबराकर बोल उठी "जाने दीजिए, बच्चा मुझे न चाहिए, उसी को दे दीजिए।" काजी साहब समझ गये कि बच्चा इसी का है। वह स्त्री बच्चे की माँ थी, अतः उसे उसका सच्चा लोभ था।

अब तक लोभ के सम्बन्ध में जो कुछ कहा गया वह उसका व्यापक अर्थ लेकर। पर जैसा पहले कहा जा चुका है, 'लोभ' शब्द कहने से प्रायः धन के लोभ की भावना होती है, प्राप्ति या रक्षा की उस इच्छा की ओर ध्यान जाता है जो जीवन-निर्वाह की सामग्रियों के प्रति होती है। धन से अनेक सुखों की प्राप्ति और अनेक कष्टों का निवारण होता है अथवा यों कहिए कि धन के बिना संसार में रहना सम्भव नहीं। संसार में जो इतने लोग धन इकट्ठा करते दिखाई देते हैं उनमें से कुछ तो घोर कष्ट के निवारण के लिए, कुछ अधिक सुख की प्राप्ति के लिए, कुछ भविष्य में सुख के अभाव या कष्ट की शंका से और कुछ बिना किसी उद्देश्य-भावना के। इनमें प्रथम श्रेणी के लोग तो धन की जितनी प्रबल इच्छा करें,उसके लिए चाहे जितना आतुर हों, लोभी नहीं कहला सकते। धन के बिना जिन्हें पेट भर अन्न नहीं मिलता, जो शीत और ताप से अपने शरीर की रक्षा नहीं कर सकते, उन्हें जो लोभी कहें वे बड़े भारी लोभी और बड़े भारी क्रूर हैं। दूसरी श्रेणी के लोगों पर से लोभ के आरोप की सम्भावना क्रमशः बढ़ते-बढ़ते चौथी श्रेणी के लोगों पर जाकर निश्चय कोटि की पहुँच जाती है। कष्ट निवारण की इच्छा, अधिक सुख प्राप्ति की इच्छा, सुखाभाव या कष्ट की आशंका ये तीनों धन और उसकी प्राप्ति की इच्छा के बीच ओट या व्यवधान के रूप में रहती हैं। जहाँ इन तीनों में से कोई परदा नहीं रहता वहाँ शुद्ध धन-लोभी की जघन्य मूर्ति साक्षात् दिखाई पड़ती है।

धन की कितनी इच्छा लोभ के लक्षणों तक पहुँचती है, इसका निर्णय कठिन है। पर किसी मनोविकार की उचित सीमा का अतिक्रमण प्रायः वहाँ समझा जाता है जहाँ और मनोवृत्तियाँ दब जाती हैं या उनके लिए बहुत कम स्थान रह जाता है और मनोवेगों के आधिक्य से लोभ के आधिक्य में विशेषता यह होती है कि लोग स्वविषयान्वेषी होने के कारण अपनी स्थिति और वृद्धि का आधार आप खड़ा करता है, जिससे असंतोष की प्रतिष्ठा के साथ ही साथ और वृत्तियों के लिए स्थायी अनवकाश हो जाता है, और मनोविकारों में यह बात नहीं होती। क्रोध को ही लीजिए। क्रोध कुछ बातों पर आता है, पर उन बातों को ढूँढ़ने में प्रवृत्त नहीं होता। क्रोधी स्वभाव का मनुष्य ऐसी बातों पर चिढ़ जाता है जिनसे और लोग नहीं चिढ़ते पर वह सदा इस फेर में नहीं घूमा करता कि कोई बात चिढ़ने को मिले। क्रोध में आगबबूला होने वाले तुरन्त करुणा से आर्द्र और लज्जा से पानी-पानी हुए भी देखे जा सकते हैं। क्रोध आदि में अन्य वृत्तियों का जो बोध हो जाता है वह प्रायः क्षणिक होता है, पर लोभ द्वारा स्थायी हो जाता है। बात यह है कि लोभ का प्रथम अवयव सुखात्मक होने के कारण लोभी को विषय की ओर बराबर प्रवृत्त रखता है। धन का लोभी धन पाकर लोभ से निवृत्त नहीं हो जाता, या तो भले-बुरे का सब विचार छोड़ रक्षा में तत्पर दिखाई देता है या और अधिक प्राप्ति में। इस प्रकार लोभ से अन्यमुख वृत्तियों का जो स्तम्भन होता है वह स्वभावान्तर्गत हो जाता है। अस्तु, स्थूल रूप से उद्धत लोभ के दो उग्र लक्षण कहे जा सकते हैं

(1) असन्तोष,

(2) अन्य वृत्तियों का दमन।

लोभ चाहे जिस वस्तु का हो, जब बहुत बढ़ जाता है तब उस वस्तु की प्राप्ति, सान्निध्य या उपभोग से जी नहीं भरता। मनुष्य चाहता है कि वह बार-बार मिले या बराबर मिलता रहे। धन का लोभ जब रोग होकर चित्त में घर कर लेता है तब प्राप्ति होने पर भी और प्राप्ति की इच्छा बराबर जगी रहती है जिससे मनुष्य सदा आतुर और प्राप्त के आनन्द से विमुख रहता है। जितना नहीं है उतने के पीछे जितना है उतने से प्रसन्न होने का उसे कभी अवसर ही नहीं मिलता। उसका सारा अन्तःकरण सदा अभावमय रहता है। उसके लिए जो है वह भी नहीं है। असन्तोष अभाव-कल्पना के उत्पन्न दुःख है, अतः जिस किसी में यह अभाव-कल्पना स्वाभाविक हो जाती है, सुख से उसका नाता सब दिनों के लिए टूट जाता है। न किसी को देखकर वह प्रसन्न होता है और न उसे देखकर कोई प्रसन्न होता है। इसी से संतोष सात्विक जीवन

वाष्पसंछन्नसलिला रुतविज्ञेयसारसाः।
हिमार्द्र बालकैस्तीरैः सरितो भान्ति साम्प्रतम्॥
जरा-जर्जरितेः पद्मैः शीर्णकेशरकणिकैः।
नालशेषैहिमध्वस्तैर्न भान्ति कमलाकरः॥

(वन की भूमि जिसकी हरी-हरी ओस गिरने से कुछ-कुछ नीली हो गई है, तरुण धूप के पड़ने से कैसी शोभा दे रही है। अत्यन्त प्यासा जंगली हाथी बहुत शीतल जल के स्पर्श से अपनी सूँड़ सिकोड़ लेता है। बिना फूल के वन-समूह कुहरे के अन्धकार में सोये से जान पड़ते हैं। नदियाँ, जिनका जल कुहरे से ढँका हुआ है और जिनमें सारस पक्षियों का पता केवल उनके शब्द से लगता है, हिम से आई बालू के तटों से ही पहचानी जाती है। कमल, जिनके पत्ते जीर्ण होकर झड़ गये हैं, जिनकी केशरकणिकाएँ टूट-फूटकर छितरा गई हैं, पाले से ध्वस्त होकर नाल मात्र खड़े हैं।)

मनुष्येतर बाह्य प्रकृति का इसी रूप में ग्रहण कुमारसम्भव के आरम्भ तथा रघुवंश के बीच-बीच में मिलता है। नाटक यद्यपि मनुष्य ही की भीतरी-बाहरी प्रवृत्तियों के प्रदर्शन के लिये लिखे जाते हैं और भवभूति अपने मार्मिक और तीव्र अन्तर्वृत्तिय विधान के लिए ही प्रसिद्ध हैं, पर उनके 'उत्तर रामचरित' में कहीं-कहीं बाह्य प्रकृति के बहुत ही सांग और संश्लिष्ट खण्ड-चित्र पाये जाते हैं। पर मनुष्येतर बाह्य प्रकृति की जो प्रधानता मेघदूत में मिली है, वह संस्कृत के और किसी काव्य में नहीं। 'पूर्वमेघ' तो यहाँ से वहाँ तक प्रकृति की ही एक मनोहर झाँकी या भारत भूमि के स्वरूप का ही मधुर ध्यान है। जो इस स्वरूप के ध्यान में अपने को भूलकर कभी-कभी मग्न हुआ करता है वह घूम-घूमकर वक्तृता दे या न दे, चन्दा इकट्ठा करे या न करे, देशवासियों के आमदनी का औसत निकाले या न निकाले, सच्चा देश-प्रेमी है। मेघदूत न कल्पना की क्रीड़ा है, न कला की विचित्रता। वह है प्राचीन भारत के सबसे भावुक हृदय की अपनी प्यारी भूमि की रूप-माधुरी पर सीधी-सादी प्रेम-दृष्टि।

अनन्त रूपों में, प्रकृति हमारे सामने आती है—कहीं मधुर, सुसज्जित या सुन्दर रूप में, कहीं रूखे, बेडौल या कर्कश रूप में, कहीं भव्य, विशाल या विचित्र रूप में, कहीं उग्र, कराल या भयंकर रूप में। सच्चे कवि का हृदय उसके इन सब रूपों में लीन होता है, क्योंकि उसके अनुराग का कारण अपना खास सुख भोग नहीं, बल्कि चिरसाहचर्य द्वारा प्रतिष्ठित वासना है। जो केवल प्रफुल्ल-प्रसून प्रसार के सौरभ संचार, मकरन्द-लोलुप, मधुप-गुंजार, कोकिल-कूजित निकुंज और शीतल सुख-स्पर्श समीर इत्यादि की चर्चा किया

करते हैं; वे विषयी या भोगलिप्सु हैं। इसी प्रकार जो केवल मुक्ताभास हिमबिन्दु मण्डित मरकताभ शाद्वल-जल अत्यन्त विशाल गिरिशिखर से गिरते हुए जलप्रपात के गम्भीर गर्त्त से उठी हुई सीकर-नीहारिका के बीच विविध-वर्णस्फरण की विशालता, भव्यता और विचित्रिता में ही अपने हृदय के लिये कुछ पाते हैं, वे तमाशबीन हैं, सच्चे भावुक या सहृदय नहीं। प्रकृति के साधारण असाधारण सब प्रकार के रूपों में रमानेवाले वर्णन हमें बाल्मीकि, कालिदास, भवभूति आदि संस्कृत के प्राचीन कवियों में मिलते हैं। पिछले खेवे के कवियों में मुक्तक-रचना में तो अधिकतर प्राकृतिक वस्तुओं का अलग-अलग उल्लेख मात्र उद्दीपन से किया गया है। प्रबन्ध-रचना में जो थोड़ा बहुत संश्लिष्ट चित्रण किया है वह प्रकृति विशेष रूप-विभूति को लेकर ही। अंग्रेजी के पिछले कवियों में वर्ड्सवर्थ की दृष्टि सामान्य में चिरपरिचित, सीधे-सादे प्रशान्त और मधुर दृश्यों की ओर रहती थी, पर शेली की असाधारण-भव्य और विशाल की ओर।

साहचर्य-सम्भूत रस के प्रभाव से सामान्य सीधे-सादे चिरपरिचित दृश्यों में कितने माधुर्य्य की अनुभूति होती है! पुराने कवि कालिदास ने वर्षा के प्रथम जल से सिक्त तुरन्त की जोती हुई धरती तथा उसके पास बिखरी हुई भोली चितवनवाली ग्राम-वनिताओं में साफ-सुथरे ग्रामचैत्यों और कथा-कोविद ग्रामवृद्धों में इसी प्रकार का माधुर्य्य का अनुभव किया था। आज भी इसका अनुभव लोग करते हैं। बाल्य या कौमार अवस्था में जिस पेड़ के नीचे हम अपनी मण्डली के साथ बैठा करते थे, चिड़चिड़ी बुढ़िया की जिस झोपड़ी के पास से होकर हम आते-जाते थे, उसकी मधुर स्मृति हमारी भावना को बराबर लीन किया करती है। बुड्ढी की झोपड़ी में न कोई चमक-दमक थी, न कलाकौशल का वैचित्र्य। मिट्टी की दीवारों पर फूस का छप्पर पड़ा था, नींव के किनारे चढ़ी हुई मिट्टी पर सत्यानाशी के नीलाभ हरित कँटीले, कटावदार पौधे खड़े थे जिनके पीले फूलों के गोल सम्पुटों के बीच लाल-लाल बिन्दिया झलकती थीं।

सारांश यह कि केवल असाधारणत्व की रुचि सच्ची सहृदयता की पहिचान नहीं है। शोभा और सौन्दर्य की भावना के साथ जिनमें मनुष्य-जाति के उस समय के पुराने सहचरों की वंश-परम्परागत स्मृति वासना के रूप में बनी हुई है, जब वह प्रकृति से खुले क्षेत्र में विचरती थी, वे ही पूरे सहृदय भावुक कहे जा सकते हैं वन्य और ग्रामीण दोनों प्रकार के जीवन प्राचीन हैं; दोनों पेड़-पौधों, पशु-पक्षियों, नदी-नालों और पर्वत-मैदानों के बीच व्यतीत होते हैं, अतः प्रकृति के अधिक रूपों के साथ सम्बन्ध रखते हैं। हम पेड़-

पौधों और पशु-पक्षियों से सम्बन्ध तोड़कर बड़े-बड़े नगरों में आ बसे, पर उनके बिना रहा नहीं जाता। हम उन्हें हर वक्त पास न रखकर एक घेरे में बन्द करते हैं और कभी-कभी मन बहलाने के लिए उनके पास चले जाते हैं। हमारा साथ उनसे भी छोड़ते नहीं बनता। कबूतर हमारे घर के छज्जों के नीचे सुख से सोते हैं, गौरे हमारे घर के भीतर आ बैठते हैं, बिल्ली अपना हिस्सा या तो म्यावँ-म्यावँ करते माँगती है या चोरी से ले जाती है, कुत्ते घर की रखवाली करते हैं, और वासुदेवजी कभी-कभी दीवार फोड़कर निकल पड़ते हैं। बरसात के दिनों में जब सुर्खी-चूने की कड़ाई की परवा न कर हरी-हरी घास पुरानी छत पर निकलने लगती है,, तब हमें उसके प्रेम का अनुभव होता है। वह मानों हमें ढूंढ़ती हुई आती है और कहती है कि "तुम हमसे क्यों दूर-दूर भागे फिरते हो?"

जो केवल अपने विलास या शरीर-सुख सामग्री ही प्रकृति में ढूँढ़ा करते हैं उनमें उस रागात्मक "सत्व" की कमी है जो व्यक्त सत्ता मात्र के साथ एकता की अनुभूति में लीन करके हृदय के आभास व्यापकत्व का देता है। सम्पूर्ण सत्ताएँ एक ही परम सत्ता और सम्पूर्ण भाव एक ही परम भाव में अन्तर्भूत हैं। अतः बुद्धि की क्रिया से हमारा ज्ञान जिस अद्वैत भूमि पर पहुँचता है उसी भूमि तक हमारा भावात्मक हृदय भी इस सत्व-रस के प्रभाव से पहुँचता है। इस प्रकार अन्त में जाकर दोनों पक्षों की वृत्तियों का समन्वय हो जाता है। समन्वय के बिना मनुष्यत्व की साधना पूरी नहीं हो सकती।

मार्मिक तथ्य

मनुष्येतर प्रकृति के बीच के रूप-व्यापार कुछ भीतरी भावों या तथ्यों की भी व्यंजना करते हैं। पशु-व्यापार के सुख, हर्ष-विषाद, रागद्वेष, तोष-क्षोभ, कृपा-क्रोध इत्यादि भावों की व्यंजना जो उनकी आकृति, चेष्टा, शब्द आदि से होती है, वह तो प्रायः बहुत प्रत्यक्ष होती है। कवियों को उन पर अपने भावों का आरोप करने की आवश्यकता प्रायः नहीं होती। तथ्यों का आरोप या सम्भावना अलबत्ता वे कभी कभी किया करते हैं। पर इस प्रकार का आरोप कभी-कभी कथन को, 'काव्य' के क्षेत्र में घसीटकर 'सूक्ति' या "सुभाषित" के क्षेत्र में डाल देता है। जैसे, 'कौवे सबेरा होते ही क्यों चिल्लाने लगते हैं? वे समझते हैं कि सूर्य अन्धकार का नाश करता बढ़ा आ रहा है कहीं धोखे से हमारा भी नाश न कर दे।' यह सूक्ति मात्र है, काव्य नहीं। जहाँ तथ्य केवल आरोपित या सम्भावित रहते हैं वहाँ अलङ्कार रूप में ही रहते हैं। पर जिन

तथ्यों का आभास हमें पशु-पक्षियों के रूप, व्यापार या परिस्थिति में ही मिलता है वे हमारे भावों के विषय वास्तव में हो सकते हैं। मनुष्य सारी पृथ्वी छेंकता चला जा रहा है। जंगल कट-कट कर खेत, गाँव और नगर बनते चले जा रहे हैं। पशु-पक्षियों का भाग छिनता चला जा रहा है। उनके सब ठिकानों पर हमारा अधिकार होता चला जा रहा है। वे कहाँ जायें। कुछ तो हमारी गुलामी करते हैं। कुछ हमारी बस्ती के भीतर या आस-पास रहते हैं और छीन-झपटकर अपना हक ले जाते हैं। हम उनके साथ बराबर ऐसा हीं व्यवहार करते हैं, मानों उन्हें जीने का कोई अधिकार ही नहीं है। इन तथ्यों का सच्चा आभास हमें उनकी परिस्थिति से मिलता है। अतः उनमें से किसी को चेष्टा विशेष में इन तथ्यों की मार्मिक व्यंजना की प्रतीति काव्यानुभूति के अन्तर्गत होगी। यदि कोई बन्दर हमारे सामने से कोई खाने-पीने की चीज उठा ले जाय और किसी पेड़ के ऊपर बैठा-बैठा हमें घुड़की दे, तो काव्य दृष्टि से हमें ऐसा मालूम हो सकता है कि—

देते हैं घुड़की यह अर्थ-ओज-भरी हरि
"जीने का हमारा अधिकार क्या न गया रह?
पर प्रतिषेध के प्रसार बीच तेरे नर!
क्रीड़ामय जीवन-उपाय है हमारा यह।
दानी जो हमारे रहे, वे भी पास तेरे हुए,
उनकी उदारता भी सकता नहीं तू सह।
फूली फली उमंग उपकार की तू
छेंकता है जाता, हम जायँ कहाँ, तू ही कह।"

पेड़-पौधे, लता-गुल्म आदि भी इसी प्रकार कुछ भावों या तथ्यों की व्यंजना करते हैं जो कभी-कभी कुछ गूढ़ होती है। सामान्य दृष्टि भी वर्षा की झड़ी के पीछे उनके हर्ष और उल्लास को, ग्रीष्म के प्रचण्ड आतप में उनकी शिथिलता और म्लानता को, शिशिर के कठोर शासन में उनकी दीनता को, मधुकाल में उनके रसोन्माद, उमंग और हास को, प्रबल वात के झकोरों में उनकी विकलता को, प्रकाश के प्रति उनकी ललक को देख सकती है। इसी प्रकार भावुकों के समक्ष वे अपनी रूपचेष्टा आदि द्वारा कुछ मार्मिक तथ्यों की भी व्यंजना करते हैं। हमारे यहाँ के पुराने अन्योक्तिकारों ने कहीं-कहीं इस व्यंजना की ओर ध्यान दिया है। कहीं-कहीं का मतलब यह है कि बहुत जगह उन्होंने अपनी भावना का आरोप किया है,

उनकी रूपचेष्टा या परिस्थिति से तथ्य-चयन नहीं। पर उनकी विशेष-विशेष परिस्थितियों की ओर भावुकता से ध्यान देने पर बहुत से मार्मिक तथ्य सामने आते हैं। कोसों तक फैले, कड़ी धूप में तपते मैदान के बीच एक अकेला वट-वृक्ष दूर तक छाया फैलाए खड़ा है। हवा के झोंकों से उसकी टहनियाँ और पत्ते हिल-हिल कर मानो बुला रहे हैं। हम धूप से व्याकुल होकर उसकी ओर बढ़ते हैं। देखते हैं, उसकी जड़ के पास एक गाय बैठी आँख मूँदे जुगाली कर रही है। हम लोग भी उसी के पास आराम से जा बैठते हैं। इतने में एक कुत्ता जीभ बाहर निकाले हाँफता हुआ उस छाया के नीचे आता है और हममें से कोई उठकर उसे छड़ी लेकर भगाने लगता है। इस परिस्थिति को देख हममें से कोई भावुक पुरुष उस पेड़ को इस प्रकार सम्बोधन करे तो कर सकता है—

काया की न छाया यह केवल तुम्हारी द्रुम
अतंस के मर्म का प्रकाश यह छाया है।
भरी है इसी में यह स्वर्ग-स्वप्न-धरा अभी
जिसमें न पूरा-पूरा नर वह पाया है।
शांतिसार शीतल प्रसार यह छाया धन्य।
प्रीति सा पसारे इसे कैसी हरी काया है।
हे नर! तू प्यारा इस तरु का स्वरूप देख,
देख फिर घोर रूप तूने जो कमाया है॥

ऊपर नरक्षेत्र और मनुष्येतर सजीव सृष्टि के क्षेत्र का उल्लेख हुआ है। काव्यदृष्टि कभी तो इन पर अलग-अलग रहती है कभी समष्टि-रूप में समस्त जीवन-क्षेत्र पर। कहने की आवश्यकता नहीं कि विच्छिन्न दृष्टि की अपेक्षा समष्टि-दृष्टि में अधिक व्यापकता और गम्भीरता रहती है। काव्य का अनुशीलन करनेवाले मात्र जानते हैं कि काव्य-दृष्टि सजीव सृष्टि तक ही बद्ध नहीं रहती वह प्रकृति के उस भाग की ओर भी जाती है जो निर्जीव या जड़ कहलाता है। भूमि, पर्वत, चट्टान नाले, टीले, मैदान, समुद्र, आकाश, मेघ, नक्षत्र इत्यादि की रूप-गति आदि से भी हम सौन्दर्य, माधुर्य, भीषणता, भव्यता, विचित्रता, उदासी, उदारता, सम्पन्नता इत्यादि की भावना प्राप्त करते हैं। कड़कड़ाती धूप के पीछे उमड़ी हुई घटा की स्निग्धता और शीतलता का अनुभव मनुष्य क्या पशु-पक्षी, पेड़-पौधे तक करते हैं। अपने इधर-उधर हरी-भरी लहलहाती प्रफुल्लता का विधान करती हुई नदी की अविराम जीवन-धारा में हम द्रवीभूत औदार्य का दर्शन करते हैं। पर्वत की ऊँची चोटियों में

विशालता और भव्यता का, बाल-बिलोड़ित जल-प्रसार में लोभ और आकुलता का, विकीर्णधन-खण्ड-मण्डित, रस्मि-रञ्जित सान्ध्य-दिगञ्चल में चमत्कारपूर्ण सौन्दर्य का, ताप से तिलमिलाती धरा पर धूल झोंकते हुए अंधड़ के प्रचण्ड झोंकों में उग्रता और उच्छृङ्खलता का, बिजली की कँपानेवाली कड़क और ज्वालामुखी के ज्वलन्त स्फोट में भीषणता का आभास मिलता है। ये सब विश्वरूपी महाकाव्य की भावनाए या कल्पनाएँ हैं। स्वार्थ-भूमि से परे पहुँचे हुए सच्चे अनुयोगी या कवि इनके दृष्टा मात्र होते हैं।

जड़ जगत् के भीतर पाये जानेवाले रूप, व्यापार या परिस्थितियाँ अपने मार्मिक तथ्यों की भी व्यंजना करती हैं। जीवन में तथ्यों के साथ उनके साम्य का बहुत अच्छा मार्मिक उद्घाटन कहीं-कहीं हमारे यहाँ के अन्योक्तिकारों ने किया है। जैसे, इधर नरक्षेत्र के बीच देखते हैं तो सुख-समृद्धि और सम्पन्नता की दशा में दिन-रात घेरे रहनेवाले, स्तुति का खासा कोलाहल खड़ा करनेवाले, विपत्ति और दुर्दिन में पास नहीं फटकते; उधर जगत के भीतर देखते हैं तो भरे हुए सरोवर के किनारे जो पक्षी बराबर कलरव करते रहते हैं, वे उसके सूखने पर अपना-अपना रास्ता लेते हैं।

कोलाहल सुनि खगन के, सरवर! जनि अनुरागि।
ये सब स्वारथ के सखा, दुर्दिन दैहैं त्यागि॥
दुर्दिन दैहैं त्यागि, तोय तेरो जब जैहै।
दूरहि ते तजि आस, पास कोऊ नहिं ऐहै॥

इसी प्रकार सूक्ष्म और मार्मिक दृष्टिवालों को और गूढ़ व्यंजना भी मिल सकती है। अपने इधर-उधर हरियाली और प्रफुल्लता का विधान करने के लिए यह आवश्यक है कि नदी कुछ काल तक एक बँधी हुई मर्यादा के भीतर बहती रहे। वर्षा की उमड़ी हुई उच्छङ्खलता से पोषित हरियाली और प्रफुल्लता का ध्वंस सामने आता है। पर यह उच्छृङ्खलता और ध्वंस अल्पकालिक होता है और इसके द्वारा आगे के लिए पोषण की नई शक्ति का सञ्चय होता है। उच्छृङ्खलता नदी की स्थायी वृत्ति नहीं है। नदी के इस स्वरूप के भीतर मार्मिक दृष्टि लोकगति के स्वरूप का साक्षात्कार करती है। लोकजीवन की धरा जब एक बँधे मार्ग पर कुछ काल तक अबाध गति से चलने पाती है तभी सभ्यता के किसी रूप का पूर्ण विकास और उसके भीतर सुख-शान्ति की प्रतिष्ठा होती है। जब जीवन-प्रवाह क्षीण और शान्त पड़ने लगता है और गहरी विषमता आने लगती है तब नई शक्ति का प्रवाह फूट पड़ता है जिसमें वेग की उच्छृङ्खलता के सामने बहुत कुछ ध्वंस भी होता है। पर यह उच्छृङ्खलता वेग जीवन का या जगत् का नित्य स्वरूप नहीं है।

3. पहले कहा जा चुका है कि नरक्षेत्र के भीतर बद्ध रहनेवाली काव्य-दृष्टि की अपेक्षा सम्पूर्ण जीवन-क्षेत्र और समस्त चराचर के क्षेत्र से मार्मिक तथ्यों का चयन करने-वाली दृष्टि उत्तरोत्तर अधिक व्यापक और गम्भीर कही जायगी। जब कभी हमारी भावना का प्रसार इतना विस्तीर्ण और व्यापक होता है कि हम अनन्त व्यक्ति-सत्ता के भीतर नरसत्ता के स्थान का अनुभव करते हैं तब हमारी पार्थक्य-बुद्धि का परिहार हो जाता है। उस समय हमारा हृदय ऐसी उच्च भूमि पर पहुँचा रहता है जहाँ उसकी वृत्ति प्रशांत और गम्भीर हो जाती है, उसकी अनुभूति का विषय ही कुछ बदल जाता है।

तथ्य चाहे नरक्षेत्र के ही हों, चाहे अधिक व्यापक क्षेत्र के हों, कुछ प्रत्यक्ष होते हैं और कुछ गूढ़। जो तथ्य हमारे किसी भाव को उत्पन्न करे उसे उस भाव के आलम्बन कहना चाहिये। ऐसे रसात्मक तथ्य आरम्भ में ज्ञानेन्द्रियाँ उपस्थित करती हैं। फिर ज्ञानेन्द्रियों द्वारा प्राप्त सामग्री से भावना या कल्पना उनकी योजना करती है। अतः यह कहा जा सकता है कि ज्ञान ही भावों में संचार के लिए मार्ग खोलता है। ज्ञान-प्रसार के भीतर ही भाव-प्रसार होता है। आरम्भ में मनुष्य की चेतन-सत्ता अधिकतर इन्द्रियज ज्ञान की समष्टि के रूप में ही रही। फिर ज्यों-ज्यों अन्तःकरण का विकास होता गया और सभ्यता बढ़ती गई-त्यों-त्यों मनुष्य का ज्ञान बुद्धि-व्यवसायात्मक होता गया। अब मनुष्य का ज्ञानक्षेत्र बुद्धि-व्यवसायात्मक या विचारात्मक होकर बहुत ही विस्तृत हो गया है। अतः उसके विस्तार के साथ हमें अपने हृदय का विस्तार भी बढ़ाना पड़ेगा। विचारों की क्रिया से, वैज्ञानिक विवेचन और अनुसंधान द्वारा उद्‌घाटित परिस्थितियों और तथ्यों के मर्मस्पर्शी पक्ष का मूर्त और सजीव चित्रण भी—उसका इस रूप में प्रत्यक्षीकरण भी कि वह हमारे किसी भाव का आलम्बन हो सके—कवियों का काम और उच्च काव्य का एक लक्षण होगा। कहने की आवश्यकता नहीं कि इन तथ्यों और परिस्थितियों के मार्मिक रूप न जाने कितनी-बातों की तह में छिपे होंगे।

काव्य और व्यवहार

भावों या मनोविकारों के विवेचन में हम कह चुके हैं कि मनुष्य को कर्म में प्रवृत्त करनेवाली मूल वृत्ति भावात्मिका है। केवल तर्क-बुद्धि या विवेचन के बल से हम किसी कार्य में प्रवृत्ति नहीं होते। जहाँ जटिल बुद्धि-व्यापार के अंतर में किसी कर्म का अनुष्ठान देखा जाता है वहाँ भी तह में कोई भाव या वासना छिपी रहती है। चाणक्य जिस समय अपनी नीति की सफलता के

लिए किसी निष्ठुर व्यापार में प्रवृत्त दिखाई पड़ता है उस समय वह दया, करुणा आदि सब मनोविकारों या भावों से परे दिखाई पड़ता है। पर थोड़ा अन्तर्दृष्टि गड़ाकर देखने से कौटिल्य को नचाने वाली डोर का छोर भी अन्तःकरण के रागात्मक खण्ड की ओर मिलेगा। प्रतिज्ञापूर्ति की आनन्द भावना और नन्दवंश के प्रति क्रोध या वैर की वासना बारी-बारी से उस डोर को हिलाती हुई मिलेगी। अर्वाचीन राष्ट्रनीति के गुरु-घण्टाल जिस समय अपनी किसी गहरी चाल से किसी देश की निरपराध जनता का सर्वनाश करते हैं, उस समय वे दया आदि दुर्बलताओं से निर्लिप्त, केवल बुद्धि के कठपुतले दिखाई पड़ते हैं। पर उनके भीतर यदि छानबीन की जाय तो कभी अपने देशवासियों के सुख की उत्कण्ठा, कभी अन्य जाति के प्रति घोर विद्वेष, कभी अपनी, जातीय श्रेष्ठता का नया या पुराना घमण्ड, इशारे करता हुआ मिलेगा।

बात यह है कि केवल इस बात को जानकर ही हम किसी काम को करने या न करने के लिए तैयार नहीं होते कि वह काम अच्छा है या बुरा, लाभदायक है या हानिकारक! जब उसकी या उसके परिणाम की कोई ऐसी बात हमारी भावनाओं में आती है जो आह्लाद, क्रोध, करुणा, भय, उत्कंठा आदि का संचार कर देती है तभी हम उस काम को करने या न करने के लिए उद्यत होते हैं। शुद्ध-ज्ञान या विवेक में कर्म की उत्तेजना नहीं होती। कर्म-प्रवृत्ति के लिये मन में कुछ वेग का आना आवश्यक है। यदि किसी जनसमुदाय के बीच कहा जाय कि अमुक देश तुम्हारा इतना रुपया प्रतिवर्ष उठा ले जाता है तो सम्भव है कि उस पर कुछ प्रभाव न पड़े। पर यदि दारिद्र्य और अकाल का भीषण और करुण दृश्य दिखाया जाय, पेट की ज्वाला से जले हुये कंकाल कल्पना के सम्मुख रखे जायँ और भूख से तड़पते हुये बालक के पास बैठी हुई माता का आर्त्त-क्रन्दन सुनाया जाय तो बहुत से लोग-क्रोध और करुणा से व्याकुल हो उठेंगे और इस दशा को दूर करने का यदि उपाय नहीं तो संकल्प अवश्य करेंगे। पहले ढंग की बात कहना राजनैतिक या अर्थशास्त्री का काम है और पिछले प्रकार का दृश्य भावना में लाना कवि का । अतः यह धारणा कि काव्य व्यवहार का बाधक है, उसके अनुशीलन से अकर्मण्यता आती है, ठीक नहीं। कविता तो भाव प्रसार द्वारा कर्मण्य के लिए कर्मक्षेत्र का और विस्तार कर देती है।

उक्त धारणा का आधार यदि कुछ हो सकता है तो यही कि जो भावुक या सहृदय होते हैं अथवा काव्य के अनुशीलन में जिनके भाव-प्रसार का क्षेत्र विस्तृत हो जाता है, उनकी वृत्तियाँ उतनी स्वार्थबद्ध नहीं रह सकतीं। कभी-कभी वे दूसरों का जी दुखाने के डर से, आत्मगौरव या कुलगौरव या

जातिगौरव के ध्यान से, अथवा जीवन के किसी पक्ष की उत्कर्ष-भावना में मग्न होकर अपने लाभ के कर्म में अतत्पर या उससे विरत देखे जाते हैं। अतः अर्थागम से 'हृष्ट व्कार्य साधयेत्' के अनुयायी काशी के ज्योतिषी और कर्मकाण्डी, कानपुर के बनिये और दलाल, कचहरियों के अमले और मुख्तार ऐसों को कार्य-भ्रंशकारी, मूर्ख, निरे निठल्ले या खब्त-उल-हवास समझ सकते हैं। जिनकी भावना किसी बात के मार्मिक पक्ष का चित्रानुभव करने से तत्पर रहती है, जिनके भाव चराचर के बीच किसी को भी आलम्बनोपयुक्त रूप या दशा में पाते ही उसकी ओर दौड़ पड़ते हैं, वे सदा अपने लाभ के ध्यान से या स्वार्थ बुद्धि द्वारा हो परिचालित नहीं होते। उसकी यही विशेषता अर्थपरायणों को—अपने काम से काम रखने वालों को—एक त्रृटि-सी जान पड़ती है। कवि और भावुक हाथ-पैर न हिलाते हों, यह बात नहीं है। पर अर्थियों के निकट उनकी बहुत-सी क्रियाओं का कोई अर्थ नहीं होता।

मनुष्यता की उच्च भूमि

मनुष्य की चेष्टाओं और कर्मकलाप से भावों का मूल-सम्बन्ध निरूपित हो चुका है और यह दिखाया जा चुका है कि कविता इन भावों या मनोविकारों के क्षेत्र को विस्तृत करती हुई उनका प्रसार करती है। पशुत्व से मनुष्यत्व में जिस प्रकार अधिक ज्ञान-प्रसार की विशेषता है उसी प्रकार अधिक भाव-प्रसार की भी। पुशओं के प्रेम की पहुँच प्रायः अपने जोड़े बच्चों या खिलाने-पिलानेवालों तक ही होती है। इसी प्रकार उनका क्रोध भी अपने सतानेवालों तक ही जाता है, स्व वर्ग या पशुमात्र का सतानेवालों तक नहीं पहुँचता। पर मनुष्य में ज्ञान-प्रसार के साथ भाव-प्रसार भी क्रमशः बढ़ता गया है। अपने परिजनों, अपने सम्बन्धियों, अपने पड़ोसियों, अपने देशवासियों क्या मनुष्य मात्र और प्राणिमात्र तक से प्रेम करने भर को जगह उसके हृदय में बन गई है। मनुष्य की त्योरी मनुष्य को ही सतानेवाले पर नहीं चढ़ती, गाय-बैल और कुत्ते-बिल्ली को सतानेवाले पर भी चढ़ती है। पशु की वेदना देखकर भी उसके नेत्र सजल होते हैं। बन्दर को शायद बँदरिया के मुँह में ही सौंदर्य दिखाई पड़ता होगा; पर मनुष्य पशु-पक्षी, फूल-पत्ते रेत-पत्थर में भी सौंदर्य पाकर मुग्ध सौंदर्य पाकर मुग्ध होता है। इस हृदय-प्रसार का स्मारक स्तम्भ काव्य है जिसकी उत्तेजना से हमारे जीवन में एक नया जीवन आ जाता है। हम सृष्टि के सौन्दर्य को देखकर रसमग्न होने लगते हैं, कोई निष्ठुर कार्य हमें असह्य होने लगता है, हमें जान पड़ता है कि हमारा जीवन कई गुना बढ़कर सारे संसार में व्याप्त हो गया है।

कवि-वाणी के प्रसार से हम संसार के सुखः-दुखः, आनन्द-क्लेश आदि का शुद्ध स्वार्थमुक्त रूप में अनुभव करते हैं। इस प्रकार के अनुभव के अभ्यास से हृदय का बन्धन खुलता है और मनुष्यता की उच्च भूमि की प्राप्ति होती है। किसी अर्थपिशाच कृपण को देखिए, जिसने केवल अर्थलोभ के वशीभूत होकर क्रोध, दया, श्रद्धा, भक्ति, आत्माभिमान आदि भावों को एकदम दबा दिया है और संसार के मार्मिक पक्ष से मुँह मोड़ लिया है। न सृष्टि के किसी रुपमाधुर्य को देख वह पैसों का हिसाब-किताब भूल कभी मुग्ध होता है, न किसी दीन दुनिया को देख कभी करुणा से द्रवीभूत होता है, न कोई अपमानसूचक बात सुनकर क्रुद्ध या क्षुब्ध होता है। यदि उसमें किसी लोमहर्षण अत्याचार की बात कही जाय तो वह मनुष्य धर्मानुसार क्रोध या घृणा करने के स्थान पर रुखाई के साथ कहेगा कि "जाने दो, हमसे क्या मतलब, चलो अपना काम देखें।" यह महा भयानक मानसिक रोग है। इससे मनुष्य आधा मर जाता है। इसी प्रकार किसी महाक्रूर पुलिस, कर्मचारी को जाकर देखिए जिसका हृदय पत्थर के समान जड़ और कठोर हो गया है, जिसे दूसरे के दुःख और क्लेश की भावना स्वप्न में भी नहीं होती हैं ऐसों को सामने पाकर स्वभावतः यह मन में आता है कि क्या इनकी भी कोई दवा है? इनकी दवा कविता है।

कविता ही हृदय को प्रकृत दशा में लाती है और जगत् के बीच क्रमशः उसका अधिकाधिक प्रसार करती हुई उसे मनुष्यत्व की उच्च भूमि पर ले जाती है। भावयोग की सबसे उच्च कक्षा पर पहुँचे हुए मनुष्य का जगत् के साथ पूर्ण तादात्म्य हो जाता है, उसकी अलग भावसत्ता नहीं रह जाती, उसका विश्व-हृदय हो जाता है उसकी अश्रुधारा में जगत् की अश्रुधारा का, उसके हास-विलास में जगत् के आनन्द-नृत्य का, उसके गर्जन-तर्जन में जगत् के गर्जन-तर्जन का आभास मिलता है।

भावना या कल्पना

इस निबन्ध के आरम्भ में ही हम काव्यानुशीलन को भावयोग कह आए हैं और उसे कर्मयोग और ज्ञानयोग के समकक्ष बता आए हैं। यहाँ पर अब यह कहने की आवश्यकता प्रतीत होती है कि 'उपासना' भावयोग का ही एक अङ्ग है। पुराने धार्मिक लोग उपासना का अर्थ 'ध्यान' ही लिया करते हैं। जो वस्तु हमसे अलग है, हमसे दूर प्रतीत होती है उसकी मूर्ति मन में लाकर उसके सामीप्य का अनुभव करना ही उपासना है। साहित्यवाले इसी को भावना कहते है और आजकल के लोग 'कल्पना'। जिस प्रकार भक्ति के

लिए उपासना या ध्यान की आवश्यकता होती है। उसी प्रकार और भावों के प्रवर्त्तन के लिए भी या कल्पना अपेक्षित होती है। जिनकी भावना या कल्पना शिथिल या अशक्त होती है, किसी कविता या सरस उक्ति को पढ़-सुनकर उनके हृदय में मार्मिकता होते हुए भी वैसी अनुभूति नहीं होती। बात यह है कि उनके अंतःकरण में चटपट वह सजीव और स्पष्ट मूर्ति-विधान नहीं होता जो भावों को परिचालित कर देता है। कुछ कवि किसी बात के सारे मार्मिक अंगों का पूरे ब्योरे के साथ चित्रण कर देते हैं, पाठक या श्रोता की कल्पना के लिए बहुत कम काम छोड़ते हैं और कुछ कवि कुछ मार्मिक खण्ड रखते हैं जिन्हें पाठक की तत्पर कल्पना आप से आप पूर्ण करती है।

कल्पना दो प्रकार की होती है—विधायक और ग्राहक। कवि में विधायक कल्पना अपेक्षित होती है और श्रोता या पाठक में अधिकतर ग्राहक। अधिकतर कहने का अभिप्राय यह है जहाँ कवि पूर्ण चित्रण नहीं करता वहाँ पाठक या श्रोता को भी अपनी ओर से कुछ मूर्ति-विधान करना पड़ता है। यूरोपीय साहित्य-मीमांसा में कल्पना को बहुत प्रधानता दी गई है। है भी यह काव्य का अनिवार्य साधन, पर है साधन ही, साध्य नहीं, जैसा कि उपर्युक्त विवेचना से स्पष्ट है। किसी प्रसंग के अन्तर्गत कैसा ही विचित्र मूर्ति-विधान हो पर यदि उसमें उपर्युक्त भावसंचार की क्षमता है तो वह काव्य के अन्तर्गत न होगा।

मनोरंजन

प्रायः सुनने में आता है कि कविता का उद्देश्य मनोरंजन है। पर जैसा कि हम पहले कह आए हैं, कविता का अन्तिम लक्ष्य जगत् के मार्मिक पक्षों का प्रत्यक्षीकरण करके उनके साथ मनुष्य-हृदय का सामंजस्य-स्थापना है। इतने गम्भीर उद्देश्य के स्थान पर केवल मनोरंजन का हल्का उद्देश्य रखकर जो कविता का पठन-पाठन या विचार करते हैं, वे रास्ते ही में रह जानेवाले पथिक के समान हैं। कविता पढ़ते समय मनोरंजन आवश्यक होता है, पर उसके उपरांत कुछ और भी होता है और वही और सब कुछ है। मनोरंजन वह शक्ति है जिससे कविता अपना प्रभाव जमाने के लिए मनुष्य की चित्तवृत्ति को स्थिर किये रहती है, इधर-उधर जाने नहीं देती। अच्छी से अच्छी बात को भी कभी-कभी जो केवल कान से सुन भर लेते हैं, उनकी ओर उनका मनोयोग नहीं होता। केवल यही कह कर कि 'परोपकार करो', 'दूसरों पर दया करो', 'चोरी करना महापाप है', हमें यह आशा कदापि न करनी चाहिये कि कोई अपकारी उपकारी, कोई क्रूर दयावान या कोई चोर साधु हो जायगा। क्योंकि वाक्यों के अर्थ की पहुँच हृदय तक होती ही नहीं, वह ऊपर ही ऊपर

रह जाता है। ऐसे वाक्यों द्वारा सूचित व्यापारों का मानव जीवन के बीच कोई मार्मिक चित्र सामने न पाकर हृदय उनकी अनुभूति की ओर प्रवृत्त ही नहीं होता।

पर कविता अपनी मनोरंजन-शक्ति द्वारा पहले या सुनने वाले का चित्त रमाये रहती है जीवन-पट पर उक्त कर्मों की सुन्दरता या विरूपता अङ्कित करके हृदय के मर्मस्थलों का स्पर्श करती है। मनुष्य के कुछ कर्मों में जिस प्रकार दिव्य सौन्दर्य और माधुर्य होता है, उसी प्रकार कुछ कर्मों में भीषण कुरुपता और भद्दापन होता है। इस सौन्दर्य या कुरुपता का प्रभाव मनुष्य के हृदय पर पड़ता है और इस सौन्दर्य या कुरुपता का सम्यक् प्रत्यक्षीकरण कविता ही कर सकती है।

कविता की इसी रमाने वाली शक्ति को देखकर जगन्नाथ पंडितराज ने रमणीयता का पल्ला पकड़ा और उसे काव्य का साक्ष्य स्थिर किया तथा योरोपीय समीक्षकों ने 'आनन्द' को काव्य का परम लक्ष्य ठहराया। इस प्रकार मार्ग को ही अन्तिम गन्तव्य स्थल मान लेने के कारण बड़ा गड़बड़झाला हुआ। मनोरंजन या आनन्द तो बहुत-सी बातों में हुआ करता है। किस्सा-कहानी में भी तो पूरा मनोरंजन होता है, लोग रात-रात भर सुनते रह जाते हैं। पर क्या कहानी सुनना और कविता सुनना एक ही बात है? हम रसात्मक कथाओं या आख्यानों की बात नहीं कहते हैं; केवल घटना वैचित्र्यपूर्ण कहानियों की बात कहते हैं। कविता और कहानी का अन्तर स्पष्ट है। कविता सुननेवाला किसी भाव में मग्न रहता है और कभी-कभी बार-बार एक ही पद्य सुनना चाहता है। पर कहानी सुनने वाला आगे की घटना के लिये आकुल रहता है। कविता सुननेवाला कहता है, "जरा फिर तो कहिये।" कहानी सुननेवाला कहता है, "हाँ! तब क्या हुआ?"

मन को अनुरंजित करना, उसे सुख या आनन्द पहुँचाना ही यदि कविता का अन्तिम लक्ष्य माना जाय तो कविता भी केवल विलास की एक सामग्री हुई। परन्तु क्या कोई कह सकता है कि बाल्मीकि ऐसे मुनि तुलसीदास ऐसे भक्त ने केवल इतना ही समझकर श्रम किया कि लोगों को समय काटने का एक अच्छा सहारा मिल जायगा? क्या इससे गम्भीर कोई उद्देश्य उनका न था? खेद के साथ कहना पड़ता है कि बहुत दिनों से बहुत से लोग कविता को विलास की सामग्री समझते आ रहे हैं। हिन्दी के रीति-काल के कवि तो मानों राजाओं-महाराजाओं की कामवासना उत्तेजित करने के लिए रखे जाते थे। एक प्रकार के कविराज तो रईसों के मुँह में मकरध्वज रस झोंकते थे दूसरे

प्रकार के कविराज कान में मकरध्वज रस की पिचकारी देते थे, पीछे से तो ग्रीष्मोपचार आदि के नुस्खे भी कवि लोग तैयार करने लगे। गर्मी के मौसम के लिए एक कवि जी व्यवस्था करते हैं—

सीतल गुलाबजल भरि चहबच्चन में
डारि कै कमलदल न्हायबे को धँसिए।
कालिदास अंग-अंग अगर अतर संग,
केसर उसीर नीर धनसार धँसिए।
जेठ में गोविन्द लाल चन्दन के चहलन,
भरि-भरि गोकुल के महलन में बसिए।

इसी प्रकार सिसिर के मसाले सुनिए—

गुलगुली गिलमैं, गलीचा हैं, गुनीजन हैं,
चिक हैं, चिराकैं हैं, चिरागन की माला हैं।
कहै पदमाकर है गजक गजा हू सजी
सज्जा हैं, सुरा हैं, सुराही हैं सुप्याला हैं।
सिसिर के पाला का न व्यापत कसाला तिन्हैं,
जिनके अधीन एते उदित मसाला हैं।

सौन्दर्य

सौन्दर्य बाहर की कोई वस्तु नहीं है, मन के भीतर की वस्तु है। योरोपीय कलासमीक्षा की यह एक बड़ी ऊँची उड़ान या बड़ी दूर की कौड़ी समझी गई है। पर वास्तव में यह भाषा के गड़बड़झाले के सिवा और कुछ नहीं है। जैसे वीरकर्म से पृथक् वीरत्व कोई पदार्थ नहीं, वैसे ही सुन्दर से पृथक सौंदर्य कोई पदार्थ नहीं। कुछ रूप-रंग की वस्तुएँ ऐसी होती हैं जो हमारे मन में आते ही थोड़ी देर के लिए हमारी सत्ता पर ऐसा अधिकार कर लेती हैं कि उसका ज्ञान ही हवा हो जाता है और हम उन वस्तुओं की भावना के रूप में ही परिणत हो जाते हैं। हमारी अन्तस्सत्ता की यही तदाकार-परिणति सौंदर्य की अनुभूति है। इसके विपरीत कुछ रूप-रंग की वस्तुएँ ऐसी होती हैं जिनकी प्रतीति या जिनकी भावना हमारे मन में कुछ देर टिकने ही नहीं पाती और एक मानसिक आपत्ति-सी जान पड़ती है। जिस वस्तु के प्रत्यक्ष ज्ञान या

भावना से तदाकार परिणति जितनी ही अधिक होगी, उतनी ही वस्तु हमारे लिए सुन्दर जायगी। रूप विवेचन से स्पष्ट है कि भीतर-बाहर का भेद व्यर्थ है। जो भीतर है वही बाहर है।

यही बाहर हँसता-खेलता, रोता-गाता, खिलता-मुरझाता जगत् भीतर भी है जिसे हम मन कहते हैं। जिस प्रकार यह जगत् रूपमय और गतिमय है उसी प्रकार मन भी। मन भी रूप-गति का संघात ही है। रूप मन और इन्द्रियों द्वारा संघटित है या मन और इन्द्रियाँ रूपों द्वारा, इससे यहाँ प्रयोजन नहीं। हमें तो केवल यही कहना है कि हमें अपने मन का और अपनी सत्ता का बोध रूपात्मक ही होता है।

किसी वस्तु के प्रत्यक्ष ज्ञान या भावना से हमारी अपनी सत्ता के क्रोध का जितना ही अधिक तिरोभाव और हमारे मन की उस वस्तु के रूप में जितनी ही पूर्ण परिणति होगी उतनी ही बढ़ी हुई हमारी सौंदर्य की अनुभूति कही जायगी। जिस प्रकार की रूपरेखा या वर्णविन्यास से किसी की तदाकार परिणति होती है, उसी प्रकार की रूपरेखा या वर्ण विन्यास उसके लिए सुन्दर है। मनुष्यता की सामान्य भूमि पर पहुँची हुई संसार की सब सभ्य जातियों में सौंदर्य के सामान्य आदर्श प्रतिष्ठित हैं। भेद अधिकतर अनुभूति की मात्रा में पाया जाता है। न सुन्दर को कोई एकबारगी कुरूप कहता है और न बिल्कुल कुरूप को सुन्दर। जैसा कि कहा जा चुका है, सौंदर्य का दर्शन मनुष्य, मनुष्य ही में नहीं करता है। प्रत्युत पल्लव-गुम्फित पुष्पहास में, पक्षियों के पक्षजाल में, सिन्दूराभ सान्ध्य दिगंचल के हिरण्य-मेखला-मण्डित धनखण्ड में, तुषारावृत्ति तुंग-गिरि-शिखर में, चन्द्रकिरण से झलझलाते निर्झर में और न जाने कितनी वस्तुओं में वह सौंदर्य की झलक पाता है।

जिस सौंदर्य की भावना में मग्न होकर मनुष्य पृथक अपनी सत्ता की प्रतीति का विसर्जन करता है वह अवश्य एक दिव्य विभूति है। भक्त लोग अपनी उपासना या ध्यान में इसी विभूति का अवलम्बन करते हैं। तुलसी और सूर ऐसे सगुणोपासक भक्त राम और कृष्ण की सौदर्य-भावना में मग्न होकर ऐसी मंगल-दशा का अनुभव कर गये हैं जिसके या मुक्ति की कामना का कहीं पता नहीं लगता।

कविता केवल वस्तुओं के ही रङ्ग-रूप में सौंदर्य की छटा नहीं दिखाती, प्रत्युत कर्म मनोवृत्ति के भी अत्यन्त मार्मिक दृश्य सामने रखती है। वह जिस प्रकार विकसित कमल, रमणी के मुखमंडल आदि का सौंदर्य मन में लाती है उसी प्रकार उदारता, वीरता, त्याग, दया, प्रेमोत्कर्ष इत्यादि कर्मों और मनोवृत्तियों का सौंदर्य भी मन में जमाती है। जिस प्रकार वह शव को नोचते

हुए कुत्तों और शृंगालों के वीभत्स व्यापार की झलक दिखाती है उसी प्रकार क्रूरों की हिंसावृत्ति और दुष्टों की हिंसावृत्ति और दुष्टों की ईर्ष्या आदि की कुरूपता से भी क्षुब्ध करती है। इस कुरुपता का अवस्थान सौंदर्य की पूर्ण और स्पष्ट अभिव्यक्ति के लिए ही समझना चाहिए। जिन मनोवृत्तियों का अधिकतर बुरा रूप हम संसार में देखा करते हैं उनका भी रूप सुन्दर कविता ढूँढ़कर दिखाती है। दशवदन-निधनकारी राम के क्रोध के सौंदर्य पर कौन मोहित न होगा?

जो कविता रमणी के रूपमाधुर्य से हमें तृप्त करती है वही उसकी अन्तर्वृत्ति की सुन्दरता का आभास देकर हमें मुग्ध करती है। जिस बंकिम की लेखनी ने गढ़ पर बैठी हुई राजकुमारी तिलोत्तमा के अंग-प्रत्यंग की सुषमा को अंकित किया है उसी ने नवाब-नन्दिनी आयशा के अन्तस् की अपूर्व सात्विकी ज्योति की झलक दिखाकर पाठकों को चमत्कृत किया है। जिस प्रकार बाह्य प्रकृति के बीच वन, पर्वत, नदी-निर्झर आदि की रूप-विभूति से हम सौंदर्य-मग्न होते हैं, उसी प्रकार अन्तः प्रकृति में दया, दाक्षिण्य, श्रद्धा, भक्ति, आदि वृत्तियों की स्निग्ध शीतल आभा में सौंदर्य लहराता हुआ पाते हैं। यदि कहीं बाह्य और अभ्यान्तर दोनों सौंदर्य का योग दिखाई पड़े तो फिर क्या कहना है। यदि किसी अत्यन्त सुन्दर पुरुष की धीरता, सत्यप्रियता आदि अथवा किसी अत्यन्त रूपवती स्त्री की सुशीलता, कोमलता, और प्रेम-परायणता आदि भी सामने रख दी जायँ तो सौंदर्य की भावना सर्वाङ्गपूर्ण हो सकती है।

सुन्दर और कुरूप-काव्य में बस ये ही दो पक्ष हैं। भला-बुरा, शुभ-अशुभ, पाप-पुण्य मङ्गल-अमङ्गल, अनुपयोगी-उपयोगी—ये सब शब्द काव्य-क्षेत्र के बाहर के हैं। ये नीति; धर्म, व्यवहार, अर्थशास्त्र आदि के शब्द हैं। शुद्ध काव्य-क्षेत्र में न कोई बात भली कही जाती है न बुरी, न शुभ न अशुभ न उपयोगी। सब बातें केवल दो रूपों में दिखाई जाती हैं—सुन्दर और असुन्दर। जिसे धार्मिक शुभ या मंगल कहता है, कवि उसके सौदर्य-पक्ष पर आप ही मुग्ध रहता है और दूसरों को भी मुग्ध करता है। जिसे धर्मज्ञ अपनी दृष्टि के अनुसार शुभ या मङ्गल समझता है उसी को कवि अपनी दृष्टि के अनुसार सुन्दर कहता है। दृष्टिभेद अवश्य है। धार्मिक की दृष्टि जीव के कल्याण, परलोक में सुख, भावबन्धन से मोक्ष आदि की ओर रहती है। पर कवि की दृष्टि इन सब बातों की ओर नहीं रहती। वह उधर देखता है जिधर सौन्दर्य दिखाई पड़ता है। इतनी-सी बात ध्यान में रखने से ऐसे-ऐसे झमेलों में पड़ने की आवश्यकता बहुत कुछ दूर हो जाती है कि "कला में सत् -असंत्

धर्माधर्म का विचार होना चाहिए या नहीं", "कवि उपदेशक बनना चाहिए या नहीं।"

कवि की दृष्टि तो सौन्दर्य की ओर जाती है। चाहे वह जहाँ हो—वस्तुओं के रूप-रङ्ग में अथवा मनुष्यों के मन, वचन और कर्म में। उत्कर्ष-साधन के लिए, प्रभाव की वृद्धि के लिए, कवि लोग कई प्रकार के सौन्दर्य का मेल भी किया करते हैं। राम की रूपमाधुरी और रावण की विकरालता भीतर का प्रतिबिम्ब-सी जान पड़ती है। मनुष्य के भीतरी-बाहरी सौन्दर्य के साथ चारों ओर की प्रकृति के सौन्दर्य को भी मिला देने से वर्ण का प्रभाव कभी-कभी बहुत बढ़ जाता है। चित्रकूट ऐसे रम्य स्थान में राम और भरत ऐसे रूपवानों की रम्यःप्रकृति की छटा का क्या कहना हैं।

चमत्कारवाद

काव्य के सम्बन्ध में 'चमत्कार' अनूठापन आदि बहुत दिनों से लाए जाते हैं। चमत्कार मनोरंजन की सामग्री है, इसमें सन्देह नहीं। इसमें जो लोग मनोरंजन को ही काव्य लक्ष्य समझते हैं, वे यदि कविता में चमत्कार ही ढूँढ़ा करें तो कोई आश्चर्य की बात नहीं। पर जो लोग इससे ऊँचा और गम्भीर लक्ष्य समझते हैं वे चमत्कार मात्र को काव्य नहीं मान सकते। चमत्कार से हमारा अभिप्राय यहाँ प्रस्तुत वस्तु के अद्भुत्व या वैलक्षण्य से नहीं जो अद्भुत रस के आलम्बन में होता है। 'चमत्कार' से हमारा तात्पर्य उक्ति के चमत्कार से है। जिसके अन्तर्गत वर्णविन्यास की विशेषता (जैसे, अनुप्रास में), शब्दों की क्रीड़ा (जैसे श्लेष, यमक आदि में), वाक्य की वक्रता या वचन भंगी (जैसे, काव्यर्थापति, परिसंख्या विरोधाभास, असंगति इत्यादि में), तथा अप्रस्तुत वस्तुओं का अद्भुतत्व अथवा प्रस्तुत वस्तुओं के साथ उसके सादृश्य सम्बन्ध की अनहोनी या दूरारूढ़ कल्पना (जैसे उत्प्रेक्षा, अतिशयोक्ति आदि में) इत्यादि बातें आती हैं।

चमत्कार का प्रयोग भावुक कवि भी करते हैं, पर किसी भाव की अनुभूति को तीव्र करने के लिए। जिस रूप या जिस मात्रा में भाव की स्थिति है उसी रूप और उसी मात्रा में उसकी व्यंजना के लिये प्रायः कवियों को व्यंजना का कुछ असामान्य ढङ्ग पकड़ना पड़ता है। बातचीत में भी देखा जाता है कि कभी-कभी हम किसी को मूर्ख न कहकर 'बैल' कह देते हैं। इसका मतलब यही है कि उसकी मूर्खता की जितनी गहरी भावना मन में है वह 'मूर्ख' शब्द से नहीं व्यक्त होती। इसी बात को देखकर कुछ लोगों ने यह निश्चय किया कि यही चमत्कार या उक्तिवैचित्र्य ही काव्य का नित्य लक्षण

है। इस निश्चय के अनुसार कोई वाक्य, चाहे वह जितना ही मर्मस्पर्शी हो, यदि उक्तिवैचित्र्यशून्य है तो काव्य के अन्तर्गत न होगा और कोई ज़िसमें किसी भाव या कर्म-विचार की व्यंजना कुछ भी न हो उक्ति वैचित्र्य हो, वह खासा काव्य कहा जायगा। उदाहरण के लिए पद्माकर का यह सीधा सादा वाक्य लीजिये—

"नैन नचाय कही, मुसुकाय, 'लला फिर आइयो खेलन होरी'।"

अथवा मंडन का यह सवैया लीजिए—

अलि! हौं तौ गई जमुना-जल को,
सौ कहा कहौं; वीर! विपत्ति परी।
घहराय कै कारी घटा उनई,
इतनेई में गागर सीस धरी॥
रपट्यो पग, घाट चढ़्यौ न गयो,
कवि मंडन ह्वै कै विहाल गिरी।
चिरजीवहु नन्द की वारो अरी,
गहि बाँह गरीब ने ठाढ़ी करी॥

इसी प्रकार ठाकुर की यह अत्यन्त स्वाभाविक वितर्क-व्यंजना देखिए—

वा निरमोहिन रूप की रासि जऊ उर हेतु न ठानति ह्वै है।
बारहि बार बिलोकि घरी-घरी सूरति री पहचानति ह्वै है।
ठाकुर या मन को परतीति हैं, जो पै सनेह न मानति ह्वै है।
आवत है नित मेरे लिए, इतनी तो विशेष के जानति ह्वै है॥

मंडन ने प्रेम-गोपन के जो वचन कहलाये हैं, वे ऐसे ही हैं जैसे जल्दी में स्वभावतः मुँह से निकल पड़ते हैं। उनमें विदग्धता की अपेक्षा स्वाभाविकता कहीं अधिक झलक रही है। ठाकुर के सवैया में भी अपने प्रेम का परिचय देने के लिए आतुर नये प्रेमी के चित्त के वितर्क की बड़े सीधे-सादे शब्दों में, बिना किसी वैचित्र्य या लोकोत्तर चमत्कार के, व्यंजना की गई है। क्या कोई सहृदय वैचित्र्य के अभाव के कारण कह सकता है कि इनमें काव्यत्व नहीं है?

अब इनके सामने उन केवल चमत्कारवाली उक्तियों का विचार कीजिये जिसमें कहीं कोई कवि किसी राजा की कीर्ति की धवलता चारों ओर फैलती

देख यह आशंका प्रकट करता है कि कहीं मेरी स्त्री के बाल भी सफेद न हो जाय अथवा प्रभात होने पर कौवों में काँव-काँव का कारण यह भय बताता है कि कालिमा या अन्धकार का नाश करने में प्रवृत्त सूर्य कहीं उन्हें काला देख उनका भी नाश न कर दे। भोज-प्रबन्ध तथा और सुभाषित-संग्रहों में इस प्रकार की उक्तियाँ भरी पड़ी हैं। केशव की रामचंद्रिका में पचीसों ऐसे पद्य हैं जिनमें अलंकारों की भद्दी भरती के चमत्कार के सिवा हृदय को स्पर्श करनेवाली या किसी भावना में मग्न करनेवाली कोई बात न मिलेगी। उदाहरण के लिये पताका और पंचवटी के वर्णन लीजिये—

पताका

अति सुन्दर अति साधु। थिर न रहति पल आधु।
परम तपोमय मानि। दंडधारिणी जानि॥

पंचवटी

बेर भयानक सी अति लगै। अर्क समूह जहाँ जगमगै।
पांडव की प्रतिमा मन लेखौ। अर्जुन भीम महामति देखौ॥
हे सुभगा सम दीपति पूरी। सिंदुर औ तिलकावलि रूरी।
राजति है यह ज्यौं कुलकन्या। धाय विराजति है सँग धन्या॥

क्या कोई भावुक इस उक्तियों को शुद्ध काव्य कह सकता है? क्या ये ये उसके मर्म का स्पर्श कर सकती हैं?

ऊपर दिये अवतरणों में हम स्पष्ट देखते हैं कि किसी उक्ति की तह में उसके प्रवर्त्तक के रूप में यदि कोई भाव या मार्मिक अन्तवृत्ति छिपी है तो चाहे वैचित्र्य हो या न हो, काव्य की सरलता बराबर पाई जायगी। पर यदि कोरा वैचित्र्य या चमत्कार ही चमत्कार है तो थोड़ी देर के लिए कुछ कुतूहल या मन-बहलाव चाहे हो जाय पर काव्य को लीन करनेवाली सरसता न पाई जायगी। केवल कुतूहल तो बालवृत्ति है। कविता सुनना और तमाशा देखना एक ही बात नहीं है। यदि सब प्रकार की कविता में केवल आश्चर्य या कुतूहल का ही संसार माने तब तो अलग-अलग स्थायी भावों की रसरूप में अनुभूति और भिन्न-भिन्न भावों के आश्रयों के साथ तादात्म्य का कहीं प्रयोजन ही नहीं रह जाता है।

यह बात ठीक है कि हृदय पर जो प्रभाव पड़ता है, उसके धर्म का जो स्पर्श होता है, वह उक्ति ही द्वारा। पर उक्ति के लिये यह आवश्यक नहीं कि

वह सदा विचित्र, अद्भुत या लोकोत्तर हो—ऐसी हो जो सुनने में नहीं आया करती या जिसमें बड़ी दूर की सूझ होती है। ऐसी उक्ति, जिसे सुनते ही मन किसी भाव या मार्मिक भावना (जैसे प्रस्तुत वस्तु का सौन्दर्य आदि) में लीन न होकर एकबारगी कथन के अनूठे ढंग, वर्णविन्यास या पद-प्रयोग की विशेषता, दूर की सूझ, कवि की चातुरी या निपुणता इत्यादि का विचार करने लगे, वह काव्य नहीं सूक्ति है। बहुत से लोग काव्य और सूक्ति को एक ही समझा करते हैं। पर इन दोनों का भेद सदा ध्यान में रहना चाहिये। जो उक्ति हृदय में कोई भाव जागृत कर दे या उसे प्रस्तुत वस्तु या तथ्य की मार्मिक भावना में लीन कर दे, वह तो है काव्य। जो उक्ति केवल कथन के ढंग के अनूठेपन, रचना वैचित्र्य, चमत्कार, कवि के श्रम या निपुणता के विचार में ही प्रवृत्त करे, वह है सूक्ति।

यदि किसी उक्ति में रसात्मकता और चमत्कार दोनों हो तो प्रधानता का विचार करके सूक्ति या काव्य का निर्णय हो सकता है। जहाँ उक्ति में अनूठापन अधिक मात्रा में होंने पर भी उसकी तह में रहनेवाला भाव आच्छन्न हो जाता है, वहाँ भी काव्य ही माना जायेगा। जैसे देव का यह सवैया लीजिये—

साँसन में ही समीर गयो अरु, आँसुन ही सब नीर गयो ढरि।
तेज गयो गुन लै अपनौ अरु, भूमि गई तन को तनुता करि।।
देव जियै मिलिबेई की आस कै, आसहु पास आकास रह्यो भरि।
जा दिन तें मुख फेरि हरै हँसि हेरि हियो जो लिये हरि जू हरि।।

सवैये का अर्थ यह है कि वियोग में उस नायिका के शरीर को संघटित करने वाले पंचमुख धीरे-धीरे निकलते जा रहे हैं। वायु दीर्घ निःश्वासों के द्वारा निकल गई, जलतत्त्व सारा आँसुओं ही आँसुओं में ढल गया, तेज भी न रह गया, शरीर की सारी दीप्ति या कान्ति जाती रही, पार्थिव तत्त्व के निकल जाने से शरीर भी क्षीण हो गया, अब तो उसके चारो ओर आकाश ही आकाश रह गया है—चारो ओर शून्य दिखाई पड़ रहा है। जिस दिन से श्रीकृष्ण ने उसकी ओर मुँह फेर कर ताका है और मन्द-मन्द हँस कर उसके मन को हर लिया है, उसी दिन से उसकी यह दशा है।

इस वर्णन में देव जी ने विरह की भिन्न-भिन्न दशाओं में चार भूतों को निकलने की बड़ी सटीक उद्भावना की है। आकाश का अस्तित्व भी बड़ी निपुणता से चरितार्थ किया है। यमक, अनुप्रास आदि भी है। सारांश यह कि उनकी उक्ति में एक पूरी सावयव कल्पना है, मजमून की पूरी बन्दिश है, पूरा चमत्कार या अनूठापन है। पर इस चमत्कार के बीच में भी विरह वेदना

स्पष्ट झलक रही है, उसकी चकाचौंध में अदृश्य नहीं हो गई है। इसी प्रकार मतिराम के इस सवैये की पिछली दो पंक्तियों में वर्षा के रूपक का जो व्यंग्य चमत्कार है वह भाव-सबल के साथ अनूठे ढंग से गुम्फित है —

दोऊ अनन्द सो आँगन माँझ
बिराजै असाढ़ की साँझ सुहाई।
प्यारी के बूझत और तिया को
अचानक नाम लियो रसिकाई॥
आई उनै मुँह में हँसी,
कोहि तिया पुनि चाप सी भौंह चढ़ाई।
आँखिन ते गिरे आँसू के बूँद,
सुहास गयो उड़ि हंस की नाई॥

इसके विरुद्ध बिहारी को उन उक्तियों में जिनमें विरहिणी के शरीर के पास ले जाते-ले जाते शीशी का गुलाबजल सूख जाता है, उसके विरह-ताप की लपट के मारे माघ के महीने में भी पड़ोसियों का रहना कठिन हो जाता है, कृशता के कारण विरहिणी साँस खींचने के साथ दो-चार हाथ पीछे और साँस छोड़ने के साथ दो-चार हाथ आगे उड़ जाती है, अत्युक्ति का एक बड़ा तमाशा ही खड़ा किया गया है। कहाँ यह सब मजाक, कहाँ विरह की वेदना।

यह कहा जा चुका है कि उमड़ते हुये भाव की प्रेरणा से अकसर कथन के ढंग में कुछ वक्रता आ जाती है। ऐसी वक्रता काव्य की प्रक्रिया के भीतर रहती है। उसका अनूठापन भाव-विधान के बाहर की वस्तु नहीं। उदाहरण के लिये दासजी की ये दशा सूचक उक्तियाँ लीजिए—

अब तौ बिहारी के वे बानक गये री,
तेरी तन दुति-केसर को नैन कसमीर भो।
श्रौन तुव बानी स्वाति-बूँदन के चातक भे,
साँसन को भरिबो द्रुपदजा की चीर भो॥
हिय को हरष मरु धरिनि की नीर भो, री!
जियरो मनोभव-शरन को तुनीर भो।
एरी! बेगि करिकै मिलापु थिर थापु,
न तौ आपु अब चहत अतनु को सरीर भो॥

ऐसी ही भाव प्रेरित वक्रता द्विजदेव की मनोहर उक्ति में है—

तू जो कही, सखि ! लोनो सरूप,

सो मो अँखियान को लोनी गई लगि।

प्रेम के स्फुरण की विलक्षण अनुभूति नायिका को हो रही हैं—कभी आँसू आते हैं, कभी अपनी दशा पर आप अचरज होता है, कभी हल्की-सी हँसी भी आ जाती है कि अच्छी बला मैंने मोल ली। इसी बीच अपनी अन्तरंग सखी को सामने पाकर किंचित् विनोद-चातुरी की भी प्रवृत्ति होती है। ऐसी जटिल अन्तर्वृत्ति द्वारा प्रेरित उक्ति में चिचित्रता आ भी जाती है। ऐसी चित्त-वृत्तियों के अवसर घड़ी-घड़ी नहीं आया करते।) सूरदासजी का 'भ्रमरगीत' ऐसी भावप्रेरित वक्र उक्तियों से भरा पड़ा है।

उक्ति की वहीं तक की वचनभंगी या वक्रता के सम्बन्ध में हमसे कुन्तल जी का 'वक्रोक्तिः काव्यजीवितम्' मानते बनता है, जहाँ तक कि वह भावानुमोदित हो या किसी मार्मिक अन्तर्वृत्ति से सम्बद्ध हो; उसके आगे नहीं। कुन्तल जी की वक्रता बहुत व्यापक है जिसके अन्तर्गत वे वाक्य-वैचित्र्य की वक्रता और वस्तु-वैचित्र्य की वक्रता दोनों लेते हैं। सालंकृत वक्रता के चमत्कार ही में वे काव्यतत्व मानते हैं। योरप में भी आजकल क्रोचे के प्रभाव से एक प्रकार का वक्रोक्तिवाद जोर पर है। विलायती वक्रोक्तिवाद लक्षण-प्रधान है। लाक्षणिक चपलता और प्रगल्भता में ही, उक्ति के अनूठे स्वरूप में ही, बहुत से लोग वहाँ कविता मानने लगे हैं। उक्ति ही काव्य होती है, यह तो सिद्ध-बात है। हमारे यहाँ भी व्यंजक वाक्य ही काव्य माना जाता है। अब प्रश्न यह है कि कैसी उक्ति, किस प्रकार की व्यंजना करने वाला वाक्य? वक्रोक्तिवादी कहेंगे कि ऐसी उक्ति जिसमें कुछ वैचित्र्य या चमत्कार हो, व्यंजना चाहे जिसकी हो, या किसी ठीक-ठीक बात को न भी हो पर जैसा कि हम कह चुके हैं, मनोरंजनमात्र काव्य का उद्देश्य न माननेवाले इस बात का समर्थन करने में असमर्थ होंगे। वे किसी लक्षण में उसका प्रयोजन अवश्य ढूँढ़ेंगे।

कविता की भाषा

कविता में कही गयी बात चित्र-रूप में हमारे सामने आनी चाहिए, यह हम पहले कह आए हैं अतः उसमें गोचर-रूपों का विधान अधिक होता है। वह प्रायः ऐसे रूपों और व्यापारों को ही लेती है जो स्वाभाविक होते हैं और संसार में सबसे अधिक मनुष्यों को सबसे अधिक दिखाई पड़ते हैं।

अगोचर बातों या भावनाओं को भी, जहाँ तक हो सकता है, कविता स्थूल गोचर रूप में रखने का प्रयास करती है। इस मूर्ति-विधान के लिए वह भाषा की लक्षणा-शक्ति से काम लेती है। जैसे, "समय बीता जाता है" कहने की अपेक्षा "समय भागा जाता है" कहना वह अधिक पसन्द करेगी। किसी काम से हाथ खींचना, किसी का रुपया खा जाना, कोई बात पी जाना, दिन ढलना या डूबना, मन मारना, मन छूना, शोभा बरसना, उदासी टपकना इत्यादि ऐसी ही कवि-समय-सिद्ध उक्तियाँ हैं जो बोलचाल में रूढ़ि होकर आ गई हैं। लक्षण द्वारा स्पष्ट और सजीव आदान-प्रदान कर विधान प्रायः सब देशों के कवि-कर्म में पाया जाता है। कुछ उदाहरण देखिए—

(क) धन्य भूमि बनपंथ पहारा।
जहँ जहँ नाथ पाँव तुम धारा। —तुलसी

(ख) मनहु उमगि अँग अँग छबि छलकै। —तुलसी

(ग) चुनरि चारु चुई सी परै।

(घ) बनन में बागन में बगरो बसन्त है। —पद्माकर

(ङ) वृन्दावन बागन पै सबन्त बरसो परै। —पद्माकर

(च) हौं तो श्यामरङ्ग में चोराय, चित्त चोराचोरी,
बोरत तो बोर्‌यो पै निचोरत बनै नहीं। –पद्माकर

(छ) एहो नन्दलाल ऐसी व्याकुल परी है बाल,
हाल ही चलौ तौ चलौ, जोरे जुरि जायगी।
कहै पद्माकर नहीं तौ ये झकोरे लगे,
औरे लौं अचाका बिनु घोरे घुरि जायगी।
तौ ही लागि चैन जौलौं चेतिहै न चन्द्रमुखी,
चेतैंगी कहूँ तौ चाँदनी में चुरि जायगी।

इन उदाहरणों से स्पष्ट है कि वस्तु या तथ्य के पूर्ण प्रत्यक्षीकरण तथा भाव या मार्मिक अन्तवृत्ति के अनुरूप व्यंजना के लिए लक्षणा का बहुत कुछ सहारा कवि को लेना पड़ता है।

भावना को मूर्त्त रूप में रखने की आवश्यकता के कारण कविता की भाषा में दूसरी विशेषता यह रहती है कि उसमें जाति संकेतवाले शब्दों की अपेक्षा विशेषरूप व्यापार सूचक शब्द अधिक रहते हैं। बहुत से ऐसे शब्द होते है जिनसे किसी एक का नहीं बल्कि बहुत से रूपों का या व्यापारों का एक साथ चलता-सा अर्थ ग्रहण हो जाता है। ऐसे शब्दों को हम जाति-संकेत

कह सकते हैं। ये मूर्त्त विधान के प्रयोजन के नहीं होते। किसी ने कहा "वहाँ बड़ा अत्याचार हो रहा है।" इस अत्याचार शब्द के अन्तर्गत मारना-पीटना, डाँटना-डपटना, लूटना-पाटना इत्यादि बहुत से व्यापार हो सकते हैं, अतः अत्याचार शब्द के सुनने से उन सब व्यापारों की एक मिली-जुली अस्पष्ट भावना थोड़ी देर के लिए मन में आ जाती है; कुछ विशेष व्यापारों का स्पष्ट चित्र या मूर्त्त रूप नहीं खड़ा होता। इससे ऐसे शब्द कविता के उतने काम के नहीं। ये तत्त्व निरूपण शास्त्रीय विचार आदि में ही अधिक उपयोगी होते हैं। भिन्न-भिन्न शास्त्रों में बहुत से शब्द तो विलक्षण ही अर्थ देते हैं और पारिभाषित कहलाते हैं। शास्त्र-मीमांसक तत्त्व-निरूपण को किसी समान्य तथ्य य तत्त्व तक पहुँचने की जल्दी रहती है, इससे वह किसी सामान्य धर्म के अन्तर्गत आनेवाली बहुत सी बातों को एक मान कर अपना काम चलाता है, प्रत्येक का अलग-अलग दृश्य देखने दिखाने में नहीं उलझता।

पर कविता कुछ वस्तुओं और व्यापारों को मन के भीतर मूर्त रूप में लाना और प्रभाव उत्पन्न करने के लिए कुछ देर रखना चाहती है। अतः उक्त प्रकार के व्यापक अर्थ-संकेतों से ही उसका काम नहीं चल सकता। इससे जहाँ उसे किसी स्थिति का वर्णन करना रहता है, वहाँ वह उसके अन्तर्गत सबसे अधिक मर्मस्पर्शिनी कुछ विशेष वस्तुओं या व्यवहारों को लेकर उनका चित्र खड़ा करने का आयोजन करती है। यदि कहीं के घोर अत्याचार का वर्णन करना होगा तो वह कुछ निरपराध व्यक्तियों के वध, भीषण यन्त्रणा, स्त्री-बच्चों पर निष्ठुर प्रहार आदि क्षोभकारी दृश्य सामने रखेगी। "वहाँ घोर 'अत्याचार' हो रहा है" इस वाक्य द्वारा वह कोई प्रभाव नहीं उत्पन्न कर सकती है। अत्याचार शब्द के अन्तर्गत न जाने कितने व्यापार आ सकते हैं, अतः उसे सुनकर या पढ़कर सम्भव है कि भावना में एक भी व्यापार स्पष्ट रूप से न आये या आये भी तो ऐसा जिसमें मर्म को क्षुब्ध करने की शक्ति न हो।

उपर्युक्त विचार से ही किसी व्यवहार या शास्त्र के पारिभाषिक शब्द भी काव्य में लाये जाने योग्य नहीं माने जाते। हमारे यहाँ के आचार्यों ने पारिभाषिक शब्दों के प्रयोग को 'अप्रतीतत्त्व दोष माना है। पर दोष स्पष्ट होते हुये भी चमत्कार के प्रेमी कब मान सकते हैं? संस्कृत के अनेक कवियों ने वेदान्त, आयुर्वेद, न्याय के पारिभाषिक शब्दों को लेकर बड़े-बड़े चमत्कार खड़े किये हैं या अपनी बहुज्ञता दिखाई है। हिन्दी के किसी मुकदमेबाज कवित्त कहनेवाले ने "प्रेम फौजदारी" नाम की एक छोटी-सी पुस्तक में श्रृंगार रस की बातें अदालती कार्रवाइयों पर घटाकर लिखी हैं। 'एकतरफा डिग्री', 'तनकीह' ऐसे-ऐसे शब्द चारों ओर अपनी बहार दिखा रहे है, जिन्हें सुनकर

कुछ अशिक्षित या भद्दी रुचिवाले वाह-वाह भी कर देते है।

शास्त्र के भीतर निरूपित तथ्य को भी जब कोई कवि अपनी रचना के भीतर लेता है, तब वह पारिभाषिक तथा अधिक व्याप्तिवाले जाति-संकेत शब्दों को हटाकर उस तथ्य को व्यंजित करनेवाले कुछ विशेष मार्मिक रूपों और व्यापारों का चित्रण करता है। कवि गोचर और मूर्त्त रूपों के द्वारा ही अपनी बात कहता हैं। उदाहरण के लिये गोस्वामी तुलसीदास जी के ये वचन लीजिये—

जेहि निसि सफल जीवन सूतहिं तब कृपापात्र जन जागै।

इसमें माया में पड़े हुये जीव की अज्ञान दशा का काव्य-पद्धति पर कथन है। और देखिए। प्राणी आयु भर क्लेश-निवारण और सुख प्राप्ति का प्रयास करता रह जाता है और कभी वास्तविक सुख-शान्ति प्राप्त नहीं करता; इस बात की गोस्वामी जी यों सामने रखते हैं—

डासत ही गई बीति निसा सब,
कबहुँ न नाथ! नींद भर सोयो।

भविष्य का ज्ञान अत्यन्त अद्‌भुत और रहस्यमय है, जिसके कारण प्राणी आनेवाली विपत्ति की कुछ भावना न करके अपनी दशा में मग्न रहता है। इस बात को गोस्वामी ने "चरै हरित तृन बलिपशु" इस चित्र द्वारा व्यक्त किया है। अँगरेज कवि पोप ने भी भविष्य के अज्ञान का यही मार्मिक चित्र लिया है, यद्यपि उसने इस अज्ञान को ईश्वर का बड़ा भारी अनुग्रह कहा है:—

उस बलिपशु को देख आज जिसका तू, रे नर!
अपने रंग में रक्त बहायेगा वेदी पर।
होता उसको ज्ञान कहीं तेरा है जैसा,
क्रीड़ा करता कभी उछलता फिरता ऐसा?
अन्तकाल तक हरा-हरा चारा चभलाता।
हनन हेतु उस उठे हाथ को चाटे जाता॥
आगम का अज्ञान ईश का परम अनुग्रह॥[1]

---

1. The lamp thy riot dooms to bleed today,
Had he the reason would he skip and play?
Pleased to the last he crops the flow'ry, food,
And licks the hand just raised to shed his blood,
The blindness to the future kindly given.

बातचीत में भी जब किसी को अपने कथन द्वारा कोई मार्मिक प्रभाव उत्पन्न करना होता है, तब वह इसी पद्धति का अवलम्बन करता हैं। यदि अपनी पत्नी पर अत्याचार करने वाले व्यक्ति को उसे समझना है तो वह कहेगा कि "तुमने इसका हाथ पकड़ा है।" यह न कहेगा कि "तुमने इसके साथ विवाह किया है।" 'विवाह शब्द के अन्तर्गत न जाने कितने विधिविधान है जो सबके एकबारगी मन में आ भी नहीं सकते और उतने व्यंजक या मर्मस्पर्शी भी नहीं होते। अतः कहनेवाला उनमें से जो सबसे अधिक व्यंजक और स्वाभाविक व्यापार 'हाथ पकड़ना' है, जिससे सहारा देने का चित्र सामने आता है, उसे भावना में लाता है।

तीसरी विशेषता कविता की भाषा में वर्ण-विन्यास की है। 'शुष्को वृक्षस्तिष्ठयग्रे' और 'नीरसतरुरि विलसति पुरतः' का भेद हमारी पण्डितमण्डली में बहुत दिनों से प्रसिद्ध चला आता है। काव्य एक बहुत ही व्यापक कला है। जिस प्रकार मूर्त विधान के लिए कविता चित्र-विद्या की प्रणाली का अनुसरण करती है उसी प्रकार नादसौष्ठव के लिए वह संगीत का कुछ-कुछ सहारा लेती है। श्रुति-कटु मानकर कुछ वर्णों का त्याग, वृत्तिविधान, लय, अन्त्यानुप्रास आदि नाद सौंदर्य-साधन के लिये ही हैं। नादसौष्ठव के निर्मित निरूपित वर्ण विशिष्टता को हिन्दी के हमारे कुछ पुराने कवि इतनी दूर तक घसीट ले गये कि उनकी बहुत-सी रचना बेडौल और भावशून्य हो गई। उसमें अनुप्रास की लम्बी लड़ी—वर्ण-विशेष की निरन्तर आवृत्ति—के सिवा और किसी बात पर ध्यान नही जाता। जो बात भाव या रस की धारा का मन के भीतर अधिक प्रसार करने के लिये थी, वह अलग चमत्कार खड़ा करने के लिये काम में लाई गई।

नाद-सौंदर्य से कविता की आयु बढ़ती है। तालपत्र, भोजपत्र, कागज आदि का आश्रय छूट जाने पर भी वह बहुत दिनों तक लोगों की जिह्वा पर नाचती रहती है। बहुत सी उक्तियों को लोग, उनके अर्थ की रमणीयता इत्यादि की ओर ध्यान ले जाने का कष्ट उठाये बिना ही, प्रसन्न-चित्त रहने पर गुनगुनाया करते हैं। अतः नादसौंदर्य का योग भी कविता का पूर्ण स्वरूप करने के लिए कुछ न कुछ आवश्यक होता है। इसे हम बिल्कुल हटा नहीं सकते। जो अन्त्यानुप्रास को फालतू समझते हैं, वे छन्द को पकड़े रहते हैं, जो छन्द को भी फालतू समझते हैं, वे लय में ही लीन होने का प्रसास करते हैं। संस्कृत से सम्बन्ध रखनेवाली भाषाओं में नाद-सौंदर्य के समावेश के लिए बहुत अवकाश रहता है। अतः अँगरेजी आदि अन्य भाषाओं की देखा-देखी

जिनमें इसके लिए कम जगह है, अपनी कविता को हम इस विशेषता से वंचित कैसे कर सकते हैं?

हमारी काव्यभाषा में एक चौथी विशेषता भी है जो संस्कृत से ही आई है। वह यह है कि कहीं-कहीं व्यक्तियों के नामों के स्थान पर उनके रूप-गुण या कार्यबोधक शब्दों का व्यवहार किया जाता है, ऊपर से देखने में तो पद्य के नपे हुए चरणों में शब्द रखने के लिये ही ऐसा किया जाता है, पर थोड़ा विचार करने पर इसमें गुरुतर उद्देश्य प्रकट होता है। सच पूछिये तो यह बात कृत्रिमता बचाने के लिये की जाती है। मनुष्यों के नाम यथार्थ में कृत्रिम संकेत हैं जिनमें कविता की पूर्ण परिपोषकता नहीं होती। अतएव कवि मनुष्यों के नामों के स्थान पर कभी-कभी उनके ऐसे रूप गुण या व्यापार की ओर इशारा करता है जो स्वाभाविक और अर्थगर्भित होने के कारण सुननेवाले की भावना के निर्माण में योग देते हैं। गिरिधर, मुरारि, त्रिपुरारि, दीनबन्धु, चक्रपाणि, मुरलीधर, सव्यसाची इत्यादि शब्द ऐसे ही हैं।

ऐसे शब्दों को चुनते समय इस बात का ध्यान रखना चाहिये कि वे प्रकरण विरुद्ध या अवसर के प्रतिकूल न हों। जैसे, यदि कोई मनुष्य किसी दुर्धर्ष, अत्याचारी के हाथ से छुटकारा पाना चाहता हो तो उसके लिये "हे गोपिकारमण! हे वृन्दावन बिहारी!" आदि कहकर कृष्ण को पुकारने की अपेक्षा "हे मुरारि हे कंसनिकन्दन!" आदि संबोधनों से पुकारना अधिक उपयुक्त है, क्योंकि श्रीकृष्ण के द्वारा कंस आदि दुष्टों का मारा जाना देखकर उसे अपनी रक्षा के आशा होती है, न कि उनका वृन्दावन में गोपियों के साथ बिहार करना देखकर। इसी तरह किसी आपत्ति में उद्धार पाने के लिए कृष्ण को "मुरलीधर" कहकर पुकारने की अपेक्षा "गिरधर" कहना अधिक अर्थसंगत है।

अलंकार

कविता में भाषा की सब शक्तियों से काम लेना पड़ना है। वस्तु या व्यापार की भावना चटकीली करने और भाव को अधिक उत्कर्ष पर पहुँचाने के लिए कभी किसी वस्तु का आकार या गुण बहुत बढ़ाकर दिखाना पड़ता है, कभी उसके रूप-रंग या गुण की भावना को उसी प्रकार के और रूप-रंग मिलाकर तीव्र करने के लिए समान रूप और धर्मशाली और-और वस्तुओं को सामने लाकर रखना पड़ता है। कभी-कभी बात को भी घुमा-फिराकर कहना पड़ता है। इस तरह के भिन्न-भिन्न विधान और कथन के ढंग अलंकार

कहलाते हैं। इनके सहारे से कविता अपना प्रभाव बहुत कुछ बढ़ाती है। कहीं-कहीं तो इनके बिना काम ही नहीं चल सकता। पर साथ ही यह भी स्पष्ट है कि ये साधन हैं, साध्य नहीं! साध्य को भुलाकर इन्हीं को साध्य मान लेने से कविता का रूप कभी-कभी इतना विकृत हो जाता है कि यह कविता ही नहीं रह जाती। पुरानी कविता में कहीं-कहीं इस बात के उदाहरण मिल जाते हैं।

अलंकार चाहे अप्रस्तुत वस्तु-योजना के रूप में हों (जैसे, उपमा, रूपक, उत्प्रेक्षा इत्यादि में), चाहे वाक्य-वक्रता के रूप में (जैसे, अप्रस्तुत-प्रशंसा, परिसंख्या, ब्याज-स्तुति, विरोध इत्यादि में), चाहे वर्ण-विन्यास के रूप में (जैसे, अनुप्रास में) लाए जाते हैं, वे प्रस्तुत भाव या भावना के उत्कर्ष-साधन के लिए ही मुख के वर्णन में जो कमल, चन्द्र आदि सामने रखे जाते हैं वह इसीलिए जिनमें इनकी वर्ण रुचिरता, कोमलता, दीप्ति इत्यादि के योग से सौंदर्य की भावना और बढ़े। सादृश्य या साधर्म्य दिखाना उपमा, उत्प्रेक्षा इत्यादि का प्राकृत लक्ष्य नहीं है। इस बात को भूलकर कवि-परम्परा में बहुत से ऐसे उपमान चला दिये गये हैं जो प्रस्तुत भावना में सहायता के स्थान पर बाधा डालते हैं। जैसे, नायिका का अंग-वर्णन सौन्दर्य की भावना प्रतिष्ठित करने के लिए ही किया जाता है। ऐसे वर्णन में यदि कटि का प्रसंग आने पर भिड़ या सिंह की कमर सामने कर दी जायगी तो सौन्दर्य की भावना में क्या वृद्धि होगी? प्रभात के सूर्यबिम्ब के सम्बन्ध में इस कथन से कि "है शोणित-कलित कपाल यह किल कापालिक काल को" अथवा शिखर की तरह उठे हुए मेघखंड के ऊपर उदित हुए चन्द्रबिम्ब के सम्बन्ध में इस उक्ति से कि "मनहुँ क्रमेलक-पीठ पै धर्‍यौ गोल घंटा लसत", दूर की सूझ चाहे प्रकट हो, पर प्रस्तुत सैन्दर्य की भावना की कुछ भी पुष्टि नहीं होती।

पर जो लोग चमत्कार ही को काव्य का स्वरूप मानते हैं, वे अलंकार को काव्य का सर्वस्व कहा ही चाहें। चन्द्रालोककार तो कहते हैं—

अंगीकरोति यः काव्यं शब्दार्थावनलंकृति।
असौ न मन्यते कास्मादनुष्णमनलं कृती॥

भरतमुनि ने रस की प्रधानता की ओर ही संकेत किया था; पर भामह, उद्‌भट आदि प्राचीन आचार्यों ने वैचित्र्य का पल्ला पकड़ अलंकार को प्रधानता दी। इनमें बहुतेरे आचार्यों ने अलङ्कार, शब्द का प्रयोग व्यापक अर्थ में—रस, रीति, गण, आदि काव्य में प्रयुक्त होनेवाली सारी सामग्री के अर्थ में—किया है। पर ज्यों-ज्यों शास्त्रीय विचार गम्भीर और सूक्ष्म होता गया त्यों-त्यों साध्य और साधनों को विभक्त करके काव्य के नित्य स्वरूप या मर्म-

शरीर को अलग निकालने का प्रयास बढ़ता गया। रुद्रट और मम्मट के समय से ही काव्य का प्रकृत स्वरूप उभरते-उभरते विश्वनाथ महापात्र के साहित्य-दर्पण में साफ ऊपर आ गया।

प्राचीन गड़बड़झाला मिटे बहुत दिन हो गये। वर्ण्य-वस्तु और वर्ण-प्रणाली बहुत दिनों से एक दूसरे से अलग कर दी गई है। प्रस्तुत-अप्रस्तुत के भेद ने बहुत-सी बातों के विचारों और निर्णय के सीधे रास्ते खोल दिये हैं। अब यह स्पष्ट हो गया है कि अलङ्कार प्रस्तुत वर्ण्य-वस्तु नहीं; बल्कि भिन्न-भिन्न प्रणालियाँ हैं, कहने के खास-खास ढंग हैं। पर प्राचीन अव्यवस्था के स्मारक-स्वरूप कुछ अलंकार ऐसे चले आ रहे हैं, जो वर्ण्य-वस्तु का निर्देश करते हैं, और अलङ्कार नहीं कहे जा सकते—जैसे स्वभावोक्ति, उदात्त, अत्युक्ति। स्वभावोक्ति को लेकर कुछ अलङ्कार-प्रेमी कह बैठते हैं कि प्रकृति का वर्णन भी तो स्वभावोक्ति अलङ्कार ही है। पर स्वभावोक्ति कोटि में आ ही नहीं सकती। अलङ्कार वर्णन करने की प्रणाली जिस वस्तु या तथ्य के कथन को हम किसी अलङ्कार-प्रणाली के अन्तर्गत ले सकते हैं। किसी वस्तु-विशेष से किसी अलङ्कार-प्रणाली का सम्बन्ध नहीं हो सकता। किसी तथ्य तक वह परिमित नहीं वस्तुओं, चेष्टाओं या व्यापारों का वर्णन किन-किन वस्तुओं, चेष्टाओं या व्यापारों का वर्णन किन-किन रस के विभावों और अनुभावों के अन्तर्गत आएगा, इसकी सूचना रसनिरूपण के अन्तर्गत ही हो सकती है।

अलङ्कारों के भीतर स्वभावोक्ति का ठीक-ठीक लक्षण-निरूपण हो भी नहीं सका है। काव्यप्रकाश की कारिका में यह लक्षण दिया गया है—

स्वभावोक्तिस्तु डिम्भादेः स्वक्रियारूप वर्णनम् ।

अर्थात् जिसमें बालकादिकों की निज की क्रिया या रूप का वर्णन हो वह स्वभावोक्ति है। प्रथम तो बालकादिक पद की व्याप्ति कहाँ तक है, यही स्पष्ट नहीं। अतः यही समझा जा सकता है कि सृष्टि की वस्तुओं के रूप और व्यापार का वर्णन स्वभावोक्ति है। खैर, बालक की रूप चेष्टा को लेकर ही स्वभावोक्ति की अलङ्कारता पर विचार कीजिए। वात्सल्य के रूप आदि का वर्णन आलम्बन विभाव के अन्तर्गत और उसकी चेष्टाओं का वर्णन उद्दीपन विभाव के अन्तर्गत होगा। प्रस्तुत वस्तु की रूप-क्रिया आदि के वर्णन को रस-क्षेत्र में घसीटकर अलङ्कार-क्षेत्र में हम कभी नहीं ले जा सकते। मम्मट ही के ढङ्ग के और आचार्यों के लक्षण भी है। अलङ्कार-सर्वस्वकार राजानक रुय्यक कहते हैं—

सूक्ष्म-वस्तु-स्वभाव-यथावद्वर्णनं स्वभावोक्तः।

आचार्य दंडी ने अवस्था की योजना करके यह लक्षण लिखा है—

नानावस्थं पदार्थानां रूपं साक्षाद्विवृण्वती।

स्वभावोक्तिश्च जनिश्चेत्यद्या सालंकृतिर्यथा॥

बात यह है कि स्वभावोक्ति अलङ्कारों के भीतर आ ही नहीं सकती। वक्रोक्तिवादी कुन्तल ने भी इसे अलङ्ककार नहीं माना है।

जिस प्रकार एक कुरूप स्त्री अलङ्कार लादकर सुन्दर नहीं हो सकती, उसी प्रकार प्रस्तुत वस्तु या तथ्य की रमणीयता के अभाव में अलङ्कारों का ढेर काव्य का सजीव स्वरूप नहीं खड़ा कर सकता। केशवदास के पचीसों पद्य ऐसे रक्खे जा सकते हैं जिनमें यहाँ से वहाँ तक उपमाएँ और उत्प्रेक्षाएँ भरी हैं, शब्दसाम्य के नड़े खेल-तमाशे जुटाए गए हैं, पर उनके द्वारा कोई मार्मिक अनुभूति नहीं उत्पन्न होती है। इन्हें कोई सहृदय या भावुक काव्य न कहेगा। आचार्यों ने भी अलङ्कारों को 'काव्य शोभातिशायी' आदि ही कहा है। महाराज भोज भी अलङ्कार को 'अलमर्थमलङ्कर्तुः ही कहते हैं। पहले से सुन्दर अर्थ को ही अलङ्कार शोभित कर सकता है। सुन्दर अर्थ की शोभा बढ़ाने में जो अलङ्कार प्रत्युक्त नहीं वे काव्यालङ्कार नहीं। वे ऐसे ही हैं जैसे शरीर पर से उतार कर किसी अलग कोने में रखे हुआ गहनों का ढेर। किसी भाव या मार्मिक भावना से असंपृक्त अंलङ्कार चमत्कार या तमाशे हैं। चमत्कार विवेचन पहले हो चुका है।

अलङ्कार है क्या! सूक्ष्म दृष्टिवालों ने काव्यों के सुन्दर स्थल चुने और उनकी रमणीयता के कारणों की खोज करने लगे। वर्णन शैली का कथन की पद्धति में ऐसे लोगों को जो-जो विशेषताएँ मालूम होती गई, उनका वे नामकरण करते गये। जैसे, 'विकल्प अलंकार का निरूपण पहले-पहल राजानक रुय्यक ने किया। कौन कह सकता है कि काव्यों में जितने रमणीय स्थल हैं, सब ढूँढ़ डाले गये, वर्णन की जितनी सुन्दर प्रणालियाँ हो सकती हैं सब निरूपित हो गई जो-जो स्थल रमणीय लगे, उनकी रमणीयता का कारण वर्णन प्रणाली थी। यदि काव्य रामायण से लेकर इधर तक के काव्यों से न जाने कितनी विचित्र वर्णन प्रणालियाँ भरी पड़ी हैं, जो न निर्दिष्ट की गई हैं और न जिनके कुछ नाम रखे गये हैं।

कविता पर अत्याचार

कविता पर अत्याचार भी बहुत कुछ हुआ है। लोभियों, स्वार्थियों और खुशामदियों ने उसका गला दबाकर कहीं अपात्रों की—आसमान पर चढ़ानेवाली स्तुति कराई है, कहीं द्रव्य न देने वालों की निराधार निन्दा। ऐसी

तुच्छ वृत्तिवालों का अपवित्र हृदय कविता के निवास के योग्य नहीं। कविता देवी के मन्दिर ऊँचे खुले, विस्तृत और पुनीत हृदय हैं। सच्चे कवि राजाओं की सवारी, ऐश्वर्य की सामग्री में ही सौन्दर्य नहीं ढूँढ़ा करते। वे फूस के झोपड़ों, धूल-मिट्टी में सने किसानों, बच्चों के मुँह में चारा डालते हुए पक्षियों, दौड़ते हुए कुत्तों और चोरी करती हुई बिल्लियों में कभी-कभी सौन्दर्य का दर्शन करते हैं जिसकी छाया भी महलों और दरबारों तक नहीं पहुँच सकती। श्रीमानों के शुभागमन पर पद्य बनाना, बात-बात में उनको बधाई देना, कवि का काम नहीं। जिनके रूप या कर्मकलाप जगत् और जीवन के बीच में उसे सुन्दर लगते हैं, उन्हीं के वर्णन में वह 'स्वान्तः सुखाय' प्रवृत्त होता है।

कविता की आवश्यकता

मनुष्य के लिए कविता इतनी प्रयोजनीय वस्तु है कि संसार की सभ्य-असभ्य सभी जातियों में, किसी-न-किसी रूप में पाई जाती है। चाहे इतिहास न हो, विज्ञान न हो, दर्शन न हो, पर कविता का प्रचार अवश्य रहेगा। बात यह है कि मनुष्य अपने ही व्यापारों का ऐसा सघन और जटिल मण्डल बाँधता चला आ रहा है जिसके भीतर बँधा-बँधा वह शेष सृष्टि के साथ अपने हृदय का सम्बन्ध भूला-सा रहता है। इस परिस्थिति में मनुष्य को अपनी मनुष्यता का डर बराबर रहता है। इसी से अन्तःप्रकृति में मनुष्यता को समय-समय पर जगाते रहने के लिए कविता मनुष्य जाति के साथ लगी चली आ रही है और चली चलेगी। जानवरों को इसकी जरूरत नहीं।

•••

काव्य में रहस्यवाद

(यह निबंध केवल इस उद्देश्य के लिखा गया कि 'रहस्यवाद' या 'छायावाद' की कविता के संबंध में भ्रांतिवश या जानबूझ कर जो अनेक प्रकार की बे-सिर-पैर की बातों का प्रचार किया जाता है, वह बंद हो। कोई कहता है--'यही वर्तमान युग की कविता है', कोई कहता है 'बस यही कविता का रूप है।' किसी सभ्य जाति के साहित्य क्षेत्र में ऐसे प्रवादों का फैलना शोभा नहीं देता।

मैं 'रहस्यवाद' का विरोधी नहीं। मैं इसे भी कविता की एक शाखा-विशेष मानता हूँ। पर जो इसे काव्य का सामान्य स्वरूप समझते हैं उनके अज्ञान का निवारण मैं बहुत ही आवश्यक समझता हूँ।)

'कविता क्या है?' शीर्षक निबंध में हम कह चुके हैं कि कविता मनुष्य के हृदय को व्यक्तिगत संबंध के संकुचित मण्डल से ऊपर उठाकर लोकसामान्य भाव-भूमि पर ले जाती है, जहाँ जगत के नाना रूपों और व्यापारों के साथ उसके प्रकृत संबंध का सौंदर्य दिखाई पड़ता है। इस सौंदर्य के अभ्यास से हमारे मनोविकारों का परिष्कार और जगत् के साथ हमारे रागात्मक संबंध की रक्षा और निर्वाह होता है। जिस प्रकार जगत् अनेक रूपात्मक है उसी प्रकार हमारा हृदय भी अनेक भावात्मक है। इन अनेक भावों का व्यायाम और परिष्कार तभी हो सकता है जबकि उन सबका प्रकृत सामंजस्य जगत् के भिन्न-भिन्न रूपों और व्यापारों के साथ हो जाय। जब तक यह सामंजस्य पूरा-पूरा न होगा तब तक यह नहीं कहा जा सकता है कि कोई पूरी तरह जी रहा है। उसकी सजीवता की मात्रा अधूरी और प्रसार संकुचित समझा जायेगा। अतः काव्य का काम मनुष्य के सब भावों और सब मनोविकारों के लिये प्रकृति के अपार क्षेत्र में आलंबन या विषय चुनकर रखना है। इस प्रकार उसका संबंध जगत् और जीवन की अनेकरूपता के साथ स्वतः सिद्ध है।

काव्य-दृष्टि से जब हम जगत् को देखते हैं तभी जीवन का स्वरूप और सौंदर्य प्रत्यक्ष होता है। जहाँ व्यक्ति के भावों के पृथक् विषय नहीं रह जाते, मनुष्यमात्र के आलंबनों में हृदय लीन हो जाता है, जहाँ व्यक्ति जीवन का लोकजीवन में लय हो जाता है वही भाव की पवित्र भूमि है। वहीं विश्वहृदय का आभास मिलता है। जहाँ जगत् के साथ हृदय का पूर्ण सामंजस्य घटित हो जाता है वहाँ प्रवृत्ति और निवृत्ति भी स्वतः मंगलोन्मुखी हो जाती है। जो नरक के, परजन्म के अथवा राजदंड के भय से ही पाप या अपराध नहीं करते, तथा जो स्वर्ग के या परजन्म के सुख के लोभ से ही कोई शुभ कार्य करते हैं, उनमें हृदय के विकास का अभाव और जीवन के सौंदर्य की अनुभूति की कमी समझनी चाहिए।

जीवन का सौंदर्य वैचित्र्यपूर्ण है। उसके भीतर किसी एक ही भाव का विधान नहीं है। उसमें एक और प्रेम, हास, उत्साह और आश्चर्य आदि हैं, दूसरी ओर क्रोध, शोक, घृणा और भय आदि-एक ओर आलिंगन, मधुरालाप, रक्षा, सुख शांति आदि हैं, दूसरी ओर गर्जन, तर्जन, तिरस्कार और ध्वंस। इस दो पक्षों के बिना क्रियात्मक या गत्यात्मक (डायनैमिक) सौंदर्य का प्रकाश नहीं हो सकता। जहाँ इन दोनों पक्षों में साध्य-साधक--संबंध रहता है, जहाँ इनमें सामंजस्य दिखाई पड़ता है, वहाँ की उग्रता और प्रचंडता में भी सौंदर्य का दर्शन होता है। कहने की आवश्यकता नहीं कि वह सौंदर्य भी मंगल का ही पर्याय है। जो लोग केवल शांत और निष्क्रिय (स्टैटिक) सौंदर्य के अलौकिक स्वप्न में ही कविता समझते हैं वे कविता को जीवनक्षेत्र से बाहर खदेड़ना चाहते हैं।

योरप का वर्तमान लोकादर्शवाद (ह्यूमैनिटेरियन आइडियलिज्म) मनुष्य की अंतःप्रकृति के एक समूचे पक्ष के सर्वथा निराकरण में-केवल प्रेम और भ्रातृ-भाव की भीतरी शक्ति द्वारा क्रूरता, क्रोध, स्वार्थमद, हिंसावृत्ति आदि की चिरशांति में-काव्य का परम उत्कर्ष मानता है और उसी के भीतर सौंदर्य और मंगल को बद्ध देखता है। उसका कहना कुछ-कुछ इस प्रकार है—

'सौंदर्य से, प्रेम से, मंगल से, पाप को एक दम समूल नष्ट कर देना ही हमारी आध्यात्मिक प्रकृति की एकमात्र आकांक्षा है।.......उच्च साहित्य स्वभावनिःसृत अश्रुजल से कलंकमोचन करते हैं और स्वाभाविक आनंद से पुण्य का स्वागत करते हैं।'

यह परम भक्त ईसाई टालस्टाय के साहित्यिक उपदेशों की बंग प्रतिध्वनि है।[1] थोड़े शब्दों में इसका खुलासा यह है कि संसार में क्रूरता, हिंसा,

1. श्री रवीन्द्रनाथ ठाकुर-प्राचीन साहित्य।

अत्याचार, स्वार्थमद आदि है तो अत्याचारी को विवेकी, क्रूर को सदय, पापी को पुण्यात्मा, अनिष्टकारी को प्रेमी बनाने के अविचल-प्रयत्न-प्रदर्शन में ही साहित्य की उच्चता है।

अर्थात् शुभ और सात्विक भावों की अशुभ और तामस भावों पर चढ़ाई और विजय ऊँचे साहित्य का विधान है। क्रूरता पर क्रोध, अत्याचारियों का ध्वंस, पापियों को जगत् के मार्ग से हटाना, माध्यम काव्य का विधान है। वर्णव्यवस्था से शब्द लें तो एक ब्राह्मण काव्य है दूसरा क्षत्रिय काव्य।

इन आदर्शवादियों का कहना है कि आदर्श को सदा सामान्य जीवनभूमि से ऊँचे रखना चाहिए। ठीक है। जितने आदर्श होते हैं सब सामान्य भूमि से ऊपर उठे हुए होते हैं। पर यह कहना कि उपयुर्क्त आदर्श के भीतर ही सौंदर्य और मंगल की अभिव्यक्ति होती है, काव्य की उच्चता केवल वहीं मिलती है, मंगल, सौंदर्य तथा काव्य की उच्चता के क्षेत्र को बहुत संकुचित करना है। कोई क्रूर अत्याचारी, किसी दीन को निरंतर पीड़ा पहुँचाता चला जाता है। और वह पीड़ित व्यक्ति बराबर प्रेम प्रदर्शित करता और उस अत्याचारी का उपकार साधता चला जाता है, यहाँ तक कि अंत में उस अत्याचारी की वृत्ति कोमल हो जाती है वह पश्चात्ताप करता है, और सुधर जाता है। यह एक ऊँचा आदर्श है, इसमें सन्देह नहीं। पर इस आदर्श में केवल दो पक्ष हैं-- अत्याचारी और पीड़ित। उस क्रूरता और पीड़ा देखने वाले तीसरे व्यक्ति की मनोवृत्ति का मंगलमय सौंदर्य कहाँ है, इसका अनुसंधान नहीं है। विचारने की बात है कि दूसरों की निरंतर बढ़ती हुई पीड़ा को देख-देख अत्याचारियों की शुश्रूषा और उनके साथ प्रेम का व्यवहार करते चले जाने में अधिक सौंदर्य का विकास है कि करुणा से आर्द्र और फिर रोष से प्रज्वलित होकर पीड़ितों और अत्याचारियों को बीच उत्साहपूर्वक खड़े होने तथा अपने ऊपर अत्याचार पीड़ा सहने और प्राण देने के लिये तत्पर होने में। हम तो करुणा और क्रोध के इसी सामंजस्य में मनुष्य के कर्मसौंदर्य की पूर्ण अभिव्यक्ति और काव्य की चरम सफलता मानते हैं।

मनुष्य की अंतःप्रकृति के एक पक्ष के सर्वथा अभाव को चरम साध्य रखकर निवृत्ति के आदर्श स्वप्न में लीन करने में ही काव्य की उच्चता हम नहीं मान सकते। यह स्वप्न सुंदर अवश्य है, पर जागरण इससे कम सुंदर नहीं। स्वप्न और जागरण दोनों काव्य के पक्ष हैं। इन दोनों पक्षों का सामंजस्य काव्य का चरम उत्कर्ष है। काव्य में हम 'वादों' का बाहर से आना ठीक नहीं समझते। पर यदि 'वाद' शब्द के बिना किसी पक्ष की पहचान न

हो सकती हो तो हमें कहना पड़ेगा कि हमारा पक्ष है 'अभिव्यक्तिवाद' और 'सामंजस्यवाद'।

आदर्श व्यक्ति सिद्ध हो सकता है पर आदर्श लोक साध्य ही रहा है और रहेगा। जिस दिन यह सिद्ध हो जायेगा उस दिन यह लोक कर्मलोक न रहेगा। फिर इसके रहने की भी जरूरत रहेगी या नहीं, नहीं कह सकते। प्रयत्न ही जीवन की शोभा है; जीवन का सौंदर्य है--केवल अपना पेट भरने या आनंद से तृप्त होने का प्रयत्न नहीं; लोक में उपस्थित बाधा, क्लेश, विषमता आदि से भिड़ने का प्रयत्न अँगरेज कवि ब्राउनिंग ने जीवन के इस प्रयत्नसौंदर्य की ओर इस प्रकार संकेत किया है-

'यदि मनुष्य केवल आनंद से तृप्त होने के लिये ही, ढूँढने, पाने और आनंद लेने के लिये ही, बना है तब तो जीवन का इतना गर्व--उसके महत्व की इतनी चर्चा-व्यर्थ है। यह आनंद पूरा हुआ कि मनुष्यों के दिन भी पूरे हुए समझिए। क्या पेट भरे पशु पक्षी को भी संशय या चिंता सताती है?

फिर, प्रत्येक बाधा को, जो भूतल के समसुगम को विषम और दुर्गम करती हो, खुशी से आने दो; प्रत्येक दंश (पहुँचाए हुए कष्ट) को जो न बैठा रहने देता हो, न खड़ा रहने, बराबर चलाता ही रहता हो, खुशी से लगने दो। हमारे आनंद बारह आने क्लेश ही हो जायँ तो क्या? प्रयत्नवान् रहो और जो कुछ श्रम पड़े उसे गनीमत समझो। सीखो, कष्ट की परवाह न करो; साहस करो क्लेश से मुँह न मोड़ो।[1]

---

1. पुअर वांट आव लाइफ इंडीड,
वेयर मैन बट फार्म्ड टु फीड
आन ज्वाय, टु सोल्ली सीक ऐंड फाइंड ऐंड फीस्ट;
सच फीस्टिंग एंडेड, देन
ऐज श्योर ऐन एंड टु मेन;
इर्क्स केयर दि क्रापफुल बर्ड? फ्रेट्स
डाउट दि मा-क्रैम्ड बीस्ट?
देन वेलकम ईच रिबफ
दैट टर्न्स अर्थ्स स्मूथनेस रफ,
ईच स्टिंग दैट बिड्स नार सिट, नार स्टैंड बट गो।
बी अवर ज्वाएज थ्री-पार्ट्स पेन?
स्ट्राइव ऐंड होल्ड चियर दि स्ट्रेन;
लर्न, नार ऐकाउंट दि पैंग; डेयर नेवर
ग्रज दि थ्रो।

जगत् की विघ्न बाधा, अत्याचार, हाहाकार के बीच ही जीवन के प्रयत्नसौंदर्य की पूर्ण अभिव्यक्ति तथा भगवान् की मंगलमय शक्ति का दर्शन होता है। अतः जो आँख मूँदकर काव्य का पता जगत् और जीवन से बाहर लगाने निकलते हैं वे काव्य के धोखे में, या उसके बहाने से, किसी और ही चीज के फेर में रहते हैं। इसी प्रकार जो लोग ज्ञात या अज्ञात के प्रेम, अभिलाष, लालसा या वियोग के नीरव सरव क्रंदन अथवा वीणा के तार झंकार तक ही काव्यभूमि समझते हैं उन्हें जगत् की अनेकरूपता और हृदय की अनेक भावात्मकता के सहारे अंधकूपता से बाहर निकलने की फिक्र करनी चाहिए। निकलने पर वे देखेंगे कि काव्यभूमि कितनी विस्तृत है। जितना विस्तार जगत् और जीवन का है उतना ही विस्तार उसका है। काव्यदृष्टि से यह दृश्य जगत् ब्रह्म की नित्य और अनंत कल्पना है जिसके साथ उसका नित्य हृदय भी लगा हुआ है।

यह अनंत रूपात्मक कल्पना व्यक्त और गोचर है--हमारी आँखों के सामने बिछी हुई है। समष्टि रूप में यह शाश्वत और अनंत है। इसी की भिन्न-भिन्न रूपचेष्टाओं की ओर हृदय के भिन्न-भिन्न भावों को अपने निज के संबंधप्रभाव से मुक्त करके प्रवृत्त करना ब्रह्म की व्यक्त सत्ता में अपनी व्यक्त सत्ता को लीन करना है। इस पुनीत भावभूमि में जब तक मनुष्य रहता है तब तक वह अनंत काव्य के भावुक श्रोता या द्रष्टा के रूप में रहता है। कुछ लोगों का यह ख्याल कि काव्यानुभूति एक और ही प्रकार की अनुभूति है, उसका प्रत्यक्ष या असली अनुभूति से कोई संबंध ही नहीं, या तो कोई ख्याल ही नहीं, या गलत है। काव्यानुभूति (एइस्थेटिक मोड आर स्टेट) एक निराली ही अनुभूति है, इस मत के कारण योरपीय समीक्षाक्षेत्र में बहुत सा अर्थ-शून्य वाग्विस्तार बहुत दिनों से चला आ रहा है। इस मत की असारता रिचर्ड्स ने अपने 'काव्य-समीक्षा-सिद्धांत' (प्रिंसिपल्स आव लिटररी क्रिटिसिज्म) में अच्छी तरह दिखाई है।

अपने को भूलकर, अपनी शरीरयात्रा का मार्ग छोड़कर, जब मनुष्य किसी व्यक्ति या वस्तु के सौंदर्य पर प्रेममुग्ध होता है; दूसरे लोगों पर सामान्यतः घोर अत्याचार करने वाले पर क्रोध से तिलमिलाता है; ऐसी वस्तु से घृणा अनुभव करता है जिससे सबकी रुचि को क्लेश पहुँचा है; ऐसी बात का भय करता है जिससे दूसरों को कष्ट या हानि पहुँचने की संभावना होती है; ऐसे कठिन और भयंकर कर्म के प्रति उत्साह से पूर्ण होता है जिसके सिद्धि सबको वाँछित होती है तथा ऐसी बात पर हँसता या आश्चर्य करता है जिसे देख सुनकर सबकी हँसी आती या आश्चर्य होता है

तब उसके हृदय को सामान्य भावभूमि पर और उसकी अनुभूति को काव्यानुभूति के भीतर समझना चाहिए। इसलिये यह धारणा कि शब्द, रंग या पत्थर के द्वारा जो अनुभूति उत्पन्न की जाती है केवल वही काव्यानुभूति हो सकती है, ठीक नहीं है।

जिस अनुभूति की प्रेरणा से सच्चे कवि रचना करने बैठते हैं वह भी काव्यानुभूति ही होती है। सत्यकाव्य और असत्यकाव्य में--काव्य और काव्याभास में—यही भीतरी या मार्मिक अंतर होता है कि सच्चा काव्य सामान्य भूमि पर पहुँची हुई अनुभूतियों का वर्णन करता है और काव्याभास ऐसे सच्चे वर्णनों की केवल नकल करता है। न जाने कितने भाट कवियों ने अपने आश्रयदाता राजाओं की खुशामद में अपनी समझ में वीर और रौद्र रस लबालब भरकर बड़ी-बड़ी पोथियाँ तैयार कीं, पर उनको लोक ने न अपनाया। वे या तो नष्ट हो गई या उन राजाओं के वंशधरों के घरों में बेठनों में लपेटी पड़ी हैं। वे पोथियाँ सच्ची काव्यानुभूति की प्रेरणा से नहीं लिखी गई थी उनके नायकों की वीरमूर्ति या रौद्रमूर्ति राम कृष्ण की, शिवा प्रताप की, वीर-रौद्र-मूर्ति कैसे हो सकती थी? उनके उत्साह और उनके क्रोध को लोक अपना उत्साह और अपना क्रोध कैसे बना सकता था?

अभिव्यक्ति केवल और निर्विशेष नहीं हो सकती। ब्रह्म अपनी व्यक्त सत्ता के भीतर अपने 'सत्' और 'आनंद' स्वरूप की अभिव्यक्ति के लिये असत् और क्लेश का अवस्थापन करता है—अपने मंगल रूप के प्रकाश के लिये अमंलग की छाया डालता है। मंगल पक्ष में सौंदर्य, हास, विकास, प्रफुल्लता, रक्षा और रंजन इत्यादि है, अमंलगल पक्ष में विरूपता, विलाप, क्लेश और ध्वंस इत्यादि हैं। इन दोनों पक्षों के द्वंद्व बीच के से ही मंगल ही कला शक्ति के साथ फूटती दिखाई पड़ा करती है। अत्याचार, क्रन्दन, पीड़न, ध्वंस का सहन जगत् की साधना या तप है, जो वह भगवान् की मंगल कला के दर्शन के लिये किया करता है। जीवन प्रयत्नरूप है, अतः मंगल ही साध्य रहता है, सिद्ध नहीं। जो कविता मंगल को सिद्ध रूप में देखने के लिये किसी अज्ञात लोक की ओर ही इशारा किया करती है, यह आलस्य, अकर्मण्यता और नैराश्य की वाणी है। वह जगत और जीवन के संघर्ष से कल्पना को भगाकर केवल मन मोदक बाँधने और खयाली पुलाव पकाने में लगाती है। ऐसी कायर कल्पना ही से सच्चे काव्य का काम नहीं चल सकता जो जगत और जीवन से सौंदर्य और मंगल की कुछ सामग्री ले भागे और

अलग एक कोने में इकट्ठी करके उछला कूदा करे।

ब्रह्म की व्यक्त सत्ता क्रियमाण है। अभिव्यक्ति के क्षेत्र में स्थिर (स्टैटिक) सौंदर्य और स्थिर मंगल कहीं नहीं, गत्यात्मक (डायनैमिक) सौंदर्य और गत्यात्मक मंगल ही है, पर सौंदर्य की गति भी नित्य और अनंत है और मंगल की भी। गति की यही नित्यता जगत् की नित्यता है। सौंदर्य और मंगल वास्तव में पर्याय हैं। कलापक्ष से देखने में जो सौंदर्य है, वही धर्मपक्ष से देखने में मंगल है, जिस सामान्य काव्यभूमि पर प्राप्त होकर हमारे भाव एक साथ ही सुंदर और मंगलमय हो जाते हैं, उसकी व्याख्या पहले हो चुकी है। कवि मंगल का नाम न लेकर सौंदर्य ही का नाम लेता है और धार्मिक सौंदर्य की चर्चा बचाकर मंगल ही का जिक्र किया करता है। टाल्सटाय इस प्रवृत्तिभेद को न पहचानकर काव्यक्षेत्र में लोकमंगल का एकांत उद्देश्य रखकर चले इससे उनकी समीक्षाएँ गिरजाघर के उपदेश के रूप में हो गईं। मनुष्य मनुष्य में प्रेम और भ्रातृभाव की प्रतिष्ठा ही काव्य का सीधा लक्ष्य ठहराने से उनकी दृष्टि बहुत संकुचित हो गई, जैसा कि उनकी सबसे उत्तम ठहराई हुई पुस्तकों की विलक्षण सूची से विदित होगा। यदि टाल्सटाय की धर्मभावना में व्यक्तिगत धर्म के अतिरिक्त लोक धर्म का समावेश होता तो उनके कथन में शायद इतना असामंजस्य न घटित होगा।

अब यहाँ यह बात फिर स्पष्ट कर देना आवश्यक है कि कविता का संबंध ब्रह्म की व्यक्त सत्ता से है, चारों ओर फैले हुए गोचर जगत् से है, अव्यक्त सत्ता से नहीं। जगत् भी अभिव्यक्ति है, काव्य भी अभिव्यक्ति है। जगत् अव्यक्त की अभिव्यक्ति है और काव्य इस अभिव्यक्ति की भी अभिव्यक्ति है। मनुष्य का ज्ञान देश और काल के बीच बहुत परिमित है। वह एक बार में अपने भावों के लिये बहुत कम सामग्री उपस्थित कर सकता है। सदा और सर्वत्र किसी भाव के अनुकूल यह सामग्री उपलब्ध भी नहीं हो सकती। दूसरी बात यह है कि सबकी कल्पना उतनी तत्पर नहीं होती कि जगत् की खुली विभूति से संचित रूपों और व्यापारों की वे जब चाहें तब ऐसी मर्मस्पर्शिणी योजना मन में कर सकें जो भावों को एकबारगी जाग्रत कर दे। इससे सूक्ष्म दृष्टि, तीव्र अनुभूति और तत्पर कल्पना वाले कुछ लोग ही कविकर्म अपने हाथ में लेते हैं।

प्रत्येक देश में काव्य का प्रादुर्भाव इसी जगत् रूपी अभिव्यक्ति को लेकर हुआ। इस अभिव्यक्ति के समुख मनुष्य कहीं प्रेमलुब्ध हुआ, कहीं दुखी हुआ,

कहीं क्रुद्ध हुआ, कहीं डरा, कहीं विस्मित हुआ और कहीं भक्ति और श्रद्धा से उसने सिर झुकाया। जब सब एक-दूसरे को ऐसा ही करते दिखाई पड़े तब सामान्य आलंबनों की परख हुई और उनके सहारे एक ही साथ बहुत से आदमियों में एक ही प्रकार की अनुभूति जगाने की कला का प्रादुर्भाव हुआ। इसका उपयोग जहाँ दस आदमी इकट्ठे होते--जैसे यज्ञ में, उत्सव में, युद्धयात्रा में, शोकसमाज में, —वहाँ प्रायः होता था। धीरे-धीरे इसी अनुभूति योग की साधना से कुछ अंतर्दृष्टिसंपन्न महात्माओं को इस विशाल विश्व विग्रह के भीतर 'परम हृदय' की झलक मिली जिससे कविता और ऊँची भूमि पर आई। ये चराचर के साथ मनुष्यहृदय का संयोग कराने सर्वभूतों के साथ मनुष्य को तादाम्य अनुभव कराने, उठे।

वाल्मीकि मुनि तमसा के हरे भरे कूल पर फिर रहे थे। नाना वृक्ष और लताएँ प्रफुल्लता से झूम रही थीं। मृग स्वच्छंद विचर रहे थे; पक्षी आनंद से कलरव कर रहे थे। प्रकृति के उस महोत्सव में मुनि के हृदय का भी पूरा योग था। उनकी वृत्ति भी उसमें रमी हुई थी। इतने में देखते ही देखते क्रौंच के एक जोड़े का नर पक्षी, रक्त से लिपटा, गिरकर मुनि के सामने तड़फने लगा। क्रौंची शोक से विह्वल ताकती रह गई। सुख शांति का भंग हुआ। मुनि एकबारगी करुणा से व्याकुल, फिर रोष से उद्विग्न हो उठे। उनके मुँह से यह वाग्धारा छूट पड़ी—

मा निषाद प्रतिष्ठांस्त्वमगमः शाश्वतीः समाः।
यत्क्रौञ्चमिथुनादेकमवधीः काममोहितम् ॥

इस करुण क्रोध की वाणी में लोकरक्षा और लोकरंजन की साधनाविधि और काव्य के अनेक भावात्मक स्वरूप की घोषणा थी। मुनि ने तमसातट की उस घटना में सम्पूर्ण लोकव्यापार का नित्य स्वरूप देखा। इससे वे हताश नहीं हुए। ध्यान करने पर उसी के भीतर उन्हें मंगलमयी ज्योति का दर्शन हुआ जिसमें शक्ति, शील और सौंदर्य तीनों विभूतियों का दिव्य समन्वय था। इसी समन्वय को लेकर उनकी वेगवती वाग्धारा चली। यह समन्वय जटिल है-इस प्रकार का है कि चाहे किसी एक को अलग करके लें, उसके साथ दूसरी दो विभूतियाँ भी इधर-उधर लगी रहेंगी। जैसे, यदि किसी ओर ध्वंस या नाश की ओर प्रवृत्त शक्ति को लें तो और सब ओर से वह शीलसाधन और सौंदर्यविकास करती दिखाई देंगी। यदि क्षमा अनुग्रह में प्रवृत्त शील को लें तो अपार शक्ति उस क्षमा और अनुग्रह के सौंदर्य को बढ़ाती दिखाई

पड़ेगी। यदि सौंदर्य को लें तो वह केवल व्याधि के रूप का प्रेम उभारता न दिखाई पड़ेगा, बल्कि शक्ति शील के योग में भक्ति, आशा और उत्साह का संचार करेगा।

न तो अंतःप्रकृति में एक ही प्रकार के भावों या वृत्तियों का विधान है और न बाह्य प्रकृति में एक ही प्रकार के रूपों या व्यापारों का। भीतरी और बाहरी दोनों विधानों में घोर जटिलता है। इन्हीं परस्पर संबद्ध विविध वृत्तियों का सामंजस्य काव्य का परम उत्कर्ष और सबसे बड़ा मूल्य है। सामंजस्य काव्य और जीवन दोनों की सफलता का मूल मंत्र है। काव्य का जो स्वरूप महर्षि वाल्मीकि ने अत्यंत प्राचीन काल में तमसा के किनारे प्रतिष्ठित किया था, आज ईसा की बीसवीं शताब्दी में इंगलैण्ड के अत्यंत निर्मलदृष्टि समालोचक रिचर्ड्स, योरपीय समीक्षा क्षेत्र का बहुत-सा निरर्थक शब्दजाल और कूड़ा-करकट पार करते हुए, उसी स्वरूप तक पहुँचे हैं।[1]

अब विचारने की बात है कि किसी अगोचर और अज्ञात के प्रेम में आँसुओं की आकाशगंगा में तैरने, हृदय की नसों का सितार बजाने, प्रियतम असीम के संग नग्न प्रलय या तांडव करने या मुँदी नयनपलकों के भीतर किसी रहस्य का सुखमय चित्र देखने को ही—'भी' तक तो कोई हर्ज था—कविता कहना कहाँ तक ठीक है? चारों ओर से बेदखल होकर छोटे-छोटे कनकौवों पर भला कविता कब तक टिक सकती है? असीम और अनंत की भावना के लिये अज्ञात या अव्यक्त की ओर झूठे इशारे करने की कोई जरूरत नहीं। व्यक्त पक्ष में भी वही असीमता और वही अनंतता है। व्यक्त और अव्यक्त में कोई पारमार्थिक भेद नहीं। ये दोनों सापेक्ष और व्यवहारिक शब्द है और केवल मनुष्य के ज्ञान की परिमिति के द्योतक हैं। अज्ञात की 'जिज्ञासा' ही का कुछ अर्थ होता है; उसकी 'लालसा' या प्रेम का नहीं। भौतिक जगत्

---

1. एनीथिंग इन वैल्युएब्ल ह्विच विल सैटिसफाइ ऐन ऐपिटेंसी विदाउट इनवाल्विंग दि फ्रस्ट्रस्शन आव सम ईक्वल आर मोर इंपार्टेंट ऐपिटेंसी।
दि कांप्लिकेशंस पासिबुल इन दि सिस्टेमाइजेशन आव इंपल्सेज आर इंडेफिनिट। दि प्लैस्टिसिटी आव स्पेशल ऐपिटेंसीज ऐंड ऐक्टिविटीज वैरीज एनार्मस्ली।
दि इंपोर्टेंस आव ऐन इंम्पल्स कैन बि डिफाइंड ऐंड दि एक्सटेंट आव दि डिस्टर्बेंस आव अदर इंपल्सेज इन दि इंडिविडुअल्स ऐक्टिविटीज ह्विच दि थ्वार्टिंग आव दि इंपल्स इनवाल्ब्स।
—आई.ए.रिचर्ड्स, प्रिंसिपल्स आव लिटरेरी क्रिटिसिज्म, अध्याय 7
(तृतीय संस्करण 1928)

की रूपयोजना लेकर जिस प्रेम की व्यंजना होगी वह भाव की दृष्टि से वास्तव में भौतिक जगत् की उसी रूपयोजना के प्रति होगा। जगह-जगह जिज्ञासावाचक शब्द रखकर उसे किसी और के प्रति बताना या तो प्रिय असत्य या सांप्रदायिक रूढ़ि ही माना जायेगा।

पहले कहा जा चुका है कि जिस प्रकार जगत् अनेकरूपात्मक है उसी प्रकार काव्य भी अनेकभावात्मक है। प्रेम, अभिलाष, विरह, औत्सुक्य, हर्ष आदि थोड़ी सी मनोवृत्तियों का एक छोटा-सा घेरा संपूर्ण काव्यक्षेत्र नहीं हो सकता। इन भावों के साथ और दूसरे भाव-जैसे क्रोध, भय, उत्साह, घृणा इत्यादि-ऐसी जटिलता से गुंफित है कि सम्यक् काव्यदृष्टि उनको अलग नहीं छोड़ सकती; चाहे उनका सामंजस्य शेष अंतःप्रवृत्तियों के साथ कभी-कभी मुश्किल से ही क्यों न बैठता हो।

आजकल कवि के 'संदेश' (मैसेज) का फैशन बहुत हो रहा है। हमारे आदि कवि का—आदि से अभिप्राय प्रथम कवि से है जिसने काव्य के पूर्ण स्वरूप की प्रतिष्ठा की—संदेश है कि सब भूतों तक, संपूर्ण चर-अचर तक अपने हृदय को फैलाकर जगत् में भावरूप में रम जाओ; हृदय की स्वाभाविक प्रवृत्ति के द्वारा विश्व के साथ एकता का अनुभव करो। करुण अमर्ष की जो वाणी उनके मुख से पहले पहल निकली उसमें यही संदेश भरा था। समस्त चराचर में एक सामान्य हृदय की अनुभूति का जैसा तीव्र और पूर्ण उन्मेष करुणा में होता है वैसा किसी और भाव में नहीं। इसी से आदिकवि की वाणी द्वारा पहले पहल उसी की व्यंजना हुई। उस वाणी में काव्य के प्रकृत स्वरूप का भी पूरा संकेत था। मनुष्य की अंतःप्रकृति के भीतर भावों का परस्पर जैसा जटिल संबंध था। मनुष्य की अंतःप्रकृति के भीतर भावों का परस्पर जैसा जटिल संबंध है करुणा और क्रोध का वैसा ही जटिल संबंध वाणी में था। आलंबनभेद से इन दो विरोधी भावों का कैसा सुंदर सामंजस्य उस हृदय से निकले हुए सीधे-सादे वाक्य में था।

अब उनके संदेश का कुछ और विवरण लीजिए। रामायण में--विशेषतः वर्षा और हेमंत के वर्णन में--जिस संश्लिष्ट ब्योरे के साथ उन्होंने प्रकृति के नाना रूपों का सूक्ष्म निरीक्षण किया है उसे उन रूपों के साथ उनके हृदय का पूरा मेल पाया जाता है। बिना अनुराग के ऐसे सूक्ष्म ब्योरों पर दृष्टि न जा ही सकती है न रम ही सकती है। काव्य में प्राकृतिक दृश्य नामक निबंध में हमने किसी वर्णन में आई हुई वस्तुओं का मन में दो प्रकार का ग्रहण बताया था--बिंबग्रहण और अर्थग्रहण मात्र। वर्षा और हेमंत के वर्णन में वाल्मीकि ने

बिंबग्रहण कराने का प्रयत्न किया है। उन्होंने वस्तुओं के अलग-अलग नाम नहीं गिनाए हैं; उनके आकार, वर्ण आदि का पूरा ब्योरा देते हुए आस-पास की वस्तुओं के साथ उनका संश्लिष्ट दृश्य सामने रखा है। इसी संश्लिष्ट रूपयोजना का नाम चित्रण है। कवि इस प्रकार के चित्रण में तभी प्रवृत्त होता है जब वह बाह्य प्रकृति को आलंबन रूप में ग्रहण करता है। उद्दीपन रूप में जो वस्तुविधान होता है उसमें कुछ इनी गिनी वस्तुओं के उल्लेख मात्र से काम चल जाता है।

वन, पर्वत, नदी, नाले, पशु, पक्षी, वृक्ष, लता, मैदान, कछार ये सब हमारे पुराने सहचर हैं और हमारे हृदय के प्रसार के लिये अभी तो बने हुए हैं; आगे की नहीं कह सकते। इनके प्रति युग युगादि का संचित प्रेम जो मनुष्य की दीर्घ-वंश-परंपरा के बीच वासना रूप में निहित चला आ रहा है उसकी अनुभूति के उद्बोधन में ही मनुष्य की रागात्मिका प्रकृति का पूर्ण परिष्कार और मनुष्य के कल्याणमार्ग का अबोध प्रसार दिखाई पड़ता है। इन्हें सामने पाकर इनसे यही कहने को जी करता है-

एहो! वन, बंजर कछार, हरे भरे खेत!
विटप, विहंग! सुनो, अपनी सुनावें हम।
छूटे तुम, तो भी चाह चित्त से न छूटी यह
बसने तुम्हारे बीच फिर कभी आवें हम।
सड़े चले जा रहे हैं बँधे अपने ही बीच,
जो कुछ बचा है उसे बचा कहाँ पावें हम?
मूल सरस्त्रोत हो हमारे वही छोड़ तुम्हें
सूखते हृदय सरसाने कहाँ जावें हम?
रूपों से तुम्हारे पले होंगे जो हृदय वे ही
मंगल की योग विधि पूरी पाल पावेंगे।
जोड़ के चराचर की सुख सुषमा के साथ,
सुख को हमारे शोभा, सृष्टि की बनावेंगे।
वे ही इस महँगे हमारे नरजीवन का
कुछ उपयोग इस लोक में दिखावेंगे।
सुमनविकास, मृदुआनन के हास, खग
मृग के विलास बीच भेद को घटावेंगे॥
नर में नारायण की कला भासमान कर,

जीवन को वे ही दिव्य ज्योति सा जगावेंगे।
कूप से निकाल हमें छोड़ रूपसागर में
भव की विभूतियों में भाव सा रमावेंगे।
वैसे तो न जाने कितने कुछ काल कला,
अपनी दिखाते अस्त होते चले जावेंगे।
जीने के उपाय तो बतावेंगे, अनेक पर
जिया किस हेतु जाय, वे ही बतलावेंगे।।[1]

ज्यों-ज्यों मनुष्य अपनी सभ्यता की झोंक में इन प्राचीन सहचरों से दूर हटता हुआ अपने क्रियाकलाप को कृत्रिम आवरणों से आच्छन्न करता जा रहा है त्यों-त्यों उसका असली रूप छिपता चला जा रहा है। इस असली रूप का उद्‌घाटन तभी हुआ करेगा जब वह अपने बुने हुए घने जाल के घेरे से निकलकर कभी-कभी प्रकृति के अपार क्षेत्र की ओर दृष्टि फैलाएगा और अपने इन पुराने सहचरों के संबंध का अनुभव करेगा। अपने घेरे के बाहर की क्रूरता और निष्ठुरता के अभ्यास का परिगाम अंत में घेरे के भीतर प्रकट होता है। योरीपीय जातियों ने एशिया, अफ्रीका और अमेरिका आदि बाहरी भूभागों में जाकर क्रूरता और निष्ठुरता का बड़े अध्यवसाय के साथ अभ्यास किया। फल क्या हुआ? उसी निष्ठुर और क्रूर वृत्ति का अत्यंत भीषण विधान अंत में गत महायुद्ध में योरप के भीतर सामने आया जिससे वहाँ आध्यात्मिकता की चर्चा का फैशन, जो उन्नीसवीं शताब्दी की आधिभौतिक प्रवृत्ति के हद से ज्यादा बढ़ने पर प्रतिवर्तन (रिऐक्शन) के रूप में पहले से चल पड़ा था, खूब बढ़ा। पर इस रोग की दवा अध्यात्मवाद, आत्मा की एकता, ब्रह्म की व्यापकता आदि की बनावटी पुकार नहीं है। इसका एक मात्र उपाय चराचर के बीच 'एक हृदय' की सच्ची अनुभूति तथा मनुष्य तक ही नहीं उसके बाहर भी भावों का सामंजस्यपूर्ण प्रसार है।

अब तक जो कविता हुई है उसमें मनुष्येतर प्राणियों के—वृक्ष, पशु, पक्षी आदि के--प्रति स्पष्ट रूप में प्रेम की व्यंजना बहुत कम पाई जाती है। यह प्रेम स्वाभाविक और वास्तविक है, इसका अनुभव थोड़ा बहुत सबको होगा। लड़कपन में जिस पेड़ के नीचे कभी हम खेला करते थे उसे बहुत दिनों पीछे देखने पर हमारी दृष्टि कुछ देर उस पर अवश्य थम जाती है। हम प्रेम से उसकी ओर देखते हुए उसके जीर्ण या बूढ़े होने की बात लोगों से

---

1. ये कवित्त शुक्ल जी कृत 'हृदय का मधुर भार' शीर्षक कविता से उद्धृत हैं।

करते हैं, जिस कुत्ते ने कभी बहुत से कामों में हमारा साथ दिया उसकी याद हमें कभी-कभी आया करती है। जो बिल्ली कभी-कभी जाड़े की धूप में हमारी छत के मुंडेरे पर लेटकर अपना पेट चाटा करती थी उसके बच्चों को हम कुछ प्रेम के साथ पहचानते हैं। जिन झाड़ियों को हम अपने जन्मग्राम के पास के नाले के किनारे देखा करते थे उन्हें किसी दूर देश में पहले पहल देखकर उनकी ओर कम से कम मुड़ जरूर जाते हैं। पशु भी बदले में प्रेम करते हैं--केवल हित अनहित ही नहीं पहचानते--इसके कहने की आवश्यकता नहीं। राम के वन जाने पर उनके प्यारे घोड़ों का हींसना, कृष्ण के मथुरा चले जाने पर गायों का हुँकना, कवियों ने भी कहा है। तपोवन से प्रस्थान करते समय शकुंतला की आँखों में अपने पोसे हुए मृगछौने और सींच सींचकर बढ़ाए हुए पौधों को देखकर भी कुछ आँसू आए थे।

न जाने क्यों हमें मनुष्य जितना और चर अचर प्राणियों के बीच में अच्छा लगता है उतना अकेले नहीं। हमारे राम भी हमें मंदाकिनी या गोदावरी के किनारे बैठे जितने अच्छे लगते हैं उतने अयोध्या की राजसभा में नहीं। अपनी-अपनी रुचि है। अस्तु, यहाँ पर इतना ही कहना है कि भावसाहित्य में मनुष्येतर चर अचर प्राणियों को थोड़ा और प्रेम का स्थान मिलना चाहिए। वे हमारी उपेक्षा के पात्र नहीं है। हम ऐसे आख्यान या उपन्यास की प्रतीक्षा में बहुत दिनों से हैं जिनमें मनुष्य के वृत्त के साथ मिला हुआ किसी कुत्ते बिल्ली आदि का भी कुछ वृत्त हो, घटनाओं के साथ किसी चिरपरिचित पेड़, झाड़ी आदि का भी कुछ संबंध दिखाया गया हो।

कहीं-कहीं विलायती काव्यसमीक्षाओं में यह लिखा मिलेगा कि प्रकृति का केवल यथातथ्य चित्रण काव्य तो है, किन्तु प्रारंभिक दशा का, उन्नत दशा या ऊँची श्रेणी का नहीं। इस कथन का अर्थ अगर बहु दूर न घसीटा जाय, अपनी ठीक सीमा के भीतर रखा जाय, तो यही होगा कि प्रकृति के रूपों के चित्रण के अतिरिक्त उनकी व्यंजना पर भी ध्यान देना चाहिए। प्रकृति के नाना वस्तु व्यापार कुछ भावों, तथ्यों और अन्तर्दशाओं की व्यंजना भी करते ही हैं। यह व्यंजना ऐसी अगूढ़ तो नहीं होती कि सब पर समान रूप से भासित हो जाय, किंतु ऐसी अवश्य होती है कि निदर्शन करो पर सहृदय या भावुक मात्र उसका अनुमोदन करें। यदि हम खिली कुमुदिनी को हँसती हुई कहें, मंजरियों से लदे आम को माता और फूले अंगों न समाता समझें, वर्षा का पहला जल पाकर साफ सुथरे और हरे पेड़ पौधों को तृप्त और प्रसन्न बताएँ, कड़कड़ाती धूप से तपते किसी बड़े मैदान के अकेले ऊँचे पेड़ को धूप में चलते प्राणियों को विश्राम के लिये बुलाता हुआ कहें, पृथ्वी को पालती पोसती हुई स्नेहमयी

माता पुकारें नदी की बहती धारा को जीवन का संचार सूचित करें, गिरिशिखर से स्पष्ट झुकी हुई मेघमाला के दृश्य में पृथ्वी और आकाश का उमंग भरा शीतल सरस और छायावृत आलिंगन देखें, तो प्रकृति की अभिव्यक्ति की सीमा के भीतर ही रहेंगे।

इसी प्रकार अभिव्यक्ति की प्रकृत प्रतीति के भीतर, प्रकृति की सच्ची व्यंजना के आधार पर जो भाव, तथ्य या उपदेश निकाले जायेंगे वे भी सच्चे काव्य होंगे। उदाहरण के लिये अंग्रेज कवि वर्ड्सवर्थ की 'एक शिक्षा' (ए लेसन) नाम की कविता लीजिए। इसमें एक फूल का वर्णन है जो बहुत ठण्ड, मेह या ओले पड़ने पर संकुचित होकर अपने दल समेट लेता है। कवि ने एक बार इस फूल को इस युक्ति से अपनी रक्षा करते देखा था। फिर कुछ दिनों पीछे देखा तब वह जीर्ण हो गया था, उसमें दल समेटने की शक्ति नहीं रह गई थी। वह मेह और ओले सह रहा था। उसका वर्णन कवि ने इस प्रकार किया--

आइ स्टाप्ड ऐंड सेड विद इन्ली मटर्ड वाएस।
इट डज नाट लव दि शावर, नार सीक दि कोल्ड,
दिस नाइदर इज इट्स करेज नार एट्स चाएस,
बट इट्स नेसेसिटी इन बीइंग ओल्ड।

'मैं रूक गया और मन ही मन कहने लगा—यह न तो इस झड़ी को चाहता है, न इस ठंढ ही को। न तो यह इनका साहस ही हो, न रुचि। यह जरावस्था की अवशता है।'

प्रकृति की ऐसी ही सच्ची व्यंजनाओं को लेकर अन्योक्तियों का विधान होता है, जो इतनी मर्मस्पर्शिणी होती है। साहित्यमीमांसकों के अनुसार अन्योक्ति में प्रस्तुत वस्तु व्यंग्य होती है अर्थात् जो प्राकृतिक दृश्य सामने रखे जाते हैं उनसे किसी दूसरी वस्तु की, विशेषतः मनुष्य-जीवन-सम्बन्धी किसी मर्मस्पर्शी तथ्य की, व्यंजना की जाती है। अन्योक्तियों में ध्यान देने की बात यह है कि व्यंग्य तथ्य पूर्णतया ज्ञात होता है और हृदय को स्पर्श क़र चुका रहता है; इससे प्रकृति के दृश्यों को लेकर जो व्यंजना की जाती है वह बहुत ही स्वाभाविक और प्रभावपूर्ण होती है। संस्कृत की जितनी अन्योक्तियाँ मिलती हैं सब इसी ढंग की होती हैं। उनके आधार पर बाबा दीनदयाल गिरि ने अपने 'अन्योक्तिकल्पद्रुम' में बड़ी सुंदर अन्योक्तियाँ कही हैं। पर दो एक ऐसी अन्योक्तियाँ भी उस पुस्तक में मिलेंगी जिनमें परोक्ष, अव्यक्त या अज्ञात तथ्य की व्यंजना का अनुकरण किया गया है, जैसे—

चल चकई! वा सर विषे जहँ नहिं रैनि बिछोह।
रहत एकरस दिवस ही सुहृद हंस संदोह।
सुहृद हंस संदोह कोह अरु द्रोह न जाके।
भीगत सुख अंबोह, मोह दुख होय न ताके।
बरनै दीनदयाल भाग्य बिनु जाय न सकई।
पिय मिलाप नित रहै ताहि सर तू चल चकई॥

अज्ञात या परोक्ष पथ्य की व्यंजना की यह हवा कबीर आदि निर्गुण पंथी संतों की बानी की है, जिसका एक आध झोंका व्यक्तिगत एकांत उपासना में लीन रहने वाले सूरदास जी को भी लगा था। गोस्वामी तुलसीदास जी इससे बचे रहे। अन्योक्ति द्वारा अव्यक्त, परोक्ष या अज्ञात तथ्य की व्यंजना को हम कृत्रिम और काव्यगत सत्य (पोएटिक ट्रुथ) के विरूद्ध समझते हैं। जिस तथ्य का हमें ज्ञान नहीं, जिसकी अनुभूति से वास्तव में कभी हमारे हृदय में स्पंदन नहीं हुआ, उसकी व्यंजना का आडंबर रचकर दूसरों का समय नष्ट करने का कोई अधिकार नहीं। जो कोई यह कहे कि अज्ञात और अव्यक्त की अनुभूति से हम मतवाले हो रहे हैं, उसे काव्यक्षेत्र से निकलकर मतवालों (सांप्रदायिकों) के बीच अपना हाव, भाव और नृत्य दिखाना चाहिए। वहीं ऐसी अनुभूति पर विश्वास करने वाले मिलेंगे। खैर, इस बात को अभी हम यहीं छोड़ते हैं और प्रस्तुत प्रसंग पर आते हैं।

प्रकृति की सच्ची अभिव्यंजना द्वारा गृहीत तथ्यों का रमणीय वर्णन भी काव्य का एक बहुत आवश्यक अंग है, यह ऊपर कहा जा चुका है। अब हमें यह कहना है कि वैसा ही आवश्यक अंग प्रकृति के दृश्यों का यथातथ्य संश्लिष्ट चित्रण भी है। दोनों अलग-अलग अंग है। दोनों का विधान भिन्न-भिन्न दृष्टियों से होता है। प्रकृति के केवल यथातथ्य संश्लिष्ट चित्रण में कवि प्रकृति के सौंदय के प्रति सीधे अपना अनुराग प्रकट करता है। प्रकृति के किसी खंड के ब्योरों में वृत्ति रमाना इसी अनुराग की बात है। प्रकृति की व्यंजना द्वारा गृहीत तथ्यों, उपदेशों आदि में कवि की दृष्टि मनुष्य जीवन पर रहती है। इस भेद को अच्छी तरह ध्यान में रखना चाहिए। दोनों विधानों का महत्व बराबर है। इनमें से किसी एक को उच्च और दूसरे को मध्यम कहना एक आँख बंद करना है। यही एकांगदर्शिता योरपीय समीक्षकों का बड़ा भारी दोष है। यदि योरप के कवि उनकी बातों पर चलते तो वहाँ से कविता या तो अपना डेरा डंडा उठा लिए होती, या लूली लँगड़ी हो जाती। तथ्य ग्रहण में अत्यंत निपुण शैली, वर्ड्सवर्थ, मेरिडिथ आदि बड़े-बड़े कवियों

ने वाल्मीकि, कालिदास भवभूति आदि संस्कृत के प्राचीन कवियों की शैली पर कोरे प्राकृतिक दृश्यों का बिना किसी दूसरे तत्वाविधान के बड़ा ही सूक्ष्म और संश्लिष्ट चित्रण किया है-और बहुत अधिक किया है। वे इसके लिये प्रसिद्ध हैं।[1]

प्रकृति की ठीक और सच्ची व्यंजना के बाहर जिस भाव, कथ्य आदि का आरोप हम प्रकृति के रूपों और व्यापारों पर करेंगे वह सर्वथा अप्रस्तुत अर्थात् अलंकार मात्र होगा, चाहे हम उसे किसी अलंकार के बँधे साँचे में ढालें या न ढाले। उनका मूल्य एक फालतू या ऊपरी चीज के मूल्य से अधिक न होगा चाहे हम कोई उपदेश निकालें, चाहे सादृश्य या साधर्म्य के सहारे कोई नैतिक या 'आध्यात्मिक' तथ्य उपस्थित करें, चाहे अपनी कल्पना या भावना का मूर्त विधान करें, वह उपदेश, तथ्य या विधान प्रकृति के किसी वास्तविक मर्म का उद्घाटन न होगा। अंतःकरण की किसी अनुभूति का उद्घाटन भी वह तभी होगा जब किसी सच्चे भाव से प्रेरित और संबंद्ध जान पड़ेगा। ऐसे तथ्य, कल्पना या विचार का--यदि उसकी कुछ सत्ता होगी--मूल्य पहले उसकी सूक्ष्मता गंभीरता, रमणीयता, नवीनता आदि की पृथक परीक्षा द्वारा, प्राकृतिक रूप योजना को अलग हटाकर आँका जायेगा। जब उसमें कुछ सार ठहरेगा तब प्राकृतिक रूपयोजना के सा" उसके साम्य (एनालजी) की रमणीयता का विचार होगा। बनावटी आडंबर वाली कविताओं की परीक्षा के लिये इस पद्धति का बराबर स्मरण रखना चाहिए। इसके द्वारा अप्रस्तुत आरोप मात्र अलग हो जायेगा और यह पता चल जायेगा कि कुछ विचारात्मक या भावात्मक सार या सच्चाई है या नहीं।

कोरे अप्रस्तुत आरोप मात्र पर यदि कोई हृदय की लंबी चौड़ी उछल-कूद दिखाएगा तो या तो वह काव्यगत सत्य से बहुत दूर होगी, हृदय के किसी सच्चे भाव की व्यंजना न होगी अथवा जिसे वह प्रस्तुत बताता है, वह ज्ञात या अज्ञात एक ओट या बहाना मात्र होगा। सत्य सबकी सामान्य संपत्ति

---

1. रिचर्डस ने योरपीय समीक्षा क्षेत्र के अर्थशून्य वागाडंबर और गड़बड़झाले पर बहुत खेद प्रकट किया है। उन्होंने संक्षेप में उसका स्वरूप इन शब्दों में सूचित किया है- 'ए फ्यू कंज॰वर्स, सप्लाई आव एडमानिशंस, मेनी ऐक्यूट आइसोलेट आब्जर्वेशंस, सम ब्रिलिएंट गेसेज, मच ओरेटरी ऐंड एप्लाइड पोएट्री, इनएवजास्टिबुल कन्फ्यूजन, ए सफिशैसी आव डाग्मा, नो स्माल स्टॉक आव प्रेज्यूडिसेज ह्विमसीज एंड क्राचेट्स, एप्रोफ्यूजन आव मिस्टिसिज्म, ए लिटिल जेनुइन स्पेक्युलेशंस, संड्री स्ट्रे इंसिपरेशंस आव सच ऐज दीज इज इक्स्टैंट थिअरी कंपोज्ड।'

होता है; झूठ हर एक का अलग-अलग होता है। यही बात काव्यगत सत्यासत्य के संबंध में ठीक समझनी चाहिए।

विलायती समीक्षा क्षेत्र में 'कल्पना', 'कल्पना' की पुकार बहुत बढ़ जाने पर प्रकृति की सच्ची अभिव्यक्ति से विमुख करने वाले कई प्रकार के प्रवाद प्रचलित हुए। कल्पना के विधायक व्यापार पर ही पूरा जोर देकर यह कहा जाने लगा कि उत्कृष्ट कविता वही है जिसमें कवि अपनी कल्पना का वैचित्र्यपूर्ण आरोप करके प्रकृति के रूपों और व्यापारों को कुछ और ही रमणीयता प्रदान करे या प्रकृति की रूपयोजना की कुछ भी परवाह न करके अपनी अंतर्वृत्ति से रूपचमत्कार निकाल निकालकर बाहर रखा करे। पहली बात के संबंध में हमें केवल यही कहना है कि कल्पना की यह कार्रवाई वहीं तक उचित और कविकर्म के भीतर होगी जहाँ तक भावप्रेरित होगी और उसके आच्छादन से प्रस्तुत दृश्य पर से हमारे भाव का लक्ष्य हटने न पाएगा। दूसरी के संबंध में हमारा वक्तव्य यह है कि न तो सच्ची कल्पना तमाशा खड़ा करने के लिये है और न कोई अजायबघर है। कविता में कल्पना को हम साधन मानते हैं, साध्य नहीं।

प्रकृति के रूपों और व्यापारों का उपयोग साधन के रूप में भी होता है, जैसे, अलंकारों में। अलंकार प्रस्तुत वस्तु या तथ्य की अनुभूति को तीव्र करने के लिये ही प्रयुक्त होते हैं; पर प्रकृति के रूप और व्यापार का व्यवहार प्रस्तुत के स्वरूप के गोचर प्रत्यक्षीकरण के लिये भी बराबर होता है। तीव्र अंतर्दृष्टि वाले कवि अपने सूक्ष्म (एब्ट्रैक्ट) विचारों का बड़ा ही रमणीय मूर्त प्रत्यक्षीकरण करते हैं। यह बात गूढ़ और सूक्ष्म अर्थगर्भित कविताओं में बराबर पाई जाती है। ऊपर जिस प्रकार की आडंबरी कविता का उल्लेख हुआ है उसका इस प्रकार की कविता से लेशमात्र संबंध नहीं। इसकी अन्यायपूर्ण व्याख्या होने पर विचार जगमगाते हुए बाहर निकलते आते हैं। उसकी तह में विचारधारा का नाम तक नहीं रहता।

सूक्ष्म भावना (एबस्ट्रैक्ट) के मूर्त (कांक्रीट) प्रत्यक्षीकरण का विधान लक्षणा द्वारा भी होता है और 'साध्यवसान रूपक' द्वारा भी। लक्षणा व्यंग्य प्रयोजन सिद्ध करने के अतिरिक्त प्रस्तुत भावना के स्वरूप का प्रत्यक्षीकरण भी करती है। लोभ से चंचल मन को यदि कहा जाय कि 'किसी ओर लपक रहा है' तो उसकी वृत्ति का स्वरूप गोचर होकर हमारे सामने आ जाता है। सूक्ष्म को मूर्त जिस प्रकार कवि लोग कहते हैं उसी प्रकार कभी-कभी मूर्त को सूक्ष्म भी करते हैं। जब उन्हें किसी गोचर तथ्य के संबंध में अपने पाठकों की दृष्टि

का अत्यंत प्रसार करके उन्हें विचारोन्मुख और उनकी मनोवृत्ति को गंभीर करना वाँछित होता है तब वे उस तथ्य की स्थूलता या गोचरता हटाकर उसे सूक्ष्म भावना (ऐब्सट्रैक्ट) के रूप में रखते हैं। इधर 'अभिव्यंजनावाद' के प्रभाव से मूर्त विधान की बहुत मिट्टी खराब हुई। इस अभिव्यंजनावाद (एक्सप्रेशनिज्म) का आगे उल्लेख किया जायेगा।

पहले हम कह आए हैं कि सच्ची कविता किसी 'वाद' को लेकर नहीं चलती है। जगत् की अभिव्यक्ति को लेकर ही चलती है। वादग्रस्त काव्य अधिकतर काव्याभास ही होता है। उससे प्रकृति के नाना रूप और व्यापार किसी वाद या संप्रदाय के घेरे में निरूपित बातों को मूर्त रूप में स्पष्ट करने या काव्य की भावात्मक शैली को मनोरंजक बनाने के लिये, साधन रूप में ही व्यवहृत होते हैं। वे अध्यवसान मात्र होते हैं। यदि कोई कहे कि किसी 'वाद' या संप्रदाय के भीतर निरूपित बातों की अनुभूति मेरे हृदय में वैसी ही होती है जैसी उन गोचर रूपों या व्यापारों की जिन्हें अभिव्यंजना के लिये मैं सामने रखता हूँ तो एक दूसरा 'वादी' या संप्रदायी उन्हीं रूपों या व्यापारों के अपने संप्रदाय की बिलकुल उल्टी बातों की अनुभूति प्रदर्शित करने के लिये रखेगा। इस प्रकार कविता के सांप्रदायिक हो जाने पर प्रकृति के रूप और व्यापार अपने सच्चे अभिव्यक्ति क्षेत्र से बाहर घसीटे जाकर सांप्रदायिकों के खींचतान में पड़े रहेंगे और अपना असली प्रभाव खो बैठेंगे।

काव्य की प्रस्तुत वस्तु या तथ्य विचार और अनुभव से सिद्ध, लोकस्वीकृत और ठीक ठिकाने का होना चाहिए, क्योंकि व्यंजना उसी की होती है। हमारे यहाँ दर्शन के नाना वादों को काव्यक्षेत्र में घसीटने की प्रथा नहीं थी। अद्वैत विशिष्टाद्वैत, शुद्धाद्वैत इत्यादि अनेक वेदांती वाद प्रचलित हुए पर काव्यक्षेत्र से भक्ति काव्य में भी, वे दूर ही रखे गए। निर्गुण संप्रदाय वाले ही सूफियों की नकल पर अद्वैतवाद, मायावाद, प्रतिबिंबवाद इत्यादि की व्यंजना तरह-तरह के रूपकों, साध्यवसान रूपकों अन्योक्तियों इत्यादि द्वारा चित्ताकर्षिणी मूर्तिमत्ता के साथ करते रहे। ब्रह्म, माया, पंचेंद्रय, जीवात्मा, विकार, परलोक आदि को लेकर कबीरदास ने अनेक मूर्तस्वरूप खड़े किए हैं।

इन मूर्त रूपकों में ध्यान देने की बात यह है कि जो रूपयोजना केवल अद्वैतवाद, मायावाद आदि वादों के स्पष्टीकरण के लिये की गई है उसकी अपेक्षा वह रूपयोजना जो किसी सर्वस्वीकृत, सर्वानुभूत तथ्य को भावक्षेत्र में

लाने के लिये की गई है, कहीं अधिक मर्मस्पर्शिणी है। उदाहरण के लिये मायावाद-समन्वित अद्वैतवाद के स्पष्टीकरण के लिये कबीर की यह उक्ति लीजिए—

जल में कुंभ, कुंभ में जल है, बाहरि भीतरि पानी।
फुटा कुंभ, जल जलहि समाना, यह तत कथो गियानी॥

वह वेदान्त ग्रन्थों में लिखा हुआ दृष्टांत कथन मात्र है। अच्छा, इसी ढंग की एक दूसरी कुछ और विस्तृत रूपयोजना देखिये-

मन न डिगै ताथै तन न डराई।
अति अथाह जल गहिर गँभीर, बाँधि जँजीर जलि बोरे हैं कबीर।
जल की तरंग उठी, कटी है जँजीर, हरि सुमिरत तट बैठे हैं कबीर॥

इसमें ज्ञानोदय द्वारा अज्ञान का बंधन कटने और भवसागर के पार लगने का संकेत है। यह बंधन हरि की कृपा के कटा है, इससे कबीरदास अब उनका स्मरण करते और गुण गाते हैं। यह एक निरूपित सिद्धान्त का वास्तव में घटित तथ्य के रूप में चित्रण मात्र है। 'ज्ञान से मुक्ति होती है और ज्ञान ईश्वर के अनुग्रह से होता है।' यह एक 'वाद' या सिद्धांत है। कबीरदास जी इस बात को इस रूप में सामने पेश करते हैं मानों यह सचमुच हुई है- वे भवसागर के पार हो गए हैं और फूले नहीं समा रहे हैं। हम जानते हैं कि इसकी व्याख्या के लिये ऐसे बँधे और मँजे हुए वाक्य मौजूद हैं कि 'यह तो साधक की उस दिव्य अनुभूति की दशा है जिसमें वह अपने को इस भौतिक कारागर से मुक्त और बाह्य की ओर अग्रसर देखता है।' पर यदि कोई कहे कि 'यह सब कुछ नहीं; यह एक सांप्रदायिक सिद्धांत का काव्य के ढंग पर स्वीकार मात्र है', तो हम उसका मुँह नहीं थाम सकते।

अब देखिए कि उक्त उक्तियों की अपेक्षा कबीरदास जी की नीचे दी हुई उक्तियाँ, जो लोकमत या अनुभवसिद्ध तथ्यों को सामने रखती हैं, कितनी मर्मस्पर्शिणी हैं। देहावसान सबसे अधिक निश्चित एक भीषण तथ्य है। उसके निकट होने की कैसी मूर्तिमान् चेतावनी इस साखी में है--

बाढ़ी आवत देखि करि तरिवर डोलन लाग।
हमें कटे की कुछ नहीं, पंखेरू घर भाग।

'हवा में हिलता हुआ पेड़ मानों बढ़ई को आता देख काँपता है--बुढ़ापे से हिलता शरीर मानों काल को पास पहुँचता देख थर्राता है। शरीर कहता है

कि हमारे नष्ट होने की परवा नहीं; हे आत्मा! तू अपनी तैयारी कर।'

मेरो हार हिरानो मैं लजाउँ।
हार गुह्यो मेरो राम ताग, बिचि बिचि मानकि एक लाग।
पंच सखी मिली हैं सुजान, 'चलहु त जइए त्रिवेनी न्हान'।
न्हाइ धोइ के तिलक दीन्ह, ना जानूँ हार किनहि लीन्ह।
हार हिरानो, जन बिलम कीन्ह, मेरो हार परोसिनी आहि लीन्ह ।

यह उस मन के खो जाने का पछतावा है जो ईश्वर का स्मरण किया करता था। जीवात्मा कहता है कि 'मुझे पंचेन्द्रियाँ बहकाकर त्रिगुणात्मक प्रवाह में अवगाहन कराने ले गई जहाँ मन फँस गया। उसी मन के प्रेम को लेकर मुझे उस प्रिय के पास जाने का अधिकार था। अब उसके बिना जाते नहीं बनता। इंद्रियों ने मुझे बेतरह ठगा। इस पद में ईश्वर और परलोक मानने वाले मनुष्य मात्र की सामान्य भावना का अनुसरण करके बड़ा ही मधुर मूर्त विधान है। कुछ खटकने वाला शब्द 'त्रिवेणी' (त्रिगुणात्मक प्रवाह) है क्योंकि प्रकृति के तीन गुण एक दर्शन विशेष के भीतर की निरूपित संख्या है। पर इस शब्द से अध्यवसान में बड़ा सुन्दर समन्वय हो गया है।

अन्योक्ति पद्धति का अवलंबन कबीरदास जी ने कम ही किया है। अधिकतर स्थानों में उन्होंने विकारों, भूतों, इंद्रियों, चक्रों, नाड़ियों इत्यादि की शास्त्रों में बँधी हुई केवल संख्याओं का उल्लेख साध्यवसान रूपकों में करके पहेली बुझाने का काम किया है। उनकी जो अन्योक्तियाँ या अध्यवसान प्रहेलिका के रूप में नहीं है और वादमुक्त है वे शुद्ध काव्य के अन्तर्गत आ सकती हैं। वाद या सिद्धांत के रूप में प्रतिपादित बातों को स्वभाव सिद्ध तथ्य के रूप में चित्रित करना और उनके प्रति अपने भावों का वेग प्रदर्शित करके औरों के हृदय में उस प्रकार की अनुभूति उत्पन्न करने की चेष्टा करना, हम सच्चे कवि का काम नहीं मानते; मतवादी का काम मानते हैं। मनुष्य का हृदय अत्यंत पवित्र वस्तु है। उसे प्रकृत मार्ग से यों ही इधर-उधर भटकाने की चेष्टा, चाहे वह निष्फल ही क्यों न हो, उचित नहीं।

मनुष्य जीवन की वर्तमान और भविष्य स्थिति के संबंध में सूक्ष्म विचार द्वारा उपलब्ध तथ्यों और भावनाओं का मूर्त प्रत्यक्षीकरण आजकल योरप के काव्य क्षेत्र की सामान्य प्रवृत्ति है। सभ्यता की वर्तमान अवस्था में, जबकि मनुष्य का ज्ञान विचारात्मक होकर बहुत विस्तृत हो गया है, ऐसा होना बहुत उचित और स्वाभाविक है। यहाँ पर यह दिखाने के लिये कि सूक्ष्म विचार और व्यापक दृष्टि वाले जीवित योरपीय कवियों की कविता भी कभी-कभी रहस्योन्मुख हो जाते हैं।

अबरक्रोंबे में योरप के वर्तमान कवियों की थोड़ी बहुत सब प्रवृत्तियाँ पाई जाती हैं। कभी वे मिलों, कल कारखानों आदि में काम करने वाले मजदूरों की दुरवस्था पर, उनके साथ होने वाले अन्याय ओर अत्याचार पर, करुणा और रोष प्रकट करते हैं; कभी जगत्, जीवन आदि के संबंध में तत्वचिंतन करते हैं; कभी शरीर, आत्मा, असीम-ससीम की जिज्ञासा की प्रेरणा से रहस्यभावना में प्रवृत्त होते हैं। इसी जिज्ञासा के क्षेत्र में उन्होंने कहीं-कहीं परोक्ष संबंधी किसी वाद का प्रत्यक्षीकरण या 'अज्ञात' के अभिलाष का काव्यात्मक प्रतिपादन किया है।' मूर्ख का अनुसंधान साहस' (दि फूल्स ऐडवेंचर) में उन्होंने 'तत्वमसि' के निरूपण के लिये जीवात्मा और ब्रह्म का एक खासा संवाद कराया है। एक जिज्ञासु ईश्वर (ब्रह्म) की खोज में मन और आत्मा का सारा प्रदेश छान डालता है और पहले विश्व की आत्मा तक पहुँचता है और उसी को ब्रह्म मान लेता है इस पर एक ब्रह्मज्ञानी इस प्रकार उसकी भूल सुझाता है—

.........पुअर फूल,

ऐंड डिड्स्ट दी थिंक दिस प्रेजेंट सेंसिबुल वर्ल्ड

वाज गुड?

इट इज ए नेम......

दि नेम लार्ड गाड चूजेज टु गो बाइ, मेड इन

लैंग्वेज आव स्टार्स ऐंड, हेवेन्स ऐंड लाइफ।

'अरे मूर्ख, तूने क्या इस प्रस्तुत गोचर जगत को ब्रह्म समझा था? यह तो आकाश, नक्षत्र और जीवनरूपी भाषा में व्यक्त एक नाम है जो अपने लिये उसने रख लिया है।'

अंत में चराचर की सीमा पर पहुँचकर वह अपने अंतस् के अदृश्य अधिष्ठाता से पूछता है—

सीकर-देन दाउ आर्ट गाड?

विदिन- ऐ मेनी काल मी सो।

ऐंड येट, दो वर्ड्स वेयर नेवर लार्ज एनफ टु टेक मी मेड,

आई हैव ए वेटर नेम।

सीकर- देन ट्रली हु आर्ट दाउ?

विदिन-आइ ऐम दाइ सेल्फ।

जिज्ञासु- तो फिर तू ही ब्रह्म है?

अंतर्वाणी- मैं तू ही हूँ (तेरी आत्मा हूँ)।

इसी प्रकार 'तुरीयावस्था' (दि ट्रैंस)नाम की कविता में उन्होंने ब्रह्मानुभूति का वर्णन इस प्रकार किया है--

'मैं निश्चय (जिसका संबंध बुद्धि या विचार से होता है) के ऊपर उठ गया था, काल से परे हो गया था। दिक् के ज्योतिष्क मंडलों से तथा उस कोने से जिसे चेतना या ज्ञान कहते हैं, बिल्कुल बाहर हो गया था। उस दशा में हे प्रभो! क्या मैं तुम्हारे बीच में नहीं था?'[1]

यहाँ पर हम स्पष्ट कह देना चाहते हैं कि उक्त ज्ञानातीत (ट्रैंसडेंटल) दशा से-चाहे वह कोई दशा हो या न हो—काव्य का कोई संबंध नहीं है। स्वयं अबरक्रोंबे ने ही अपनी एक दूसरी कविता, 'शरीर और आत्मा' (सोल ऐंड बाडी) में, काव्य की वास्तविक भूमि क्या है, इसका आभास दिया है। उस कविता में, आत्मा इस 'चेतना के तंग घेरे' से बाहर होने के लिये मनोमय कोश (ज्ञानेन्द्रियाँ और मन जिनसे सांसारिक विषयों की प्रतीति होती है) को फेंकना ही चाहती है कि शरीर उसको चेतावनी देता है कि ऐसा करने से--

'तू इस विस्मयपूर्ण आनंद को खो बैठेगा जिसे मैनें अपनी विषयविधायनी इंद्रियों द्वारा इस प्रिय जगत में खड़ा कर रखा है। फिर यह नीलहरित, यह सौरभ, यह संगीत कहाँ? फिर यह शद्वलप्रसार, यह मंद प्रशांत अनिलस्पर्श और ढलते सूर्य का स्वर्णाभविराम कहाँ? फिर ये ऊँची उठी हुई पर्वतों की चोटियाँ जो आँखों पर कुहरे की पट्टी बाँधे (ध्यानावस्थित हो) मानों नित्य और दिव्य अनाहत स्वर सुन रही है।[2]

---

1. आइ वाज एक्जाल्टेड अबव श्योरिटी
   ऐंड आउट आव टाइम डिड फाल।
   × × × ×
   आई स्टुड आउट साइड दि बर्निंग रिम्स आव प्लेस,
   आउटसाइड दैट कार्नर, कांशसनेस।
   देन वाज आइ नाट इन दि मिड्स्ट आव दी
   लार्ड गाड?
2. दाउ विल्ट मिस दि वंडर आइ हैव मेड फार दी
   आव दिस डिअर बर्ल्ड विद माइ फैशनिंग सेंसेज-

मनोमय कोश ही प्रकृत काव्यभूमि है, यही हमारा पक्ष है। इसके शरीर की वस्तुओं की कोई मनमानी योजना खड़ी करके उसे इससे बाहर के किसी तथ्य का—जिसका कुछ ठीक ठिकाना नहीं—सूचक बताना हम सच्चे कवि का क्या, सच्चे आदमी का काम नहीं समझते।

अब थोड़ा 'अज्ञात की लालसा' का विचार भी कर लेना चाहिए जिसका निरूपण अबरक्रोंबे ने मजहबी ढंग पर अपने 'संत थूमा का आत्मविक्रय' (सेल आव सेंट टामस) नामक काव्य में किया है। ईसाईयों में एक प्रवाद प्रचलित है कि ईसा के चेले थूमा दक्षिण भारत में उपदेश करने आए थे। उसी प्रवाद के आधार पर यह कविता रची गई है। ईसा थूमा को भारतवर्ष में प्रचार के लिये भेजते हैं और वे भाग भाग आते हैं। जब वे दूसरी बार भागने पर होते हैं, तब हजरत ईसा उनसे कहते हैं--

'थूमा! अपना पाप समझो। तुम डर से नहीं भागे हो न, आदमी एक बार डर से सिटपिटाता है, पर फिर साहस करके सब प्रकार की आपत्तियाँ झेलने के लिये तैयार हो जाता है। तुम भी जागे हो अपनी बुद्धिमानी और दूरदर्शिता के कारण। यह बुद्धिमानी भी बड़ा भारी पाप है क्योंकि यह मनुष्य की अंतःप्रकृति में निहित अज्ञात शक्तिपथों पर विश्वास नहीं करने देती। उनकी प्रेरणाओं को यह सस्ते अनुभवलब्ध विवेचन के पलड़े पर रखकर तोलती है। यह लालसा को ज्ञान या विचार के घेरे में डालकर संकुचित करती है। पर यह समझ रखो कि मनुष्य उतना ही बड़ा हो सकता है जितना बड़ा उसका अभिलाष होगा। अतः आत्मदृष्टि उतनी ही दूर तक बँधी न रखी जितनी दूर तक तुम्हारे ज्ञान और बुद्धि के दीपक का प्रकाश पहुँचता है। अपनी लालसा को अज्ञात के बंधकार की ओर छानबीन करने के लिये बढ़ाओ। संभव को जानकर उसके बाहर अनहोनी बातों और असंभव लक्ष्यों की ओर बढ़ो। धीरे-धीरे तुम देखोगे कि तुम्हारी ज्ञात की लालसा का क्षेत्र भी आपसे आप वैसा ही व्यापक हो जायेगा।

दि ब्ल्यू, दि फ्रैग्रैंस, दि सिगिंग ऐंड दि ग्रीन।

× × × ×

ग्रेट स्पेसेट आव ग्रासी लैंड, ऐंड आल दि एअर
वन क्वाएट दि सन टेकिंग गोल्डेन ईज
अपान ऐन आफ्टरनून टाल हिल्स दैट स्ट्रैंड इन वेदर-ब्लाइंडेड ट्रेसेज
ऐज इफ दे हर्ड, ड्रान अपवर्ड ऐंड हेल्ड देयर
सम गाड्स एटर्नल ट्यून।

इस प्रकार हजरत ईसा के मुँह से रहस्यवाद के सिद्धांत पक्ष का निरूपण कराया गया है। इसका निचोड़ यही है कि लालसा को व्यक्त और ज्ञात के बाहर अव्यक्त और अज्ञात तक ले जाना चाहिए। इस कथन पर विचार करने के पहले लालसा या अभिलाषा का स्वरूप निश्चित कर लेना चाहिए। लालसा ऐसी वस्तुओं के प्रति होती है जिनकी प्राप्ति या साक्षात्कार से सुख और आनंद होता है। इस जगत् में सुख या आनंद दुःख और क्लेश के साथ मिला-जुला पाया जाता है। दूसरी बात यह है कि जितना सुख सौंदर्य इस जगत् में देखा जाता है उतने से ही मनुष्य की भावना परितृप्त नहीं होती। वह सुख सौंदर्य को अधिक पूर्ण रूप में देखना चाहती है। भावना या कल्पना को इस पूर्णता के अवस्थान के लिये चार क्षेत्र मिल सकते हैं--

(1) इस भूलोक के बाहर, पर व्यक्त जगत् के भीतर ही किसी अन्यलोक में।

(2) इस भूलोक के भीतर ही, पर अतीत के क्षेत्र में।

(3) इस भूलोक के भीतर ही, पर भविष्य के गर्भ में।

(4) इस गोचर जगत् के परे अभौतिक और अव्यक्त के क्षेत्र में।

(1) इन चारों क्षेत्रों के भीतर ले जाकर मनुष्य अपनी सौंदर्य और मंगल की भावना को पूर्णता या पराकाष्ठा तक पहुँचाने का थोड़ा या बहुत प्रयत्न करता रहा है। इनमें से प्रथम क्षेत्र की ओर मनुष्य जाति का ध्यान स्वभावतः सबसे पहले गया। पृथ्वी पर रहकर भी मनुष्य ने व्यक्त जगत् की अनंतता का प्रत्यक्ष अनुभव किया। अनंत आकाश के बीच नक्षत्रों के रूप में अनंत लोकों का निश्चय उसे सहज में हो गया। वहीं पर कहीं उसकी भावना ने स्वर्ग आदि पुण्य आदि लोकों का अवस्थान किया जहाँ जरा मृत्यु का भय नहीं, दुःख, क्लेश, भय का नाम नहीं, आनंद ही आनंद है--आनंद भी ऐसा वैसा नहीं, नंदनकानन का विहार। लोकसामान्य धर्मव्यवस्था और काव्य दोनों में इस भावना का उपयोग हुआ।

(2) द्वितीय क्षेत्र में सुख सौंदर्य की पूर्णता की भावना उस समय से हुई जब प्राचीन इतिहास, कथा पुराण आदि का मौखिक प्रचार मनुष्यजाति के बीच हुआ। इन कथाओं में पूर्वकाल की वीरता, धीरता धर्मपरायणता, सुख समृद्धि आदि का बहुत ही मनोरंजक और अत्युक्त वर्णन रहता था जिसे सुनते-सुनते भूतकाल के बीच सुख सौंदर्य की पूर्णता की सामान्य धारणा और पुष्ट होती रही। यह धारणा पूरदी (एशियाई) जातियों में अब तक मूलबद्ध है।

(3) तृतीय क्षेत्र में सुख सौंदर्य की पूर्णता की भावना बिल्कुल आधुनिक है। इसका प्रादुर्भाव मनुष्यजाति की स्थिति पर व्यापक दृष्टि से विचार करने की वर्तमान प्रवृत्ति के साथ-साथ हुआ है। धर्मनीति, राजनीति, व्यापारनीति आदि के कारण मनुष्य जाति के भीतर फैली हुई विषमता, क्लेश, ताप, अन्याय, अत्याचार इत्यादि के परिहार की भावना और प्रयत्न के साथ आशा और उत्साह का संयोग करने के लिये कवियों की वाणी भी अग्रसर हुई। इस प्रकार की कविता का प्रचार योरपीय देशों में सुखसमृद्धि और स्वातंत्र्य के संगीत के रूप में शैली के समय से लेकर अब तक जारी है। भविष्य का सुख स्वप्न वर्तमान योरपीय कविता के प्रधान लक्षणों में है। यह मंगलाशा बहुत ही प्रशस्त भाव है, इसमें संदेह नहीं, पर इसके संबंध में कुछ अस्वाभाविक और कृत्रिम चर्चा का प्रचार भी देखा जाता है। यह सुखस्वप्न 'भविष्य की उपासना या भविष्य का प्रेम' कहा जाता है। वास्तव में यह प्रस्तुत जीवन का प्रेम है। आशा इसी प्रेम के संचारी के रूप में उठकर इस जीवन के पूर्ण सौंदर्य का दर्शन इसे भविष्य के क्षेत्र में ले जाकर कराती है। भविष्य के सुख सौंदर्य के चित्रण की प्रवृत्ति का यही मूल है।

यह चित्रण भी उसी हद तक पहुँचा दिया जाता है जिस हद तक किसी परलोक के सुख सौंदर्य का चित्रण। अबरक्रोंबे ने इस जीवन के साथ 'नित्य का संयोग' (दि एटर्नल वेडिंग) किसी भविष्य काल में, निर्विशेष और निरपेक्ष आनंद का स्वप्न देखते हुए, इस प्रकार कराया है--

.........सो वीर आर ड्रिवेन
आनवर्ड ऐंड अपवर्ड, इन ए विंड आव ब्यूटी,
अनटिल मैन्स रेस बी बील्डेड बाइ इट्स जाय
इनटु सम हाइ इन् कंपेयरेबुल डे,
ह्वेयर परफेक्टली डिट्लाइट मे नो इटसेल्फ--
नो लांगर नीड ऐ स्ट्राइफ टु नो इटसेल्फ
ओन्ली वाइ प्रिवेलिंग ओवर पेन।

'हम सौंदर्य की वायु में पड़े बराबर आगे और ऊँचे बढ़ते जाते हैं। इस प्रकार मनुष्य जाति अंत में वह अनुपम दिन देखेगी जब आनंद अपनी अनुभूति आप अकेले कर लेगा--इस अनुभूति के लिये उसे किसी प्रकार द्वन्द्व की अपेक्षा न होगी।' आनंद स्वयं प्रकाश होगा केवल क्लेश के परिहार के रूप में होगा।'

पर यह कहना कि अब 'भूत के प्रेम' के स्थान पर 'भविष्य के प्रेम' ने घर किया है, एक प्रकार की रूढ़ि (कन्वेंशन) या बनावट ही है। हृदय की दीर्घ वंशपरंपरागत वासना का उल्लेख हम पहले कर चुके हैं। इस वासना के संघटन में इतिहास, कथा आख्यान आदि का भी बहुत कुछ योग रहता है। एक भावुक येरोपियन के लिये एथेंस, रोम आदि नामों में तथा एक भावुक भारतीय के लिये अयोध्या, मथुरा, दिल्ली, कन्नौज, चित्तौड़, पानीपत इत्यादि नामों में कितना मधुर प्रभाव भरा है! अतीत् का यह राग कहाँ तक उपयोगी है, इसका विचार करने हम नहीं बैठे हैं। उपयोगिता अनुपयोगिता का विचार छोड़, शुद्ध कला की दृष्टि से हम मनुष्य की रागात्मिका प्रकृति के स्वरूप का विचार कर रहे हैं। मनुष्य का हृदय वास्तव में जैसा है वैसा मानकर हम चल रहे हैं। हमारे कहने का अभिप्राय केवल यही है कि अतीत का राग एक बहुत ही प्रबल भाव है। उसकी सत्ता का अस्वीकार किसी दशा में हम नहीं कर सकते। मनुष्य शरीर यात्रा के संकीर्ण मार्ग में फैले पड़े हुए अपने भावों को अतीत की पुनीत धारा में अवगाहन कराकर न जाने कब से निर्मल और स्वच्छ करता चला आ रहा है। अतीत का और हमारा साहचर्य बहुत पुराना है। उसे हम जानते हैं, पहचानते हैं, इसीलिये प्यार करते हैं। भविष्य को हम नहीं जानते उसकी हमारी जान पहचान तक नहीं। उसके साथ प्रेम कैसा? परिचय के बिना प्रेम हम नहीं मानते। प्रेम के लिये परिचय चाहिए चाहे पूरा, चाहे अधूरा।

(4) अब इस गोचर जगत् के परे अभौतिक, अव्यक्त और अज्ञात क्षेत्र को लीजिए। सुख सौंदर्य की पूर्ति के लिये जो तीन क्षेत्र ऊपर निर्दिष्ट किए गए उनमें सबसे अज्ञात भविष्य का क्षेत्र है। उसके अंतर्गत हम दिखा चुके हैं कि जो 'भविष्य का प्रेम' कहा जाता है वह वास्तव में प्रस्तुत जीवन का प्रेम है जो आशा का संवरण कराके कवि को भविष्य-सुख-सौन्दर्य के चित्रण में प्रवृत्त करता है। वही बात यहाँ भी है। वास्तव में यह जगत् सुख के सौंदर्य की आसक्ति या प्रेम है जो संचारी के रूप में आशा या अभिलाष का उन्मेष करके, इस सुख सौन्दर्य को किसी अज्ञात या अव्यक्त क्षेत्र में ले जाकर पूर्ण करने की ओर प्रवृत्त करता है अतः तत्वदृष्टि से, मनोविज्ञान की दृष्टि से, साहित्य की दृष्टि से 'अज्ञात की लालसा' कोई भाव ही नहीं है। यह केवल 'ज्ञात की लालसा' है जो भाषा की छिपाने वाली वृत्ति के सहारे 'अज्ञात की लालसा कही जाती है।'

अपने सुख सौंदर्य की भावना को पूर्णता पर पहुँचाने के लिये इस क्षेत्र की ओर पहले पहल दृष्टि करने वाले सूफी थे। उनकी भावुकता इस जगत्

की ऐसी विचित्र और रमणीय रूपविभूति को केवल ईश्वर की कृति या रचना मानने से तृप्त नहीं हुई। किसी के बनाए खिलौने की सुंदरता देख हम चाहे जितने मुग्ध हों--इतने मुग्ध हों कि बनाने वाले का हाथ चूमने को जी चाहे--पर हमारा प्रेम उस (बनाने वाले) से दूर ही रहेगा। इससे सूफियों ने इस प्रत्यक्ष रूप-विभूति को ईश्वर की कृति न कहकर उसकी छाया या प्रतिबिंब कहा। किस प्रकार इस 'प्रतिबिंब' के साथ 'अभिव्यक्तिवाद' का संयोग करके उन्होंने अपने काव्यक्षेत्र में कृत्रिमता न आने दी, इसका वर्णन हम आगे चलकर करेंगे। यहाँ प्रस्तुत विषय है सुख सौंदर्य की भावना को अव्यक्त और अभौतिक क्षेत्र में ले जाकर पूर्णता को पहुँचाना। इस संबंध में यह अच्छी तरह समझ रखना चाहिए कि सूफी कविता इस काया के बीच में ही—इस दृश्य जगत् के भीतर ही—उस प्रियतम की झलक देखने दिखाने में प्रवृत्त रही है। अव्यक्त के क्षेत्र में सौंदर्य का अनंत सागर, आनंद की अपरिमित राशि, प्रेमवासना की असीम तृप्ति का विवरण देने बहुत ही कम गई है। भारतवर्ष में निर्गुण संप्रदाय के भीतर जो सूफी भावना प्रकट हुई उसमें अलबत्ता यह प्रवृत्ति कुछ दिखलाई पड़ती है। कारण यह है कि भारतीय काव्यक्षेत्र में उसे अरबी फ़ारसी के काव्यक्षेत्र की अपेक्षा अधिक रमणीय और प्रचुर रूपविधान मिला। पर 'कल्पनावाद' के सहारे अव्यक्त और अज्ञात की सबसे अधिक झाँकियाँ विलायती 'रहस्यवाद' में ही खोली गईं।

विलायती काव्यक्षेत्र में सुख सौंदर्य की भावना को अज्ञात और अव्यक्त के क्षेत्र में ले जाकर पूर्णता पर पहुँचाने का इशारा किधर से मिला, थोड़ा यह भी देख लेना चाहिए। यह इशारा जर्मन दार्शनिकों के 'प्रत्ययवाद' (आइडिऐलिज्म) से मिला जिसके प्रवर्त्तक काण्ट थे। उन्होंने मनुष्य के ज्ञान की विस्तृत परीक्षा करके यह प्रतिपादित किया कि इंद्रियों की सहायता से मन को जिन रूपों का बोध होता है वे उसी के रूप हैं किसी बाह्य वस्तु के नहीं। परमार्थ पक्ष (क्रीटिक आव प्योर रीजन) में ईश्वर, जगत् और आत्मा का पक्ष विपक्ष दोनों के प्रमाणों के खंडन द्वारा, असिद्ध ठहराकर, व्यवहार पक्ष (क्रीटिक आव प्रैक्टिकल रीजन) में उन्होंने ईश्वर, अमर आत्मा और अनंत जीवन सबका प्रतिपादन किया। उन्होंने कहा कि शुद्ध बुद्धि के द्वारा तो नामरूपात्मक जगत् से परे वस्तुतत्व तक हम नहीं पहुँच सकते, पर व्यवहारबुद्धि द्वारा पहुँच जाते हैं। इच्छा या कर्मेच्छा पारमार्थिक वस्तु का आभास देती है। यह न तो बुद्धि से बद्ध या नियंत्रित है और न बाह्य जगत् के नियमों से। इस पर आदेश करने वाले केवल नित्य और सर्वगत धर्मनियम हैं। इच्छा का यह स्वातंत्र्य हमें नामरूपात्मक दृष्य जगत् से अगोचर जगत् में

ले जाता है जहाँ धर्मनियम, शुद्ध अमर आत्मा और ईश्वर का अस्तित्व मिल जाता है। जीवन का चरम मंगल क्या है? न अकेला धर्म, न अकेला सुख। धर्म का सुख से कोई स्वतःसिद्ध संबंध नहीं। जीवन के चरम मंगल में धर्म और सुख दोनों की पराकाष्ठा है। अब इन दोनों का संयोग कैसे होता है। कोई मध्यस्थ चाहिए। इसलिये ईश्वर का अस्तित्व मानना पड़ता है। ईश्वर दोनों के बीच संयोग स्थापित करता है। इसी विचारपद्धति से आत्मा का अमरत्व भी मानना पड़ता है। धर्म की पराकाष्ठा और सुख की पराकाष्ठा के साधन के लिये यह अल्पकालिक जीवन काफी नहीं है।अतः अनंत जीवन मानकर चलना पड़ता है।[1]

कट्टर दार्शनिक काण्ट ने इस व्यवहार-पक्ष-निरूपण पर वैसी आस्था नहीं रखते। काण्ट अपने परमार्थ-पक्ष-निरूपण के लिये ही प्रसिद्ध हैं। विचार करने पर यह स्पष्ट प्रतीत होगा कि काण्ट का व्यवहार-पक्ष-निरूपण उसी दृष्टि से हुआ है जिस दृष्टि से शंकराचार्य का; पर दोनों में उतना ही अंतर है जितना भारत और योरप में। व्यवहारपक्ष में शंकराचार्य ने जिस उपासनागम्य ब्रह्म का अवस्थान किया है वह सोपाधि या सगुण ब्रह्म है; अव्यक्त पारमार्थिक सत्ता नहीं। अव्यक्त, निर्गुण, निर्विशेष (ऐब्सोल्यूट) ब्रह्म उपासना के व्यवहार में सगुण ईश्वर हो जाता है। इसका तात्पर्य यह है कि उपासना जब होगी तब व्यक्त और सगुण की ही होगी; अव्यक्त और निर्गुण की नहीं। 'ईश्वर' शब्द ही सगुण और विशेष का द्योतक है, निर्गुण और निर्विशेष का नहीं। उसके भीतर सेव्य-सेवक-भाव छिपा हुआ है। स्थूल आकार मात्र हटाकर दया अनुग्रह, प्रेम, सौन्दर्य इत्यादि में योरप वाले चाहे अभौतिक, अगोचर अव्यक्त या परासत्ता की प्राप्ति समझ लें, पर सूक्ष्म भारतीय दार्शनिक दृष्टि इन सबको प्रकृति के भीतर ही लेगी। दया, अनुग्रह, औदार्य आदि मन की प्रवृत्तियाँ जो प्रकृति का ही विकार है। इसी प्रकार सौंदर्य, माधुर्य आदि भूतों के गुण हैं। ये सब गोचर के अंतर्भूत हैं, क्योंकि मन, जो इनका बोध कराता है, भीतरी इंद्रिय ही है। भारतीय और योरपीय दृष्टि के इस भेद को ध्यान में रखना चाहिए।

भारतीय दृष्टि के अनुसार अज्ञात और अव्यक्त के प्रति केवल जिज्ञासा हो सकती है, अभिलाषा या लालसा नहीं। यदि कहा जाय कि 'मोक्ष' की इच्छा का फिर क्या अर्थ होगा? इसका उत्तर यह है कि मोक्ष या मुक्ति केवल अभावसूचक (निगेटिव) शब्द है, जिसका अर्थ है छुटकारा। जिससे मोक्षार्थी

---

1. विशेष देखिए 'विश्वप्रपंच' की भूमिका

छुटकारा चाहता है वह दुःख, क्लेशादि का संघात उसे ज्ञात होता है। छुटकारे के पीछे क्या दशा होगी, इसका न तो उसे कुछ ज्ञान होता है, न अभिलाष हो सकता है। इसी से हमारे यहाँ के भक्त लोग, ब्रह्म के सगुण रूप में आसक्त होते हैं, मुक्ति के मुँह में धूल डाला करते हैं। जिज्ञासा और लालसा में बड़ा भेद है। जिज्ञासा केवल जाने की इच्छा है। उसका ज्ञेय वस्तु के प्रति राग, द्वेष, प्रेम, घृणा इत्यादि का कोई लगाव नहीं होता। उसका संबंध शुद्ध ज्ञान के साथ होता है। इसके विपरीत लालसा या अभिलाष रतिभाव का एक अंग है। अव्यक्त ब्रह्म की जिज्ञासा और व्यक्त सगुण ईश्वर या भगवान् से सान्निध्य का अभिलाष, यही भारतीय पद्धति है। अव्यक्त अभौतिक और अज्ञात का अभिलाष या लालसा बिलकुल विदेशी कल्पना है और मजहबी रुकावटों के कारण पैगंबरी मत मानने वाले देशों में की गई है। इसकी सांप्रदायिकता हम आगे चलकर दिखाएँगे। यहाँ इतना ही कहने का प्रयोजन है कि अव्यक्त, अगोचर ज्ञानकांड का विषय है। हमारे यहाँ न वह उपासना क्षेत्र में घसीटा गया है, न काव्यक्षेत्र में। ऐसी बेढब जरूरत ही नहीं पड़ी।

उपासना के लिये इंद्रिय और मन से परे ब्रह्म को पास लाने की जरूरत हुई। कहीं तो वह ईश्वर के रूप में केवल मन के पास लाया गया अर्थात् उससे रूप, आकार आदि की भावना न करके केवल दया, दाक्षिण्य, प्रेम, औदार्य आदि की ही भावना की गई। कहने की आवश्यकता नहीं कि यह केवल अंतःकरणग्राह्य भावना भी गोचर भावना ही है। कहीं इसके आगे बढ़कर विष्णु, शिव इन देवरूपों में--अर्थात् मनुष्य से ऊँची कोटि में--बाह्यकरण-ग्राह्य भावना भी हुई। भारतीय भक्तिभावना यहीं तक पुष्ट न हुई। बड़े साहस के साथ आगे बढ़कर उसने नर में ही नारायण का दर्शन किया। राम और कृष्ण को लेकर भक्तिकाव्य का प्रवाह बडे वेग से चल पड़ा। सारांश यह कि सान्निध्य का अभिलाष व्यक्त और ज्ञात की ओर ही आकर्षित होता हुआ बढ़ा है और उसी को उसने अपना चरम लक्ष्य भी रखा है। यहाँ के भक्तों का साध्य कैवल्य नहीं रहा।

अब यह देखना चाहिए कि मनुष्य अपनी सुख-सौन्दर्य-भावना को जब पूर्णता के लिये चरम सीमा पर पहुँचाता है तब क्या वह सचमुच व्यक्त, भौतिक या प्राकृतिक के परे हो जाता है? उपयुक्त विवेचन से स्पष्ट है कि वह उसके भीतर ही रहता है। भावना या कल्पना में आई हुई संघटित रूप योजना चाहे वह कितनी ही दूरारूढ़ हो, व्यक्त प्रकृतिविकार ही रहेगी। अब रही असीम-ससीम और नित्य-अनित्य की बात। हम पहले कह चुके हैं कि समष्टि रूप में यह विश्व या व्यक्त जगत् अनंत और शाश्वत है। ब्रह्म के

मूर्त, अमूर्त दो रूपों में से मूर्त और सत्[1] को जो मर्त्य कहा है वह केवल सतत गतियुक्त या परिवर्तनशील के अर्थ में, सत्ता के अभाव के अर्थ में नहीं। अतः असीम और नित्य के लिये अव्यक्त और अगोचर में जाने की कोई जरूरत नहीं। ब्रह्म के दोनों रूप असीम और नित्य हैं। इस मूर्त विराट् के भीतर न जाने कितने लोक, ब्रह्मांड, सौरचक्र, बनते बिगड़ते रहते हैं, पर इसकी रूपसत्ता ज्यों की त्यों रहती है। अबरक्रोंबे ने अपनी 'निकास' (ऐन एस्केप) नाम की कविता में असीम के अभिलाष के जिस द्वंद्व का वर्णन बड़े स्मरणीय रूपविधान के साथ किया है, वह वास्तव में—भारतीय दृष्टि से—व्यक्त और गोचर के भीतर ही है।[2]

हमारा कहना यही है कि हृदय का अव्यक्त और अगोचर से कोई संबंध नहीं हो सकता। प्रेम, अभिलाष जो कुछ प्रकट किया जायेगा। वह व्यक्त और गोचर ही के प्रति होगा। प्रतिबिंबवाद, कल्पनावाद आदि वादों का सहारा लेकर इन गाँवों को अव्यक्त और अगोचर के प्रति कहना और अपने काल्पनिक रूपविधान को ब्रह्म या पारमार्थिक सत्ता की अनुभूति बताना काव्यक्षेत्र में एक अनावश्यक आडंबर खड़ा करना है। यदि यह कहा जाय कि सदा बदलते रहने वाले इस दृश्य प्रसार की तरह में सदा एकरस रहने वाली अव्यक्त सत्ता है ही, अतः जिस अनुराग के साथ प्रकृति की भव्य रूपयोजना की जाती है उसे उसी अव्यक्त शक्ति या सत्ता के प्रति कहने में क्या हर्ज है,

---

1. द्वेवाव ब्रह्मणोरूपं मूर्तञ्चै वामूर्तञ्च, मर्त्यञ्चामृतञ्च, स्थितञ्च यच्च, सच्च त्यच्च।—मूर्त्तामूर्त्तब्राह्मण (बृहदारण्यकोपनिषद्)। दृश्य या मूर्त के लिये 'सत्' शब्द का प्रयोग उपनिषदों में बहुत जगह हुआ है।
2. डिजायर आव् इनफिनिट थिंग्ज, डिजायर आव् फाइन इट-टिज दि रेसज आव दि ट्वेन मेक्स मेन।
   —ऐज टू यंग विंड्स स्कूल्ड अमंग दि स्लोप्स ऐंड वोव्ज आव् राइवल हिल्स दैट ईच टु अदर लुक।
   ऐक्रास ए संकेन टार्न आन ए स्टिल डे,
   रन फोर्थ फ्राम देयर संडर्ड नर्सरीज, एंड मीट
   इन दी मिडिल एअर............
   ऐंड ह्वेन दे क्लोज, देअर स्ट्रगल इन काल्ड मेन।
   डिस्ट्रेसिंग विद हिज स्ट्राइफ ऐंड फ्लरी दि ब्लैड
   पूल आव् ऐक्जिस्टेंस, दैट ले क्वाएट बिफोर
   होल्डिंग दि काम वाच आव् एटर्निटी।

तो इसका उत्तर यह है कि इससे भावक्षेत्र में असत्य का प्रचार होता है और पाषंड का द्वार खुलता है। यदि कोई चटोरा आदमी कोई बहुत ही मीठा फल खाकर जीभ चटकारता हुआ उसका बड़े प्रेम से वर्णन करे और पूछने पर कहे कि मेरा लक्ष्य उस फल की ओर नहीं उस वृक्ष के मूल या बीज की ओर है जिसका फल है, तो उसके इस कथन का क्या मूल्य होगा ? जो यह भी नहीं जानता कि 'ब्रह्मवाद' और 'कविता' किन चिड़ियों के नाम हैं, जो अँगरेजी की अंधी नकल पर बनी बँगला की कविताओं तथा वैष्णव कवियों की बंग समीक्षाओं तक ही सारी दुनिया खत्म समझता है, वह यदि मुँह बना बनाकर कहने लगे कि 'जब मैं ब्रह्मवाद की कोई कविता देखता हूँ तब हर्ष से नाच उठता हूँ' तो एक सुशिक्षित सुनने वाले पर क्या असर होगा?

अब यहाँ पर थोड़ा यह भी विचार करने की आवश्यकता प्रतीत होती है कि भाव के क्षेत्र में परोक्ष की 'जिज्ञासा' का क्या उपयोग हो सकता है। स्वाभाविक रहस्यभावना में--जिसका किसी वाद के साथ कोई संबंध नहीं- इसका कभी-कभी बहुत सुंदर उपयोग होता है। वहाँ पर यह प्रकृति के क्षेत्र के किसी अभिव्यक्त सौंदर्य या माधुर्य से उठे हुए आह्लाद की अनुभूति की व्यंजना करता है। जैसे, शिशु की मधुर मुस्कान पर मुग्ध होकर यदि कोई कवि कहे कि 'इसके अधरों पर किस आनंदलोक की मधुर स्मृति संचरित हो रही है?'

सौरभपूर्ण कुसुमविकास देख यदि कहा जाय कि 'यह किस सुखसौंदर्य की अनंत राशि से चोरी करके भाग आया है', तो प्रस्तुत माधुर्य या सुख सौंदर्य के प्राचर्य के निमित्त बड़ा सुंदर औत्सुक्य व्यंजित होगा। यह औत्सुक्य या अभिलाष अव्यक्त या अज्ञात प्रेम के प्रति कभी नहीं कहा जा सकता, यह व्यक्त या ज्ञात के प्रति ही होगा। कवि को अपने सामने उपस्थित माधुर्य या सुखसौंदर्य इतना अच्छा लग रहा है कि भूलोक के अतिरिक्त किसी और-- व्यक्त और गोचर ही--लोक की भावना करता है जहाँ इस प्रकार के सुखसौंदर्य की दर्शन इतना विरल न हो, बराबर चारों ओर देखने को मिला करे। इसमें न कहीं असीम का अभिलाष है, न अज्ञात की लालसा। यह उसी पुरानी स्वर्गभावना का आधुनिक सभ्यता के अनुकूल पड़ता हुआ रूप है। स्वर्ग के पुराने निश्चित विवरण में, आधुनिक परिष्कृत रुचि के अनुसार, जो भद्दापन है वह इस अनिश्चित भावना में दूर हो जाता है।

शेली ने अपनी 'जिज्ञासा' (दि क्वेश्चन) नाम की कविता बड़ा सुंदर जिज्ञासा के साथ समाप्त की है। स्वप्न में वह बसंत विकास और सौरभ से

पूर्ण एक अत्यंत रमणीय नदीतट पर पहुँचते हैं। उस व्यक्त और गोचर स्थल का ही बहुत संबद्ध और संश्लिष्ट चित्रण सारी कविता में हुआ है। अंत में जाकर वे कहते हैं कि मैंने फूलों को चुन-चुनकर बहुत सुंदर स्तवक तैयार किया और बड़े आह्लाद के साथ वहाँ दौड़ा या जहाँ से आया था कि उसे अर्पित करूँ। पर अरे! किसे? इस 'किसे' में अद्वैत का कैसा सुंदर आभास मात्र है। 'वाद' का कोई विस्तार नहीं है।

आई मेड ए नीजगे.........

केप्ट दीज इंप्रिजंड चिल्ड्रेन अव् दि हाउस
विदिन माइ हैंड, --ऐंड देन इलेट ऐंड गे,
आइ हेसेंड टू स्पाट फ्राम ह्वेन्स आइ हैड कम,
दैट आइ माइट देअर प्रेजेंट इट--ओ। टु हूम?

इस प्रकार की स्वाभाविक और सच्ची रहस्यभावना का माधुर्य प्रत्येक सहृदय स्वीकार करेगा। पर जब किसी के सहारे वेदना की तरी पर सवार होकर अंधड़ और अंधकार के बीच असीम की ओर यात्रा होगी, सामने अलौकिक ज्योति फूटती दिखाई देगी, लोकत्तोकांतर और कल्पांतर के समाहृत अरुणोदय में असीम ससीम के मिलन पर विश्व-हृदय की तंत्री के सब तार झंकारोत्सव करने लगेंगे, आप ही आपको खोजने का स्वप्न टूटने पर अट्टाहास होने लगेगा, तब सहृदयता और भावुकता तो कोई और ठिकाना ढूँढेगी; हाँ अज्ञानोपासना सिद्धता का मुकुट या पैगंबरी का चौगोशिया ताज पहनने के लिए ठहरे तो ठहरे।

सारांश यह कि जहाँ तक अज्ञात की ओर अनिश्चित संकेत मात्र रहता है वहाँ तक तो प्रकृत काव्यदृष्टि रहती है पर जब उसके आगे बढ़कर उस अज्ञात को अव्यक्त और अगोचर कहकर उसका चित्रण होने लगता है, उसका पूरा ब्यौरा दिया जाने लगता है, तब लोकोत्तर दिव्य दृष्टि का दावा-सा पेश होता हुआ जान पड़ता है। इस दावे का हृदय पर बड़ा बुरा प्रभाव पड़ता है। एक ओर--श्रोता या पाठक के पक्ष में--उस अज्ञानप्रियता का अनुरंजन होता है; दूसरी ओर--कवि के पक्ष में-उस अज्ञानप्रियता से लाभ उठाकर अहंकार-तुष्टि का अभ्यास पड़ता है। पहुँचे हुए सिद्ध या ब्रह्मदर्शी बनने वाले बहुत से साधु शास्त्रों की सुनी सुनाई बातों को--उनकी कुछ अगाड़ी पिछाड़ी खोल-पहेली के रूप में करके गँवारों को चकित किया करते हैं। यह प्रवृत्ति शिक्षितों और पढ़े लिखे लोगों में और भी अनर्थ खड़ा करती है। यदि कोई व्यक्ति अभिज्ञानशाकुंतल की आध्यात्मिक व्याख्या करे, मेघ की यात्रा को जीवात्मा

का परमात्मा में लीन होने का साधनपथ बताए, तो कुछ लोग तो विरक्ति से मुँह फेर लेंगे, पर बहुत से लोग आँखें फाड़कर काष्ठकौशिक की तरह ताकते रह जायेंगे।

कौन कविता सच्ची रहस्यभावना को लेकर चली है और कौन वादग्रस्त आडंबर मात्र है, यह पहचानना कुछ कठिन नहीं है। ऊपर जो पहचान बताई गई है यह वर्ण्य वस्तु (मैटर) के संबंध में है। वर्णन प्रणाली (फार्म)की कुछ पहचान आगे कहीं जायेगी।

एक ही कवि कभी वादग्रस्त होकर आने को लोक से परे प्रकट करने का शब्द प्रयत्न करता है, कभी भाव की स्वच्छ भूमि पर विचरण करता है। वही अबरक्रोंबे जो कभी वादग्रस्त होकर 'चेतना नामक कोने से बाहर' की बात कहने जाता है, जब लोकवादी (ह्यूमैनिटेरिअन) के रूप में हमारे सामने आता है, विशुद्ध काव्यदृष्टि का प्रमाण देता है, तब उसकी सचाई में संदेह करने की ओर जगह नहीं रह जाती। यही बात श्री रवीन्द्रनाथ ठाकुर के संबंध में भी ठीक समझनी चाहिए। उनकी रहस्यवाद की वे ही कविताएँ स्मरणीय हैं जो लोकपक्षसमन्वित हैं, जैसे, 'गीतांजलि' का यह पद--

जो कुछ दे हमें उसी से काम हमारा सरता है।
कभी न होती उसमें कुछ वह पीछे तुझपर फिरता है।
सरिताएँ सब बहती बहती जग हित आतीं जातीं।
अविच्छिन्न धारा से तेरे पद धोने को फिर आतीं।
सभी कुसुम अपने सौरभ से सकल सृष्टि को महकाते।
तेरी पूजा में वे अपना महायोग हैं रच पाते।
जग वंचित हो जिससे ऐसी तेरी पूजनवस्तु नहीं।
जग हित में आई न वस्तु जो तव पूजन की नहीं, नहीं।

'तू ने मुझे असीम बनाया है' ऐसी कविताओं में यह बात नहीं है। इस ढंग की कविताओं के स्वरूप का कुछ उद्‌घाटन स्वर्गीय द्विजेंद्रलाल राय ने अपनी समीक्षाओं में किया था।

भारतीय काव्यदृष्टि के निरूपण में हम दिखा चुके हैं कि भारतवर्ष में कविता इस गोचर अभिव्यक्ति को लेकर ही बराबर चलती रही है और यह अभिव्यक्ति उसकी प्रकृत भूमि है। मनुष्य के ज्ञानक्षेत्र के भीतर ही उसका संचार होता है। 'चेतना के कोने के बाहर' न वह झाँकने जाती है, न जा ही सकती है। वही पर हम यह भी कह चुके हैं कि अभिव्यक्ति के क्षेत्र में स्थिर और निर्विशेष (स्टैटिक ऐंड ऐब्सोल्यूट) सौंदर्य या मंगल कही नहीं है। वह

केवल किसी वाद के भीतर ही मिल सकता है। अभिव्यक्ति के क्षेत्र में गत्यात्मक सौंदर्य गत्यात्मक मंगल ही है। सौंदर्यमंगल की यह गति नित्य है। गति की यही नित्यता जगत् की नित्यता है। रवीन्द्र बाबू के दोस्त ईट्स एक ओर कट्टर देशभक्त और आयरलैंड की अनन्य आराधना प्रवर्तित करने वाले हैं, दूसरी ओर ब्लेक के सांप्रदायिक और सैद्धांतिक रहस्यवाद का पूरा समर्थन करने वाले। वे भी जब वादमुक्त होकर काव्य की शुद्ध सामान्य भूमि पर आए हैं तब भारतीय दृष्टि के अनुसार सापेक्ष गत्यात्मक (डाइनैमिक) सौंदर्य की नित्यता और अनंतता का अनुभव करते हैं। अपनी 'गुलाब' शीर्षक कविता में एक स्थान पर वे साफ कहते हैं--

रेड रोज, प्राउड रोज, सैंड रोज आव आल माइ डेजन!

कम नियर, दैट नो मोर ब्लाइंडेड बाइ मैन्स फेट,
आइ फाइंड अंडर दि बाउज आव् लव ऐंड हैड हेट,
इन आल पुअर फूलिश थिंग्ज दैट लिव ए डे,
एटर्नल ब्यूटी वांडरिग आन हर वे।

'लाल गुलाब, गर्वीले गुलाब, मेरे सब दिन के उदास गुलाब! पास आओ, जिसमें मनुष्य की गति देखकर मुझमें जो अंध.पन आ जाता है वह दूर हो और मैं राग और द्वेष की नाना शाखाओं के तले बैठे हुआ बेचारी इन सब क्षण भर रहने वाली मुग्ध वस्तुओं में अनंत सौंदर्य की अनंत गति का दर्शन करूँ।'

कविता के मूल में भाव या मनोविकार ही रहते हैं, काव्य की आत्मा रस ही है, यह बात इतनी पुरानी पड़ गई है कि नवीनता के बहुत से अभिलाषी तथ्यातथ्य की बहुत परवा छोड़, इसके स्थान पर कोई और बात कहने का प्रयत्न करने आ रहे हैं। जगन्नाथ पंडितराज ने रस के स्थान पर 'अर्थ की रमणीयता' ग्रहण की; पर रमणीयता भी रसात्मक से संबंद्ध है। मन का रमना किसी भाव में लीन होना ही है। हृदय के प्रभावित होने का नाम ही रसानुभूति है। विलायती साहित्य में 'कल्पना' शब्द की बड़ी धूम देख कुछ लोग कभी-कभी कह देते हैं कि 'रसात्मक वाक्य काव्य होता है' इस लक्षण में कल्पना पक्ष बिल्कुल छूट गया है, केवल भावपक्ष (इमोशन) आया है। पर जो लोग रसपद्वति को अच्छी तरह समझते हैं और आधुनिक मनोविज्ञान द्वारा निरूपित भाव (इमोशन, सेंटिमेंट) के स्वरूप से भी परिचित हैं, उनके निकट इस कथन का कोई अर्थ नहीं है, वह एक वृत्तिचक्र (सिस्टम) है जिसके अन्तर्गत

प्रत्यय (काग्निशन), अनुभूति (फीलिंग), इच्छा (कोनेशन), गति या प्रवृत्ति (टेंडेसी), शरीरधर्म (सिस्टम्स), सबका योग रहता है। हमारे यहाँ रस निष्पन्न करने वाली पूर्ण भावपद्धति में ये सब अवयव रखे हुए हैं। विभावों और अनुभावों की प्रतिष्ठा कवि की कल्पना द्वारा ही होती है। और श्रोता या पाठक भी उनकी मूर्ति या रूप का ग्रहण अच्छी कल्पना के बिना पूरा-पूरा नहीं कर सकता। विभाव और अनुभाव कल्पनासाध्य हैं।

किसी भाव की रसात्मक प्रतीति उत्पन्न करने के लिये कविकर्म के दो पक्ष होते हैं—अनुभावपक्ष और विभावपक्ष। अनुभावपक्ष में आश्रय के रूप, चेष्टा और वचन का और विभावपक्ष में अलंबन के रूप, चेष्टा और वचन का विन्यास होता है। इस दृष्टि से शृंगाररस में स्त्रियों के जो हाव या अलंकार माने गए हैं वे विभावपक्ष के अंतर्गत होंगे, अनुभाव पक्ष के नहीं। नायिकाओं में अलंकार की योजना उनकी मनमोहकता बढ़ाने के लिये—उन्हें और मनोहर रूप प्रदान करने के लिये होती है, भाव की व्यंजना के उद्देश्य से नहीं। नायिका की आलंबन मानकर, उद्दीपन की दृष्टि से ही, उसमें उन चेष्टाओं का विधान होता है जो हाव और अलंकार कहलाती हैं। अनुभाव और विभाव दोनों पक्षों के विधान के लिये भी और सम्यक् ग्रहण के लिये भी कल्पना शक्ति अपेक्षित है। विधान के लिए कवि में 'विधायक कल्पना' अपेक्षित होती है और सम्यक् ग्रहण के लिये पाठक या श्रोता में 'ग्राहक कल्पना'।

रसात्मक प्रतीत एक ही प्रकार की नहीं होती। दो प्रकार की अनुभूति तो लक्षणग्रंथों की रसपद्धति के भीतर ही, सूक्ष्मता से विचार करने से मिलती है। भारतीय भावुकता काव्य के दो प्रकार के प्रभाव स्वीकार करती है--

(1) जिस भाव की व्यंजना हो उसी भाव में लीन हो जाना।

(2) जिस भाव की व्यंजना हो उसमें लीन न होना; पर उसकी व्यंजना की स्वाभाविकता और उत्कर्ष का हृदय से अनुमोदन करना।

दूसरे प्रकार के प्रभाव को मध्यम स्थान प्राप्त है। पूर्णरस की अनुभूति प्रथम प्रकार का प्रभाव है। जिन्हें साहित्य में स्थायी भाव कहते हैं केवल उन्हीं की अनुभूति पूर्णरस के रूप में होती है। वे ही ऐसे भाव हैं जो व्यंजित होने पर पाठक या श्रोता के हृदय में भी उत्पन्न होते हैं। यह नहीं है कि चाहे जिस भाव का विभाव, अनुभाव और संचारी द्वारा विधान किया जाय, वह पूर्णरस के रूप में अनुभूत होगा। असूया या व्रीड़ा को यदि हम स्वतंत्र भाव के रूप में लेकर उसका विभाव, अनुभाव, और संचारी के द्वारा वर्णन करें, तो भी सुनने वाले को ईर्ष्या या लज्जा का अनुभव न होगा। इनकी अच्छी से अच्छी

व्यंजना को भी वह उसी रूप में ग्रहण करेगा कि 'हाँ! बहुत ठीक है। ईर्ष्या या क्रीड़ा में ठीक ऐसे ही वचन मुँह से निकलते हैं, ऐसी ही चेष्टाएँ होती हैं, ऐसी ही वृत्ति हो जाती है। सारांश यह कि श्रोता या पाठक भाव की व्यंजना का अनुमोदन मात्र करेगा; उस भाव की अनुभूति में मग्न न होगा।

पूर्णरस की अनुभूति-अर्थात जिस भाव की व्यंजना हो उसी भाव में लीन हो जाना-क्यों उत्तम या श्रेष्ठ है, इसका भी कुछ विवेचन कर लेना चाहिए। काव्यदृष्टि में जब हम जगत् को देखते हैं तभी जीवन का प्रकृत रूप प्रत्यक्ष होता है। जहाँ व्यक्ति के भावों के पृथक् विषय नहीं रह जाते, मनुष्यमात्र के भावों के आलंबनों में हृदय लीन हो जाता है, जहाँ हमारी भावसत्ता का सामान्य भावसत्ता में लय हो जाता है, वही पुनीत रसभूमि है। आश्रय के साथ वह तादात्म्य, आलंबन का वह साधारणीकरण, जो स्थायी भावों में होता है, दूसरे भावों में-चाहे वे स्वतंत्र रूप में भी आएँ-नहीं होता। दूसरे भावों की व्यंजना का हम अनुमोदन मात्र करते हैं। इस अनुमोदन में भी रसात्मकता रहती है, पर उस कोटि की नहीं।

आश्रय के साथ तादात्म्य और आलंबन के साथ साधारणीकरण सर्वत्र व्यंजना की प्रगल्भता और प्रचुरता पर ही अवलंबित नहीं होता। या तो आलंबन स्वभावतः ऐसा हो, या उसका चित्रण इस रूप में हो, अथवा लोक में उसकी ख्याति ऐसी हो कि वह मनुष्यमात्र के किसी भाव को आकर्षित कर सके तभी पूर्ण रसानुभूति के उपयुक्त साधारणीकरण होगा। अधिकतर कविता स्वभावतः अत्यंत सामान्य आकर्षण वाले विषयों या आलंबनों को लेकर होती है। दांपत्य प्रेय या शृंगार की कविता की अधिकता का एक यह भी कारण है कि अत्यंत सामान्य रूप में उनका आलंबन पुरुष के लिये स्त्री, स्त्री के लिये पुरुष-मनुष्य क्या प्राणिमात्र को आकर्षित करता है। उसकी आलंबनता स्त्री जाति और पुरुष जाति के बीच नैसर्गिक आकर्षण की बड़ी चौड़ी नींव पर ठहरी है। यहाँ तक कि वर्णन न होनें पर भी उनका आक्षेप सहज में हो जाता है। दूसरे भावों के आलंबनों में कुछ विशिष्टता अपेक्षित होती है, पर साधारणीकरण शीघ्र हो जाता है। क्रोध के आलंबन का साधारणीकरण सब दशाओं में नहीं होता। यह आवश्यक नहीं है कि सर्वत्र आश्रय के क्रोध का पात्र मनुष्य मात्र के क्रोध का पात्र हो। रौद्र रस में आलंबन का साधारणीकरण पूरा-पूरा तभी हो सकता है जबकि वह अपनी क्रूरता, अन्याय, अत्याचार आदि के कारण मनुष्यमात्र के क्रोध का पात्र बनाया जा सके।

पूर्णरस में लीन करने वाले वाग्विधान में भी यह बात देखी जाती है कि जहाँ वह धारा के रूप में कुछ दूर तक चलता है वहीं पूरी तन्मयता प्राप्त होती है। जहाँ सहृदय और सुकंठ कथावाचक सहस्त्रों श्रोताओं को किसी भाव में बहुत देर तक मग्न किए रहते हैं, वहाँ भेदभूमि से परे एक सामान्य हृदयसत्ता की झलक दिखाई पड़ती है। भावों का ऐसा ही अभ्यास शीलनिर्माण में सहायक होता है। रामायण, भागवत आदि की कथा सुनाकर लौटै हुए लोगों के हृदयों पर भावों का कुछ प्रभाव कुछ काल तक रहता है। खेद है कि हृदय के व्यायाम और परिष्कार के लिये जो संस्थाएँ हमारे समाज में प्रतिष्ठित थीं उनकी ओर से हम उदासीन हो रहे हैं।

मुक्त कविताओं में इस प्रकार मग्न करने वाली रसधारा नहीं चलती, छींटे उछलते हैं। उनका प्रभाव क्षणिक, अतः अधिकतर मनोरंजन या दिलबहलाव के रूप में होता है। राजाओं की सभा में जाकर जब से कवि लोग उनके मनबहलाव का काम करने लगे तब से हमारे साहित्य में उक्तिवैचित्यपूर्ण मुक्तकों का प्रचार बढ़ने लगा। भोज ऐसे राजाओं के सामने बात बनाने वाले पद्यकार बातों की फुलझड़ी छोड़कर लाखों रूपये पाने लगे। जब क्षणिक मनोरंजन या दिल बहलाव मात्र उद्देश्य रह गया तब कुछ अधिक कुतूहलवर्धक सामग्री अपेक्षित हुई। फ़ारसी की महफिली शायरी का-सा ढंग यहाँ की कविता ने भी पकड़ा। पर फ़ारसी की शायरी अत्युक्तिपूर्ण होने पर भी संवेदनात्मक रही, उसमें भाव पक्ष की प्रधानता रही। किंतु यहाँ बाहरी आडम्बरों की अधिकता हुई; हृदयपक्ष बहुत कुछ दब गया, फुटकल कविता अधिकतर सूक्ति रूप में आ गई।

इसी संबंध में लगे हाथों यह भी विचार कर लेना चाहिए की रीति, लक्षणा, अलंकार आदि काव्य में किस रूप में सहायक हो सकते हैं और किस रूप में बाधक। पहली बात तो ध्यान देने की यह है कि लक्षणग्रंथों के बनने के बहुत पहले से कविता होती आ रही थी। उन्हीं कविताओं को लक्ष्य करके लक्षण बनाए गए। इससे स्पष्ट है कि वाक्य की रचना उन पर अवलंबित नहीं। ये लक्षण आदि वास्तव में काव्य चर्चा की सुगमता के लिये बने। पर बहुत-सी काव्यरचना हमारे यहाँ इन्हीं लक्षणों के भीतर आ जाने को ही सब कुछ मानकर होने लगी। कुछ सजीवता न रहने पर भी श्लेष, यमक, उपमा, उत्प्रेक्षा इत्यादि की कसी हुई भरती, तथा विभाव, अनुभाव और संचारी की रस्मअदाई पर ही वाह-वाह करने की चाल पड़ गई। कुछ-कुछ इसी प्रकार की दशा जब योरप में हुई और किसी काव्य की उत्तमता का निर्णय साहित्य की बँधी हुई रीतिविधि के अनुसार होने लगी तब प्रभाववादी

(इंप्रेशनिस्ट्स) उठ खड़े हुए, जिन्होंने सुझाया कि किसी काव्य की उत्तमता की सच्ची परख यही है कि वह हृदय पर कैसा प्रभाव डालता है, उससे किस प्रकार की अनुभूति उत्पन्न होती है।

प्रभाववादियों के अनुसार किसी वाक्य की ऐसी आलोचना कि 'यहाँ पद्य का निर्वाह बहुत अच्छा हुआ है, यहाँ गतिभंग है, यहाँ रसविरोध है, यहाँ पूर्णरस है, यहाँ च्युतसंस्कृति या पतत्प्रकर्ष है' कोई आलोचना नहीं। मान लीजिए कि कोई सुंदर काव्य हमारे सामने है। उसे पढ़ने में हमें आनंद की गहरी अनुभूति हो रही है। बस यही हमारा आनंद ही हमारा निर्णय है! इससे बढ़कर और निर्णय क्या हो सकता है? इसके आगे हम बहुत करेंगे तो उस आनंद की विवृत्ति करेंगे कि उक्त काव्य का हमारे हृदय पर यह प्रभाव पड़ता है, उससे यह अनुभूतियाँ उत्पन्न होती हैं। यह ठीक है कि दूसरे लोग उसी काव्य से दूसरे प्रकार की अनुभूतियाँ प्राप्त करेंगे और उन्हें और ही ढंग से प्रकट करेंगे। करें; प्रत्येक सहृदय को अधिकार है कि वह उसके संबंध में अपनी अनुभूतियाँ प्रकट करे। इस प्रकार एक ही काव्य पर भिन्न भिन्न प्रकार के और कई कला ग्रंथ तैयार हो जायेंगे। वे सब ग्रंथ उस काव्य से और ही वस्तु होंगे, यह अवश्य है। पर यही आलोचना कला है। इसके आगे आलोचना जायगी कहाँ?

प्रभाववादी के उपर्युक्त कथन पर यदि कोई कहे तो कह सकता है कि 'हमें तुमसे प्रयोजन नहीं, उस काव्य से है। तुम्हारे भीतरी स्वास्थ्य को जानने में हमें उस काव्य के रसानुभव में क्या सहायता पहुँचेगी। तुम्हारी आलोचना तो हमारा ध्यान उस काव्य पर से हटाकर तुम पर और तुम्हारी अनुभूतियों पर ले जाती है।' इस पर शायद वह यह कहे कि 'इसी प्रकार तो और ढंग की समालोचनाएँ—निर्णयात्मक (ज्यूडिशल), ऐतिहासिक (हिस्टारिकल), मनोवैज्ञानिक (साइकोलाजिकल) इत्यादि[1] भी ध्यान हटाती है। यों यह वाद-प्रतिवाद और भी आगे बढ़ सकता है। पर हम समझते हैं कि उसे यहाँ पर आकर रुक जाना चाहिए कि समालोचना के लिये विद्वता और प्रशस्त रुचि दोनों अपेक्षित हैं। न रुचि के स्थान पर विद्वता काम कर सकती है और न विद्वता के स्थान पर रुचि। अतः विद्वता से संबंध रखने वाली निर्णयात्मक आलोचना (ज्यूडिशल क्रिटिसिज्म) और रुचि से सम्बन्ध रखने वाली प्रभावात्मक समीक्षा दोनों आवश्यक हैं। एक पुरुष है, दूसरी स्त्री। एक सक्रिय

1. इन सब प्रकार की आलोचनाओं के विवरण के लिये देखिए हमारा 'हिन्दी साहित्य का इतिहास' (पुस्तकाकार संस्करण)।

है, दूसरी निष्क्रिय, एक प्रतिष्ठित आदर्श को लेकर किसी काव्य की परीक्षा में प्रवृत्त होता है और उसके प्रभाव में न आकर अपनी क्रिया में तत्पर रहता है दूसरा उस काव्य के प्रभाव को चुपचाप ग्रहण करती हुई उसी में मग्न हो जाती है।'

यह तो आवश्यक है कि काव्य में अनुभूति या प्रभाव ही मुख्य है। पर इस अनुभूति को एक हृदय से दूसरे हृदय तक पहुँचाना रहता है अतः साधनों की अपेक्षा होती है। निर्णयात्मक आलोचना इन साधनों की उपयुक्तता की दृष्टि से परीक्षा करती है कि जब साधन ही ठीक न होंगे तब सिद्ध कहाँ से हो सकता है। प्रभावात्मक आलोचना केवल यही कहती है कि साध्य सिद्ध हो गया है कि यदि एक और साधन के संबंध में जो रीति, लक्षण, नियम आदि बने हैं उनमें पूर्णता होगी और दूसरी ओर आलोचना के समय यदि हृदय लोक सामान्य भाव भूमि पर सदा पहुँच जाया करता-अपनी विशेष प्रकृति से बद्ध न रहता तो इन दोनों प्रकार की आलोचनाओं में कोई झगड़ा न होता। पर ऐसा प्रायः होता है कि एक का निर्णय दूसरी के अनुमोदन से भिन्न पड़ता है। हृदय और बुद्धि दोनों के साथ चलने से ही इन दोनों का सामंजस्य हो सकता है। सभ्य और शिक्षित समाज में निर्णयात्मक आलोचना का व्यवहारपक्ष भी है। उसके द्वारा साधनहीन अधिकारियों की यदि कुछ रोकटोक न रहे तो साहित्यक्षेत्र कूड़ा करकट से भर जाये।

जैसा कि हम पहले कह आए हैं। साहित्य के शास्त्रपक्ष की काव्य-चर्चा की सुगमता के लिये माननी चाहिए, रचना के प्रतिबंध के लिये नहीं। इस दृष्टि से जब हम अपने साहित्यशास्त्र को देखते हैं तब उसकी अत्यंत व्यापक और प्रौढ़ व्यवस्था स्वीकार करनी पड़ती है। शब्दशक्ति और रसपद्धति का निरूपण तो अत्यंत गंभीर है। उसकी तह में एक ऐसे स्वतंत्र और विशाल भारतीय समीक्षाभवन के निर्माण की संभावना छिपी हुई है जिसके भीतर लाकर हम सारे संसार के सारे साहित्य की आलोचना अपने ढंग पर कर सकते हैं।[2]

---

2. इन ऐव्री इज इंप्रेशनिज्म (आर एंजायमेंट) एंड डायमैटिज्म (आर जजमेंट) हैव ग्रैपल्ड विद वन ऐनदर। दे आर दि टू सेक्सेज आव क्रिटिसिज्म; दि मैस्क्युलिन क्रिटिसिज्म, दैट मे आर में नाट फोर्स इट्स ओन स्टेंडर्ड आन लिटरेचर, बट दैट नेवर; ऐंट आल ईवेंट्स इज डामिनेटेड बाइ दि आब्जेक्ट आव इट्स स्टडीज, ऐंड दि क्रेमिनिन क्रिटिसिज्म, दैट रेस्पांड्स टु दि ल्योर आव आर्ट विद ए काइंड आव पैसिव एक्स्टैंसी।
—जे.ई. स्पिनगर्न, दि न्यू क्रिटिसिज्म।

कई प्रकार के साहित्यवाद—साहित्य के बाहर के 'वाद' नहीं—हमारे यहाँ भी चले हैं; जैसे, रसवाद, अलंकारवाद, ध्वनिवाद, रीतिवाद इत्यादि। बहुत से बालरुचि वाले चमत्कारवादी कवि भी हुए हैं और आचार्य भी। नारायण पंडित ने तो यहाँ तक कह डाला है कि—

रसे सारश्चमत्कारः सर्वत्राप्यनुभूतये।
तच्चमत्कारसारत्वे सर्वत्राप्यद्भुतो रसः॥

'जबकि रस में चमत्कार ही सार है, काव्य में सर्वत्र अनूठापन ही अच्छा लगता है तब सर्वत्र अद्भुतरस ही क्यों न कहा जाय?' पंडित जी ने इस बात पर ध्यान न दिया कि रस के भेद प्रस्तुत वस्तु या भाव के विचार से किए गए हैं; अप्रस्तुत या साधन के विचार से नहीं। शृंगाररस की किसी उक्ति में उनके शब्दविन्यास आदि में जो विचित्रता होगी, प्रस्तुत वस्तु या भाव की नहीं। अद्भुतरस के लिये स्वतः आलंबन विचित्र या आश्चर्यजनक होना चाहिए। शृंगार का वर्णन कौतुकी कवि लोग कभी-कभी वीररस की सामग्री अलंकार रूप में रखकर किया करते हैं। क्या ऐसे स्थलों पर शृंगाररस न मानकर वीररस मानना चाहिए?

उक्ति वैचित्र्य या अनूठेपन पर जोर देने वाले हमारे यहाँ भी हुए हैं और योरप में भी आजकल बहुत जोर पर हैं, जो कहते हैं कि कला या काव्य में अभिव्यंजना (एक्सप्रेशन, ही सब कुछ है, जिसकी अभिव्यंजना की जाती है वह कुछ नहीं इस मत के प्रधान प्रवर्तक इटली के क्रोचे महोदय हैं। अभिव्यंजनावादियों (एक्सप्रेशनिस्ट्स) के अनुसार जिस रूप में अभिव्यंजना होती है उससे भिन्न अर्थ आदि का विचार कला में आवश्यक है। जैसे वाल्मीकि रामायण से की इस उक्ति में-

न स संकुचितः पन्था येन बाली हतो गतः।

कवि का कथन यही वाक्य है, यह नहीं कि 'जिस प्रकार बाली मारा गया उसी प्रकार तुम भी मारे जा सकते हो।' एक और नया उदाहरण लीजिए। यदि हम पर कभी कविता करने की सनक सवार हो और हम कहें कि-

भारत के फूटे भाग्य के टुकड़ो!जुड़ते क्यों नहीं?

तो हमारा कहना यही होगा, यह नहीं कि 'हे फूट से अलग हुए अभागे भारतवासियों! एकता क्यों नहीं रखते? यदि तुम एक हो जाओ तो भारत का भाग्योदय हो जाय।'

अभिव्यंजनावादियों के काव्यसंबंधी उपर्युक्त कथन में जो वास्तविक तथ्य है उसकी ओर हमारे यहाँ के आचार्यों ने अपने इस ढंग पर पूरा ध्यान दिया है। रसवादियों ने रस को और ध्वनिवादियों ने काव्य वस्तु को व्यंग्य कहा है। उनके अनुसार रस की या वस्तु की व्यंजना होनी चाहिए, अभिधा द्वारा सीधे कथन नहीं। 'रस व्यंग्य होता है' यह कथन कुछ भ्रामक अवश्य है। इससे यह भ्रम होता है कि जिस भाव की व्यंजना होती है वही भाव रस है। वही बात वस्तुव्यंजना के संबंध में भी समझिए। 'व्यंजना में अर्थात् व्यंजक वाक्य में रस होता है' यही कहना ठीक है और यही समझा ही जाता है। केशव की यह उक्ति लीजिए।-

क्रूर कुठार निहारि तज्यो, फल ताको यहै जो हियो जरई।
आजु ते तो कहँ, बंधु! महाधिक, क्षत्रिन पै जो दया करई॥

यह उक्ति ही कविता है; न कि 'परशुराम' ने क्रोध किया' यह व्यंग्य या अभिप्राय। व्यंजक वाक्य ही काव्य होता है; व्यंग्य भाव या वस्तु नहीं। 'व्यंग्य' शब्द के प्रयोग में कहीं गड़बड़ी होने पर भी इस बात को सब लोग जानते हैं। पर इसका मतलब यह नहीं कि व्यंग्य अर्थ या लक्ष्य अर्थ का कोई विचार ही नहीं होता। व्यंजक या लक्षक वाक्य का जब तक व्यंग्यार्थ या लक्ष्णार्थ के साथ सामंजस्य न होगा तब तक यह उन्मत्त प्रलाप या जान-बूझकर खड़ा किया हुआ धोखा ही होगा।

अभिव्यंजनावाद अनुभूति या प्रभाव का विचार छोड़ केवल वाग्वैचित्र्य को पकड़कर चला है; पर वाग्वैचित्र्य का हृदय की गंभीर वृत्तियों से कोई संबंध नहीं है। यह केवल कुतूहल उत्पन्न करता है। अभिव्यंजनावाद के अनुसार ही यदि कोई कविता बनने लगे तो उसमें विलक्षण वाक्यों के ढेर के सिवा और कुछ न कुछ होना चाहिए-न विचारधारा, न भावों की रसधारा। पर इस प्रकार की ऊटपटांग कविता योरप में भी न बनी है, न बनती है।

योरप के समीक्षा क्षेत्र में उठते रहने वाले वादों के संबंध में यह बात पक्की समझनी चाहिए कि वे एकांगदर्शी होते हैं वे या तो प्रतिवर्तन (रिएक्शन) के रूप में अथवा प्रचलित मतों में कुछ अपनी विलक्षणता या नवीनता दिखाने की झोंक में जोर शोर के साथ प्रकाशित किए जाते हैं, इससे उनमें अत्युक्ति की मात्रा बहुत अधिक होती है। वे प्रायः अव्याप्ति या अतिव्याप्तिग्रस्त होते हैं। अपनी कसौटी पर बिना उनकी कड़ी परीक्षा किए उनका राग अलापना अंधेपन का प्रचार करना है। 'प्रभाववाद' (इंप्रेशनिज्म)

और 'अभिव्यंजनावाद' (एक्सप्रेशनिज्म) दोनों की एकांगदर्शिता ऊपर के विवरणों से स्पष्ट है। यही स्वरूप वहाँ के और वादों का भी समझिए।

हमारे यहाँ के पुराने ध्वनिवादियों के समान आधुनिक 'अभिव्यंजनावादी' भी भावव्यंजना और वस्तुव्यंजना दोनों में काव्यतत्त्व मानते हैं। उनके निकट अनूठे ढंग से की हुई वस्तुव्यंजना भी काव्य है। इस संबंध में हमारा यही वक्तव्य है कि अनूठी उक्ति काव्य तभी हो सकती है जबकि उसका संबंध-कुछ दूर का सही-हृदय के किसी भाव या वृत्ति से होगा। मान लीजिए कि अनूठे भंग्यंतर से कथित किसी लक्षणापूर्ग उक्ति में सौंदर्य का वर्णन है। उस उक्ति में चाहे कोई भाव सीधे-सीधे व्यंग्य न हो, पर उसकी तह में सौंदर्य को ऐसे अनूठे ढंग से कहने की प्रेरणा करने वाला रतिभाव या प्रेम छिपा हुआ है। जिस वस्तु या सुंदरता के वर्णन में हम प्रवृत्त होंगे वह हमारे रतिभाव का आलंबन होगी। आलंबन मात्र का वर्णन भी रसात्मक माना जाता है और वास्तव में होता है।

योरप का यह 'अभिव्यंजनावाद' हमारे यहाँ के पुराने 'वक्रोक्तिवाद'-वक्रोक्ति काव्यजीवितम्—का ही नया रूप, विलायती उत्साह है। अंतर इतना ही है भंग्यंतर के लिये हमारे यहाँ व्यंजना का अधिक सहारा लिया जाता है और योरप में लक्षणा का। योरप की भाषाओं में लाक्षणिक चपलता अधिक होती है। अनूठेपन का वाक्य में क्या स्थान है, यह बात अब विचार करने के लिये सामने आती है।

जगत् की नाना वस्तुओं, व्यापारों और बातों को ऐसे रूप में रखना कि वे हमारे भावचक्र के भीतर आ जाय, यही काव्य का लक्षण होता है। विश्व की अनंनता के बीच जिस प्रकार ज्ञान अपना प्रसार चाहता है, उसी प्रकार हृदय भी। वह भी अपने रमने के लिए नई भूमि चाहता है। अनूठापन कहीं तो किसी भाव या मनोवृत्ति की व्यंजना में अर्थात् जिन वाक्यों में उस भाव की व्यंजना होती है उनमें और कहीं उस वस्तु या तथ्य में ही जिसकी ओर कवि अपने चित्रण कौशल में भाव को प्रवृत्त करता है, होता है। सुबीते के लिये एक को को हम भावपक्ष का अनूठापन कह सकते हैं, दूसरे को विभावपक्ष का।

अनूठापन काव्य के नित्य स्वरूप के अंतर्गत नहीं है, एक अतिरिक्त गुण है जिसमें मनोरंजन की मात्रा बढ़ जाती है। इसके बिना भी तन्मय करने वाली कविता बराबर हुई है और होती है। पद्माकर की इस सीधी सादी उक्ति में—'नैन नचाय कह्यो मुसकाय, लला फिर आइयो खेलन होरी'—पूरी रमणीयता है जो लोग मनोरंजन को ही—किसी भाव में लीन होने होने को नहीं—काव्य

का मरम समझते हैं, वे सब जगह कुछ कुतूहल की सामग्री ढूँढते हैं। पर काव्य केवल कुतूहल उत्पन्न करने वाली वस्तु नहीं है भिन्न-भिन्न भावों में लीन करने वाली रमाने वाली वस्तु है। अतः वही वक्रोक्ति (वक्रोक्ति अलंकार नहीं, उक्ति का बाँकपन या अनूठापन); वही वचनभंगी जो किसी न किसी भाव या मनोवृत्ति द्वारा प्रेरित होगी, काव्य के अंतर्गत होगी ऐसी वस्तुव्यंजना जिसके तह में कोई भाव न हो, चाहे कितने ही अनूठे ढंग से की गई हो, चाहे उसमें कितना ही लाक्षणिक चमत्कार हो, प्रकृत कविता न होगी, सूक्ति मात्र होगी। सारांश यह कि भाव या मनोविकार की नींव पर कविता की इमारत खड़ी हो सकती है। कुतूहल भी एक मनोवृत्ति है, पर वह अकेले काव्य का आधार नहीं हो सकती। तमाशा देखना और कविता सुनना एक ही बात नहीं है।

इस 'अभिव्यंजनावाद' के प्रभाव से मूर्तविधान का बड़ा ही दुरूपयोग होने लगा है। अंग्रेजी में तो कम बंगला में—जो हर एक विलायती ताल सुर पर नाचने के लिए तैयार रहती है—यह बात बहुत भद्दी हद तक पहुँची। कहीं लालसा मधुपात्र लिए हृतंत्री के नीरव तार झनझना रही है; कहीं स्मृतिवेदना करवटें बदलकर आँखें मल रही है। इत्यादि इत्यादि। इस प्रकार लड़कों के खेल से निराधार विधान वहाँ चल पड़े, जिनकी नकल हिंदी में भी बड़ी धूम से हो रही है। 'छायावाद' समझकर जो कविताएँ हिंदी में लिखी जाती हैं उनमें से अधिकांश का 'छायावाद' या 'रहस्यवाद' से कोई संबंध नहीं होता। उनमें से कुछ तो विलायती 'अभिव्यंजनावाद' के आदेश पर रची हुई बँगला कविताओं की नकल पर, और कुछ अंगरेजी कविताओं के लाक्षणिक चमत्कारपूर्ण वाक्य शब्द-प्रतिशब्द उठाकर जोड़ी जाती हैं। इनके जोड़ने वाले यह नहीं जानते कि 'छायावाद' या 'रहस्यवाद' शब्द काव्यवस्तु (मैटर) का सूचक हैं, अतः जहाँ काव्यवस्तु में कोई 'वाद' नहीं है, केवल व्यंजनाशैली के वैचित्र्य का अनुकरण है, वहाँ 'अभिव्यंजनावाद' की नकल है। यह नकल-जैसे और सब नकल—बँगला में शुरू हुई। अतः हिंदी वालों में कुछ बेचारे तो बंग पदावली के अवतरण से ही संतुष्ट रहते हैं और कुछ-जिन्हें अंगरेजी का भी थोड़ा बहुत परिचय रहता है-सीधे अँगरेजी से, जहाँ से बंगाली लेते हैं, लाक्षणिक पदावली उठाया करते हैं। यही कारण है कि उनकी रचनाओं में उस अन्विति (यूनिटी) का सर्वथा अभाव रहता है। जिसके बिना कला की कोई कृति खड़ी ही नहीं हो सकती। इधर-उधर से बटोरे वाक्यों का एक असंश्लिष्ट और असंबद्ध ढेर-सा लगा दिखाई पड़ता है। बात यह है कि अपनी किसी अनुभूति, भावना या तथ्य की व्यंजना के लिये अपने उद्भावित वाक्य ही एक में समन्वित हो सकते हैं।

भिन्न-भिन्न देशों की प्रवृत्ति की पहचान यदि हम काव्य के भाव और विभाव दो पक्ष करके करते हैं तो बड़ी सुगमता हो जाती है। 'भाव' से संवेदना होती है। भारतीय साहित्य में दोनों पक्षों का सम विधान पाया अभिप्राय संवदेना के स्वरूप की व्यंजना से है; विभाव से अभिप्राय उन वस्तुओं या विषयों के वर्णन से है जिनके प्रति किसी प्रकार का भाव या संवेदना होती है। भारतीय साहित्य में दोनों पक्षों का समविधान पाया जाता है। वन, पर्वत, नदी, निर्झर, मनुष्य, पशु, पक्षी इत्यादि जगत् की नाना वस्तुओं का वर्णन आलंबन और उद्दीपन दोनों की दृष्टि से होता रहा है। प्रबंध काव्यों में बहुत से प्राकृतिक वर्णन आलंबन रूप में है। कुमारसंभव के आरंभ का हिमालयवर्णन और मेघदूत के पूर्वमेघ का नाना-प्रदेश-वर्णन उद्दीपन की दृष्टि से नहीं कहा जा सकता। इन वर्णनों में कवि ही आश्रय है जो प्राकृतिक वस्तुओं के प्रति अपने अनुराग के कारण उनका रूप विवृत करके अपने सामने भी रखता है और पाठकों के भी। जैसा पहले कहा जा चुका है, केवल आलंबन का वर्णन भी रसात्मक होता है। नखशिख वर्णनों में आलंबन के रूप का वर्णन रहता है पर वे रसात्मक होते हैं। विभाव के समान भावपक्ष का भी पूरा विधान हमारे यहाँ मिलता है। उक्ति, चेष्टा और शरीरधर्म तीनों प्रकार के अनुभावों द्वारा भावों की व्यंजना होती आई है।

फारस की शायरी भाव-पक्ष-प्रधान है। उसमें विभाव पक्ष का विधान नहीं या नहीं के बराबर हुआ। भावपक्ष में भी केवल रतिभाव का ही सम्यक् ग्रहण पाया जाता है। इसी के अलौकिक उत्कर्ष की व्यंजना अलग-अलग एक-एक पद्य की गँठी हुई उक्ति में होती है। वेदना की विवृत्ति की चाल फ़ारसी और उर्दू की शायरी में बहुत अधिक है। विभाव और भाव के संबंध का स्पष्टीकरण न होने से—इस बात का ध्यान न होने से कि मन में लाये हुए रूप किस प्रकार रस में सहायक या बाधक होते हैं—वेदना की यह विवृत्ति कभी-कभी बड़े वीभत्स दृश्य सामने लाती है। आबले फूटना, मवाद बहना, कलेजा चीरना खून के कतरे टपकना, कबाब की तरह इधर-उधर भुनना—वेदना का इस प्रकार ब्यौरा श्रृंगार का पोषक नहीं हो सकता। खेद है कि उर्दू की देखादेखी वेदना की ऐसी विवृत्ति की नकल हिंदी की कविताओं में भी कुछ हुई है और अब भी कुछ नए ढंग पर होती है। संस्कृत के कवियों में वेदना की विवृत्ति भवभूति में ही सबसे अधिक पायी जाती है; पर वह भारतीय काव्यशिष्टता की मर्यादा के भीतर है। वेदना की अधिक विवृति हम काव्यशिष्टता के विरुद्ध समझते हैं। हमें तो वेदना का अधिक ब्यौरा पढ़ने पर ऐसा ही जान पड़ता है जैसे कोई भारी रोगी किसी वैद्य के सामने अपने पेट

के भीतर की शिकायतें बता रहा हो। प्रेम की व्याधि के रूप में देखने की अपेक्षा हम संजीवनी शक्ति के रूप में देखना अधिक पसंद करते हैं।

अश्रु, स्वेद आदि का उल्लेख हमारे काव्य में भी हुआ है, पर जमीन से आसमान तक उनकी गंदी नदी नहीं बहाई गई है। जैसे अपनी प्रकृति का, अपने शरीरधर्मों का बहुत अधिक वर्णन बातचीत की सभ्यता के विरुद्ध समझा जाता है वैसे ही अब काव्य की शिष्टता के विरुद्ध समझा जाना चाहिए।

हम विभावपक्ष को कविता में प्रधान स्थान देते हैं। 'विभाव से अभिप्राय लक्षणग्रंथों में गिनाए हुए भिन्न-भिन्न रसों के आलंबन मात्र से नहीं है, यह पहले सूचित किया जा चुका है। जगत् की जो वस्तुएँ, जो व्यापार या प्रसंग हमारे हृदय में किसी भाव का संचार कर सकें उन सब का वर्णन आलंबन का ही वर्णन माना जाना चाहिए। विश्व की अनंतता के भीतर, मनुष्यजाति के ज्ञानप्रसार के बीव, ऐसे वस्तु-व्यापार-योजना का ज्ञानेन्द्रियों द्वारा या कल्पना के सहारे हमने साक्षात्कार किया हो उसे अपना प्रभाव उत्पन्न करने के लिए औरों तक ठीक-ठीक पहुँचाकर यदि हम अलग हो जायँ, तो भी कविकर्म कर चुके। यदि लोक के मर्मस्थलों की पहचान हममें होगी तो हमारी उपस्थित की हुई योजना सहृदय मात्र को भावमग्न करेगी। यदि उस योजना में लोकहृदय को स्पर्श करने की क्षमता न होगी, तो भावानुभूति का हमारा सारा प्रदर्शन भाँडों की नकल सा होगा। भावप्रधान कविता में—ऐसी कविता में जिसमें संवेदना की विवृति ही रहती है—आलंबन का आक्षेप पाठक के ऊपर ही छोड़ दिया जाता है। विभावप्रधान कविता में—ऐसी कविता में जिसमें आलंबन का ही विस्तृत रमणीय चित्रण रहता है—संवेदना पाठक के ऊपर छोड़ दी जाती है।

अपनी अनुभूति या संवेदना का लंबा चौड़ा ब्यौरा पेश करने की अपेक्षा उन तथ्यों या वस्तुओं को पाठक की कल्पना में ठीक-ठीक पहुँचा देना जिन्होंने यह अनुभूति या संवेदना जगाई है कवि के लिये हम अधिक आवश्यक समझते हैं। सहृदय या भावुक पाठक अपनी अनुभूति का पथ बहुत कुछ आप से आप निकाल लेते हैं। इसी प्रकार सच्चे कवियों की अनुभूति का आभास बहुत कुछ उनकी वस्तुयोजना की शब्दभंगी में ही मिल जाता है।

भावों के लिये आलंबन आरंभ से ज्ञानेंद्रियाँ उपस्थित करती हैं; फिर ज्ञानेन्द्रियों द्वारा प्राप्त सामग्री से कल्पना उनकी योजना करती है। अतः यह कहा जा सकता है कि ज्ञान ही भावों के संचार के लिये मार्ग खोलता है। ज्ञानप्रसार के भीतर ही भावप्रसार होता है। आरंभ में मनुष्य की चेतन सत्ता

इंद्रियज ज्ञान की समष्टि के रूप में ही अधिकतर रही। पीछे ज्यों-ज्यों सभ्यता बढ़ती गई त्यों-त्यों मनुष्य की ज्ञानसत्ता बुद्धिव्यवसायात्मक होती गई है। अब मनुष्य का ज्ञान क्षेत्र बुद्धिव्यवसायात्मक या विचारात्मक होकर बहुत विस्तृत हो गया है। अतः उसके विस्तार के साथ हमें अपने हृदय का विस्तार भी बढ़ाना पड़ेगा। विचारों की क्रिया से वैज्ञानिक विवेचन और अनुसंधान द्वारा उद्‌घाटित परिस्थितियों और तथ्यों के मर्मस्पर्शी पक्ष का मूर्त और सजीव चित्रण भी—उसका इस रूप में प्रत्यक्षीकरण कि वह हमारे किसी भाव का आलंबन हो सके—कवियों का काम होगा।

ये परिस्थितियाँ बहुत ही व्यापक होंगी, ये तथ्य न जाने कितनी बातों की तह में छिपे होंगे। यदि अत्याचार होगा तो उसका फैलाव औरंगजेब के अत्याचार का—सा न होगा, रावण के अत्याचार का—सा होगा। हाहाकार होगा तो जगद्व्यापी होगा। हाय होगी तो पृथ्वी के एक कोने से दूसरे कोने तक होगी, पर एक हाय करने वाला दूसरे हाय करने वाले से इतनी दूर होगा कि सम्मिलित हाय की दारुणता केवल बाहरी आँखों की पहुँच के बाहर होगी। यदि प्राणियों की किसी सामान्य प्रवृत्ति का चित्रण होगा, तो सामग्री कीटाणुओं की दुनिया तक ले जाई जा सकती है। जगत् रूपी घनचक्कर और गोरखधंधे की महत्ता और जटिलता से चकित होने की चाह में हम अपनी अतंर्दृष्टि के सामने एक ओर अणुओं और परमाणुओं और दूसरी ओर ज्योतिष्क पिंडों के भ्रमणचक्रों तक को ला सकते हैं।

रूखे और (बाह्य कारणों से) अगोचर को सरस और गोचर रूप में लाने का व्यवसाय काव्यक्षेत्र में बढ़ेगा। ये गोचर रूप झूठे रूपक न होंगे किसी तथ्य के मार्मिक मूर्त उदाहरण होंगे। कितने गूढ़, ऊँचे और व्यापक विचारों के साथ हमारे किसी भाव या मनोविकार का संयोग कराया जा सका है, कितने भव्य और विशाल तथ्यों तक हमारा हृदय पहुँचाया जा सका है, इसका विचार भी कवियों की उच्चता स्थिर करने में हुआ करेगा।

काव्य के संबंध में भाव और कल्पना, ये दो शब्द बराबर सुनते-सुनते कभी-कभी यह जिज्ञासा होती है कि ये दोनों समकक्ष हैं या इनमें कोई प्रधान है। यह प्रश्न या इसका उत्तर, जरा टेढ़ा है, क्योंकि रसकाल के भीतर इसका युगपद् अन्योन्याश्रित व्यापार होता है। रस की स्थिति श्रोता या पाठक में मानी जाती है। अतः श्रोता या पाठक की दृष्टि से यदि कोई विचार करते हैं तो उनमें सहृदयता या भावुकता अधिक अपेक्षित होती है, कल्पनाक्रिया कम। कवि की विधायक कल्पना रस की तैयार सामग्री उनके सामने रख देती है। कविकर्म में कल्पना की बहुत आवश्यकता होती है, पर यह कल्पना विशेष

प्रकार की होती है; इसकी क्रिया कवि की भावुकता के अनुरूप होती है। कवि अपनी भावुकता की तुष्टि के लिए ही कल्पना को रूपविधान में प्रवृत करता है। रस की प्रतीति पूर्ण व्यंजना होने पर ही, काव्य के पूर्ण हो जाने पर ही, मानी गई है। व्यंजना के पहले नहीं। अतः कवि अपनी स्वभावगत भावुकता की जिस उमंग में रचना करने में प्रवृत्त होता है और उनके विधान में तत्पर रहता है, उसे यदि हम कुछ कहना चाहें तो रसप्रवणता या रसोन्मुखता कह सकते हैं।

जब भाव या उमंग ही कल्पना को प्रेरित करती है तब कवि का मूल गुण भावुकता अर्थात् अनुभूति की तीव्रता है। कल्पना उसकी सहयोगिनी है। पर ऐसी सहयोगिनी है जिसके बिना कवि अपनी अनुभूति को दूसरे तक पहुँचा ही नहीं सकता। अनुभूति को दूसरे तक पहुँचाना ही कविकर्म है। अतः हम कह सकते हैं कि कल्पना और भावुकता कवि के लिए दोनों अनिवार्य है। भावुक जब कल्पनासंपन्न और भाषा पर अधिकार रखने वाला होता है तभी कवि होता है। पर यह भी निश्चय समझना चाहिए कि जिस रूप में अनुभूति कवि के हृदय में होती है, उसी रूप में व्यंजना कभी हो नहीं सकती। उसे प्रेषणीय बनाने के लिये-दूसरों के हृदय तक पहुँचाने के लिये-भाषा का सहारा लेना पड़ता है शब्दों से ढलते ही अनुभूति बहुत विकृत हो जाती है, और की और हो जाती है। इसी से बहुत-सी दिव्य और सुंदर अनुभूतियों को कवि यों ही छोड़ देते हैं उनकी व्यंजना का प्रयास ही नहीं करते। अत्यंत गहरी अनुभूति वाले बहुत से भावुक तो कभी ऐसा प्रयास नहीं करते। वे जीवन भर एक प्रकार के मूक कवि बने रहते हैं। बहुत-सी कविता अनुभूति दशा में नहीं होती, स्मृति दशा में होती है। जो यह कहे कि जो कुछ हमारे भीतर था सब हमारी कविता में आ गया है, उसमें काव्यानुभूति का अभाव समझना चाहिए और उसकी कविता को कवियों की वाणी का अनुकरण मात्र।

जैसे कवि वैसे ही पाठक या श्रोता भी कभी-कभी रसप्रवण होते हैं। लोग कभी कहते हैं कि 'वीर रस की कोई कविता सुनाइये', कभी कहते हैं 'श्रृंगार रस की कोई कविता सुनाइये', इसका मतलब यही है कि कभी उनमें उत्साह का उन्मेष रहता है, कभी प्रेम का, कभी किसी भाव का। इस प्रकार रसोन्मुख होने पर वे अपने अंतस् में ऐसी वस्तु लाना चाहते हैं कि जिस पर भाव विशेष टिके; उस वस्तु के ऐसे विवरणों में अंतर्दृष्टि रमाना चाहते हैं जिनसे वह भाव उद्दीप्त रहे; ऐसी उक्तियाँ सुनना चाहते हैं जो उस भाव द्वारा प्रेरित या अनुप्राणित समझ पड़ें।

'अभिव्यंजना ही कला या काव्य है' इसका अर्थ यहाँ तक कभी नहीं घसीटा जा सकता कि व्यंजना या व्यंजक उक्ति से भिन्न काव्यानुभूति कोई वस्तु ही नहीं। काव्यानुभूति ही वह प्रधान वृत्ति है जो व्यंजना की प्रेरणा करती है। बात यह है कि पाठक या श्रोता के पास कवि की अंतर्वृत्ति तक पहुँचने का कोई अचूक साधन नहीं होता जिससे वह देख सके कि अनुभूति के अनुरूप व्यंजना हुई है या नहीं। इससे वह व्यंजना या उक्ति से ही प्रयोजन रखता है। पर जब हम पूरे कविकर्म पर विचार करते हैं-केवल उसके फल पर ही नहीं-तब उसके मूल में काव्यानुभूति की सत्ता माननी पड़ती है। यह दिव्य अनुभूति समय-समय पर थोड़ी बहुत सबको हुआ करती है। इसका प्रधान लक्षण है अपने खास सुख-दुःख, हानि-लाभ आदि से उद्विग्न न होना, अपनी शरीरयात्रा से संबंद्ध न होना। प्रेमियों के प्रेमव्यापार, दुखियों के दुःख, अत्याचारियों की क्रूरता देख-सुनकर जो रति, करुणा और क्रोध जाग्रत होता है, छूटे हुए महात्माओं के प्रति जिस श्रद्धा भक्ति का उदय होता है, उन सबकी अनुभूति शुद्ध भावक्षेत्र की अनुभूति है। जब तक इस प्रकार की अनुभूति में कोई लीन रहे, तब तक उस पर अव्यक्त काव्य का आवेश समझना चाहिए।

रसानुभूति या काव्यानुभूति की उपर्युक्त विशेषता के कारण उसे लोकोत्तर, जीवन से परे आदि कहने की चाल चल पड़ी है। पर वास्तव में वह जीवन के भीतर की ही अनुभूति है; आसमान से उतरी हुई कोई वस्तु नहीं है। इसी प्रकार कविता और कवि की स्तुति में जो बहुत से अलंकार पूर्ण वाक्य इधर कुछ दिनों से कहे, सुने और लिखे जाने लगे हैं, उन्होंने अर्थशून्य शब्दों का एक ऐसा झूठा परदा खड़ा कर दिया है जिनके कारण काव्यभूमि बहुत अंधकार में पड़ती जाती है। कविता स्वर्ग से गिरती हुई सुधाधारा है। नंदनवन की कुसुमों से टपकी मकरंद की बूँद है; अनंत के दिव्य संगीत की स्वरलहरी है; कवि इस लोक का जीव ही नहीं है; वह पार्थिव जीवन से परे है; उसका एक दूसरा ही जगत् है; वह पैगंबर है, औलिया है, रहस्यदर्शी है-ऐसी-ऐसी लचर बातें काव्यसमीक्षा के नाम से कही जाने लगी हैं। बुद्धि को रुग्ण करने वाली, पाषंड का प्रचार करने वाली यह हवा अंग्रेजी से बँगला में और बँगला से हिंदी में आई। आज कल मासिक पत्रिकाओं में किसी कवि या काव्य की समीक्षा के वेश में कभी-कभी बहुत-सी ऐसी अर्थशून्य पदावली—जो अँगरेजी या बँगला से उठाई हुई होती है—छपा करती है। निरर्थक शब्दों की इस आँधी से ऊबकर एक सूक्ष्मदर्शी अँगरेज समालोचक को यहाँ तक कहना पड़ा कि 'भाषा अभी तक उन सब वस्तुओं

के स्वरूप को छिपाते ही में कृत्कार्य हुई है जिनकी हम चर्चा किया करते हैं।'[1]

कविता के संबंध में कई प्रवाद जो कुछ दिनों से योरप में प्रचलित चले आ रहे हैं, उनकी नकल हिंदी में भी इधर-उधर सुनाई पड़ने लगी है। इन प्रवादों में एक यह भी है कि कला का उद्देश्य कला ही है, या 'काव्य का उद्देश्य काव्य ही है' इस उक्ति के अनुसार कविता का क्षेत्र जीवनक्षेत्र से बिल्कुल अलग है। कविता का विचार करते समय जीवन की बातों को तो लाना ही चाहिए। कला की कृति का मूल्य निर्धारित करने में बाहरी बातों के मूल्य का विचार व्यर्थ है।[2] कला का तो अपना मूल्य अलग ही है। कला संबंधी यह वाद सन् 1866 ईसवी से फ्रांस में चला। साहित्य समीक्षा के नए-नए वाद फ्रांस में सबसे अधिक उठा किए हैं। इस क्षेत्र में वही एक प्रकार से योरप का गुरु रहा है। अंग्रेजी में उपर्युक्त मत का बहुत स्पष्ट प्रतिपादन डॉक्टर ब्रैडले ने अपनी पुस्तक (आक्सफोर्ड लेक्चर्स आन पोएट्री) में किया है। हर्ष की बात है कि इस मत, तथा इसी प्रकार के और प्रचलित प्रवादों का निराकरण रिचर्ड्स ने अपने 'काव्यसमीक्षा के सिद्धांत' में बहुत अच्छी तरह कर दिया है।[3] जो काव्यों का अनुशीलन और जनता पर उनके प्रभाव का अन्वीक्षण करते आ रहे हैं, वे अच्छी तरह जानते हैं कि कविता जीवन ही से उत्पन्न है और जीवन के भीतर ही अपनी विभूति का प्रकाश करती है। उसे जीवन से विच्छिन्न बताना कहीं की बात कहीं लगाना है।

हम कह चुके हैं कि योरप में जो साहित्यिक वाद या प्रवाद चलते हैं उनमें से अधिकतर प्रतिवाद की धुन में अर्थात् प्रतिवर्तन (रिएक्शन) के रूप में उठते हैं। सबमें कोई स्थायी मूल्य या तत्व नहीं होता; होता भी है तो बहुत थोड़ा। इसी से बहुत से 'वाद' जिनका कुछ दिनों तक फैशन रहता है, आगे चलकर हवा हो जाते हैं। विज्ञान के वादों में ईमानदारी और सच्चाई से काम लिया जाता है, साहित्यिक वादों में नहीं। साहित्य के क्षेत्र में हर एक अपनी अलग हवा बहाने के फेर में रहता है और जरा-सा बढ़ावा पाने पर किसी एक

---

1. लैंग्वेज हैज सक्सीडेड अनटिल रीसेंट्ली इन हाइडिंग फ्राम अस आलमोस्ट आल दि थिंग्स वी टॉक एबाउट। —आई.एन.रिचर्ड्स, प्रिंसपल्स आव लिटररी क्रिटिसिज्म।
2. दु ऐप्रियशिएट ए वर्क आव आर्ट वी ब्रिंग विद ॲस नथिंग फ्राम लाइफ, नो नालेज इट्स आइडियाज ऐंड अफेयर्स नो फैमिलिऐरिटी विद इट्स इमोशंस।—'क्लाइव बेल।आर्ट।
3. इस मत के विशेष विवरण और खंडन के लिये देखिये हमारा 'हिंदी साहित्य का इतिहास' (पुस्तकाकार संस्करण)

बात को लेकर हद से बहुत दूर निकल जाता है। 'कला का उद्देश्य कला है' इस वाद का प्रसार भी फ्रांस में प्रतिवर्तन के रूप में ही हुआ था। काव्य की पुरानी बँधी रूढ़ियों को हटाकर, केवल मुक्त कल्पना और भावों की अप्रतिबद्ध छवि को लेकर योरप में स्वच्छंदतावाद (रौमैंटिसिज्म) का प्रचार हुआ। वह जब हद के बाहर जाने लगा और काव्य के विषय ऊटपटाँग तथा वर्णनशैली शिथिल और अशक्त होने लगी तब सन् 1866 ई. में उसके प्रतिवाद के रूप में 'कला का उद्देश्य कला' का सिद्धांत लेकर कुछ लोग खड़े हुए। ये लोग पारनेसियन कहलाए। इनका उद्देश्य काव्य में अधिक समीचीन प्रेरणा, सुडौल योजना और चित्ताकर्षक शैली का प्रचार करना था।

इन पारनेसियनों के पीछे सन् 1885 ई. में 'प्रतीकवादियों' (सिंबालिस्ट्स या डीकेडेंट्स) का एक संप्रदाय फ्रांस में खड़ा हुआ जिसने अनूठे 'रहस्यवाद' और 'भावोन्मादमयी भक्ति' का सहारा लिया।[1] हमारे यहाँ के श्री रवीन्द्रनाथ ठाकुर ने अपनी 'गीतांजलि' का अँगरेजी अनुवाद प्रकाशित करके इसी संप्रदाय के सुर में सुर मिलाया था। कहने की आवश्यकता नहीं कि बंग भाषा के प्रसाद से हिंदी में इस वर्ग की प्रवृति का अनुकरण खूब चल पड़ा है। बंगभाषा के काव्यक्षेत्र के तो एक कोने ही में इस रहस्यवाद या छायावाद की तंत्री बजी, मराठी, गुजराती को हर एक विलायती तालसुर पर नाचने की आदत नहीं, पर हिंदी में तो इसकी नकल पर तूफान-सा आ गया।

यह 'प्रतीकवाद' सिद्धांतरूप में यद्यपि आध्यात्मिक 'रहस्यवाद' के साथ संबद्ध होकर उठा है, पर प्रतीक रूप में वस्तुओं का व्यवहार अच्छी कविता में बराबर होता आया है।[2] किसी देवता का प्रतीक सामने आने पर जिस प्रकार उसके स्वरूप और उसकी विभूति की भावना चट मन में आ जाती है उसी प्रकार काव्य में आई हुई कुछ वस्तुएँ विशेष मनोविकारों या भावनाओं को जाग्रत कर देती हैं; जैसे, 'कमल', माधुर्यपूर्ण कोमल सौंदर्य की भावना जाग्रत करता है; 'कुमुदिनी' शुभ्र हास की; 'चंद्र' मृदुल आभा की; 'समुद्र' प्राचुर्य

---

1. फालोइंग अपान दि पारनेसिअंस, एबाउट 1885, केम दि सिंबालिस्ट्स आर डीकेडेंट्स—ए मूवमेंट आव् डेक्स्चरस मिस्टिसिज्म ऐंड 'सेटिमेंटल रेलिजिसिटी' टू रीसेंट फार सैटिस्फैक्टरी हिस्टारिकल इन्वेस्टिगेशन। —गेली एंड कुर्ट्ज : मेथड्स एंड मैटिरिअल्स ऑव लिट्ररी क्रिटिसिज्म।

2. सिंबालिज्म ऐज सीन इन दि राइटर्स आव् अवर डे, वुड हैव नो वैल्यू इफ इट वेअर नाट सीन आल्सो, अंडर वन गाइज आर ऐनदर, इन एव्री ग्रेट इमैजिनेटिव राइटर।
—आर्थर साइमन्स : दि सिबालिस्ट मूवमेंट इन लिटरेचर।

विस्तार और गंभीरता की; 'आकाश' सूक्ष्मता और अनंनता की। इसी प्रकार 'सर्प' से क्रूरता और कुटिलता का, 'अग्नि' से तेज और क्रोध का, वीणा से वाणी या विद्या का, 'चातक' से निःस्वार्थ प्रेम का संकेत मिलता है। प्रतीक दो प्रकार के होते हैं। कुछ तो मनोविकारों या भावों को जगाते हैं (इमोशनल सिंबल्स) और कुछ भावनाओं के साथ भाव या मनोविकार भी प्रायः लगे रहते हैं।

ऊपर जिन प्रतीकों के नाम आए हैं वे सब ऐसे हैं जिनके स्वरूप में ही कुछ न कुछ व्यंजना है। पर उनमें इतनी अधिक शक्ति के संचय का कारण यह भी है कि वे कई सहस्र वर्षों से कम से कम भारतीय जनता की कल्पना के अंग और भावों के विषय रहते आए हैं। वे परंपरागत प्रतीक हैं। काव्य में ऐसे ही प्रतीकों का व्यवहार होता आया है और हो सकता है। यह तो प्रत्यक्ष है कि थोड़े से ही प्रतीक सार्वभौम हो सकते हैं। भिन्न-भिन्न हुआ करते हैं। 'गुल बुलबुल' से जिस भावना का संकेत फारस वाले को मिलता है उस भावना का संकेत भारतवासी को नहीं; 'चातक' से जिस भावना का संकेत भारतवासी को मिलता है उस भावना का योरपीय को नहीं। क्रूस से जैसी पवित्रता और स्वर्गीय शांति का संकेत एक ईसाई को मिलेगा, हिंदू या बौद्ध को नहीं। प्रकृति के नाना रूपों को भिन्न-भिन्न देशों ने भिन्न-भिन्न भावों से देखा है। सघन वन, पर्वत आदि भारतीय या योरपीय हृदय को चाहे रमावें पर फ़ारसी दृष्टि वाले को वे कष्ट या विपत्ति ही के सूचक होंगे। अधिकतर कुहरे और बदली से आच्छन्न रहने वाले योरप में 'चमचमाती धूप' आनंद और सुख समृद्धि का संकेत हो, पर भारत के लिये नहीं हो सकती। 'स्निग्ध श्यामल घटा' में जो उदार और शीतल माधुर्य भारतीय देखता है, योरपीय नहीं। जाड़े की संध्या कुछ मनहूस और उदासी लिए होती है; इससे विलायती वाले उसे शोक और उदासी का प्रतीक मानें तो ठीक हैं। पर हिन्दुस्तानी में जाड़ा बहुत दिनों तक रहता है।

यहाँ तो दिन की आँख तिलमिलाने वाली चमक के पीछे संध्या की मधुर आभा मृदुलता का संकेत करती है। हाँ! 'अंधकार' या 'अँधेरी रात' शोक और उदासी का प्रतीक अवश्य मानी जाती है। जायसी ने रत्नसेन के परलोकवास पर अँधेरी रात ही ली है-

सूरज छिपा रैनि होइ गई। पूनिउँ ससि जो अमावस भई।

यहाँ पर यह कह देना आवश्यक है कि प्रतीकों का व्यवहार हमारे यहाँ के काव्य में बहुत अलंकार प्रणाली के भीतर ही हुआ है। पर इसका मतलब यह नहीं कि उपमा, रूपक, उत्प्रेक्षा इत्यादि के उपमान और प्रतीक एक ही

वस्तु हैं। प्रतीक का आधार सादृश्य या साधर्म्य नहीं, बल्कि भावना जाग्रत करने की निहित शक्ति है। पर अलंकार में उपमान का सादृश्य या साधर्म्य ही माना जाता है। अतः सब उपमान प्रतीक नहीं होते। पर जो प्रतीक भी होते हैं वे काव्य की बहुत अच्छी सिद्धि करते हैं। अलंकारों में कभी-कभी एक विषय के सादृश्य-सा साधर्म्य के विचार से ही बहुत से उपमान ऐसे रख दिए जाते हैं जिनमें कुछ भी प्रतीकत्व नहीं होता—जैसे कटि की उमा के लिये सिंह या भिड़की कमर। ऐसे उपमानों से हम सच्चे काव्य की कुछ भी सिद्धि नहीं मानते। किसी वस्तु के मेल में उपमान खड़ा करने का उद्देश्य यही होता है कि उस वस्तु के सौंदर्य आदि की जो भावना हो उसे और उत्कर्ष प्राप्त हो। अतः सच्ची परख वाले कवि अप्रस्तुत या उपमान के रूप में जो वस्तुएँ लाते हैं उनमें प्रतीकत्व होता है। हंस, चातक, मेघ, सागर, दीपक, पतंग इत्यादि कुछ विशेष वस्तुओं पर अन्योक्तियाँ क्यों इतनी मर्मस्पर्शी हुई हैं? इसलिए कि उनमें प्रतीकत्व है। उनके नाममात्र हमारे हृदय में कुछ बँधी हुई भावनाओं का उद्बोधन करते हैं। इसी प्रकार फ़ारसी की शायरी में बुलबुल, शमः, परवानः, शराब, प्याला आदि सिद्ध प्रतीक हैं।

यहाँ तक तो काव्य में प्रतीक के सर्वसम्मत सामान्य व्यवहार का उल्लेख हुआ; पर यह कायदे की बात है कि जब कोई बात 'वाद' के रूप में किसी संप्रदाय विशेष के भीतर ग्रहण की जाती है तब वह बहुत दूर तक घसीटी जाती है—इतनी दूर कि वह सबके काम की नहीं रह जाती—और उसे कुछ विलक्षणता प्रदान की जाती है। रहस्यवाद को लेकर जो 'प्रतीकवादी' संप्रदाय योरप में खड़ा हुआ उसने परोक्षवाद (आकल्टिज्म) का सहारा लिया। प्रतीक के रूप में गृहीत वस्तुओं में भावों के उद्बोधन की शक्ति कैसे संचित हुई इसका वैज्ञानिक उत्तर यही होगा कि कुछ तो उन वस्तुओं के स्वरूपगत आकर्षण से, कुछ चिरपरिचित आरोप के बल से और कुछ वंशानुगत वासना की दीर्घ परंपरा के प्रभाव से। पर रहस्यवादी इसका उत्तर दूसरे ढंग से देंगे।

वे कहेंगे कि हमारे मन का विस्तार घटता-बढ़ता रहता है और कभी-कभी कई मन संचरित होकर एक-दूसरे में मिल जाते हैं और इस प्रकार एक मन या एक शक्ति का उद्घाटन करते हैं। हमारी स्मृति का विस्तार भी ऐसे ही घटता-बढ़ता रहता है और उस महास्मृति का आह्वान प्रतीकों द्वारा उसी प्रकार हो सकता है। जिस प्रकार तांत्रिकों के विविध चक्रों या यंत्रों द्वारा देवी-देवताओं का। इस प्रवृत्ति के अनुसार वे रचना में प्रवृत्त करने वाली कवियों की प्रतिभास के जगने को वही दशा कहते हैं जिसे सूफी 'हाल आना' कहते हैं, जिसमें कुछ घड़ियों के लिए कवि की अंतः-सत्ता ईश्वरीय सारसत्ता

(डिवाइन एसेंस) में मिल जाती है।

इस धारणा के अनुसार काव्य का लक्ष्य इस जगत् और जीवन से अलग हो जाता है। प्रकृति के जिन रूपों और व्यापारों का कवि सन्निवेश करेगा वे 'प्रतीक' मात्र होंगे। कवि की दृष्टि वास्तव में उन प्रतीकों के प्रति न मानी जाकर उन अज्ञात और परोक्ष शक्तियों या सत्ताओं के प्रति मानी जायेगी जिनके वे प्रतीक होंगे। यदि वे प्रकृति का वर्णन करें तो उनका अनुराग प्रकृति पर न समझना चाहिए। प्रकृति के नाना रूपों के परदे के भीतर छिपी हुई अज्ञात और अव्यक्त सत्ता के प्रति समझना चाहिए। वे भरसक इस बात का प्रदर्शन करेंगे कि उनके भावोद्‌गार और उनके वर्णन व्यक्त और पार्थिव के संबंध में नहीं है, अव्यक्त और अपार्थिक के संबंध हैं। समझने वाले चाहे जो समझे। यदि कोई बाबा जी किसी रमणी के प्रेम में उसके रूप माधुर्य आदि का बड़े अनूठेपन के साथ वर्णन करके कह कि 'मेरा प्रेम उसके व्यक्त भौतिक शरीर से, उसकी रूपरेख, वर्ण, चेष्टा आदि से नहीं है बल्कि उस भौतिक शरीर के भीतर छिपी अव्यक्त आत्मसत्ता से है जो नित्य अनंत और सर्वव्यापक है', तो कह सकते हैं। पर कहाँ तक लोग ऐसा समझेंगे, यह बात दूसरी है। हाफिज के शराब और प्याले को सूफी चाहे जो कहें, पर बहुत से पहुँचे हुए विद्वान् उन्हें शराब और प्याला ही मानते हैं।

बात यह है कि हृदय का कोई भाव यदि व्यंजित किया जायेगा तो वह ज्ञात को ही लेकर होगा और गोचर के ही प्रति होगा। मनोविज्ञान की दृष्टि से यदि 'भाव' (इमोशन) के स्वरूप पर विचार किया जाय, तो उसके अंतर्गत ज्ञानात्मक अवयव का विशिष्ट विन्यास पाया जायेगा। उसके बिना भाव का स्वरूप ही न पूर्ण होगा। यदि यह कहा जाय कि ईश्वर को किसी ने नहीं देखा है, पर ईश्वर भक्ति बराबर होती आई है और उसकी सच्चाई में कोई संदेह नहीं हुआ है, तो इसका उत्तर यह है कि ईश्वर को ज्ञेय बनाकर ही उसकी उपासना और भक्ति का आरंभ हुआ है। ईश्वर को प्रेमपूर्ण दयालु पिता या स्वामी के रूप में अंतःकरण के सामने रखकर ही प्रेम या भक्ति का चरम आलंबन मनुष्यजाति ने खड़ा किया है। रही मूर्त भावना, वह भी इतने गुणों का आरोप हो जाने के कारण प्रेमानुभूति के समय भक्त के मन में कुछ न कुछ हो ही जाती है। तात्पर्य यह है कि भाव के पूर्ण परिपाक के लिये आलंबन की निर्दिष्ट भावना आवश्यक है।

अभिव्यक्ति को ही काव्यदृष्टि के भीतर माननेवाले विशुद्ध कवि और सांप्रदायिक या रहस्यवादी कवि की मनोवृत्ति में यही भेद है कि एक बड़ी सच्चाई के साथ जिस पर उसका भाव टिका होगा उसे स्वीकार करेगा और

दूसरा उसे स्वीकार न करके, इधर-उधर ताक झाँक करेगा। वह वेदांतियों के 'प्रतिबिंबवाद' का सहारा लेकर कहेगा कि ये सब रूप तो छाया है हम जो प्रेम प्रकट करते हैं उसे इस छाया पर न समझो, जिसकी वह छाया है, उस पर समझो। शायद वह यह दृष्टांत भी दे कि जैसे पूर्वराग में चित्र देखकर ही अनुराग प्रकट किया जाता है वह उस चित्र के प्रति न होकर, जिसका वह चित्र होता है उसके प्रति होता है। पर पूर्वराग में जो अभिलाष होता है वह इस बात का होता है कि जिसे चित्र के प्रति न होकर, जिसका वह चित्र होता है उसके प्रति होता है। पर पूर्वराग में जो अभिलाष होता है वह इस बात का होता है कि जिसे चित्र आदि छाया के रूप में देखते हैं उसे पूर्ण गोचर रूप में—दर्शन, श्रवण, स्पर्श आदि सबके विषय के रूप में-देखें। पर रहस्यवाद पूर्णगोचर को सामने पाकर अगोचर, अभौतिक आदि की ओर अपना अभिलाष रखता बताता है, जो वास्तव में अभिलाष के स्वरूप के सर्वथा विरुद्ध है। जिस प्रकार पूर्वराग में आलंबन अज्ञात नहीं रहता, चित्र आदि द्वारा अंशतः ज्ञात रहता है, उसी प्रकार जिसे रहस्यवादी अज्ञात कहता है वह भी, छाया या प्रतिबिंब के द्वारा सही अंशतः ज्ञात रहता है। पर यदि रहस्यवादी 'अज्ञात', 'अगोचर', 'अभौतिक', का नाम न ले तो उसका 'वाद' कहीं नहीं रह जाता, जो उसे इतना प्रिय है। इस अज्ञात या अभौतिक के कारण उसे अपनी रचना में आडंबर खड़ा करना पड़ता है। बात-बात में असीम राग अलापना पड़ता है।

अनिर्दिष्ट और धुँधली झलक या भावना में भी एक विशेष प्रकार का आकर्षण होता है जो स्निग्ध, विस्मय, औत्सुक्य या अभिलाष उत्पन्न करता है। घने कुहरे या जाली के बीच किसी के रूपमाधुर्य की हल्की-सी झलक मात्र पाकर हम केवल उत्सुक होंगे। इसी औत्सुक्य की सतत प्रेरणा से उसका रूप निर्दिष्ट करने के लिए हमारी कल्पना प्रवृत्त रहा करेगी। रहस्यवादी अपनी यही स्थिति बतलाते हैं। वे भी प्रकृति के क्षेत्र से कुछ रूपों को चुनकर उसकी विलक्षण और दूरारूढ़ योजना कल्पना के भीतर करते हैं। अपना यह प्रयत्न वे 'अज्ञात के औत्सुक्य' द्वारा प्रेरित बताते हैं। यहीं तक कहकर रह जाते तो ज्यादा खटकने की बात न थी। इसके आगे बढ़कर वे यह भी सूचित करते हैं कि अपनी दूरारूढ़ रूपयोजना या भावना में वे अगोचर और अव्यक्त सत्ता का साक्षात्कार करते हैं। कुहरे या जाली के बीच में किसी के रूपमाधुर्य की हल्की झलक पाने वाला पीछे मन से उसके रूप की जो तरह-तरह की कल्पना किया करता है, उसे उसी का रूप न समझता है, न कहता है। यदि कल्पना में आया हुआ रूप ही बिंब या पारमार्थिक वस्तु है तब तो कल्पनात्मक रूप

ही आलंबन ठहरे। सारा अभिलाष, सारा औत्सुक्य उन्हीं के लिए समझना चाहिए।

कल्पनात्मक रूपों के इसी आलंबनत्व की प्रतिष्ठा करके सांप्रदायिक 'रहस्यवाद' काव्यक्षेत्र में खड़ा हुआ। इंगलैण्ड के पूर्ववर्ती रहस्यवादी कवि ब्लेक (विलियम ब्लेक 1757-1827) ने कल्पना का बड़े जोर से पल्ला पकड़ा और उसे नित्य पारमार्थिक सत्ता के रूप में ग्रहण करके कहा—

'कल्पना का लोक' नित्य लोक है। यह शाश्वत और अनंत है। उस नित्यलोक में उन सब वस्तुओं की नित्य और परमार्थ सत्ताएँ हैं जिन्हें हम प्रकृतिरूपी दर्पण में प्रतिबिंबित देखते हैं।'[1]

इस प्रकार ब्लेक ने भक्तिरस में दृश्यजगत् की रूपयोजना को आलंबन न कहकर, कल्पनाजगत् की रूपयोजना को आलंबन कहा। इस युक्ति से एक बड़ी भारी मजहबी रूकावट दूर हुई। इधर कविता प्रकृति के क्षेत्र में नाना रूप, रंग और मूर्त पदार्थ लिए बिना एकदम आगे बढ़ने को तैयार नहीं। इधर मजहब कागजी आँखें निकाले काले अक्षरों में घूर रहा था कि 'खबरदार! स्थूल इन्द्रियार्थों के प्रलोभन में न पड़ना। मूर्त पूजा का पाप मन में न लाना।' ब्लेक को कल्पना में वस्तुओं का सूक्ष्म रूप (यहाँ के पुराने लोगों के 'लिंगशरीर' के समान) मिल गया। स्थूलता के दोष का परिहार हो गया। मन भी छठीं इंद्रिय है, यह भावना स्पष्ट होने से इंद्रियासक्ति (सेंसुऐलिज्म) के दोषारोपण की संभावना भी दूर हुई समझी गई। भक्त कवियों को नाना मनोहर रूपों के प्रति अनुराग प्रकट करने का लाइसेंस मिल गया। पूछताछ होने पर वे कह सकते थे कि 'वाह! हम तो छाया के प्रेम द्वारा सारसत्ता का प्रेम प्रकट कर रहे हैं। एक हिसाब से बड़ा भारी काम हुआ। पर खुदा का कौन-सा ऐसा काम है जिसमें शैतान न कूदे? कल्पना की ईश्वरीय सारसत्ता के समान ही शैतानी सारसत्ता का आना जाना भी रहता ही है। अपने सूक्ष्म रूप के कारण दोनों नित्य ही होंगी।

यह सब जाने दीजिए। यह देखिए कि कल्पना की नित्यता के प्रतिपादन में उसे पारमार्थिक सत्ता बनाने में, प्रकृति और कल्पना के प्रत्यक्ष संबंध में

---

1. दि वर्ल्ड आव इमैजिनेशन इज दि वर्ल्ड आव् इटर्निटी ..... दि वर्ल्ड आव् इमैजिनेशन इज इनफाइनाइट ऐंड एटर्नल, ह्वेअरऐज दि वर्ल्ड आव् जेनरेशन आर वेजिटेशन इन फाइनाइट ऐंड टेंपोरल। देअर एक्जिस्ट इन दि एटर्नल वर्ल्ड रिऐलिटीज आव् एव्रीथिंग ह्विच वी सी रिफ्लेक्टेड इन दि वेटिटेबुल ग्लास आव् नेचर।

कितना विपर्यय करना पड़ा है। यह तो प्रत्यक्ष बात है कि कल्पना के भीतर जो कुछ रहता है या आता है वह प्रकृति के ही विशाल क्षेत्र से प्राप्त होता है। अतः जब तक हम किसी 'वाद' का सहारा न लें तब तक यही कहेंगे कि कल्पना में आए हुए रूप ही प्रकृति के नाना रूपों के प्रतिबिंब हैं; प्रकृति के रूप कल्पना के प्रतिबिंब नहीं। इस 'कल्पनावाद' का कोई आभास न तो वेदांत के प्रतिबिंबवाद में है; न कांट से लेकर हेगल तक जर्मन दार्शनिकों के 'प्रत्ययवाद' (आइडियलिज्म) में। 'प्रत्ययवाद' इस दृश्य गोचर जगत् को ही प्रत्यय या भावना (आइडिया) कहता है। यह 'कल्पनावाद' वास्तव में सूफियों के यहाँ से लिया गया है, यह हम आगे चलकर दिखाएँगे।

सूफियों के कल्पनावाद की गंध पाकर ब्लेक ने, कुछ-कुछ बर्कले के इशारे पर 'परम आत्मा' के समान दृश्य जगत् से परे 'परम कल्पना' का प्रतिपादन किया और मनुष्य कल्पना को उस 'परम कल्पना' का अंग या अंशलब्धि माना, प्रकृति के नाना रूप जिसकी छाया है। कल्पना को उसके इलहाम बनाया और कवियों को खासे पैगंबर। इस प्रकार उसने काव्य के परम पुनीत क्षेत्र में पाषंड का रास्ता-सा खोल दिया।

साहित्यपक्ष भी कुछ देखना चाहिए। रचना के समय कवि के हृदय में कल्पना के रूप में आलंबन आदि रहते या आते ही हैं। जबकि यही काल्पनिक रूप ही वस्तुओं की सारसत्ता है, ब्रह्म का रूप है, तब अभिलाष की जगह कहाँ रही? अभिलाष को साक्षात्कार की इच्छा है। वह साक्षात्कार हो ही जाता है। प्रकृति के क्षेत्र में जिसकी हम छायामात्र देखते हैं, उसे हम कल्पना के मूल रूप में देख ही लेते हैं। भली-बुरी किसी प्रकार की कल्पना मन में आई कि ईश्वर का दर्शन हुआ। इस प्रकार रहस्यवादी कवि के लिये वियोगपक्ष—जिसको इतनी दूरारूढ़ व्यंजना हुआ करती हैं—रह ही न गया।

अब संयोग व्यंजित भावों की सच्चाई की परीक्षा कीजिए। यह हम बार-बार कह चुके हैं कि कल्पना में आए हुए रूप प्रकृति ही के हैं, बाहर ही के हैं और गोचर हैं। कल्पना की सारी रूपसामग्री बाह्य जगत् की ही होती है। कल्पना उसकी केवल तरह-तरह की योजना किया करती है। प्रकृति के बाहरी रूप, रंग आदि हमें मुग्ध कर चुके रहते हैं तभी उनकी काल्पनिक योजना में हमारी वृत्ति रमती है। यदि कोई मनुष्य जन्म से ही एक घर में बंद रखा जाय, तो उसकी कल्पना में दीवारों और खंभों के सिवा और कुछ नहीं आ सकता। इससे सिद्ध होता है कि हमारे भाव वास्तव में बाह्य प्रकृति में गोचर रूपों ही के प्रति होते हैं, इसलिए कल्पना में उनकी छाया भी हमें

भावमग्न करती हैं। हमारे हृदय का सीधा लगाव बाह्य प्रकृति के गोचर रूपों से ही होता है।

इस दृष्टि से यदि देखा जाय तो रहस्यवादी जो कुछ सुंदर, रमणीय और भव्य रूपयोजना करेगा वह वास्तव में या तो बाह्य प्रकृति के प्रेम द्वारा प्रेरित होगी अथवा प्रेम द्वारा प्रेरित ही न होगी। पर उसमें इस बात को स्वीकार करने का साहस ही नहीं होता। इससे पाठक के मन में वह यह झूठी प्रतीति उत्पन्न करना चाहेगा कि उसके भाव इन छायात्मक रूपों के प्रति बिल्कुल नहीं हैं; इनके परे जो अगोचर और अव्यक्त पारमार्थिक सत्ता है उसके प्रति है। वह यह कहकर ही रह जाता तब तो कला के क्षेत्र में वैसी गड़बड़ी न होती। पर यह प्रतीति उत्पन्न करने के लिए वह अपनी रचना का स्वरूप भी कुछ विशेष प्रकार का रखेगा, उसमें कुछ काल अलौकिकता, अस्वाभाविकता, देश काल का अतिक्रम, अनुभूति की विचित्रता—जो बिल्कुल झूठी होगी—लाने का भरपूर प्रयत्न करेगा। बातचीत में वह इस प्रयत्न तक को अस्वीकार करेगा; कहेगा कि सब भावना इसी रूप में परोक्ष जगत् से आकर मेरे हृदय में जबरदस्ती घुस गई है। पर वह वास्तव में इसकी प्रतीति उत्पन्न करने के लिए भी कि भावना इसी रूप में एकबारगी आई है, उसे पूरा श्रम करना पड़ता है, जैसे कि घोर रहस्यवादी कवि ईट्स तक ने कहा है।[1]

हमारे हृदय का सीधा लगाव जगत् से है। इसी बात के आधार पर सारे संसार में रसपद्धति चली है और सच्चे स्वाभाविक रूप में चल सकती है। मजहबी सुबीते के लिये अनुभूति के स्वाभाविक क्रम का विपर्यय करने से मूल आलंबनों को छाया और छाया को मूल आलंबन बनाने से कला के क्षेत्र में कितना आडंबर खड़ा हुआ है, इसका अंदाजा ऊपर के ब्यौरे से लग सकता है।

कल्पना की यह लोकोत्तर व्याख्या ब्लेक की अपनी उपज नहीं है, यह हम पहले कह आए हैं। यह उसने सूफियों से ज्यों की त्यों ली थी। शाहजहाँ के पुत्र दाराशिकोह ने सूफियों के सिद्धांत पर जो एक छोटी-सी पुस्तक

---

1 आई सेड 'ए लाइन विल टेक अस आवर्स में बी;
येट् इफ इट डज नाट सीम ए मोमेंट्स थाट,
अवर स्टिचिंग ऐंड अनस्टिचिंग हैज बीन नाट।'
ईट्स ने इस बात का खंडन जोर के साथ किया है कि कवियों में भावना एक बारगी आती जाती है और वे लिखते जाते हैं। स्वयं ईट्स अपनी कविताओं की बहुत काट छाँट किया करते हैं; यहाँ तक कि दूसरे संस्करण में बहुत सी कविताएँ बदली हुई मिलती हैं।

(रिसालए हकनुमा) संकलित की थी उसमें साफ यही बात लिखी है; देखिये—

'दृश्य जगत् में जो नाना रूप दिखाई पड़ते है वे तो अनित्य हैं, पर उन रूपों की जो भावनाएँ या कल्पनाएँ होती हैं वे अनित्य नहीं हैं। वे कल्पनाचित्र नित्य हैं। इसी कल्पनारूपी चित्र जगत् (आलमे मिसाल) से इस आत्मजगत् को जान सकते हैं जिसे 'आलमेगैब' और 'आलमे ख्वाब' भी कहते हैं। आँख मूँदने पर किसी वस्तु का जो रूप दिखाई पड़ता है, वही उस वस्तु की आत्मा या सारसत्ता है। अतः यह स्पष्ट है कि मनुष्य की आत्मा उन्हीं रूपों की है जो रूप बाहर दिखाई पड़ते हैं। भेद इतना ही है कि अपनी सारसत्ता में स्थित रूप पिंड या शरीर से मुक्त होते हैं सारांश यह है कि आत्मा और बाह्य रूपों का बिंब-प्रतिबिंब का संबंध है स्वप्न की अवस्था में आत्मा का यही सूक्ष्म रूप दिखाई पड़ता है। उस अवस्था में आँख, कान, नाक आदि सबकी वृत्तियाँ रहती हैं। पर स्थूल रूप नहीं रहते।

ब्लेक ने पैगम्बरी झोंक में रहस्यवाद की बहुत-सी कविताएँ लिखीं जिनमें 'येरूशलम' मुख्य है इसके संबंध में उसने लिखा—'इसके रचयिता तो नित्यलोक में हैं मैं तो केवल सेक्रेटर या खसकलम हूँ। मैं इसे संसार का सबसे भव्य काव्य समझता हूँ।' पर दुनिया की राह इससे उल्टी हुई और वही राय ठीक ठहरी। ब्लेक की और कविताएँ अच्छी हुईं; पर रहस्यवाद की रचनाएँ निकम्मी ठहराई गईं।[1]

ब्लेक 58 वर्ष पीछे सन् 1885 में जो नया 'प्रतीकरहस्यवाद' उठा उसकी प्रवृत्ति भी प्रायः यही चली आती है। कल्पना को एक प्रकार का इलहाम कहना एक की कल्पना का दूसरे के अंतःकरण में अज्ञात रूप में प्रवेश बताना, बैठे-बैठे अन्य देश और अन्य काल की घटनाएँ देखना, असीम ससीम का राग अलापना, ये सब बातें आजकल के रहस्यवादी कवि ईट्स की पुस्तक (आइडियाज आव् गुड ऐंड ईविल) में मौजूद है। यह

---

1. आव् दि, ही सेड, ही वाज मियर्ली दि सेक्रेटरी; 'दि आनर्स आर इन एटर्निटी। आइ कंसिडर इट दि ग्रैंडैस्ट पोएम दिस वर्ल्ड कंटेन्स'।
अनफार्चुनेट्ली दि वर्ल्ड्स ओपीनिअन वाज रैडिकली डिफरेंट, ऐंड इट्स ओपीनियन वाज एंटायर्ली करेक्ट। दि मिस्टिक राइटिंग्स ह्चि फार्म सो लार्ज ऐ पाट आव् ब्लेक्स आउटपुट वेयर वैल्युलेस।
दि नाइनटींथ सेंचरी सीरीज)
-ए.बी.डी.-मिलः लिटरेचर इन द सेंचरी

सांप्रदायिक प्रवृत्ति कहाँ तक शुद्ध काव्यदृष्टि प्रदान करने में सहायक हो सकती है, विचारने की बात है।

यह ठीक है कि भिन्न-भिन्न रहस्यवादी कवियों की दृष्टि में थोड़ा बहुत भेद रहता है, कुछ कवि 'लोकवाद' भी लिए रहते हैं पर यह भी उतना ही ठीक है कि सब इस दृश्य और गोचर जगत् से परे एक अभौतिक जगत् की ओर झाँकने का दावा करते हैं। इस संप्रदाय के वर्तमान कवियों में एक मिस मकाले (रोज मैकाले) हैं जिन्होंने सन् 1914 ई. में 'दो अंध देश' (दि टू ब्लाइंड कंट्रीज) नाम की एक छोटी-सी पुस्तक में अपनी कविताओं का संग्रह निकाला है। इसमें उन्होंने नाना सुंदर रूपों और व्यापारों से जगमगाते हुए इस भौतिक जगत् का बड़ी सहृदयता से निरीक्षण किया है, पर इसे चारों ओर वेष्ठित किए हुए एक दूसरा मंडल या जगत् भी उन्हें दिखाई पड़ा है, जो भौतिक न होने पर भी सत्य है। इस अभौतिक जगत् का उन्हें इतना प्रत्यक्ष आभास मिलता है कि कभी-कभी वे संदेह में पड़ जाती हैं कि वे दोनों में से किस जगत् की हैं। उनके देखने में नाना कौतुकपूर्ण रूपों से युक्त इस छायामय जगत् में आत्मा एक परदेसी की तरह घूमती-फिरती आ जाती है। यहाँ वह ज्ञानद्वार की दूसरी ओर से (अर्थात् अगोचर जगत् से) किसी और ही जगत् के लोगों की परदे में दबी हुई सी वाणी आती हुई सुना करती है।[2]

हम समझते हैं कि इतने से इस प्रकार की कविता का सांप्रदायिक रूप स्पष्ट हो गया होगा। अतः रहस्यवाद की कविता के संबंध में हिंदीवालों के बीच यह भ्रांति फैलाना कि सारे योरप में इसी प्रकार की कविता हो रही है, यही वर्तमान युग की कविता का स्वरूप है, घोर साहित्यिक अपराध है रहस्यवाद की कविता एक छोटे से संप्रदाय के भीतर की वस्तु है। इंगलैण्ड, आयरलैंड को ही लीजिए। मेरी स्टर्जन ने अभी वर्तमान अँगरेजी कवियों का

---

2. ओन्ली थ्रू एक क्रीक इन दि डोर्स ब्लाइंड फेस
ही वुड रीच ए थीविंग हैंड,
टु ड्रा सम क्ल्यू टु हिज ओन स्ट्रेंज प्लेस
फ्राम दि अदर लैंड।
बट हिज क्लोज्ड हैंड केम बैक एंप्टिली
ऐे एज ड्रीम ड्राप्स फ्राम हिम हू वेक्स;
ऐड नाट माइट ही नो बट हाउ ए मफल्ड सी
इन ह्विस्पर्स ब्रेक्स।
ऑन आइवर साइड ऑव ग्रे बैरियर दि टू कंट्रीज लाइ,
बट हि न्यू नाट ह्विच हैंड प्रिजनर नार येट नो आइ।

जो परिचय (स्टडीज आव् कंटेंपरेरी पोएट्स) प्रकाशित किया है, उसमें बीस-बाईस कवि—जिनमें सरोजिनी नायडू भी हैं—विशेष विवरण के साथ लिए गए हैं। इनमें रहस्यवादी केवल दो ही तीन हैं।

पाश्चात्य साहित्य क्षेत्र में रहस्यवाद किस प्रकार एक सांप्रदायिक वस्तु समझा जाता है और उसके प्रति अधिकांश साहित्यिकों और शिक्षित पाठकों की कैसी धारणा रहती है, इसका पता एक इसी बात से लग सकता है कि मेरी स्टर्जन की उपर्युक्त पुस्तक (स्टडीज आव कंटेंपरेरी पोएट्स) में मिस मैकाले की कविता के परिचय के आरंभ में उसे 'रहस्यवाद' की बताकर यह भी कहना पड़ा है कि—

'पर इससे (रहस्यवाद की कविता होने से) किसी को यह आशंका न होनी चाहिए कि अब निम्न कोटि की कविता का पाषंड सामने रखा जायेगा।

रहस्यवाद की कविताओं में सबसे अधिक विरक्तिजनक दो बातें होती हैं—भावों में सच्चाई का अभाव (इनसिन्सियरिटी) और व्यंजना की कृत्रिमता (आर्टीफिशियलिटी)। उनमें व्यंजित अधिकांश भावों को कोई हृदय के सच्चे भाव नहीं कह सकता। अतः उनकी व्यंजना की उछल कूद भी एक भद्दी नकल-सी जान पड़ती है। भावों की झूठी नकल का जल्द पता लग जाता है। प्रत्येक सहृदय सच्ची कविता पढ़ते समय कवि या आश्रय के साथ तादात्म्य का अनुभव करता है। जहाँ अधिकांश पाठकों में इस प्रकार तादात्म्य का अभाव देखा गया कि बनावट का निश्चय स्वभावतः हो जाता है। पर साथ ही यह बात भी है कि चाहे किसी प्रकार की रचना हो वह एक फैशन के रूप में चला दी जाती है तब कुछ लोग बिना किसी प्रकार की अनुभूति के यों ही रसज्ञ समझे जाने के लिये ही, वाह-वाह कर दिया करते हैं। इस प्रकार के लोग सब दिन रहे और रहेंगे। ऐसे ही लोगों के लिये उर्दू के एक पुराने शायर शायद? नासिख ने कुछ ऊटपटाँट शेर बना रखे थे। जो उनके पास शेर सुनने की इच्छा से जाता था, उसके पहले ही शेर वे सुनाते थे। यदि सुनने वाला 'वाह-वाह' कहने लगता तो वे जान लेते कि वह मूर्ख है और उठकर चले जाते थे।[1]

---

1. इट (दि बुक) इन क्यूरिअस्ली इंटरेस्टिंग; सिंस इट मे बी रिगार्डेड ऐज दि टेस्टामेंट आव मिस्टिसिज्म फार दि इयर आव् इट्स ऐपिअरेंस, नाइनटीन हंड्रेड फोर्टीन। दैट इज इनडीड दि मोस्ट इंपार्टेंट फैक्ट एबाउट इट; नो वन नीड बिगिन टु फिअर दैट ही इन टु बि फार्ब्ड आफ विद इनफीरियर पोएट्री आन दैट एकाउंट ऐन एकस्पीरिऐंस हैज टु बी फार्म्ड, नो डाउट बिफोर इट इज कम्युनिकेटेड; बट इट टेक्स्ट्स दि फार्म इट इज, बिकाज इट में हैव टु बी कम्यूनिकेटेड।

—आई. ई. रिचर्ड्स : प्रिंसपुल्स आव लिटररी क्रिटिसिज्म

मनुष्य लोकबद्ध प्राणी है। उसका अपनी सत्ता का ज्ञान तक लोकबद्ध है। लोक के भीतर ही कविता क्या किसी कला का प्रयोजन और विकास होता है। एक की अनुभूति को दूसरे के हृदय तक पहुँचाना, यही कला का लक्ष्य होता है। इसके लिए दो बातें अपेक्षित होती हैं। भावपक्ष में तो अनुभूति का कवि के अपने व्यक्तिगत संबंधों या योगक्षेम की वासनाओं से मुक्त या अलग होकर लोक सामान्य भावभूमि पर प्राप्त होना (इंपर्सनैलिटीं ऐंड डीटैचमेंट); कला या विधानपक्ष में उस अनुभूति के प्रेषण के लिए उपयुक्त भाषा कौशल। प्रेरणा के लिये कवि में अनुभूति का होना पहली बात है, इसमें संदेह नहीं; पर उस अनुभूति को जिस रूप में कवि प्रेषित करता रहता है वह रूप उसे बहुत कुछ इस कारण दिया जाता है कि उसे प्रेषित करना चाहता है।

यह हम पहले कह चुके हैं कि जिस रूप में कवि के हृदय में अनुभूति होती है ठीक उसी रूप में शब्दों द्वारा प्रेषित नहीं की जा सकती।

इस विलायती 'प्रतीकरहस्यवाद' के क्षेत्र में प्रकृति का क्या स्थान है, यह स्पष्ट है। जबकि प्रकृति के नाना रूपों और व्यापारों को हम उसकी छाया मानकर चलेंगे जिसके प्रति हमारा प्रेम उमड़ रहा है, तब वे रूप और व्यापार उद्दीपन मात्र होंगे। काव्य में उद्दीपन दो प्रकार के होते हैं—बाह्य और आलंबनगत। यदि हम छाया को वस्तु के बाहर न मानकर, उसी का कुछ मानें, तो भी वह आलंबनगत उद्दीपन मात्र होगी। इस प्रकार प्रकृति के साथ हमारा सीधा प्रेमसंबंध योरप के इस रहस्यवाद के काव्य में न माना जायेगा।

यह समझ रखना चाहिए कि काव्यगत रहस्यवाद की उत्पत्ति भक्ति की व्यापक व्यंजना के लिये ही फारस, अरब तथा योरप में हुई जहाँ पैगम्बरी मतों के कारण मनुष्य का हृदय बँधा-बँधा ऊब रहा था। जिस प्रकार मनुष्य की बुद्धि का रास्ता रुका हुआ था, उसी प्रकार हृदय का भी। प्रकृति के प्रति भक्तों के भाव जिस हद तक और जिस गहराई तक जाना चाहते थे, नहीं जाने पाते थे। प्रकृति के मूर्त पदार्थों के प्रति अपने गहरे से गहरे भाव की व्यंजना पूरे धार्मिक या भक्त ऐसे ही शब्दों में कर सकते थे—'उस परमात्मा की कारीगरी भी क्या ही अद्भुत है कि कैसे-कैसे रूप, कैसे-कैसे रंग उसमें सजाए हैं।' अपने भावों को सीधे-अर्पित करते हुए उन्हें नरपूजा, वस्तुपूजा या मूर्तिपूजा के पाप का ध्यान होता था। पर उक्त प्रकार की व्यंजना से ही मनुष्य की बात तुष्टि कहाँ तक हो सकती थी? यहूदियों और पुराने ईसाइयों में धर्मसंबंधी बातों को मूर्त रूप में प्रकट करने के लिए साध्यवसान रूपकों

(एलिगरीज) का प्रचार था। पर साध्यवसान रूपक एक भद्दा विधान है। इसी से अद्वैतवाद, सर्ववाद (पैनथेइज्म), प्रतिबिंबवाद आदि कई वादों का मिला जुला सहारा लेकर उन्होंने अपने हृदय की स्वाभाविक वृत्तियों के लिये गोचर भूमि तैयार की। उन्होंने प्रकृति के नाना रूपों के साथ परमात्मा के कर्तृत्वसंबंध के स्थान पर थोड़े बहुत स्वरूपसंबंध की स्थापना की-पर किस प्रकार डरते-डरते, यह पूर्व विवरण से स्पष्ट है।

फारस की सूफी शायरी में बाह्य जगत् की सुंदर वस्तुओं का प्रतीक 'बुत' (देवमूर्ति) रहा। बुतपरस्ती के इलजाम के डर से भक्त कवि लोग अपने प्रेम को सीधे बुतों (प्रकृति की सुंदर वस्तुओं) के प्रति न बताकर 'बुतों के परदे में छिपे हुए खुदा' के प्रति बताया करते थे। इससे वहाँ प्रतीक इने-गिने रहे, सुंदर मनुष्य का ही प्रतीक लेकर वे अधिकतर चले। पर योरप वालों के प्रकृतिनिरीक्षण का विस्तार बहुत बड़ा था। जिससे वहाँ जब रहस्यवाद गया तब वहाँ की विस्तृत काव्यदृष्टि के अनुसार उसमें मूर्त विधान अधिक वैचित्र्यपूर्ण हुआ। ब्लेक को रूपात्मक बाह्य जगत् और मनुष्य की कल्पना के प्रत्यक्ष संबंध के विपर्यय का सिद्धांत रूप में, जोर शोर से प्रतिपादन करना पड़ा। भक्तिकाव्य में रहस्यवाद की उत्पत्ति के धार्मिक और सामाजिक कारण पर जो विचार करेगा उसे यह लक्षित हो जायेगा कि यह सब द्राविणी प्राणायाम, मजहबी तहज़ीब, धार्मिक शिष्टता (रेलिजस कर्टसी) के अनुरोध से करना पड़ा।

भारतीय भक्तिकाव्य को 'रहस्यवाद' का आधार लेकर नहीं चलना पड़ा। यहाँ भक्त अपने हृदय से उठे सच्चे भाव भगवान् की प्रत्यक्ष विभूति को बिना किसी संकोच और भय के बिना प्रतिबिंबवाद आदि वेदांती वादों का सहारा लिए सीधे अर्पित करते रहे। मुसलमानी अमलदारी में रहस्यवाद को लेकर जो 'निर्गुण भक्ति' की बानी चली वह बाहर से—अरब और फारस की ओर से—आई थी। वह देशी वेश में एक विदेशी वस्तु थी। इधर अँगरेजी के आने पर ईसाइयों के आंदोलन के बीच जो ब्रह्मसमाज बंगाल में स्थापित हुआ उसमें भी 'पौत्तलिकता'[1] का भय कुछ कम न रहा। अतः उसकी विनय और

1. इस शब्द का प्रचार ब्रह्मो समाज में खूब था। यह अंग्रेजी के 'आइडोलेट्री' शब्द का अनुवाद है। इसी प्रकार महर्षि देवेन्द्रनाथ ठाकुर द्वारा प्रवर्तित 'सत्यं, शिवं, सुंदरम्' भी-जिसे आजकल कुछ लोग उपनिषद्वाक्य समझकर 'हमारे यहाँ भी कहा है' कहकर उद्धृत किया करते हैं-अँग्रेजी के 'दि ट्रुथ, दि गुड एंड दि ब्यूटिफुल' का अनुवाद है। इस पदावली का प्रचार योरप के काव्य समीक्षा-क्षेत्र में पहले बहुत रहा है, जैसा कि

प्रार्थना जब काव्योन्मुख हुई तब उसमें भी 'रहस्यवाद' का सहारा लिया गया। सारांश यह है कि रहस्यवाद एक सांप्रदायिक वस्तु है, काव्य का कोई सामान्य सिद्धांत नहीं।

भारत में काव्यक्षेत्र इस प्रकार के वादों से बिलकुल अलग रखा गया। यहाँ 'रहस्य' और 'गुह्य' योग, तंत्र आदि के भीतर ही रहे। भक्तिमार्ग के सिद्धांत प्रतिपादन में भी इधर-उधर इनकी झलक रही। पर कविता में भक्तों की वाग्धारा ने स्वाभाविक भावपद्धति का ही अनुसरण किया। उसके भीतर न तो उन्होंने रहस्यवाद का सहारा लिया, न प्रतिबिंबवाद का- यद्यपि वेदांत के और वादों के साथ प्रतिबिंबवाद का निरूपण पहले भारतीय दर्शन में ही हुआ। महाभारत के समय में ही यहाँ भक्ति की प्रतिष्ठा हुई। वासुदेव या भागवत संप्रदाय के भीतर नरनारायण या भगवान् के अवतार श्रीकृष्ण की उपासना चली। नर में नारायण की पूर्ण कला का दर्शन आरंभ में 'गुह्य' या रहस्य के रूप में ही कुछ लोगों ने किया, यह ठीक है। पर 'रहस्य' की समाप्ति वहीं पर हो गई। अवतारवाद मूल में तो रहस्यवाद के रूप में रहा, पर आगे चलकर वह पूर्ण प्रकाशवाद के रूप में पल्लवित हुआ। रहस्य का उद्‌घाटन हुआ और राम और कृष्ण के निर्दिष्ट रूप और लोकविभूति का विकास हुआ। उसी प्रत्यक्ष अभिव्यक्ति की कला को लेकर हमारा भक्तिकाव्य अग्रसर हुआ; छिपे रहस्य को लेकर नहीं।

श्रीकृष्ण ने नर या नरोत्तम के रूप में आकर कहा कि 'सब भूतों के भीतर रहने वाली आत्मा मैं ही हूँ'।[1] अर्जुन को इस रहस्य पर विस्मय हुआ। पर एक ओर का वह रहस्य और दूसरी ओर का वह विस्मय, भक्ति या काव्यमयी उपासना के आधार नहीं हुए। उसके लिये भगवान् को फिर कहना पड़ा कि 'मैं पर्वतों में मेरु हूँ, ऋतुओं में वसंत हूँ और यादवों में वासुदेव हूँ।[2] इस प्रकार जब प्रकृति की विशाल वेदी पर अव्यक्त रूप में उसके भीतर

रिचर्ड्स ने कहा है—

'दस ऐराइजेज दि फैंटम प्राब्लेम आव् दि स्थेटिक मोड आर ए इस्थेटिक स्टेट एंड फ्राम दि डेज आव् ऐब्स्ट्रैक्ट इनवेस्टिगेशन इंटू दि गुड, दि ब्यूटिफुल एंड दि ट्रयू।' हमें तो सब प्रकार की गुलामी से 'साहित्यिक गुलामी' का दृश्य सबसे खेदजनक प्रतीत होता है।

1. अहमात्मा गुडाकेश सर्वभूताशयस्थितः —गीता, 10/20
2. मेरुः शिखरिणामहम् ऋतूनां कुसुमाकरः। वृष्णीना वासुदेवोऽस्मि। —गीता, 10

(इंटमैंनेट) या बाहर (ट्रैसेंडेंट) नहीं—भगवान् के व्यक्त और गोचर रूप की प्रतिष्ठा हो गई तब काव्यमयी उपासना या भक्ति की धारा फूटी जिसने मनुष्यों के संपूर्ण जीवन को-उसके किसी एक खंड या कोने को ही नहीं-रसमय कर दिया।[1]

श्रीकृष्ण के पूर्वोक्त दोनों कथनों के भेद पर सूक्ष्म विचार करने पर भारतीय शक्तिकाव्य का स्वरूप खुल जायेगा। पहले कथन में दो बातें हैं- 'सब भूतों के भीतर मैं हूँ' और 'अव्यक्त रूप में हूँ।' ये दोनों बाते मनुष्यहृदय के संचरणक्षेत्र से दूर की थीं। जिज्ञासापूर्ण नर ने पूछा, 'जिसके भीतर आप हैं', 'जो नाना रूपों में हमें आकर्षित किया करता है, वह क्या है?' उत्तर मिला 'वह मैं ही हूँ—मैं छिपा हुआ भी हूँ और तुम्हारे सामने भी हूँ। मेरे दोनों रूप शाश्वत और अनंत हैं नर ने कहा बस इसी सामने वाले रूप की नित्यता और अनंनता जरा मुझे दिखा दीजिए।' नारायण ने दिक्काल का परदा हटाकर अपना व्यक्त, गोचर और अव्यक्त विश्व रूप सामने कर दिया।

सारा बाह्य जगत् भगवान् का व्यक्त स्वरूप है। समष्टि रूप में वह नित्य है, अतः 'सत्' है; अत्यंत रंजनकारी है, अतः आनंद है। अतः इस 'सदानंद' स्वरूप का वह प्रत्यक्ष अंश जो मनुष्य की रक्षा में (बना रहने देने अर्थात् सत् को चरितार्थ करने में) और रंजन में (सुख और रंजन का विधान करने में) अपार शक्ति के साथ प्रवृत्त दिखाई पड़ा, वही उपासना के लिए, हृदय लगाने के लिए, लिया गया। जिसमें शक्ति, शील और सौंदर्य तीनों का योग चरमावस्था में दिखलाई पड़ा वही प्राचीन भारतीय शक्तिरस का आलंबन हुआ। कर्मक्षेत्र में प्रतिष्ठित यह आलंबन मनुष्य के अनेक भावात्मक हृदय के साथ पूरा-पूरा बैठ गया, कोई कोना छूटने ना पाया। 'मैं ऋतुओं में बसंत हूँ, शस्त्रधारियों में राम हूँ,[2] यादवों में कृष्ण हूँ' का संकेत यही है। राम और कृष्ण की व्यक्त और प्रत्यक्ष कला को लेकर ही भारतीय भक्तिकाव्य अब तक चला आ रहा है, ब्रह्म की अव्यक्त या परोक्ष सत्ता को लेकर नहीं। इस संबंध में यह भी ध्यान देने की बात है कि भक्तिक्षेत्र में राम या कृष्ण की प्रतिष्ठा का रहस्य बताने वाले 'सद्गुरु' या स्वर्ग का संदेसा लाने वाले पैगम्बर के रूप में नहीं है, लोक के भीतर अपनी शक्तिमयी, शीलमयी और सौंदर्यमयी कला का प्रकाश करने वाले के रूप में है। इसी लोकरक्षक और लोकरंजक रूप पर

1. देखिए गीता, अध्याय 11, विश्वदर्शनयोग।
2. राम शस्त्रभृतामहम्-गीता, 10/31

भारतीय भक्त मुग्ध होते आये हैं। गोस्वामी तुलसीदास जी से जब किसी ने पूछा कि 'आप कृष्ण की उपासना क्यों नहीं करते जो सोलह कला के अवतार है?-राम की उपासना क्यों करते हैं जो बारह ही कला के अवतार हैं?' तब उन्होंने बड़े भोलेपन के साथ कहा कि 'हमारे राम अवतार भी हैं, यह हमें आज मालूम हुआ?' इस प्रकार उत्तर द्वारा गोस्वामी जी ने भारतीय भक्ति का स्वरूप अच्छी तरह स्पष्ट कर दिया।

ऊपर के विवेचन से स्पष्ट है कि यहाँ भक्तिकाव्य के क्षेत्र में भी अभिव्यक्तिवाद ही रहा, रहस्यवाद, प्रतिबिम्बवाद आदि नहीं। जो तुलसी, सूर आदि भारतीय पद्धति के भक्तों में भी रहस्यवाद सूँघा करते हैं उन्हें रहस्यवाद के स्वरूप का अध्ययन करना चाहिए, उसके इतिहास को देखना चाहिए। व्यक्ताव्यक्त, मूर्तामूर्त—ब्रह्म के इन दो रूपों या पक्षों में से भारतीय भक्तिरस के भीतर व्यक्त और मूर्त पक्ष ही, जिसका हृदय के साथ सीधा लगाव है, लिया गया। इस रसविधान में जगत् या प्रकृति ब्रह्म का रूप ही रही है, छाया, प्रतिबिम्ब, आवरण आदि नहीं। जो मनोहर रूपयोजना सामने लाई जाती है, हृदय के भाव ठीक उसी के प्रति होते हैं, उसके भीतर (इंमैनेंट) या उसके बाहर (ट्रैंसडेंट) रहने वाले किसी हाव के प्रति नहीं।

यह दिखाया जा चुका है कि यह योजना प्रकृति के रूपों को लेकर ही होती है। कल्पना भी बाह्य जगत् के रूपों या उनके संवेदनों की छाया है। सीधे उन रूपों से या रूपात्मक संवेदनों से हम प्रेम कर चुके रहते हैं तभी उनकी छाया अर्थात् कल्पना में हमारा हृदय रमता है। जगत् का यह व्यक्त प्रसार ही भाव के संचरण का वास्तविक क्षेत्र है। इससे अलग मनुष्य कल्पना की कोई वास्तविक सत्ता नहीं, वह असत् है। क्षणिक विज्ञानवादी ह्यूम का यह सिद्धांत बहुत पक्का है कि इंद्रियज ज्ञान (इंप्रेशस) ही सब प्रकार के ज्ञान के मूल हैं। यदि 'कल्पना' शब्द बहुत प्रिय हो तो यह कह सकते हैं कि यह नित्य और अंनत गत्यात्मक दृश्य जगत् ही ब्रह्म की कल्पना है। मनुष्य की कल्पना तो इसी की एक विकृत और परिमित छाया है। अनंत का जितना अंश पृथ्वी से लेकर आकाश तक बिना दूरबीन के दृष्टि दौड़ाने में भी हमारे सामने आ जाता है, उसका शतांश भी एक बार में कल्पना के भीतर नहीं आ सकता। केवल असीम और 'अनंत' शब्द रखने या रटने से यह कभी नहीं कहा जा सकता कि 'असीम' या अनंत कल्पना के भीतर आया हुआ है, उसकी सचमुच अनुभूति हो रही है।

यह ठीक है कि किसी के सामने न रहने पर उसके प्रति जो प्रेमानुभूति है उसमें आलंबन के स्थान पर उसकी कल्पनात्मक मूर्ति ही रहती है, पर उस

मूर्ति या रूप का ग्रहण चित्रवत् होता है। उसके प्रत्यक्ष अर्थात् अधिक गोचर रूप में दर्शन, आदि की वासना बनी रहती है जिसकी अभिव्यंजना कभी-कभी अभिलाष के रूप में होती है। राम या कृष्ण का ध्यान करने वाले भक्त को भी ध्यान में आई हुई काल्पनिक मूर्ति का आना ही साक्षात्कार नहीं समझ पड़ता। यदि ऐसा होता तो ध्यानपूर्वक अभिलाष का कुछ अर्थ ही नहीं होता। सारांश यह कि भारतीय भक्तिकाव्य अनुभूति की स्वाभाविक और वास्तविक पद्धति को लेकर ही चला है, उसके किसी 'वाद' के द्वारा विपर्यय करके नहीं। वह अभिव्यक्ति या प्रकाश की ओर उन्मुख है, रहस्य या छिपाव की ओर नहीं।

अच्छी तरह विचार करने पर यह प्रकट होगा कि 'अज्ञान का राग' ही अंतःवृतिः को रहस्योन्मुख करता है। मनुष्य की रागात्मिकता प्रकृति में इस अज्ञान के राग का भी ठीक उसी प्रकार एक विशेष स्थान है जिस प्रकार ज्ञान के राग का। ज्ञान का राग बुद्धि को नाना तत्वों के अनुसंधान की ओर प्रवृत्त करता और उनकी सफलता पर तुष्ट होता है। अज्ञान का राग मनुष्य के ज्ञान प्रसार के बीच-बीच में छँटे हुए अंधकार या धुँधलेपन की ओर आकर्षित करता है तथा बुद्धि की असफलता और शांति पर तुष्ट होता है। अज्ञान के राग की इस तुष्टि की दशा में मानसिक श्रम से कुछ विराग-सा मिलता जान पड़ता है और उस अंधकार या धुंधलेपन के भीतर मन के भीतर चिरपोषित रूपों की अवस्थिति के लिये दृश्य सागर के बीच अवकाश मिल जाता है। शिशिर के अंत में उठी हुई धूल छाई रहने के कारण किसी भारी मैदान में क्षितिज से मिले हुए छोर पर वृक्षावली की जो धुँधली श्यामल रेखा दिखाई पड़ती है उसके उस पार किसी अज्ञात दूर देश का बहुत सुंदर और मधुर आरोप स्वभावतः आपसे आप होता है। मनुष्य की सुंदर आशा के गर्भ में भरी हुई रमणीयता की वैसी मनोहर और गोचर व्यंजना उसके द्वारा होती है—

धुँधले दिगंत में विलीन हरिदाभ रेखा
किसी दूर देश की-सी झलक दिखाती है।
जहाँ स्वर्ग भूतल का अंतर मिटा है चिर,
पथिक से पथ की अविध मिल जाती है।
भूत औ भविष्यत् की भव्यता भी सारी छिपी,
दिव्य भावना सी वही भासती भुलाती है।

दूरता के गर्भ में जो रूपता भरी है वही,
माधुरी हो जीवन की कटुता मिटाती है॥

इसी प्रकार दूर से दिखाई पड़ती हुई पर्वतों की धुँधली नीली चोटियाँ भी मनोवृत्ति को रहस्योन्मुख करती हैं और अपने भीतर कल्पना को रूपविन्यास करने का अवसर देती है। पश्चिम दिगंचल की सांध्य स्वर्णधारा के बीच धूम्र, कपिश घनद्वीपों से होकर आता हुआ स्वर्ग का मार्ग-सा खुला दिखाई पड़ता है। विश्व की विशाल विभूति के भीतर न जाने कितने ऐसे दृश्य हमारी अंतःवृत्ति को रहस्योन्मुख करते हैं।

स्वाभाविक रहस्य भावना बड़ी रमणीय और मधुर भावना है, इसमें संदेह नहीं। रसभूमि में इसका एक विशेष स्थान हम स्वीकार करते हैं। उसे हम अनेक मधुर और रमणीय मनोवृत्तियों में से एक मनोवृत्ति या अंतर्दशा (मूड) मानते हैं जिसका अनुभव ऊँचे कवि और अनुभूतियों के बीच कभी-कभी प्रकरण प्राप्त होने पर, किया करते हैं। पर किसी 'वाद' के साथ संबद्ध करके उसे हम काव्य का एक सिद्धांतमार्ग (क्रीड) स्वीकार करने के लिये तैयार नहीं।

योरप के जिस 'रहस्यवाद' का संक्षिप्त परिचय हमने दिया है वह सिद्धांती या सांप्रदायिक रहस्यवाद है। स्वाभाविक रहस्यभावना उक्त वाद से सर्वथा भिन्न है। किसी 'वाद' के ध्यान से, सांप्रदायिक सिद्धांत के ध्यान से, जो कविता रची जायेगी। उसमें बहुत कुछ अस्वाभाविकता और कृत्रिमता होगी। 'वाद' की रक्षा या प्रदर्शन के ध्यान में कभी कभी क्या, प्रायः रससंचार का प्रकृत मार्ग किनारे छूट जायेगा।

सिद्धांती या साप्रंदायिक रहस्यवादियों के अतिरिक्त योरप के प्रसिद्ध कवियों में भी बहुत से ऐसे कवि हुए हैं जिनकी कुछ रचनाओं के बीच-बीच में बड़ी सुंदर स्वाभाविक रहस्यभावना पायी जाती है। वर्ड्सवर्थ और शैली इसी प्रकार के कवि थे। इनकी रहस्यभावना स्वाभाविक पद्धति पर होने के कारण हृदय में सच्ची अनुभूति उत्पन्न करती है। जिन तथ्यों या दृश्यों को लेकर इनकी वृत्ति रहस्योन्मुख हुई है उनके समक्ष सहृदय मात्र रहस्य का अनुभव कर सकते हैं। बात यह है कि ये कवि रहस्यवादी नहीं। ये रहस्य को 'वाद' के रूप में लेकर नहीं चले हैं। इन्होंने सच्ची स्वाभाविक रहस्यभावना की व्यंजना की है। इनकी भावना अभिव्यक्ति का सूत्र ग्रहण करके ही कभी-कभी रहस्योन्मुख हुई है। जगत् रूपी अभिव्यक्ति के तटस्थ कल्पना की झूठी कलाबाजी, भावों की नकली उछल कूद और

वैचित्र्यविधायक कृत्रिम शब्दभंगी—जो आधुनिक रहस्यवादियों में अभिव्यंजनावादियों (एक्सप्रेसनिस्ट्स) के प्रभाव से आई है—वर्ड्सवर्थ और शैली की कविता का लक्षण नहीं है।

वर्ड्सवर्थ की कत्तिता ब्रह्म की प्रत्यक्ष विभूति प्रकृति से सीधा प्रेमसंबंध रखती है। कहीं-कहीं उसमें सर्ववाद (पैनथेइज्म) की भी झलक है, परोक्ष जगत् की ओर इशारा है, पर उसकी विचरण भूमि प्रकृति का प्रकाशित क्षेत्र ही है। दूर तक फैले मैदान में कहीं धूप कहीं छाया बारी-बारी से पड़ती देख वर्ड्सवर्थ ने अपने लिये प्रकाश का क्षेत्र चुना और उनके साथी कालरिज ने छाया का। पर कालरिज की छाया इस जगत् पर इस जीवन पर पड़ती हुई छाया थी। वह किसी 'वाद' के अनुरोध से सारे जगत् की छाया और अपनी कल्पना को ईश्वरीय सत्ता बताता हुआ नहीं चला। उसका कहना यह था कि मनुष्य चारों ओर एक अज्ञात रहस्य से घिरा हुआ है, जिसका परोक्ष विधान उसके जीवन का रंग बदला करता है। कालरिज का प्रस्तुत विषय जीवन है, परोक्ष रहस्य उसके बदलते हुए रंगों की हेतुभावना के रूप में है। इससे कालरिज को भी हम सिद्धांतः रहस्यवादी न कहकर स्वाभाविक रहस्यभावना संपन्न कवि मानते हैं।

इधर हिंदी में कभी-कभी रहस्यवाद के संबंध में जो लेख निकलने लगे हैं उनमें से बहुतों में एक साथ बहुत से नामों के उद्धरण—जैसे, वर्ड्सवर्थ, शेली, कालरिज, ब्राउनिंग यहाँ तक कि कीट्स भी मिलते हैं। इसमें वर्ड्सवर्थ तो प्रकृति के सच्चे उपासक थे। वे प्रकाश या अभिव्यक्ति को लेकर चले थे। उसका 'रहस्यवाद' से कोई संबंध नहीं। प्राकृतिक दृश्यों के प्रति जैसी सच्ची भावुकता उनकी थी, अंगरेजी के पिछले कवियों में किसी की न थी। एक छोटी-सी कविता में उन्होंने इस बात पर बहुत खेद प्रकट किया है कि ऐसे मधुर और प्रिय रूपों को नित्य प्रति सामने पाकर भी अब लोगों के हृदय उनकी ओर आकर्षित नहीं होते। उन्होंने यहाँ तक कहा है कि 'इससे अच्छा तो यह था कि हम लोग ईसाई न होकर पुराने मूर्तिपूजक ही रहते और प्रकृति के नाना रूपों के साथ अपने हृदय के योग का अनुभव करते।' उनका प्रकृतिप्रेम कुतूहल, विस्मय और सुखविलास की मनोवृत्ति से संबंधित न था। वे अलौकिक, असामान्य अद्‌भुत और भव्य चमत्कार ढूँढने वाले न थे। नित्यप्रति सामने आने वाले चिरपरिचित सीधे सादे सामान्य दृश्यों के प्रति अपने सच्चे अनुराग की व्यंजना जैसी वर्ड्सवर्थ ने की है और जगह नहीं

मिलती। जो एक पुरानी गढ़ी के आसपास लगे पेड़ों के झुरमुट के कटवाने पर दुखी होता है, ऐसे सच्चे प्रकृतिप्रेमी कवि को 'रहस्यवादी' कहना उसकी अप्रतिष्ठा करना है। 'एक पथिक को शिक्षा' (ऐडमानिशन टु ए ट्रेवलर) नाम की एक छोटी-सी कविता में वर्ड्सवर्थ ने एक नागरिक पथिक का किसी ग्राम में छोटे से नाले के तट पर, थोड़ी सी गोचारण भूमि के बीच एक छोटे से झोपड़े की ललचती आँखों से देखते हुए कहता है' 'उस घर का लालच न कर। बहुत से तेरे ऐसे लोग इसी प्रकार ताकते और सोचते विचारते रह जाते हैं। उनकी चले तो वे प्रकृति की पुस्तक के इस बहुमूल्य पन्ने को अपवित्र निष्ठुरता से नोंच फेंकें। यह समझ रख कि यह यदि आज तेरा हो जाय तो जो कुछ आकर्षण इसमें है वह सब हवा हो जाय। इसकी छत, खिड़की, दरवाजे चढ़ी हुई फूल की लताएँ सब दोनों को पवित्र वस्तुएँ हैं।' प्रकृति के प्रति जो भाव वर्ड्सवर्थ का था जो उसी को मैं सच्चे कवि का भाव मानता हूँ। सदा असामान्य, अद्‌भुत और भव्य चमत्कार ढूँढने वाली दृष्टि को मैं मार्मिक काव्यदृष्टि नहीं मानता।

जैसा पहले कहा जा चुका है, केवल कहीं-कहीं वर्ड्सवर्थ ने प्रकृति की अंतरात्मा (स्पिरिट आव् नेचर) की ओर संकेत किया है, एक आध जगह प्रकृति के ही किसी तथ्य के भीतर परोक्ष जगत् का भी आभास दिया है, जैसे 'बाल्यावस्था की स्मृति द्वारा अमरत्व का संकेत' (ओड आन इंटिमेशंस आव् इंमार्टैलिटी फ्राम रिकिलेक्शंस आव अर्ली चाइल्डहुड) नाम की कविता में। उसमें कवि कहता है-

'हमारा जन्म एक प्रकार की निद्रा या विस्मृति है। जीवन के नक्षत्र हमारी आत्मा का—जिसका उदय हमारे साथ होता है—विधान कहीं अन्यत्र ही हुआ करता है, वह किसी दूर देश से आती है। आने में न तो हममें एकदम विस्मृति ही रहती है, न शुद्धरूपता ही। ईश्वर के पास से हम दिव्य और भव्य घनखण्डों में से होते हुए आते हैं। बचपन में हमारे चारों ओर स्वर्ग का आभास कुछ-कुछ बना रहता है। पर ज्यों-ज्यों बालक बढ़ता जाता है त्यों-त्यों इस भव्य कारागार की छाया में बंद हो जाता है। फिर भी उस ज्योति का आभास उसे कुछ काल तक अपने आनंद में मिलाता रहता है। युवास्था की ओर बढ़ता हुआ वह यद्यपि अपने उदय की दिशा से दूर होता जाता है, पर प्रकृति का पुजारी तब भी बना रहता है। उसका मार्ग दिव्य सौंदर्य की भावना से जगमगाता है। अंत में जब वह बढ़कर पूरा मनुष्य हो जाता है तब आनंद

की वह आभा जीवन के मध्याह्न के प्रखर ताप में विलीन हो जाती है।[1]

कैसी स्वाभाविक रहस्य भावना है। इसका संकेत कवि को अभिव्यक्ति के क्षेत्र के भीतर ही मिला है इसमें किसी 'वाद' के भीतर निरूपित तथ्य की व्यंजना प्रकृति के रूपों और व्यापारों से जबरदस्ती नहीं कराई गई है। न असीम और ससीम का द्वंद्व दर्शन है, न अव्यक्त और अगोचर की झाँकी है, न वेदना का अट्टहास और उन्मत्त नृत्य है। जिस आनंदलोक की ओर संकेत है वह केवल लोकोत्तर है। यह संकेत जीवन के जिस वास्तव तथ्य से कवि को मिला है, उसका स्पष्ट उल्लेख आगे चलकर है-

'अपने लड़कपन के दिनों का स्मरण कीजिए ! वे ही हरे भरे मैदान, अमराइयाँ और नाले आदि जो अब साधारण दृश्य जान पड़ते हैं, कैसी आनंदमयी दिव्य प्रभा से मंडित दिखाई पड़ते थे! फूल अब भी सुंदर लगते हैं, चंद्रमा अब भी शरदाकाश में सुहावना लगता है, पर इन सबकी वह दिव्य आभा पृथ्वी पर कहाँ जो लड़कपन में हृदय को आनंदोल्लास में भर देती थी।'

---

1. अवर बर्थ इज ए स्लीप ऐंड फरगटिंग
दि सोल दैट राइजेज वि अस, अवर लाइफ्स स्टार।
हैथ हैड इल्स्व्हेअर इट्स सेटिंग,
ऐंड कॅमेथ फ्राम ऐफार,
नाट इन एंटायर फरगेंटफुलनेस,
ऐंड नाट इन अटर नेकेडनेस,
बट ट्रेलिंग क्लाउड्स आव ग्लोरी डू वी कम
फ्राम गाड, हु इज अवर होम;
हेवेने लाइज एबाउट अस इन अवर इनफैंसी?
शेड्स आव् दि प्रिजन हाउस गिगिन टु क्लोज
अपॉन दि ग्रोइंग बाइ,
बट ही बिहोल्ड्स दि लाइट ऐंड ह्वेंस इट् फ्लोज
ही सीज इट इन हिज जाय;
दि यूथ, टू डेली फार्दर फ्राम दि ईस्ट
मस्ट ट्रेवेल, स्टिल इन नेवर्स प्रीस्ट
ऐंड बाई दि विजन स्प्लेंडिड।
इन आन हिज वे ऐटेंडेड,
ऐट लैंथ दि मैन पर्सीब्स इट डाई अवे,
ऐंड फेड इंटु दि लाइट आव कामन डे।

शेली की मनोवृत्ति वर्ड्सवर्थ की मनोवृत्ति से बहुत भिन्न थी। उनकी वृत्ति प्रकृति के असामान्य, अद्‌भुत, भव्य और अधिक प्राचुर्यपूर्ण खंडों में रमती थी, इसी से उनमें कल्पना का आधिक्य है। सामान्य से सामान्य चिरपरिचित दृश्यों के माधुर्य की मार्मिक अनुभूति उनमें न थी। दूसरी बात यह है कि वे कुछ अपने बँधे हुए विचार मन में लेकर प्रकृति के क्षेत्र में प्रवेश करते थे। वे मनुष्यजाति की वर्तमान स्थिति में सिर से पैर तक उलट फेर चाहते थे। राजनीतिक, सामाजिक, सांप्रदायिक सब प्रकार की व्यवस्थाओं और बंधनों को वे छिन्न-भिन्न देखना चाहते थे। पर इस प्रकार की कुछ विशेष प्रवृत्तियाँ रहते हुए भी प्रकृति की रूपविभूति का ऐसा शृंखलाबद्ध और संश्लिष्ट चित्रण थोड़े से इने-गिने कवियों में ही मिल सकता है।

'अलास्टर' (लास्टर या स्पिरिट आव सालिट्यूड) में एकांत सुख शांति का अन्वेषी एक कवि सारे भूमंडल पर अकेला भ्रमण करता है। शेली उसे ऐसी-ऐसी भव्य विशाल, अदृष्टपूर्व और अद्भुत चमत्कापूर्ण दृश्यावली के बीच से ले गये हैं कि पाठक पढ़कर उनमें गड़-सा जाता है। प्रकृति के ऐसे-ऐसे गूढ़ गह्वरों तथा अनुपम और कमनीय क्रीड़ाक्षेत्रों में वह कवि द्वारा पहुँचाया जाता है। जहाँ मनुष्य ने कभी पैर नहीं रखा। एक नमूना देखिए-

'प्रकृति के गुप्त से गुप्त पथों में वह उसकी छाया की तरह जाता है जहाँ ज्वालामुखी से उठी लपट की रक्त आभा तुषारमंडित पर्वतशिखर के ऊपर छाई हुई हैं।. . . . .जहाँ ऐसी गुप्त गुफाएँ हैं, जो ज्वलंत और विषाक्त धाराओं के चक्कर खाती बड़ी दूर तक चली गयी हैं और जिनमें अब तक न लोभ मनुष्य को ले गया है, न साहस का अभिमान। गुफा के भीतर बड़े-बड़े दीवनखाने पड़े हैं, जिनके ऊपर फैली हुई छत हीरे और सोने से जड़ी है। स्फटिक के ऊँचे-ऊँचे खंभे खड़े हैं? बीच-बीच में उज्ज्वल मुक्तामयी वेदियाँ दिखाई पड़ती हैं। पुष्पराग के सिंहासन इधर-उधर पड़े झलकते हैं।'

कोह काफ (काकेशस) की ऐसी-ऐसी दुर्गम घाटियों के भीतर घूमती फिरती उस कवि की छोटी-सी नाव बहती जाती है जिसके दोनों ऊपर तो गगनस्पर्शी शिखर और नीचे जल में घुसी बेडौल चट्टानों पर अपनी जड़ों का जाल फैलाए हुए वृक्षों को निविड और सघन राशि। प्रकृति के खंडों के ऐसे-ऐसे संश्लिष्ट और शृंखलाबद्ध चित्रण उनके 'इस्लाम का विप्लव' (दि रिवोल्ट आव इस्लाम) आदि काव्यों में भरे पड़े हैं जैसे कहीं किसी रहस्यवादी कवि की रचना में नहीं मिल सकते। रहस्यवादी की काव्यदृष्टि एक बार में इतने विस्तार तक पहुँचती ही नहीं या पहुँचायी ही नहीं जाती।

शेली की पिछली रचनाओं में ही कहीं-कहीं रहस्यभावना का उन्मेष पाया जाता है। 'सौन्दर्यबुद्ध की स्तुति' (हाइम टु इनटेलेक्चुअल ब्यूटी) नाम की कविता में शेली ने उस नित्य गतिशील सौंदर्यसत्ता का स्तवन किया है जो समय-समय पर बाह्य प्रकृति को वसंतविकास के रूप में अपने नाना रंगों से जगमगाया करती है और मनुष्य के हृदय का प्रेम, आशा और गर्व से प्रफुल्ल किया करती है। कहने की जरूरत नहीं कि यह भावना गत्यात्मक सौंदर्य की अभिव्यक्ति को ही लेकर चली है। स्त्रीत्व का आध्यात्मिक आदर्श व्यंजित करने वाली 'एपिसिडियन' नाम की कविता भी इसी ढंग की है। 'जिज्ञासा' का उल्लेख पहले हो चुका है। ऐसी ही कुछ थोड़ी सी छोटी-छोटी कविताओं में रहस्यभावना पायी जाती है, पर ऐसी नहीं जो रहस्यवादियों के काम की हो। मेरे ध्यान में तो शैली की एक ही ऐसी छोटी सी कविता आती है जिसमें रहस्यवादियों के काम की कुछ सामग्री है। वह है-'कविस्वप्न' (दि पोएट्स ड्रीम) जिसमें कवि के संबंध में कहा गया है कि-

'वह प्रभात से सायंकाल तक झील में झलमलाती धूप और इश्कपेचों के फूलों पर बैठी पीली मधुमक्खियों को देखता रहेगा। इसकी परवा न करेगा कि इन वस्तुओं की सत्ता क्या है। वह (इन रूपों के) द्वारा ऐसे रूप (कल्पना में) संघटित करेगा जो अमरत्व के अंगज होंगे और जिनकी सत्ता मनुष्यसत्ता से भी वास्तविक होगी।'[1]

पर एक आध जगह मिलनवाली 'वाद' की ऐसी सामग्री शेली को रहस्यवादी कवियों में नहीं ढकेल सकती। शेली पर जो समीक्षा पुस्तकें निकली हैं उनमें शेली रहस्यवादी कवि नहीं निरूपित हुए हैं।

इधर समय-समय पर हिंदी पत्रपत्रिकाओं में रहस्य या छायावाद की जानकारी कराने के लिये जो लेख निकलने लगे हैं उनमें से किसी-किसी में बेचारे कीट्स तक का नाम घसीटा जाता है, जिनसे रहस्यवाद का नाममात्र का भी लगाव नहीं। अंगरेजी साहित्य का थोड़ा परिचय रखने वाला भी जानता है

---

1. ही विल वाच फ्राम डान टु ग्लुम
दि लेक रिफ्लेक्टेड सन इल्युम,
दि येलो बीज इन दिन आइवी-ब्लुम,
नार हीड नार सी ह्वाट थिंग्स दे बी;
बट फ्राम दीज क्रिएट ही कैन,
फार्म्स मोर रिअल दैन लिविंग मैन
नर्सलिंग्स आव इंमार्टैलिटी।

कि कीट्स प्राचीन यूनानी काव्य का आदर्श लेकर नए ढंग (रौमेंटिक) पर चले हैं जिसमें रहस्यवाद की गंध तक नहीं। यह दिखाया जा चुका है कि रहस्यवाद की उत्पत्ति पैगम्बरी (सेमेटिक) मतों के भीतर हुई है। प्राचीन आर्य काव्य में—क्या भारत के, क्या योरप के—रहस्यवाद का नाम तक नहीं, सीधा देववाद है। कीट्स की कल्पना बहुत ही तत्पर थी, उनमें मतविधान (इमैजरी) का विलक्षण प्राचुर्य है वे अपने इंद्रियार्थवाद (सेंसुऐलिज्म) के लिये प्रसिद्ध है, रहस्यवाद के साथ तो उनका नाम कहीं लिया ही नहीं जाता। कहीं ईट्स के धोखे में उनका नाम न आ जाता हो?

एक दूसरी कोटि के कवि भी होते हैं जिन्हें कभी-कभी भ्रांतिवश कुछ लोग रहस्यवादी कह दिया करते हैं। अंगरेजी कवि ब्राउनिंग इसी तरह के कवि थे। उनकी कविता में बुद्धिव्यापार का बहुत योग है। विचारों का ऐसी सघनता बहुत कम कवियों में पाई जाती है। कहीं-कहीं विचारों की गति इतनी क्षिप्र होती है कि पाठक साथ-साथ नहीं चल पाता और दुर्बोधता या अस्पष्टता का अनुभव होता है। कहीं-कहीं इसी प्रकार की अस्पष्टता की प्रतीति के कारण स्थूल दृष्टि से देखने वालों को रहस्यवाद का धोखा होता है। पर ब्राउनिंग की अस्पष्टता में और रहस्यवाद की बनावटी अस्पष्टता में कौड़ी व मुहर का फर्क है। दोनों की उत्पत्ति सर्वथा भिन्न कारणों से है। एक की अस्पष्टता विचार शृंखला की सघनता और जटिलता के कारण होता है और दूसरे के विचार शृंखला के सर्वथा अभाव के कारण। एक में बुद्धितत्व (इंटेलेक्चुऐलिटी) के साथ पूरा साहचर्य और दूसरे में विच्छेद दोनों एक दूसरे के विरुद्ध हैं।

काव्यक्षेत्र में ब्राउनिंग का लक्ष्य बहुत ही उच्च था। उनका लक्ष्य था गूढ़ और ऊँचे विचारों के साथ हृदय के भावों का संयोग करता। जैसा हम पहले कह आए हैं अब मनुष्य का ज्ञानक्षेत्र बुद्धि व्यंग्यात्मक या विचारात्मक होकर अत्यंत विस्तृत हो गया है। अतः इसके विस्तार के साथ हमें अपने हृदय का विस्तार भी बढ़ाना पड़ेगा। कितने गहरे ऊँचे और व्यापक विचारों के साथ हमारे किसी भाव या मनोविकार के संयोग से कराया जा सकता है, कितने भव्य और विशाल तथ्यों तक हमारा हृदय पहुँचाया जा सका है इसका विचार भी कवियों की उच्चता स्थिर करने में बराबर रखना पड़ेगा। ब्राउनिंग का आदर्श यही था। वे कविकर्म को बहुत गंभीर समझते थे, मनबहलाव या कुतूहल की सामग्री नहीं। चित्रकला, मूर्तिकला आदि हल्की कलाओं के साथ कविता को बिलकुल मिलाकर जो काव्य-समीक्षा योरप में चली उसने काव्य के लक्ष्य की धारणा बहुत हल्की और संकुचित कर दी।

सच्ची स्वाभाविकता रहस्य भावना वाले कवि और सांप्रदायिक या सिद्धांती रहस्यवादी की पहचान के लिये काव्यवस्तु (मैटर) का भेद आरंभ में ही हम दिखा आए हैं। विधानविधि (फार्म) का भेद ऊपर सूचित किया गया। स्वाभाविक रहस्य भावना संपन्न कवि प्रकृति का कोई खंड लेकर व्यापार की संश्लिष्ट और शृंखलाबद्ध योजना द्वारा पूर्ण दृश्य का विधान करते चलते हैं। उनकी रूप योजना विस्तीर्ण और जटिल होती है तथा कुछ दूर तक अखंड चलती है, पर सांप्रदायिक या सिद्धांती रहस्यवादी कुछ बँधी हुई और इनी-गिनी वस्तुओं की ठीक उसी प्रकार अलग-अलग झलक दिखाकर रह जाते हैं जिस प्रकार हमारे पुराने शृंगारी कवि, ऋतुओं के वर्णन में, उद्दीपन सामग्री दिखाया करते हैं। इसीलिए स्वाभाविक रहस्य भावना वाले कवि चरितकाव्य का प्रबंध काव्य का भी बराबर आश्रय लेते हैं, पर सांप्रदायिक रहस्यवादी कवि मुक्तकों या छोटे-छोटे रचनाखंडों पर ही संतोष करते हैं। प्रथम कोटि के कवियों में दृश्य के संश्लिष्ट प्रसार के साथ-साथ विचार और भाव बड़ी दूर तक मिली हुई एक अखंड धारा के रूप में चलते हैं। पर दूसरी कोटि के कवियों में यह अन्विति (यूनिटी) और मनोहर प्रसार अत्यंत अल्प या नहीं के बराबर होता है। अतः इस दूसरी कोटि में वर्ड्सवर्थ और शेली क्या कालरिज भी नहीं आ सकते जिनकी रचनाओं में बहुत ही संश्लिष्ट और जटिल दृश्यविधान प्रस्तुत रूप में—रहस्यवादियों के समान अप्रस्तुत रूप में नहीं—पूरी मूर्तिमत्ता के साथ दूर तक चलते पाए जाते हैं।

पाश्चात्य रहस्यवाद और पाश्चात्य स्वाभाविक रहस्यभावना का थोड़ा विस्तृत उल्लेख इसीलिए करना पड़ा कि आजकल विचारों की पराधीनता के कारण योरप ही 'जगत' समझा और कहा जाता है। जो कुछ अब तक कहा गया उससे इतना स्पष्ट हो गया होगा कि योरप का सिद्धांती रहस्यवाद, जो ब्लेक और ईट्स आदि में पाया जाता है, वह अरब और फारस के सूफियों के यहाँ से गया है। उसके पहले यहूदियों और कैथोलिक संप्रदाय के ईसाइयों में जो रहस्यभावना प्रचलित थी वह ईश्वरवाद (थेइज्म) के भीतर थी। उसमें उस प्रेमपूर्ण परमपिता के दया दाक्षिण्य का आभास जगत की नाना वस्तुओं और व्यापारों में रहस्यपूर्ण दृष्टि से देखा जाता था। सूफियों के रहस्यवाद में सर्ववाद (पैनथइज्म) या अद्वैतवाद (मोनिज्म) के साथ प्रतिबिम्बवाद का योग था। वेदांत में सर्ववाद का प्रतिबिम्बवाद एक ही नहीं है। सर्ववाद वेदांत का का पुराना रूप है। उसके उपरांत विवर्तवाद, दृष्टिसृष्टिवाद, अजातवाद आदि जो कई वाद ब्रह्म और जगत् के संबंधनिरूपण में चले, उनमें प्रतिबिंबवाद भी एक है।

सर्ववाद का अभिप्राय यह है कि व्यक्ताव्यक्त मूर्तामूर्त, चिदचित् जो कुछ है सब ब्रह्म ही है। पुराने वाद के अनुसार जगत् जिस रूप में हमारे सामने है उसमें ब्रह्म ही प्रसार है। प्रतिबिंबवाद के अनुसार जिस रूप में जगत् हमारे सामने है उस रूप में ब्रह्म तो नहीं है, हाँ उसकी छाया या प्रतिबिंब अवश्य है। सूफियों ने आत्मा और ब्रह्म के संबंध में प्रतिबिंबवाद को अपनाया। इस प्रतिबिंबवाद को लेकर सिद्धांत पक्ष में उन्होंने उस 'कल्पनावाद' की उद्‌भावना की जिसका वर्णन हम कर आए हैं और जिसे काव्य पक्ष में लेकर ब्लेक आदि विलायती रहस्यवादियों ने साहित्य में एक विलक्षण आडंबर खड़ा किया। पर सूफियों ने अपने उस 'कल्पनावाद' को केवल ध्यान के लिए साधना या सिद्धांतपक्ष में ही रखा, काव्यक्षेत्र में नहीं घसीटा। काव्यक्षेत्र में उन्होंने प्रतिबिम्बवाद के साथ 'अभिव्यक्तवाद' का मेल किया जिससे उनकी कविता का रंग वैसा ही स्वाभाविक और हृदयग्राही रहा जैसी और कविता का।

सूफी कवि इस बाहर फैले हुए परदे के बीच-बीच में ही छाया के बीच बीच में ही अपने प्रियतम की झलक पाते रहे। अपने भीतर की उल्टी, सीधी, अव्यववस्थित कल्पना में नहीं। बाहरी जगत् के जिस रूप में उन्हें सौंदर्य, हास, औदार्य, प्रेम, क्रीड़ा इत्यादि की छटा का आभास मिला उसे पीछे कल्पना में धारण करके भी रसमग्न होते रहे। सारांश यह कि सबके सामने बाह्य जगत् के रूपों और व्यापारों में कुछ सच्चा आभास या संकेत पाकर, तब वे उसके अनुरूप भावव्यंजना करते थे। इसमें सामान्य भावभूमि पर प्राप्त होकर श्रोता या पाठक का हृदय भी उनके भाव को अपना लेता था। इसके विपरीत विलायती या रहस्यवादी या उनके अनुयायी बाह्य जगत की स्वच्छ और सच्ची अभिव्यक्ति से, जो मनुष्य मात्र के लिये कल्पना और भाव ग्रहण करने का सामान्य और अक्षय भण्डार है, आँखें मूँदकर अपनी वात-पित्त-ग्रस्त कल्पना के कोने में इकट्ठे किए हुए रोड़े अकस्मात् लुढ़काकर भावों के उन्मादभार से हल्के होने का अभिनय किया करते थे।

क्यों सूफी भाव की कविता हृदय को विकसित करने वाली होती है और विलायती रहस्यवाद की कविता का अनुकरण, या उसके अनुकरण का अनुकरण हृदय की अनुभूति से दूर अपनी लपक झपक दिखाया करती है, इसके एक बड़े भारी कारण का पता तो ऊपर लिखी बातों से लग जाता है। पर कुछ और कारण भी हैं। योरप के काव्य-समीक्षा-क्षेत्र में प्रचलित 'अभिव्यंजनावाद' (एक्प्रेशनिज्म) और 'कला का उद्देश्य कला ही है' का पूरा प्रभाव आधुनिक विलायती रहस्यवाद पर है। प्रभाव है क्या, कहना चाहें तो

कह सकते हैं कि उक्त रहस्यवाद तीनों वादों के मेल से ब्लेक द्वारा अंगीकृत 'कल्पनावाद' के साथ 'अभिव्यंजनावाद' और 'कला का उद्देश्य कलावाद, के मेल से संघटित है।

'कल्पनावाद' के अवलंबन से उत्पन्न विषमता का उल्लेख तो हो चुका। रहा पिछले दो वादों से ग्रस्त विलायती रहस्यवाद के अनुकरण का, या अनुकरण के अनुकरण का फल, वह भी सुगमता से अनुमान में आ जाता है। 'अभिव्यंजनावाद' की प्रवृत्ति वाग्वैचित्र्य या शब्दभंगी की ओर अधिक है। वाग्वैचित्र्य का उचित स्थान काव्य में क्या है, यह हम पहले दिखा आए हैं। यहाँ हिन्दी में उसके अनुकरण में जो और विशेष विरूपता दिखाई पड़ती है। उसीका यहाँ विचार करना है। योरोपीय भाषाओं में वाग्वैचित्र्य का विधान अधिकतर उन भाषाओं की लाक्षणिक चपलता के बल पर होता है। प्रत्येक भाषा की लाक्षणिक प्रवृत्ति उसके बोलने वालों की अंतःप्रकृत्ति और संस्कारों के अनुरूप हुआ करती है। अतः एक भाषा के लाक्षणिक प्रयोग दूसरी भाषा में बहुत कम काम दे सकते हैं।

विलायती रहस्यवाद की कविताओं में बाहरी विशेषता जो दिखाई पड़ी वह थी लाक्षणिक प्रगल्भता और वाग्वैचित्र्य। अतः उनका अनुकरण सबसे पहले और अधिक उतावली से हुआ, इससे ठीक ढंग पर न चला। अधिकतर तो अनुकरण न होकर अवतरण हुआ जिससे वैचित्र्य की तत्काल सिद्धि दिखाई पड़ी। एक भाषा के पदविन्यास, लाक्षणिक प्रयोग और मुहावरे इत्यादि यदि शब्द-प्रतिशब्द दूसरी भाषा में रख दिए जायँ तो यों ही एक तमाशा खड़ा हो जाता है। अंगरेजी के किसी एक साधारण पैराग्राफ का शब्द-प्रतिशब्द अनुवाद करके सामने रखिए और उसकी विचित्रता देखिये। तुर्की या चीनी का ऐसा ही अवतरण सामने रखिए तो और बहार दिखाई दे। विलायती रहस्यवाद जब बंग-भाषा-साहित्य के एक कोने से होता हुआ हिंदी में आ निकला तब उस पर दो भाषाओं के अजनबीपन की छाप दिखाई पड़ी। बहुत कुछ वैचित्र्य तो इस अजनबीपन में ही मिल गया। पर यदि लाक्षणिक विधान अपनी भाषा की गतिविधि के अनुसार होता तो क्या अच्छी बात होती।

अभिव्यंजनावाद के प्रसंग में हम दिखा चुके हैं कि उसके अनुकूल विलायती रचना के अनुकरण को हद से बाहर घसीटने के कारण छायावाद समझकर लिखी जाने वाली कविताओं में अप्रस्तुत वस्तु व्यापारों की बड़ी लम्बी लड़ी के अतिरिक्त और कुछ सार नहीं होता। सब मिलाकर पढ़ने से न कोई सुसंगत और नूतन भावना मिलेगी, न कोई विचारधारा

और न किसी उद्भावित सूक्ष्म तथ्य के साथ भाव-संयोग, जिसका कुछ स्थायी संस्कार हृदय पर रहे। अप्रस्तुत विधान, चाहे वे किसी रूप में रखे जायँ, वास्तव में अलंकार मात्र होंगे। अतः ऐसी कविताओं की परीक्षा करने पर उपमान वाक्यों के ढेर के अतिरिक्त और कुछ नहीं बचता। किसी एक कविता के भीतर विचारों या भावनाओं का इधर-उधर भिन्न दशाओं में प्रसार न होते चलने के कारण अप्रस्तुत वस्तुओं में भी पूरी विभिन्नता नहीं होती। एक प्रकार से ढेर भी सामान रंग ढंग की वस्तुओं का ही होता है। अतः एकान्विति (यूनिटी) और संबंध (काहेरेंस) की, सच पूछिए तो, जगह ही नहीं होती।

पर इन दोनों के बिना अच्छी से अच्छी सामग्री का बिखरा हुआ ढेर कला की कृति नही कहला सकता। सामग्री परस्पर जितनी ही भिन्न और अनेकांगस्पर्शिणी होगी उतना ही उनका सामंजस्यपूर्ण अन्वय कला का उत्कृष्ट विधान कहा जायेगा। 'छायावाद' का पास लेकर काव्यक्षेत्र में आने वाली अधिकांश रचनाओं में कोई भावना उठकर कुछ दूर सांगोपांग चलती नहीं दिखाई पड़ती। यह वास्तव में उपर्युक्त अवतरण व्यापार का ही परिणाम है। वैचित्र्य के लोभ में भिन्न-भिन्न स्थलों में संग्रहीत वाक्यों और पदविन्यासों को एक में समन्वित करना भी तो कठिन ही है।

किसी प्रकृत आलंबन से सीधा लगाव न रखने के कारण भावों में जो सच्चाई का अभाव (इनसिनसिऐरिटी) या कृत्रिमता (आर्टिफिसिऐलिटी) रहती है वह तो मूल ही से आई है। यह बात मैं उन रचनाओं के संबंध में कहता हूँ जो वास्तव में रहस्यवाद या छायावाद के अंतर्गत होती हैं।

एक चौथी बात जिसकी चर्चा छायावाद की कविता के साथ हुआ करती है, वह छंदबंधन का त्याग और लय (रिद्म) का अवलंबन है। पर यह एक बिलकुल दूसरी हवा है जो अमेरिका की ओर से आई है। इसका रहस्यवाद या छायावाद से कोई संबंध नहीं है। इसे एक आंदोलन के रूप में खड़ा करने वाला अमेरिका का वाल्ट ह्विटमैन था जिसने सन् 1855 ई. में 'घास के पत्ते' (लीब्ज आव ग्रास) नाम की एक कविता लय पर चलने वाली बिना छंद की पंक्तियों में निकाली। इसके पीछे इस तरह की और बहुत-सी कविताएं उसने लिखीं जिनमें समीक्षकों ने काव्यत्व, कलाविधान और साहित्यिक शिष्टता की बहुत कमी बताई। एक समीक्षक ने बहुत थोड़े में अपनी राय इस प्रकार दी—

'अनुभूतियों का गड़बड़झाला, भावों और विचारों का बिखरा हुआ ढेर, सामने रख दिया गया है-बिना तुक तुकांत के, जो कोई त्रुटि नहीं, बिना छंद के जो त्रुटि है।

'यह सूचित करना आवश्यक है कि उत्तम काव्य के सब लक्षणों की दृष्टि से उसका विधान दूषित है। जैसा कि किसी ने कहा है, यदि शेक्सपियरस, कीट्स और गैटे कवि हैं तो ह्विटमैन कदापि नहीं।'[1] और विलायती हवाओं की तरह यह हवा भी बँगला से होती हुई हिंदी में आई है और छायावाद के साथ उसकी विलक्षणता बढ़ाने के लिए जोड़ी गई है। पर यह अच्छी तरह समझ रखना चाहिए कि इसका रहस्यवाद से कोई संबंध नहीं है। अतः इसके संबंध में हम यहाँ कुछ अधिक नहीं कहना चाहते। छंद और लय (रिद्म) के विषय में विचार करते समय इतना अवश्य ध्यान रखना चाहिए कि कविता एक बहुत ही पूर्ण कला है। इस पूर्णता के लिये वह संगीत और चित्रकला दोनों की पद्धति का थोड़ा बहुत सहारा लेती है। दोनों की रमणीयता का योग उसकी रमणीयता के भीतर रहता है। जिस प्रकार रूपविधान में वह चित्रविधा का कुछ अनुसरण करती है, उसी प्रकार नादविधान में संगीत का। छंद वास्तव में बँधी हुई लय के भीतर भिन्न-भिन्न ढाँचों (पैन्टर्स) का योग है जो निर्दिष्ट लंबाई का होता है। लय स्वर के चढ़ाव उतार के छोटे-छोटे ढाँचे ही हैं जो किसी छंद के चरण के भीतर व्यस्त रहते हैं।

छंद द्वारा होता यह है कि इन ढाँचों की मिति और इसके योग की मिति दोनों श्रोता को ज्ञात हो जाती है जिससे वह भीतर ही भीतर पढ़ने वाले के साथ ही साथ उसकी नाद की गति में योग देता चलता है। गाना सुनने के शौकीन गवैये के मुँह से किसी पद के पूरे होते उसे किस प्रकार लोक लेते हैं—यह बराबर देखा जाता है। लय तथा लय के योग की मिति बिल्कुल अज्ञात रहने से यह बात नहीं हो सकती। जब तक कवि आप ही गाकर अपनी लय का ठीक-ठीक पता न देगा तब तक पाठक अपने मन में उसका ठीक-ठीक अनुकरण न कर सकेगा। अतः छंद के बंधन के सर्वथा त्याग में हमें तो अनुभूत नादसौंदर्य की प्रेषणीयता (कम्युनिकेबिलिटी आव साउंड

---

1. 1-ए केआस आव इंप्रेशन, थाट आर फीलिंग्स थ्रोन टुगेदर विदाउट राइम, ह्विच मैटर्स लिटिल, विदाउट मीटर ह्विच मैटर्स मोर, ऐंड आफेन विदाउट रीजन मैटर्स मच। इट मस्ट बी प्वाइंटेड आउट, हाउएवर, दैट आल दि कैनन्स आव् गुड पोएट्री कनडेम हिज मेथड्स। ऐज सम हैज सेड, शेक्सपियर, कीट्स ऐंड गेटे वेअर पोएट्स ह्विटमैन नाट। —ए.बी.डि-मिल : लिटरेचर इन दि सेंचरी (दि नाइनटींथ सेंचरी सीरीज)

इंपल्स) का प्रत्यक्ष ह्रास दिखाई पड़ता है। हाँ ! नए-नए छंदों के विधान को हम अवश्य अच्छा समझते हैं।

प्रेष्य भाव या विचारधारा की छोटाई बड़ाई के हिसाब से छोटे बड़े चरणों की पूर्वापर स्थिति होनी चाहिए, यह प्रायः कहा जाता है। इस पर पहली बात तो यह पेश हो सकती है कि किसी भाव या विचार की पूर्णता का संबंध वाक्य से होता है और वाक्य के लिये आजकल की पद्यपद्धति के अनुसार यह आवश्यक नहीं कि वह चरण के अंत में ही पूरा हो। वह बीच में भी पूरा हो सकता है। यह अवश्य है कि चरण के बीच में एक वाक्य का अंत और दूसरे का आरंभ होने से कविता चुपचाप बाँचने के ही अधिक उपयुक्त होती है, लय के साथ किसी सुकंठ के मुंह से कविता का पाठ सुना है वे जानते हैं कि किसी कविता का पूर्ण सौंदर्य उसके जोर से पढ़े जाने पर ही प्रगट होता है। छंदों की चलती लय में कुछ विशेष माधुर्य होता है। हमें तो यह माधुर्य उस्तादों के पक्के गाने से, जिसके 'आ आ आ' के आगे बड़े-बड़े आलसियों का आसन डिग जाता है, कहीं अधिक आनंदमग्न करता है। प्रसिद्ध रहस्यवादी कवि ईट्स ने भी अपनी ऐसी ही अरुचि प्रकट की है—

'पक्के गाने में कुछ बात ही ऐसी होती है जो मुझे सब दिन से बुरी लगती आई है। इसी तरह कोई कविता कागज पर छपी हुई मुझे अच्छी नहीं लगती है। अब इसका कारण खुला। मैंने एक व्यक्ति को ऐसी सुंदर लय और भाव के पूरे अनुसरण के साथ कविता पढ़ते सुना है कि यदि मेरे कहने के अनसार कुछ लोग कविता पढ़ने की कला सीख लेते तो मैं कोई कविता की पुस्तक बांचने के लिये कभी खोलता ही न।'[1]

जिन्होंने स्वर्गीय श्री सत्यनारायण कविरत्न को कभी 'या लकुटी अरु कामरिया' पढ़ते सुना है वे यह अवश्य समझ गए होंगे कि किसी कविता का पूर्ण सौंदर्य उसके सुंदर लय के साथ पढ़े जाने पर ही प्रकट होता है। हाँ, ऊपर छोटे बड़े चरणों की बात चली थी। छोटे बड़े चरणों की योजना करनी

---

1. आई हैव आलवेज नोन दैट देअर वाज समथिंग आई डिस्लाइक्ड ऐबाउट सिंगिग ऐंड आई नैचुरली डिसलाइक प्रिंट ऐंड पेपर, बट नाउ ऐट लास्ट आइ अंडरस्टैंड ह्वाई, फार आई हैव फाउंड समथिंग बेटर। आइ जस्ट हर्ड ए पोएम स्पोकेन विद सो डेलिकेट एसेस आव इट्स रिद्म विद सो परफेक्ट ए रेस्पेक्ट फार इट्स मीनिंग, दैट इफ आइ वेअर वाइज मैन एंड कुड परसुएड ए फ्यू पीपुल टु लर्न दि आर्ट आई कुड नेवर ओपने ए बुक वर्सेज अगेन। —आइडियाज आव गुड ऐंड ईविल

हो तो भिन्न भिन्न छंदों के दो-दो चरण रखते हुए बराबर चले चलते में हम कोई हर्ज नहीं समझते। यह हमारा प्रस्ताव मात्र है।

लय भी तो एक प्रकार का बंधेज ही है। जब तक नादसौंदर्य का कुछ भी योग कविता में हम स्वीकार करेंगे तब तक बंधेज कुछ न कुछ रहेगा ही। नाद-सौंदर्य की जितनी मात्रा आवश्यक समझी जायेगी उसी के हिसाब से यह प्रतिबंध रहेगा। इस बात का अनुभव तो बहुत से लोगों ने किया होगा कि संस्कृत के मदाक्रांता, स्नग्धरा, मालिनी, शिखरिणी, इंद्रवज्रा, उपेन्द्रवज्रा इत्यादि वर्णवृत्तों में नादसौंदर्य की पराकाष्ठा तो है पर उनका बंधन बहुत कड़ा होता है। अतः भावधारा या विचारधारा पूरी स्वच्छन्दता के साथ कुछ दूर तक उनमें नहीं चल सकती, इसी से हिंदी में मात्रिक छंदों का ही अधिक प्रचार रहा है। वर्णवृत्तों में सवैये इसलिये ग्रहण किए गए कि उनमें लय के हिसाब से गुरुलघु का बंधन बहुत कुछ शिथिल हो जाता है।

जो कविता में उतने ही नादसौंदर्य की जरूरत समझते हैं जितना केवल लय (रिदम) के द्वारा सिद्ध हो जाता है उनसे हमें कुछ कहना नहीं है। हम अधिक की जरूरत समझते हैं और शायद बहुत से लोग ऐसा ही समझते हों। रही यह बात कि छंद के बंधन से विचार के पैर बंध जाते हैं और कल्पना के पर सिमट जाते हैं। इसकी जाँच के लिए कवियों की रचना का इतना बड़ा मैदान खुला हुआ है। हिन्दुस्तानी कवियों की बात छोड़िये—क्योंकि विलायत की अंधाधुंध नक्ल से घबराकर ही यह सारा निबंध लिखा गया है—अंगरेजी के कवियों को लीजिये। क्या वर्ड्सवर्थ और शेली की ऊँची से ऊँची कविताएँ छंद और तुक से बँधी नहीं है? क्या औरों की ऊँची से ऊँची छंदोमुक्त कविता उनके टक्कर में रखी जा सकती है?

अब तक जो कुछ लिखा गया उससे यह स्पष्ट हो गया है कि हिंदी में आ निकला हुआ यह 'छायावाद' कितनी विलायती चीजों का मुरब्बा है। जैसा हम पहले दिखा आए हैं, 'रहस्यवाद' या 'छायावाद' काव्यवस्तु (मैटर) से संबंध रखता है और 'अभिव्यंजनावाद' का संबंध विधानविधि (फार्म) से होता है 'अभिव्यंजनावाद' के साथ संयुक्त होकर बँगला से हिंदी में आने के कारण साधारणतः 'छायावाद' के स्वरूप की ठीक भावना बहुत से रचयिताओं को भी नहीं होती। वे केवल ऊपरी रूपरंग (फार्म) का अनुकरण करके समझते हैं कि हम 'रहस्यवाद' या 'छायावाद' की कविता लिख रहे हैं। पर वास्तव में उनकी रचना में केवल 'अभिव्यंजनावाद' का अनुसरण रहता है। 'छायावाद' या 'रहस्यवाद' के अंतर्गत उन्हीं रचनाओं को समझना चाहिए, जिनकी काव्यवस्तु 'रहस्यवाद' के अनुसार हो।

रहस्यवादी काव्यवस्तु की पहचान हम पहले बता आए हैं।

यहाँ पर यह सूचित कर देना भी आवश्यक प्रतीत होता है कि छायावाद के अंतर्गत बहुत सी रचनाएँ ऐसी भी हुई हैं जिसमें 'अभिव्यंजनावाद' के अज्ञात अनुकरण के कारण बहुत सुदंर लाक्षणिक चमत्कार स्थान-स्थान पर मिलता है। भावना का बहुत ही साहसपूर्ण संचालन, मूर्तिमत्ता का बहुत ही आकर्षक विधान और व्यंजना की पूरी प्रगल्भता पाई जाती है। ऐसी रचना करने वाले कवियों से आगे चलकर बहुत कुछ आशा है। अपनी इस आशा की सफलता के लिए हम अत्यंत प्रेमपूर्वक उनसे दो-तीन बातों का अनुरोध करते हैं। पहली बात तो यह कि वे 'वाद' का सांप्रदायिक पथ छोड़कर अपनी सब विशेषताओं के सहित, प्रकृत काव्यभूमि पर आएँ जिस पर संसार के बड़े-बड़े कवि रहे हैं और हैं। दूसरी बात यह कि अनुकरण के लिये वे बँगला, अँगरेजी आदि दूसरी भाषाओं की ओर ताकना बिल्कुल छोड़ दें और अपनी भाषा की स्वाभाविक शक्ति से पूरा काम लें। तीसरी बात है लाक्षणिक प्रयोग में सावधानी। इस बात का पूरा ध्यान रखना चाहिए कि जिस भाव से कोई शब्द लाया गया है उसके साथ वह ठीक-ठीक बैठता है या नहीं।

इसी 'छायावाद' के भीतर कुछ लोगों की कविताएँ ऐसी भी मिलती हैं जिनका स्वरूप विलायती नहीं होता, जो कुछ थोड़ा-सा बँगलापन लिए हुए सूफियों के तर्ज पर होती हैं। इनमें लाक्षणिकता भी पूरी रहती है, पर वह अपनी भाषा की प्रकृति के अनुसार होती है। अंगरेजी से उठाई हुई नहीं होती। ऐसी कविता लिखने वाले वे ही हैं जो हिंदी-काव्य-परंपरा से पूर्णतया परिचित हैं, जिन्हें अपनी भाषा पर पूरा अधिकार है और जो हिंदी में 'छायावाद' प्रकट होने के पहले से अच्छी कविता करते थे। इनकी 'छायावाद' की रचनाओं में भी भावुकता और रमणीयता रहती है। थोड़ी खटकने वाली बात जो मिलती है वह है फ़ारसी शायरी के ढंग पर वेदना की अरुचिकर और अत्युक्त विवृति। शरीरधर्मों का अधिक विन्यास (एनिमैलिटी) काव्यशिष्टता के विरुद्ध पड़ता है, यह शायद हम पहले कहीं कह आए हैं। जो हो, कोरे विलायती तमाशे से हम इसे सौ दर्जे अच्छा समझते है। यद्यपि रहस्य की ओर भारतीय काव्य की स्वाभाविक प्रवृत्ति नहीं, पर हिंदी काव्यक्षेत्र में उसकी प्रतिष्ठा बहुत दिनों पहले से बड़े हृदयग्राही रूप में हो चुकी है। इसके प्रवर्तक यद्यपि मुसलमान थे, पर वे सूफी 'रहस्यवाद' को भारतीय रूप देने में पूर्णतया सफल हुए थे। कबीर आदि निर्गुणपंथियों और जायसी आदि सूफी प्रेममार्गियों ने 'रहस्यवाद' की जो व्यंजना की है वह भारतीय भावभंगी और शब्दभंगी को लेकर।

अँगरेजी लाक्षणिक वाक्यों के अवतरण द्वारा विलायती तमाशा खड़ा करने वालों का आदि रूप बीस बाईस वर्ष पीछे मुझे स्मरण हो रहा है। उस समय हिंदी के प्रेम में बहुत से छात्र मेरे तथा साहित्यप्रेमी मित्रों के पास भी कविता सीखने की उत्कंठा प्रकट करते हुए, अँगरेजी की स्कूली किताबों में आई हुई कविताओं का प्रायः पद्यबद्ध शब्दानुवाद लेकर दिखाने आया करते थे। मैं उनसे बराबर यही कहता था कि 'कविता के अभ्यास का यह मार्ग नहीं है। पहले खड़ी बोली और ब्रजभाषा दोनों की कविताएँ पढ़कर अपनी काव्यभाषा की प्रकृति से पूर्णतया परिचित हो जाओ और इस प्रकार क्रमशः अपनी भाषा पर अधिकार प्राप्त करो। इसके पीछे रचना में हाथ लगाओ। अंग्रेजी कविताओं के अनुवाद से हिंदी कविता करना नहीं आ सकता। अँगरेजी कविता करना क्या कोई हिंदी कविताओं का अनुवाद करके सीख सकता है? ऐसे छात्रों को मैं बराबर उनके अनुवाद सहित लौटा दिया करता था। पर कुछ दिनों पीछे उन पद्यानुवादों में से कई एक मासिक पत्रिकाओं में छपे दिखाई पड़ते थे। जब यह प्रवृत्ति कुछ बढ़ती दिखाई पड़ने लगी तब मेरे मन में यह बात आई थी कि इसका परिणाम आगे चलकर अच्छा न होगा। आज वही परिणाम 'गद्यमय जीवन' (प्रोजेइक लाइफ), 'सुवर्णस्वप्न' (गोल्डेन ड्रीम), 'स्वप्न अनिल' (ड्रीमी ऐटमास्फियर), 'स्वप्निल आभा' (ड्रीमी स्प्लेंडर) आदि के रूप में झलक रहा है।

अतः हिन्दी काव्यक्षेत्र में यदि 'रहस्यवाद' के लिये कुछ अधिक स्थान करना है तो स्वाभाविक रहस्यभावना का—उसके वादग्रस्त या सांप्रदायिक रूप का नहीं—अवलंबन करना चाहिए और उसकी व्यंजना के लिये अपनी भाषा की विदेशी भाषा की नहीं—सब शक्तियाँ लगानी चाहिए। भद्दे अनुकरण के अभ्यास का अनिष्ट प्रभाव कई तरफ पड़ता है। यहाँ पर हमसे बिना यह कहे आगे नहीं बढ़ा जाता है कि 'छायावाद' की कविताओं की अपेक्षा हमें तो रहस्य भावनापूर्ण जो दो एक गद्यकाव्य निकले हैं वे अधिक भावुकतापूर्ण और रमणीय जान पड़ते हैं, विशेषतः राय कृष्णदास जी की 'साधना' इसमें न तो सांप्रदायिक 'रहस्यवाद' के शाबर मंत्र हैं, न 'अभिव्यंजनावाद' का अभिनय और न शब्दों की विलायती कलाबाजी। इसका हृदय भी भारतीय है, वाणी भी भारतीय है। जिन अनुभूतियों की व्यंजना है वे कहीं भीतर से आती हुई जान पड़ती है, आसमान से उतारी जाती हुई नहीं। पदविन्यास में जो सरलता और प्रांजलता है वह भी हमारी है। जिन मधुर 'प्रतीकों' का व्यवहार हुआ है वे भी हमारे हृदय के सगे हैं।

अब तो कदाचित् इस बात के विशेष विवरण की आवश्यकता न होगी कि जो 'छायावाद' नाम प्रचलित है वह वेदांत के पुराने 'प्रतिबिंबवाद' का है। यह 'प्रतिबिंबवाद' सूफियों के यहाँ से होता हुआ योरप में गया जहाँ कुछ दिनों पीछे 'प्रतीकवाद' से संश्लिष्ट होकर धीरे-धीरे बंगसाहित्य के एक कोने में आ निकला और नवीनता की धारणा उत्पन्न करने के लिये 'छायावाद' कहा जाने लगा। यह काव्यगत 'रहस्यवाद' के लिये गृहीत दार्शनिक सिद्धांत का द्योतक शब्द है। इसके इतिहास की ओर ध्यान न देने के कारण अनेक प्रकार की मनमानी व्याख्याएँ हिंदी पत्र-पत्रिकाओं में समय-समय पर निकला करती हैं, जिनमें कहीं 'रहस्यवाद' और 'छायावाद' का कल्पित भेद समझाया जाता है, कहीं छायावाद ही के अर्थ में एक और 'बिंबवाद' खड़ा करके दोनों का 'वस्तुवाद' (?) के साथ विरोध कुछ शब्दाडंबर के साथ दिखाया जाता है। ऐसे लोगों को शब्दों का प्रयोग करते समय शास्त्रपक्ष का कुछ पता रखना या कम से कम लगा लेना चाहिए। उन्हें समझना चाहिए कि 'बिंब' 'छाया' का बिल्कुल उलटा प्रयोग है और उसी अर्थ में आता है जिस अर्थ में उन्होंने 'वस्तु' शब्द का प्रयोग किया है। जो मूल वस्तु प्रतिबिम्ब या छाया फेंकती है शास्त्रीय भाषा में वहीं बिंब कहलाती है। जिस रियलिज्म शब्द के लिये उन्होंनें 'वस्तुवाद' शब्द बनाया है वह दार्शनिक भाषा में बाह्यार्थवाद कहलाता है।

यहाँ पर हम यह स्पष्ट कह देना चाहते हैं कि हिंदी-काव्य-क्षेत्र में हम 'रहस्यवाद' की भी एक शाखा चलने के विरोधी कभी नहीं हैं। हमारा कहना केवल यही है कि वह वाद के रूप में न चले, स्वाभाविक रहस्यभावना का आश्रय लेकर चले। छायावाद का रूप रंग बनाकर आजकल जो बहुत सी कविताएँ निकली हैं उनमें कुछ तो बहुत ही सुंदर, स्वाभाविक और सच्ची रहस्यभावना लेकर चली है; कुछ वादग्रस्त और कृत्रिम हैं और अधिकांश कुछ भी नहीं है। शुद्ध काव्य दृष्टि का प्रचार हो जाने पर पूर्ण आशा है कि कूड़े करकट के ढेर में सच्ची स्वाभाविक रहस्यभावना अपना मार्ग अवश्य निकाल लेगी और हिंदी काव्यक्षेत्र की यह शाखा भी अपनी एक स्वतंत्र भारतीय विभूति का प्रकाश करेगी। अनुकरणयुग का अंत होगा, इसका हमें पक्का भरोसा है।

'अभिव्यंजनावाद' किस प्रकार व्यंजनाप्रणाली की एकता और विलक्षता पर ही जोर देता है, यह हम देख चुके। यह हमारे यहाँ का पुराना 'वक्रोक्तिवाद' ही है, यह भी हम निरूपित कर आए हैं। उसके कारण शब्दाडंबर की कितनी अधिकता हुई है। यह बात भी हम देख रहे हैं, यह कई बार हम सूचित कर चुके हैं कि योरप के समीक्षाक्षेत्र में जितने 'वाद'

निकलते हैं सब एकांगदर्शी होते हैं; किसी एक ही दिशा में आँख मूँदकर हद के बाहर बढ़ते चले जाते हैं। उनमें सामंजस्यबुद्धि का अभाव होता है। अतः इस 'अभिव्यंजनावाद' से हम केवल इतना ही तथ्य ग्रहण कर सकते हैं कि हमारी काव्यभाषा में व्यंजनाप्रणाली के और अधिक प्रसार चित्ताकर्षक विकास की बहुत आवश्यकता है।

हमारी पुरानी कविता में व्यंजनाप्रणाली के प्रसार और चमत्कार के लिये अलंकारों का ही विधान अधिकतर होता था। पर अलंकारों के अधिक प्रयोग से कविता इतनी भाराक्रांत और कहीं-कहीं कितनी भद्दी हो जाती है इसके उदाहरण केशवदास जी की रचनाओं में बिना ढूँढ़े मिलेंगे। अलंकार बहुत जगह लेते हैं और बहुत दूर तक भावना को एक ढाँचे के भीतर बंद किए रहते हैं। अतः उनका संयत प्रयोग वहीं होना चाहिए जहाँ विचार या भावना के पूर्ण प्रसार या भाव की यथेष्ट व्यंजना के लिये व्यासविधान अपेक्षित हो। अब इस समय हिंदी काव्यभाषा में मूर्तिमत्ता की समासशक्ति का, लक्षणाशक्ति का अधिक विकास अपेक्षित है। काव्य में अधिकतर सादृश्य या साधर्म्यमूलक अलंकारों का व्यवहार होता है। पर बहुत से स्थलों पर उपमा, रूपक, उत्प्रेक्षा इत्यादि के बँधे हुए लंबे चौड़े ढ़ाँचे की अपेक्षा लक्षणा से बहुत अधिक रमणीयता और वाग्वैचित्र्य का संपादन हो सकता है। लाक्षणिकता के सम्यक् और स्वाभाविक विकास द्वारा भाषा भावक्षेत्र और विकासक्षेत्र दोनों में बहुत दूर तक, बहुत ऊँचाई तक और बहुत गहराई तक प्रकाश फेंक सकती है। छायावाद समझकर लिखी हुई कविताओं में से बहुतों में, अनुकरणवश सही, लाक्षणिकता की और अधिक प्रवृत्ति देख बड़ी प्रसन्नता होती है।

लाक्षणिकता के अधिक विधान की आवश्यकता किसी शाखा विशेष के भीतर ही नहीं, समूचे हिंदी काव्यक्षेत्र के भीतर है। पर यह विधान खूब समझ बूझकर होना चाहिए। न तो अपनी भाषा की प्रकृति की इतनी अवहेलना होनी चाहिए कि अँगरेजी के लाक्षणिक प्रयोग शब्द-प्रति-शब्द रख लिये जायँ और न उर्दू वालों की तरह मुहावरे से फिसलने का इतना डर छाया रहना चाहिए कि बिल्कुल उड़ने से कुछ पहले की अवस्था को सूचित करने के लिये 'खबर फड़फड़ा रही है' लिखते हाथ रुक जाय। सांमजस्यबुद्धि से काम लेते हुए अग्रसर होना होगा। मुहावरे लाक्षणिक प्रयोग ही हैं। पर बंधे हुए। उनसे किसी भाषा की लाक्षणिक प्रवृत्ति के स्वरूप का पता चलता है। अतः उनका सूत्र पकड़े हुए लक्षणा इधर-उधर अच्छी तरह बढ़ सकती है। उदाहरण के लिए 'लालसा जगना' लीजिए। इसके इशारे पर 'लालसा सोती है' हम

बेधड़क कह सकते हैं। पर बहुत आगे बढ़कर 'लालसा की आँख मलना, करवट बदलना, अँगड़ाइयाँ लेना', मुँह का कमल को लात मारना हो जायेगा। लाक्षणिक मूर्तिमत्ता गुड़ियों का खेल न होने पाए। हमारा मतलब यह नहीं कि मुहावरों के रास्ते के भीतर ही लक्षणा अपने हाथ पैर फैलाए। तात्पर्य इतना है कि अपनी भाषा की प्रकृति परखकर और सुरुचि का ध्यान रखकर चला जाय।

'छायावाद' या 'रहस्यवाद' के संबंध में जान बूझकर अज्ञानवश तरह-तरह की भ्रांति हिंदी पाठकों के बीच फैलाने की चेष्टा की जाती है, वह असभ्यतासूचक है। यह कहना है कि 'रहस्यवाद' ही वर्तमान युग की कविता है और योरप में चारों ओर यही कविता हो रही है, या तो घोर अज्ञान है या छल। ब्लेक आदि के पीछे सन् 1885 में जो प्रतीकवादमिश्रित नूतन रहस्यवाद फ्रांसीसी साहित्यक्षेत्र के एक कोने में प्रकट हुआ जिसकी नकल बँगला से होती हुई हिंदी में आई-यह किस प्रकार एक सांप्रदायिक वस्तु है और योरप के अधिकांश साहित्यिकों द्वारा जिस दृष्टि से देखा जाता है, यह हम अच्छी तरह दिखा चुके हैं। दूसरी बात लीजिए। हम नहीं समझते कि बिना हिंदीवालों की खोपड़ी को एकदम खोखली माने उसके बीच इस प्रकार के अर्थशून्य वाक्य छायावाद के संबंध में कैसे कहे जाते हैं कि 'यह नवीन जागृति का चिन्ह है, देश के नवयुवकों के हृदय की दहकती हुई आग है, इत्यादि-इत्यादि।' भला देश की नई 'जागृति' से देशवासियों की दारुण दशा की अनुभूति से असीम-ससीम के मिलन, अव्यक्त और अज्ञात की झाँकी आदि का क्या संबंध। क्या हिंदी के वर्तमान साहित्यक्षेत्र में शब्द और अर्थ का संबंध बिल्कुल टूट गया है? क्या शब्दों की गर्दभरी आँधी विलायत के कलाक्षेत्र से धीरे-धीरे हटती हुई अब हिंदीवालों का आँख खोलना मुश्किल करेगी?

यदि ऐसी नहीं है तो मासिक पत्रिकाओं में कभी-कभी योरप की काव्यसमीक्षा की पुस्तकों की केवल आलंकारिक पदावली बिना किसी विचारसूत्र के काव्य या कला की आलोचना के नाम से कैसे निकला करती है? किसी अँगरेजी या बँगला के कवि के संबंध में लिखी हुई लच्छेदार उक्तियाँ किसी नए पुराने हिंदी कवि के संबंध में नई आलोचनाओं के रूप में कैसे भिड़ा दी जाती हैं? ऐसी कार्रवाइयाँ हिंदी साहित्य के स्वतंत्र विकास में बाधक हो रही हैं। हिंदी पाठकों को इस प्रकार अंधा मान लेना हम बड़े अपमान की बात समझते हैं।

यह अच्छी तरह समझ रखना चाहिए कि हमारे काव्य का, हमारे साहित्यशास्त्र का, एक स्वतंत्र रूप है जिसके विकास की क्षमता और प्रणाली भी स्वतंत्र है। उसकी आत्मा को, उसकी छिपी हुई भीतरी प्रकृति को पहले हम जब सूक्ष्मता से पहचान लेंगे तभी दूसरे देशों के साहित्य के स्वतंत्र पर्यालोचन द्वारा अपने साहित्य के उत्तरोत्तर विकास का विधान कर सकेंगे। हमें अपनी दृष्टि से दूसरे के साहित्य को देखना होगा, दूसरे देशों की दृष्टि से अपने साहित्य को नहीं। जब तक हम इस विचारसामर्थ्य का संपादन न कर लेंगे तब तक अफ्रीका के जंगलियों की तरह जो अंगरेजों के उतारे कपड़े बदन पर डालकर स्ववर्गियों के बीच बड़ी ऐंठसे चला करते हैं—भद्दी नकल को ही नवीनता मानकर संतोष करते रहेंगे और सभ्यजगत् के उपहासभाजन बने रहेंगे। हमारी आँख अपना स्वरूप तक न देख सकेंगी, विदेशी दर्पण की आवश्यकता होगी। विदेशी लोग जैसा हमें बतावेंगे वैसा ही अपने को मानकर हम उसके प्रमाण उनके सामने रखा करेंगे। योरप ने कहा 'भारतवासी बड़े आध्यात्मिक होते हैं, उन्हें भौतिक सुख समृद्धि की परवा नहीं होती।' बस, दिखा चले अपनी आध्यात्मिका। देखिए, हमारे काव्य में भी आध्यात्मिकता है, यह देखिए हमारी चित्रविद्या की आध्यात्मिकता, यह देखिए हमारी मूर्तिकला की आध्यात्मिकता।

जितनी बातें आजकल काव्यक्षेत्र में 'नवीनता' कहकर पेश की जाती है, एक-एक करके सबका मूल हम योरप के नए पुराने प्रचलित प्रवादों में दिखा चुके हैं। सब नकल की नकल है। इस नकल की प्रवृत्ति बंगाल में ही सबसे अधिक रही। वहीं के साहित्य में एक-एक बात की नकल शुरू हुई। नकल से किसी जाति के साहित्य का असली गौरव नहीं हो सकता। इससे उसकी अपनी संस्कृति, अपनी सभ्यता और अपनी उद्भावना का अभाव ही व्यंजित होता है। जिसकी नकल की जाती है वह और भी उपेक्षा की दृष्टि से देखता है। बंग भाषा के साहित्य में योरपीय साहित्य की प्रवृत्तियों की यह भद्दी नकल देखकर जार्ज ग्रियर्सन ने अपनी 'भाषाओं की जाँच' में स्पष्ट विरक्ति प्रकट की है। एक जगह की प्रचलित और सामान्य वस्तुओं को दूसरी जगह विकृत रूप में रखकर नवीनता की विज्ञप्ति करना किसी सभ्य जाति को शोभा नहीं देता। यह नवीनता नहीं है—अपने स्वरूप का घोर ज्ञान है, अपनी शक्ति का का घोर अविश्वास है, अपनी बुद्धि और उद्भावना का घोर आलस्य है, पराक्रांत हृदय का घोर नैराश्य है, कहाँ तक कहें? घोर साहित्यिक गुलामी है। जब तक इस गुलामी से छुटकारा न होगा तब तक नवीनता के दर्शन कहाँ? नकल के भीतर की नवीनता भी नकल ही के पेट में समा जाती है।

दुनिया जानती है कि जब से फ़ारसी और संस्कृत के काव्यों के अनुवाद योरप के भिन्न-भिन्न देशों में होने लगे तभी से पूरबी रंग (ओरिएंटिलिज्म) को बहुत कुछ झलक वहाँ की कविताओं में दिखाई पड़ने लगी। पर इस बाहरी रंग को उन्होंने अपने रंग में ऐसा मिला लिया कि इसकी पृथक् सत्ता कहीं से लक्षित नहीं होती। उनके अपने विचारों का ऐसा स्वतंत्र और सघन प्रसार था कि बाहर से आते हुए विचार उसी में समाते गए। उनकी अपनी विचारधारा इतनी सबल थी कि बाहर से आकर मिले हुए सोते अपनी उछलकूद अलग न दिखाकर, उसीके वेग को बढ़ाते रहे। इसका नाम है स्वतंत्र 'प्रगति' और स्वतंत्र 'विकास'।

अंत में हम इतना ही कहकर अलग होते हैं कि हम सारा काव्यक्षेत्र देव, मतिराम और बिहारी आदि के घेरे के भीतर देखने वाले पुरानी लकीर के फकीर न कभी रहे हैं और न हैं। हम अपने हिंदी काव्य को विश्व की नित्य और अनंत विभूति में स्वच्छंदतापूर्वक, अपनी स्वभाविक प्रेरणा के अनुसार, अपनी आँख खोलकर विचरण करते देखना चाहते हैं। पर यह दिन तभी आ सकता है जब हमारी अंतर्दृष्टि को अच्छन्न करने वाले परदे हटेंगे और हमारे विचारों में बल आएगा। इसके पहले हम बाहर के नाना वादों और प्रवादों की ओर आँखें मूँदकर लपका करेंगे, अपने विचार के परीक्षालय में उनकी पूरी जाँच न करके उनके अनुकरण में ही अपने को धन्य माना करेंगे।

इस परीक्षालय की नूतन प्रतिष्ठा के लिये हमें अपनी रसनिरूपण पद्धति का आधुनिक मनोविज्ञान आदि की सहायता से खूब प्रसार संस्कार करना पड़ेगा। इस पद्धति की नींव बहुत दूर तक डाली गई है, इसके ढांचे का नए-नए अनुभवों के अनुसार, अनेक दिशाओं में फैलाव बहुत जरूरी है। योरप के साहित्यिक वादों और प्रवादों के संबंध में यह अच्छी तरह समझ रखना चाहिए कि ये प्रतिवर्तन (रिऐक्शन) की झोंक में उठते हैं और किसी हद के बाहर बढ़ते चले जाते हैं। उनमें सत्य की मात्रा कुछ न कुछ रहती अवश्य है,पर किसी हद तक ही। हमें देखना चारों ओर चाहिए, पर सब देखी हुई बातों का सामंजस्यबुद्धि से समन्वय करना चाहिए। जैसा हम आरंभ में कह चुके हैं, यही सामंजस्य भारतीय काव्यदृष्टि की विशेषता है। यही सामंजस्य अनेक रूपात्मक जीवन और अनेक भावात्मक काव्य की सफलता का मूलमंत्र है।

•••

काव्य में लोकमंगल की साधना व सिद्धावस्था

तदेजति तन्नैजति—ईशावास्योपनिषद्

आत्मबोध और जगद्बोध के बीच ज्ञानियों ने गहरी खाई खोदी, पर हृदय ने कभी उसकी परवाह न की, भावना दोनों को एक ही मानकर चलती रही। इस जगत् के बीच जिस आनन्द मंगल का, विभूति का साक्षात्कार होता रहा उसी दृश्य के स्वरूप की नित्य और चरम भावना द्वारा भक्तों के हृदय में भगवान् के स्वरूप की प्रतिष्ठा हुई। लोक में इसी स्वरूप के प्रकाश को किसी ने 'रामराज्य' कहा, किसी ने 'आसमान की बादशाहत'। यद्यपि मूसाइयों और उनके अनुगामी ईसाइयों की धर्म पुस्तक में आदम को खुदा की प्रतिमूर्ति बताया गया, पर लोक के बीच नर में नारायण की दिव्य कला का सम्यक् दर्शन और उसके प्रति हृदय का पूर्ण निवेदन भारतीय भक्ति मार्ग में ही दिखाई पड़ा।

सत्, चित् और आनन्द ब्रह्म के उन तीनों स्वरूपों में से काव्य और भक्ति मार्ग 'आनन्द' स्वरूप को लेकर चले। विचार करने पर लोक में इस आनन्द की अभिव्यक्ति की दो अवस्थाएँ पायी जायेंगी साधनावस्था और सिद्धावस्था। अभिव्यक्ति के क्षेत्र में ब्रह्म के 'आनन्द' स्वरूप का सतत् आभास नहीं रहता, उसका आविर्भाव और तिरोभाव होता रहता है। इस जगत् में न तो सदा और सर्वत्र लहलहाता वसंत-विकास रहता है, न सुख-समृद्धिपूर्ण हास-विलास। शिशिर के आतंक से सिमटी और झोंके झेलती वनस्थली की खिन्नता और हीनता के बीच से ही क्रमशः आनन्द की आभा धुँधली-धुँधली फूटती हुई अंत में वसंत की पूर्ण प्रफुल्लता और प्रचुरता के रूप में फैल जाती है; इसी प्रकार की पीड़ा लोक बाधा, अन्याय, अत्याचार के बीच दबी हुई आनन्द-ज्योति भीषण शक्ति में परिणत होकर अपना मार्ग निकालती है और फिर लोकमंगल और लोकरंजन के रूप में अपना प्रकाश करती है।

कुछ कवि और भक्त तो जिस प्रकार आनन्द-मंगल के सिद्ध या आविर्भूत स्वरूप को लेकर सुख-सौन्दर्यमय, माधुर्य सुषमा, विभूति उल्लास, प्रेम-व्यापार इत्यादि उपभोग पक्ष की ओर आकर्षित होते हैं उसी प्रकार आनन्द मंगल की साधनावस्था या प्रयत्न पक्ष को लेकर पीड़ा,बाधा, अन्याय, अत्याचार आदि के दमन में तत्पर शक्ति के संचरण में भी। उत्साह, क्रोध, करुणा, भय, घृणा इत्यादि की गतिविधि में भी पूरी रमणीयता देखते हैं। वे जिस प्रकार प्रकाश को फैला हुआ देखकर मुग्ध होते हैं उसी प्रकार फैलने के पूर्व उसका अंधकार को हटाना देखकर भी। ये ही पूर्ण कवि हैं, क्योंकि जीवन की अनेक परिस्थितियों के भीतर ये सौन्दर्य का साक्षात्कार करते हैं। साधनावस्था या प्रयत्न पक्ष को ग्रहण करने वाले कुछ ऐसे कवि भी होते हैं जिनका मन सिद्धावस्था या उपभोग पक्ष की ओर नहीं जाता, जैसे भूषण। इसी प्रकार कुछ कवि या भावुक आनन्द के केवल सिद्धस्वरूप या उपभोग-पक्ष में ही अपनी वृत्ति रमा सकते हैं। उनका मन सदा सुख-सौन्दर्यमय, माधुर्य, दीप्ति, उल्लास, प्रेम-क्रीड़ा इत्यादि के प्राचुर्य ही की भावना में लगता है। इसी प्रकार की भावना या कल्पना उन्हें कला क्षेत्र के भीतर समझ पड़ती है।

उपर्युक्त दृष्टि से हम काव्यों के दो विभाग कर सकते हैं

(1) आनन्द की साधनावस्था या प्रयत्न-पक्ष को लेकर चलने वाले।

(2) आनन्द की सिद्धावस्था या उपभोग-पक्ष को लेकर चलने वाले।

डंटन (Theodore Watts-Dunton) ने जिसे शक्ति काव्य (Poetry as an energy) कहा है, वह हमारे प्रथम प्रकार के अर्न्तगत आ जाता है। जिसमें लोकप्रवृत्ति को परिचालित करने वाला प्रभाव होता है, जो पाठकों या श्रोताओं के हृदय के भावों को स्थायी प्रेरणा उत्पन्न कर सकता है। पर डंटन ने शक्ति काव्य से भिन्न को जो कला-काव्य (Poetry as an art) कहा है, वह कला का उद्देश्य केवल मनोरंजन मानकर। वास्तव में कला की दृष्टि दोनों प्रकार के काव्यों में अपेक्षित है। साधनावस्था या प्रयत्न-पक्ष को लेकर चलने वाले काव्यों में भी यदि कला में चूक हुई तो लोकगति को परिचालित करने वाला स्थायी प्रभाव उत्पन्न न हो सकेगा। यहीं तक नहीं, व्यंजित भावों के साथ पाठकों की सहानुभूति या साधारणीकरण तक, जो रस की पूर्ण अनुभूति के लिए आवश्यक है, न हो सकेगा। यदि 'कला' का वही अर्थ लेना है जो कामशास्त्र की चौंसठ कलाओं में है अर्थात् मनोरंजन या उपभोग-मात्र का विधायक तो काव्य के सम्बन्ध में दूर ही से इस शब्द को नमस्कार करना चाहिए। काव्य-समीक्षा में फ्रांसीसियों की प्रधानता के कारण इस शब्द को

इसी अर्थ में ग्रहण करने से योरप में काव्य-दृष्टि इधर कितनी संकुचित हो गयी, इसका निरूपण हम किसी अन्य प्रबन्ध में करेंगे।

आनन्द की साधनावस्था या प्रयत्न पक्ष को लेकर चलने वाले काव्यों के उदाहरण-रामायण, महाभारत, रघुवंश, शिशुपालवध, किरातार्जुनीय। हिन्दी में रामचरित मानस, पद्मावत (उत्तरार्द्ध), हम्मीररासो, पृथ्वीराज रासो, छत्रप्रकाश इत्यादि प्रबन्ध काव्य; भूषण आदि कवियों के वीर रसात्मक मुक्तक तथा आल्हा आदि प्रचलित वीरगाथात्मक गीत, उर्दू के वीररसात्मक मरसिये। योरोपीय भाषाओं में इलियड, ओडेसी, पैराडाइज लास्ट, रिवोल्ट ऑफ इस्लाम इत्यादि प्रबंध काव्य तथा पुराने बैलड (Ballads)।

आनन्द की सिद्धावस्था या उपभोग पक्ष को लेकर चलने वाले काव्यों के उदाहरण हैं-आर्य्यासप्तशती, गाथा सप्तशती, अमरूशतक, गीतगोविन्द तथा शृंगार रस के फुटकल पद्य। हिन्दी में सूरसागर, कृष्ण-भक्त कवियों की पदावली, बिहारी-सतसई, रीतिकाल के कवियों के फुटकल शृंगारी पद्य, रास-पंचाध्यायी ऐसे वर्णनात्मक तथा आजकल की अधिकांश कविताएँ, फ़ारसी उर्दू के शेर और गजलें। अंग्रेजी की लीरिक (Lyrics) कविताएँ तथा कई प्रकार की वर्णनात्मक कविताएँ।

आनन्द की साधनावस्था

लोक में फैली दुःख की छाया को हटाने में ब्रह्म की आनन्दकला जो शक्तिमय रूप धारण करती है, उसकी भीषणता में भी अद्भुत मनोहरता, कटुता में भी अपूर्व मधुरता, प्रचण्डता में भी गहरी आर्द्रता साथ लगी रहती है। विरुद्धों का यही सामंजस्य कर्मक्षेत्र का सौन्दर्य है जिसकी ओर आकर्षित हुए बिना मनुष्य का हृदय नहीं रह सकता। इस सामंजस्य का और कई रूपों में भी दर्शन होता है। किसी कोट-पतलून-हैट वाले को धारा-प्रवाह संस्कृत बोलते अथवा किसी पण्डित-वेशधारी सज्जन को अंग्रेजी की प्रगल्भ वक्तृता का यही सौन्दर्य समझना चाहिए। भीषणता और सरसता, कोमलता और कठोरता, कटुता और मधुरता, प्रचण्डता और मृदुता का सामंजस्य ही लोकधर्म का सौन्दर्य है। आदि कवि वाल्मीकि की वाणी इसी सौन्दर्य के उद्घाटन महोत्सव का दिव्य संगीत है। सौन्दर्य का यह उद्घाटन असौन्दर्य का आवरण हटाकर होता है। धर्म और मंगल की वह ज्योति अधर्म और अमंगल की घटा को फाड़ती हुई फटती है। इससे कवि हमारे सामने असौन्दर्य, अमंगल, अत्याचार, क्लेश इत्यादि भी रखता है; रोष, हाहाकार और ध्वंस का दृश्य भी लाता है। पर सारे भाव, सारे रूप

और सारे व्यापार भीतर-भीतर आनन्द काल के विकास में ही योग देते पाये जाते हैं। यदि किसी ओर उन्मुख ज्वलन्त रोष है तो उसके और सब ओर करुण दृष्टि फैली दिखाई पड़ती है। यदि किसी ओर ध्वंस और हाहाकार है तो और सब ओर उसका सहगामी रक्षा और कल्याण है। व्यास ने अपने 'जयकाव्य' में अधर्म के पराभव और धर्म की जय का सौन्दर्य प्रत्यक्ष किया था।

वह व्यवस्था या वृत्ति, जिससे लोक में मंगल का विधान होता है, 'अभ्युदय' की सिद्धि होती है, धर्म है। अतः अधर्म-वृत्ति को हटाने में धर्म-वृत्ति की तत्परता चाहे वह उग्र और प्रचण्ड हो, चाहे कोमल और मधुर भगवान की आनन्द कला के विकास की ओर बढ़ती हुई गति है। वह गति यदि सफल हुई तो 'धर्म की जय' कहलाती है। इस गति में भी सुन्दरता है और सफलता में भी। यह बात नहीं है कि जब यह गति सफल होती है तभी इसमें सुन्दरता आती है। गति में सुन्दरता रहती ही है; आगे चलकर चाहे यह सफल हो, चाहे विफल। विफलता में एक निराला ही विषण्ण सौन्दर्य होता है। तात्पर्य यह कि गति आदि से अन्त तक सुन्दर होती है अन्त चाहे सफलता के रूप में हो, चाहे विफलता के। उपर्युक्त दोनों आर्ष कवियों ने पूर्णता के विचार से धर्म की गति का सौन्दर्य दिखाते हुए उसका सफलता में पर्यवसान किया है। ऐसा उन्होंने उपदेशक की बुद्धि से नहीं किया है; धर्म की जय के बीच भगवान की मूर्ति के साक्षात्कार पर मुग्ध होकर किया है। यदि राम द्वारा रावण का वध तथा कृष्ण के साहाय्य द्वारा जरासन्ध और कौरवों का दमन न हो सकता तो भी राम कृषण की गति-विधि में पूरा सौन्दर्य रहता, पर उनमें भगवान की पूर्ण कला का दर्शन न होता, क्योंकि भगवान की शक्ति अमोघ है।

आनन्द-कला के प्रकाश की ओर बढ़ती हुई गति की विफलता में भी सौन्दर्य का दर्शन करने वाले अनेक कवि हुए हैं। अंग्रेज कवि शेली संसार में फैले पाषण्ड, अन्याय और अत्याचार के दमन तथा मनुष्य-मनुष्य के बीच सीधे सरल प्रेमभाव के सार्वभौम संसार का स्वप्न देखने वाले कवि थे। उन्होंने 'इस्लाम का विप्लव' (The Revolt of Islam) नामक द्वादश सर्गबद्ध महाकाव्य में मनुष्य-जाति के उद्धार में रत नायक और नायिका (Loan and Cythna) में मंगल-शक्ति के अपूर्व संचय की छटा दिखाकर तथा उनके द्वारा एक बार दुर्दान्त अत्याचार के पराभव के मनोरम आभास से अनुरंजित करके अंत में उस शक्ति की विफलता की विषादमयी छाया से लोक को फिर आवृत्त दिखाकर छोड़ दिया है।

जैसे ऊपर कह आये हैं, मंगल-अमंगल के द्वंद्व में कवि लोग अंत में मंगल-शक्ति की जो सफलता दिखा दिया करते हैं उसमें सदा शिक्षावाद (Didacticism) या अस्वाभाविकता की गंध समझकर नाक-भौं सिकोड़ना ठीक नहीं। अस्वाभाविकता तभी आयेगी जब बीच का विधान ठीक न होगा अर्थात् जब प्रत्येक अवसर पर सत्पात्र सफल और दुष्ट पात्र विफल या ध्वस्त दिखाये जायेंगे पर सच्चे कवि ऐसा कभी नहीं करते। इस जगत् में अधर्म प्रायः दुर्दमनीय शक्ति प्राप्त करता है जिसके सामने धर्म की शक्ति बार-बार उठकर व्यर्थ होती रहती है। कवि जहाँ मंगल-शक्ति की सफलता दिखाता है, वहाँ कला की दृष्टि से सौन्दर्य का प्रभाव डालने के लिए; धर्म शासक की हैसियत से डराने के लिए नहीं कि यदि ऐसा कर्म करोगे तो ऐसा फल पाओगे। कवि कर्म-सौन्दर्य के प्रभाव द्वारा प्रवृत्ति या निवृत्ति अन्तःप्रकृति में उत्पन्न करता है, उसका उपदेश नहीं देता।

कवि सौन्दर्य से प्रभावित रहता है और दूसरों को भी प्रभावित करना चाहता है। किसी रहस्यमयी प्रेरणा से उसकी कल्पना में कई प्रकार के सौन्दर्यों का जो मेल आप से आप हो जाया करता है उसे पाठक के सामने भी वह प्रायः रख देता है जिस पर कुछ लोग कह सकते हैं कि ऐसा मेल क्या संसार में बराबर देखा जाता है। मंगल-शक्ति के अधिष्ठान राम और कृष्ण जैसे पराक्रमशाली और धीर हैं वैसा ही उनका रूप-माधुर्य और उनका शील भी लोकोत्तर है। लोक-हृदय आकृति और गुण, सौन्दर्य और सुशीलता एक ही अधिष्ठान में देखना चाहता है। इसी से 'यत्राकृतिस्तत्र गुणा वसन्ति' सामुद्रिक की यह उक्ति लोकोक्ति के रूप में चल पड़ी। 'नैषध' में नल हंस से कहते हैं

न तुला विषये तवाकृतिर्न वचो वर्त्मनि ते सुशीलता।
त्वदुदाहरणाऽकृतौ गुणा इति सामुद्रिक-सार-मुद्रणा॥

भीतरी और बाहरी सौन्दर्य, रूप-सौन्दर्य और कर्म-सौन्दर्य के मेल की यह आदत धीरोदात्त आदि भेद-निरूपण से बहुत पुरानी है और बिल्कुल छूट भी नहीं सकती। यह हृदय की एक भीतरी वासना की तुष्टि के हेतु कला की रहस्यमयी प्रेरणा है। 19वीं शताब्दी के कवि शेली—जो राजशासन, धर्म-शासन, समाज-शासन आदि सब प्रकार की शासन-व्यवस्था के घोर विरोधी थे—इस प्रेरणा से पीछा न छुड़ा सके। उन्होंने भी अपने प्रबन्ध काव्यों में रूप-सौन्दर्य और कर्म-सौन्दर्य का ऐसा ही मेल किया है। उनके नायक (या नायिका) जिस प्रकार पीड़ा, अत्याचार आदि से मनुष्य जाति का उद्धार करने

के लिए अपना प्राण तक उत्सर्ग करने वाले, घोर से घोर कष्ट और यंत्रणा से मुँह न मोड़ने वाले, पराक्रमी, दयालु और धीर हैं, उसी प्रकार रूप-माधुर्य सम्पन्न भी।[1]

आज भी किसी कवि से राम की शारीरिक सुन्दरता कुम्भकर्ण को और कुम्भकर्ण की कुरूपता राम को न देते बनेगी। माइकेल मधुसूदन दत्त ने मेघनाद को अपने काव्य का रूप-गुण-सम्पन्न नायक बनाया पर लक्ष्मण को वे कुरूप न कर सके। उन्होंने जो उलट-फेर किया, वह कला या काव्यानुभूति की किसी प्रकार की प्रेरणा से नहीं, बल्कि एक पुरानी धारणा तोड़ने की बहादुरी दिखाने के लिए, जिसका शौक किसी विदेशी नयी शिक्षा के पहले पहल प्रचलित होने पर प्रायः सब देशों में कुछ दिन रहा करता है। इसी प्रकार बंगभाषा के एक-दूसरे कवि नवीनचन्द्र ने अपने 'कुरुक्षेत्र' नामक काव्य में कृष्ण का आदर्श ही बदल दिया है। उसमें वे ब्राह्मणों के अत्याचार से पीड़ित जनता के उद्धार के लिए उठ खड़े हुए एक क्षत्रिय महात्मा के रूप में अंकित किये गये हैं। अपने समय में उठी हुई किसी खास हवा की झोंक में प्राचीन आर्ष काव्यों के पूर्णतया निर्दिष्ट स्वरूप वाले आदर्श पात्रों को एकदम कोई नया मनमाना रूप देना भारती के पवित्र मंदिर में व्यर्थ गड़बड़ मचाना है।

शुद्ध मर्मानुभूति द्वारा प्रेरित कुशल कवि भी प्राचीन आख्यानों को बराबर लेते आये हैं और अब भी लेते हैं। वे उनके पात्रों में अपनी नवीन उद्भावना का, अपनी नयी कल्पित बातों का बराबर आरोप करते हैं, पर वे बातें उन पात्रों के चिर-प्रतिष्ठित आदर्शों के मेल में होती हैं। केवल अपने समय की परिस्थिति-विशेष को लेकर जो भावनाएँ उठती हैं उनके आश्रय के लिए

---

1. Certain it is that with Shelly goodness is ever near to sensuous beauty and passes easily into passion. Hence his choice of heroic type rather than simple ones, of Laon and Cythna and Prometheus rathar than Michael, Methew etc. Laon and Cythna posses youth, strenth and beauty no less than courage and instinct for self secrifice and their passion for freedom. A further admirable instance of this harmony of goodness and beauty is seen in the discription of Lady Beneficient who tended the garden of "The Sensitive Plant."

—Studies in Shelley by A.T.Strong

जबकि नये आख्यानों और नये पात्रों की उद्‌भावना स्वच्छन्दतापूर्वक की जा सकती है, तब पुराने आदर्शों को विकृत या खण्डित करने की क्या आवश्यकता है?

कर्म-सौन्दर्य के जिस स्वरूप पर मुग्ध होना मनुष्य के लिए स्वाभाविक है और जिसका विधान कवि-परम्परा बराबर करती चली आ रही है, उसके प्रति उपेक्षा प्रकट करने और कर्म-सौन्दर्य के एक-दूसरे पक्ष में ही केवल प्रेम और भ्रातृभाव के प्रदर्शन और आचरण में ही काव्य का उत्कर्ष मानने का जो एक नया फैशन टालस्टाय के समय से चला है वह एकदेशीय है। दीन और असहाय जनता को निरन्तर पीड़ा पहुँचाते चले जाने वाले क्रूर आततायियों को उपदेश देने, उनसे दया की भिक्षा माँगने और प्रेम जताने तथा उनकी सेवा शुश्रूषा करने में ही कर्तव्य की सीमा नहीं मानी जा सकती, कर्म-क्षेत्र का एकमात्र सौन्दर्य नहीं कहा जा सकता। मनुष्य के शरीर के जैसे दक्षिण और वाम दो पक्ष हैं, वैसे ही उसके हृदय के भी कोमल और कठोर, मधुर और तीक्ष्ण, दो पक्ष हैं और बराबर रहेंगे। काव्य-कला की पूरी रमणीयता इन दोनों पक्षों के समन्वय के बीच मंगल या सौन्दर्य के विकास में दिखाई पड़ती है।

भावों की प्रक्रिया की समीक्षा से पता चलता है कि उदय से अस्त तक भावमण्डल का कुछ भाग तो आश्रय की चेतना के प्रकाश में (Consicious) रहता है और कुछ अन्तस्संज्ञा के क्षेत्र (sub-conscious) में छिपा रहता है। संचारी भावों के संचरण-काल में कभी-कभी उनके स्थायी भाव कारणरूप में अन्तस्संज्ञा के भीतर पड़ जाते हैं। रतिभाव में संचारी होकर आयी हुई असूया या ईर्ष्या ही को लीजिए। जिस क्षण में वह अपनी चरम सीमा पर पहुँचती हुई होती है, उस क्षण में आश्रय को ही रति भाव की कोमल सत्ता का ज्ञान नहीं रहता, उस क्षण में उसके भीतर ईर्ष्या की ही तीक्ष्ण प्रतीति रहती है और बाहर ईर्ष्या के ही लक्षण दिखाई देते हैं। जिस प्रकार किसी आश्रय के भीतर कोई एक भाव स्थायी रहता है और अनेक भाव तथा अन्तर्दशाएँ उसके संचारी के रूप में आती हैं उसी प्रकार किसी प्रबन्ध काव्य के प्रधान पात्र में कोई मूल प्रेरक भाव का बीच भाव रहता है जिसकी प्रेरणा से घटना-चक्र चलता है और अनेक भावों के स्फुरण के लिए जगह निकलती चलती है। इस बीजभाव को साहित्य ग्रंथों में निरूपित स्थायी भाव और अंगीभाव दोनों से भिन्न समझना चाहिए।

बीजभाव द्वारा स्फुरित भावों में कोमल और मधुर कठोर और तीक्ष्ण-दोनों प्रकार के भाव रहते हैं। यदि बीजभाव की प्रकृति मंगलविषयिनी होती है तो उसकी व्यापकता और निर्विशेषता के अनुसार सारे प्रेरित भाव तीक्ष्ण और

कठोर होने पर भी सुन्दर होते हैं। ऐसे बीज भाव की प्रतिष्ठा जिस पात्र में होती है उसके सब भावों के साथ पाठकों की सहानुभूति होती है। अर्थात् पाठक या श्रोता भी रस-रूप में उन्हीं भावों का अनुभव करते हैं जिन भावों की वह व्यंजना करता है। ऐसे पात्र की गति में बाधा डालने वाले पात्रों के उग्र या तीक्ष्ण भावों के साथ पाठकों का वास्तव में तादात्म्य नहीं होता, चाहे उनकी व्यंजना में रस की निष्पत्ति करने वाले तीनों अवयव वर्तमान हों। राम यदि रावण के प्रति क्रोध या घृणा की व्यंजना करेंगे तो पाठक या श्रोता का भी हृदय उस क्रोध या घृणा की अनुभूति में योग देगा। इस क्रोध या घृणा में भी काव्य का पूर्ण सौन्दर्य होगा। पर रावण यदि राम के प्रति क्रोध या घृणा की व्यंजना करेगा तो रस के तीनों अवयवों के कारण 'शास्त्र-स्थिति-सम्पादन'[1] चाहे हो जाये पर उस व्यंजित भाव के साथ पाठक के भाव का तादात्म्य कभी न होगा। पाठक केवल चरित्र-द्रष्टा मात्र रहेगा; उसका केवल मनोरंजन होगा; भाव में लीन करने वाली प्रथम कोटि की रसानुभूति उसको न होगी।

ऊपर कहा गया है कि किसी शुभ बीजभाव की प्रेरणा से प्रवर्तित तीक्ष्ण और उग्र भावों की सुन्दरता की मात्रा उस बीजभाव की निर्विशेषता और व्यापकता के अनुसार होती है। जैसे, यदि करुणा किसी व्यक्ति की विशेषता पर अवलम्बित होगी कि पीड़ित व्यक्ति हमारा कुटुम्बी मित्र आदि है तो उस करुणा के द्वारा प्रवर्तित तीक्ष्ण या उग्र भावों में उतनी सुन्दरता न होगी। पर बीजरूप अंतस्संज्ञा में स्थित करुणा यदि इस ढंग की होगी कि इतने पुरवासी, इतने देशवासी या इतने मनुष्य पीड़ा पा रहे हैं तो उसके द्वारा प्रवर्तित तीक्ष्ण या उग्र भावों का सौन्दर्य उत्तरोत्तर होगा। यदि किसी काव्य में वर्णित दो पात्रों में से एक तो अपने भाई को अत्याचार और पीड़ा से बचाने के लिए अग्रसर हो रहा है और दूसरा किसी बड़े भारी जन-समूह को तो गति में बाधा डालने वाले के प्रति दोनों के प्रदर्शित क्रोध के सौन्दर्य के परिणाम में बहुत अंतर होगा।

भावों की छानबीन करने पर मंगल का विधान करने वाले दो भाव ठहरते हैं करुणा और प्रेम। करुणा की गति रक्षा की ओर होती है और प्रेम की रंजन की ओर। लोक में प्रथम साध्य रक्षा है। रंजन का अवसर उसके पीछे आता

---

1. रसव्यक्तिमयेक्ष्यैषामाङ्गनां सन्निवेशनम्।
नतु केवलया शास्त्र-स्थिति-सम्पादनेच्छया।।

—साहित्य दर्पण

है। अतः साधनावस्था या प्रयत्नपक्ष को लेकर चलने वाले काव्यों का बीजभाव करुणा ही ठहरता है। इसी से शायद अपने दो नाटकों में रामचरित को लेकर चलने वाले महाकवि ने 'करुण' को ही एकमात्र रस कह दिया। रामायण का बीजभाव करुणा है कि जिसका संकेत क्रौंच को मारने वाले निषाद के प्रति वाल्मीकि के मुँह से निकले वचन द्वारा आरम्भ में ही मिलता है। उसके उपरान्त भी बालकांड 15 वें सर्ग में इसका आभास दिया गया है जहाँ देवताओं ने ब्रह्मा से रावण-द्वारा पीड़ित लोक की दारुण दशा का निवेदन किया है। उक्त आदि काव्य के भीतर लोक-मंगल की शक्ति के उदय का आभास ताड़का और मारीच के दमन के प्रसंग में ही मिल जाता है। पंचवटी से वह शक्ति जोर पकड़ती दिखाई देती है। सीताहरण होने पर उसमें आत्म-गौरव और दाम्पत्य प्रेम की प्रेरणा का भी योग हो जाता है। ध्यान देने की बात यह है कि इस आत्म-गौरव और दाम्पत्य प्रेम की प्रेरणा बीच से प्रकट होकर उस विराट मंगलोन्मुखी गति में समन्वित हो जाती है। यदि राक्षसराज पर चढ़ाई करने का मूल कारण केवल आत्म-गौरव या दाम्पत्य प्रेम होता तो राम के 'कालाग्नि-सदृश क्रोध' में काव्य का वह लोकोत्तर सौन्दर्य न होता। लोक के प्रति करुणा जब सफल हो जाती है, लोक जब पीड़ा और विघ्न बाधा से मुक्त हो जाता है तब रामराज्य में जाकर लोक के प्रति प्रेम-प्रवर्तन का, प्रजा के रंजन का, उसके अधिकाधिक सुख के विधान का अवकाश मिलता है।

जो कुछ ऊपर कहा गया है उससे यह स्पष्ट है कि काव्य का उत्कर्ष केवल प्रेमभाव की कोमल व्यंजना में ही नहीं माना जा सकता जैसा कि टालस्टाय के अनुयायी या कुछ कलावादी कहते हैं। क्रोध आदि उग्र और प्रचण्ड भावों के विधान में भी, यदि उनकी तह में करुणा-भाव व्यक्त रूप में स्थित हो, पूर्ण सौन्दर्य का साक्षात्कार होता है। स्वतंत्रता के उन्मत्त उपासक, घोर परिवर्तनवादी शेली के महाकाव्य "The Revolt of Islam" के नायक-नायिका अत्याचारियों के पास जाकर उपदेश देने वाले, गिड़गिड़ाने वाले, अपनी साधुता, सहनशीलता और शान्त वृत्ति का चमत्कारपूर्ण प्रदर्शन करने वाले नहीं हैं। वे उत्साह की उमंग में प्रचंड वेग से युद्ध-क्षेत्र में बढ़ने वाले, पाखण्ड; लोक पीड़ा और अत्याचार देख पुनीत क्रोध के सात्विक तेज से तमतमाने वाले, भय या स्वार्थवश आततायियों की सेवा स्वीकार करने वालों के प्रति उपेक्षा प्रकट करने वाले हैं। शेली ने भी काव्यकला का मूलतत्व प्रेमभाव ही माना था पर अपने को सुख-सौन्दर्यमय माधुर्य भाव तक ही बद्ध न रखकर प्रबन्ध-क्षेत्र में भी अच्छी तरह घुसकर भावों की अनेकरूपता का

विन्यास किया था। स्थिर (Static) सौन्दर्य और गत्यात्मक (Dynamic) सौन्दर्य, उपभोग-पक्ष और प्रयत्न-पक्ष दोनों उनमें पाये जाते हैं।

टाल्सटाय के मनुष्य-मनुष्य में भ्रातृ-प्रेम-संचार को ही एकमात्र काव्य तत्व कहने का बहुत कुछ साम्प्रदायिक था। इसी प्रकार कलावादियों का केवल कोमल और मधुर की लीक पकड़ना मनोरंजन मात्र की हल्की रुचि और दृष्टि की परिमिति का कारण समझना चाहिए। टाल्सटाय के अनुयायी प्रयत्न पक्ष को लेते अवश्य हैं पर केवल पीड़ितों की सेवा-शुश्रूषा की दौड़-धूप, आततायियों पर प्रभाव डालने के लिए साधुता के लोकोत्तर प्रदर्शन, त्याग, कष्ट, सहिष्णुता इत्यादि में ही उसका सौन्दर्य स्वीकार करते हैं। साधुता की इस मृदुल गति को वे 'आध्यात्मिक शक्ति' कहते हैं। पर भारतीय दृष्टि में हम इसे भी प्राकृतिक शक्ति—मनुष्य की अन्तःप्रकृति की सात्विक विभूति मानते हैं। विदेशी अर्थ में इस 'आध्यात्मिक' शब्द का प्रयोग हमारी देश-भाषाओं में भी प्रचार पा रहा है। 'अध्यात्म' शब्द की, मेरी समझ में, काव्य या कला के क्षेत्र में कहीं कोई जरूरत नहीं है।

पूर्ण प्रभविष्णुता के लिए काव्य में हम भी सत्वगुण की सत्ता आवश्यक मानते हैं, पर दोनों रूपों में, दूसरे भावों की तह में अर्थात् अंतस्संज्ञा में स्थित बीजरूप में भी और प्रकाश रूप में भी। हम पहले कह आये हैं कि लोक में मंगल विधान की ओर प्रवृत्त करने वाले दो भाव हैं करुणा और प्रेम। यह भी दिखा आये हैं कि क्रोध, युद्धोत्साह आदि प्रचंड और उग्र वृत्तियों की तह में यदि इन दोनों में से कोई भाव बीजरूप में स्थित होगा, तभी सच्चा साधारणीकरण और पूर्ण सौन्दर्य का प्रकाश होगा। उच्च दशा का प्रेम और करुणा दोनों सत्वगुण-प्रधान हैं। त्रिगुणों में सत्वगुण सबके ऊपर है। यहाँ तक कि उसकी ऊपरी सीमा नित्य पारमार्थिक सत्ता के पास तक व्यक्त और अव्यक्त की सन्धि तक-जा पहुँचती है। इसी से शायद वल्लभाचार्य जी ने सच्चिदानंद के सत् स्वरूप को प्रकाश करने वाली शक्ति की 'संधिनी' कहा है। व्यवहार में भी 'सत्' शब्द के दो अर्थ लिये जाते हैं 'जो वास्तव में हो' तथा 'अच्छा या शुभ'।

जबकि अव्यक्तावस्था से छूटी हुई प्रकृति के व्यक्त स्वरूप जगत् में आदि से अंत तक सत्व, रजस् और तमस् तीनों गुण रहेंगे तब समष्टि रूप में लोक के बीच मंगल का विधान करने वाली ब्रह्म की आनन्द-कला के प्रकाश की यही पद्धति हो सकती है कि तमोगुण और रजोगुण दोनों सत्वगुण के अधीन होकर उसके इशारे पर काम करें। इस दशा में किसी ओर अपनी प्रवृत्ति के अनुसार काम करने पर भी समष्टि रूप में और सब ओर वे

सत्वगुण के लक्ष्य की ही पूर्ति करेंगे। सत्वगुण के इस शासन में कठोरता, उग्रता और प्रचंडता भी सात्विक तेज के रूप में भासित होगी। इसी से अवतार रूप में हमारे यहाँ भगवान् की मूर्ति एक ओर तो 'वज्रादपि' कठोर और दूसरी ओर 'कुसुमादपि' मृदु रखी गयी है—

'कुलिसहु चाहि कठोर अति, कोमल कुसुमहु चाहि।'

●●●

साधारणीकरण और व्यक्ति वैचित्र्यवाद

किसी काव्य का श्रोता या पाठक जिन विषयों को मन में लाकर रति, करुणा, क्रोध, उत्साह इत्यादि भावों तथा सौन्दर्य, रहस्य, गाम्भीर्य आदि भावनाओं का अनुभव करता है वे अकेले उसी के हृदय से सम्बन्ध रखने वाले नहीं होते; मनुष्य-मात्र की भावात्मक सत्ता पर प्रभाव डालने वाले होते हैं। इसी से उक्त काव्य को एक साथ पढ़ने या सुनने वाले सहस्रों मनुष्य उन्हीं भावों या भावनाओं का थोड़ा बहुत अनुभव कर सकते हैं। जब तक किसी भाव का कोई विषय इस रूप में नहीं लाया जाता कि वह सामान्यतः सबसे उसी भाव का अवलम्बन हो सके तब तक रसोद्बोधन की पूर्ण शक्ति नहीं आती। इसी रूप में लाया जाना हमारे यहाँ 'साधारणीकरण' कहलाता है। यह सिद्धान्त यह घोषित करता है कि सच्चा कवि वही है जिसे लोक-हृदय की पहचान हो, जो अनेक विशेषताओं और विचित्रताओं के बीच मनुष्य जाति के सामान्य हृदय को देख सके। इसी लोक-हृदय में हृदय के लीन होने की दशा का नाम रस-दशा है।

किसी काव्य में वर्णित किसी पात्र का किसी कुरूप और दुःशील स्त्री पर प्रेम हो सकता है; पर उसी स्त्री के वर्णन द्वारा शृंगार-रस का आलम्बन नहीं खड़ा हो सकता। अतः ऐसा काव्य केवल भाव-प्रदर्शक ही होगा, विभाव-विधायक कभी नहीं हो सकता। इसी प्रकार रौद्र रस के वर्णन में जब तक आलम्बन का चित्रण इस रूप में न होगा वह मनुष्य मात्र में क्रोध का पात्र हो सके, तब तक यह वर्णन भाव-प्रदर्शक मात्र रहेगा, उसका विभाव-पक्ष या तो शून्य अथवा अशक्त होगा। पर भाव और विभाव दोनों पक्षों के सामंजस्य के बिना पूरी और सच्ची रसानुभूति नहीं हो सकती। केवल भाव-प्रदर्शक काव्यों में भी होता यह है कि पाठक या श्रोता अपनी ओर से भी अपनी भावना के अनुसार आलम्बन का आरोप किये रहता है।

काव्य का विषय सदा 'विशेष' होता है, 'सामान्य' नहीं; वह 'व्यक्ति' सामने लाता है, 'जाति' नहीं। यह बात आधुनिक कला-समीक्षा के क्षेत्र में

पूर्णतया स्थिर हो चुकी है। अनेक व्यक्तियों के रूप-गुण आदि के विवेचन द्वारा कोई वर्ग या जाति ठहराना, बहुत सी बातों को लेकर कोई सामान्य सिद्धान्त प्रतिपादित करना, यह सब तर्क और विज्ञान का काम है- निश्चयात्मिका बुद्धि का व्यवसाय है। काव्य का काम है कल्पना में 'बिम्ब' (Images) या मूर्त भावना उपस्थित करना; बुद्धि के सामने कोई विचार (Concept) लाना नहीं 'बिम्ब' जब होगा तब विशेष या व्यक्ति का ही होगा, सामान्य या जाति का नहीं।

इस सिद्धान्त का तात्पर्य यह है कि शुद्ध काव्य की उक्ति सामान्य तथ्य-कथन या सिद्धान्त के रूप में नहीं होती। कविता वस्तुओं और व्यापारों का बिम्ब ग्रहण कराने का प्रयत्न करती है, अर्थ-ग्रहण मात्र से उसका काम नहीं चलता। बिम्ब-ग्रहण जब होगा तब विशेष या व्यक्ति का ही होगा, सामान्य या जाति का नहीं। जैसे, यदि कहा जाये कि क्रोध से मनुष्य बावला हो जाता है, तो यह काव्य की उक्ति न होगी। काव्य की उक्ति तो किसी उग्र मनुष्य के उग्र वचनों और उन्मत्त चेष्टाओं की कल्पना में उपस्थित भर कर देगी। कल्पना में जो कुछ उपस्थित होगा वह व्यक्ति या वस्तु-विशेष ही होगा। सामान्य या 'जाति' की तो मूर्त्त भावना हो ही नहीं सकती।

अब यह देखना चाहिए कि हमारे यहाँ विभाजन व्यापार में जो 'साधारणीकरण' कहा गया है, उसके विरुद्ध तो यह सिद्धान्त नहीं जाता। विचार करने पर स्पष्ट हो जायेगा कि दोनों में कोई विरोध नहीं पड़ता। विभावादिक साधारणतया प्रतीत होती है, इस कथन का अभिप्राय यह नहीं है कि रसानुभूति के समय श्रोता या पाठक के मन में आलम्बन आदि विशेष व्यक्ति या विशेष वस्तु की मूर्त्त भावना के रूप में न आकर सामान्यतः व्यक्ति-मात्र का वस्तु-मात्र (जाति) के अर्थ-संकेत के रूप में आते हैं। 'साधारणीकरण' का अभिप्राय यह है कि पाठक या श्रोता के मन में जो व्यक्ति-विशेष या वस्तु-विशेष आती है, वह जैसे काव्य में वर्णित 'आश्रय' के भाव का अवलम्बन होती है, वैसे ही सब सहृदय पाठकों या श्रोताओं के भाव का आलम्बन हो जाता है। जिस व्यक्ति विशेष के प्रति किसी भाव की व्यंजना कवि या पात्र करता है, पाठक या श्रोता की कल्पना में यह व्यक्ति-विशेष उपस्थित रहता है। हाँ, कभी-कभी ऐसा भी होता है कि पाठक या श्रोता की मति या संस्कार के कारण वर्णित व्यक्ति-विशेष के स्थान पर कल्पना में उसी के समान धर्म वाली कोई मूर्ति विशेष आ जाती है जैसे, यदि किसी पाठक या श्रोता का किसी सुन्दरी से प्रेम है तो शृंगार रस की फुटकल उक्तियाँ सुनने के समय रह-रहकर आलम्बन रूप में उसकी प्रेयसी की मूर्ति

ही उसकी कल्पना में आयेगी। यदि किसी से प्रेम न हुआ तो सुन्दरी की कोई कल्पित मूर्ति उसके मन में आयेगी। कहने की आवश्यकता नहीं कि यह कल्पित मूर्ति भी विशेष ही होगी-व्यक्ति की ही होगी।

कल्पना में मूर्ति तो विशेष ही की होगी, पर वह मूर्ति ऐसी होगी जो प्रस्तुत भाव का आलम्बन हो सके, जो उसी भाव को पाठक या श्रोता के मन में भी जगाये जिसकी व्यंजना आश्रय अथवा कवि करता है। इससे सिद्ध हुआ कि साधारणीकरण आलम्बनत्व धर्म का होता है। व्यक्ति तो विशेष ही रहता है; पर उसमें प्रतिष्ठा ऐसे सामान्य धर्म की उदय रहती है जिसके साक्षात्कार से सब श्रोताओं या पाठकों के मन में एक ही भाव का उदय थोड़ा या बहुत होता है। तात्पर्य यह है कि आलम्बन रूप में प्रतिष्ठित व्यक्ति, समान प्रभाव वाले कुछ धर्मों की प्रतिष्ठा के कारण सबके भावों का आलम्बन हो जाता है। 'विभावादि सामान्य रूप में प्रतीत होते हैं'—इसका तात्पर्य यही है कि रस-मग्न पाठकों के मन में यह भेदभाव नहीं रहता कि यह आलम्बन मेरा है या दूसरे का। थोड़ी देर के लिए पाठक या श्रोता का हृदय लोक का सामान्य हृदय हो जाता है। उसका अपना हृदय अलग नहीं रहता।

'साधारणीकरण' के प्रतिपादन में पुराने आचार्यों ने श्रोता (या पाठक) और आश्रय (भाव व्यंजना करने वाला पात्र) के तादात्म्य की अवस्था का ही विचार किया है जिसमें आश्रय किसी काव्य या नाटक के पात्र के रूप में आलम्बन रूप किसी दूसरे पात्र के प्रति किसी भाव की व्यंजना करता है और श्रोता (या पाठक) उसी भाव का रस रूप में अनुभव करता है। पर रस की एक नीची अवस्था और है जिसका हमारे यहाँ के साहित्य ग्रंथों में विवेचन नहीं हुआ है। उसका भी विचार करना चाहिए। किसी भाव की व्यंजना करने वाला, कोई क्रिया या व्यापार करने वाला पात्र भी शील की दृष्टि से श्रोता (या दर्शक) के किसी भाव का श्रद्धा, घृणा, रोष, आश्चर्य, कुतूहल या अनुराग का-आलम्बन होता है। इस दशा में श्रोता या दर्शक का हृदय उस पात्र के हृदय से अलग रहता है। अर्थात् श्रोता या दर्शक उसी भाव का अनुभव नहीं करता जिसकी व्यंजना पात्र अपने आलम्बन के प्रति करता है, बल्कि व्यंजना करने वाले उस पात्र के प्रति किसी और ही भाव का अनुभव करता है। यह दशा भी एक प्रकार की रस दशा ही है यद्यपि इसमें आश्रय के साथ तादात्म्य और उसके आलम्बन का साधारणीकरण नहीं रहता। जैसे, कोई क्रोधी या क्रूर प्रकृति का पात्र यदि किसी निरपराध या दीन पर क्रोध की प्रबल व्यंजना कर रहा है तो श्रोता या दर्शक के मन में क्रोध का रसात्मक संचार न होगा, बल्कि क्रोध प्रदर्शित करने वाले उस पात्र के प्रति अश्रद्धा,

घृणा आदि का भाव जागेगा। ऐसी दशा में आश्रय के साथ तादात्म्य या सहानुभूति न होगी, बल्कि श्रोता या पाठक उक्त पात्र के शील द्रष्टा या प्रकृति द्रष्टा के रूप में प्रभाव ग्रहण करेगा। और यह प्रभाव भी रसात्मक ही होगा, पर इस रसात्मकता को हम मध्यम कोटि का ही मानेंगे।

जहाँ पाठक या दर्शक किसी काव्य या नाटक में सन्निविष्ट पात्र या आश्रय के शील द्रष्टा के रूप में स्थित होता है वहाँ भी पाठक या दर्शक के मन में कोई न कोई भाव थोड़ा बहुत अवश्य जगा रहता है; अन्तर इतना ही पड़ता है कि उस पात्र का आलम्बन पाठक या दर्शक का आलम्बन रहता है। इस दशा में भी एक प्रकार का तादात्म्य और साधारणीकरण होता है। तादात्म्य कवि के उस अव्यक्त भाव के साथ होता है, जिसके अनुरूप वह पात्र का स्वरूप संघटित करता है। वह उसके किसी भाव का आलम्बन अवश्य होता है। अतः पात्र का स्वरूप कवि के जिस भाव का आलम्बन रहता है, पाठक या दर्शक के भी उसी भाव का आलम्बन प्रायः हो जाता है। जहाँ कवि किसी वस्तु (जैसे हिमालय, विंध्याटवी) या व्यक्ति को केवल चित्रण करके छोड़ देता है वहाँ कवि ही आश्रय के रूप में रहता है। उस वस्तु या व्यक्ति का चित्रण वह उसके प्रति कोई भाव रखकर ही करता है। उसी के भाव के साथ पाठक या दर्शक का तादात्म्य रहता है, उसी का आलम्बन पाठक या दर्शक का आलम्बन हो जाता है।

आश्रय की जिस भाव-व्यंजना को श्रोता या पाठक का हृदय कुछ भी अपना न सकेगा, उसका ग्रहण केवल शील-वैचित्र्य के रूप में होगा और उसके द्वारा घृणा, विरक्ति, अश्रद्धा, क्रोध, आश्चर्य, कुतूहल इत्यादि में से ही कोई भाव उत्पन्न होकर अपरितुष्ट दशा में रह जायेगा। उस भाव की तुष्टि तभी होगी जब कोई दूसरा पात्र आकर उसकी व्यंजना वाणी और चेष्टा द्वारा उस बेमेल या अनुपयुक्त भाव की व्यंजना करने वाले प्रथम पात्र के प्रति करेगा। इस दूसरे पात्र की भाव-व्यंजना के साथ श्रोता या दर्शक की पूर्ण सहानुभूति होगी। अपरितुष्ट भाव की आकुलता का अनुभव प्रबन्ध-काव्यों, नाटकों और उपन्यासों के प्रत्येक पाठक को थोड़ा-बहुत होगा। जब कोई असामान्य दुष्ट अपनी मनोवृत्ति की व्यंजना किसी स्थल पर करता है तब पाठक के मन में बार-बार यही आता है कि उस दुष्ट के प्रति उसके मन में जो घृणा या क्रोध है उसकी भरपूर व्यंजना वचन या क्रिया द्वारा कोई पात्र आकर करता। क्रोधी परशुराम तथा अत्याचारी रावण की कठोर बातों का जो उत्तर लक्ष्मण और अंगद देते हैं उससे कथा-श्रोताओं की अपूर्व तुष्टि होती है।

इस सम्बन्ध में सबसे अधिक ध्यान देने की बात यह है कि शील-विशेष के परिज्ञान से उत्पन्न भाव की अनुभूति और आश्रय के साथ तादात्म्य-दशा की अनुभूति (जिसे आचार्यों ने रस कहा है) दो भिन्न-भिन्न कोटियों की रसानुभूतियाँ हैं। प्रथम में श्रोता या पाठक के लिए विसर्जन कर अलग सँभाले रहता है, द्वितीय में अपनी पृथक् सत्ता का कुछ क्षणों के लिए विसर्जन कर आश्रय की भावात्मक सत्ता में मिल जाता है। उदात्त वृत्ति वाले आश्रय की भाव-व्यंजना में भी यह होगा कि जिस समय तक पाठक या श्रोता तादात्म्य की दशा में पूर्ण रस-मग्न रहेगा उस समय तक भाव-व्यंजना करने वाले आश्रय को अपने से अलग रखकर उसके शील आदि की ओर दत्तचित्त न रहेगा। उस दशा के आगे-पीछे ही वह उसकी भावात्मक सत्ता से अपनी भावात्मक सत्ता को अलग रखकर उसके शील-सौन्दर्य की भावना कर सकेगा। भाव-व्यंजना करने वाले किसी पात्र या आशय के शील-सौन्दर्य की भावना जिस पर रहेगी, उस समय वही श्रोता या पाठक का आलम्बन रहेगा और उसके प्रति श्रद्धा, भक्ति या प्रीति टिकी रहेगी।

हमारे यहाँ के आचार्यों ने श्रव्य-काव्य और दृश्य काव्य दोनों में रस की प्रधानता रखी है, इसी से दृश्य काव्य में भी उनका लक्ष्य तादात्म्य और साधारणीकरण की ओर रहता है। पर योरप के दृश्य काव्यों में शील वैचित्र्य या अन्तःप्रकृति वैचित्र्य की ओर ही प्रधान लक्ष्य रहता है जिसके साक्षात्कार से दर्शक को आश्चर्य और कुतूहल मात्र की अनुभूति होती है। अतः इस वैचित्र्य पर थोड़ा विचार कर लेना चाहिए। वैचित्र्य साक्षात्कार से केवल तीन बातें हो सकती हैं—(1) आश्चर्यपूर्ण प्रसादन, (2) आश्चर्यपूर्ण अवसादन और (3) कुतूहल मात्र।

आश्चर्यपूर्ण प्रसादन शील के चरम उत्कर्ष अर्थात् सात्विक आलोक के साक्षात्कार से होता है। भरत का राम की पादुका लेकर विरक्त रूप में बैठना, राजा हरिश्चन्द्र का अपनी रानी से आधा कफन माँगना, नागानन्द नाटक में जीमूतवाहन का भूखे गरुण से अपना मांस खाने के लिए अनुरोध करना इत्यादि शील-वैचित्र्य के ऐसे दृश्य हैं जिनसे श्रोता या दर्शक के हृदय में आश्चर्य-मिश्रित श्रद्धा या भक्ति का संचार होता है। इस प्रकार के उत्कृष्ट शील वाले पात्रों का शील विचित्र होने पर भी भाव-व्यंजना के समय उनके साथ पाठक या श्रोता का तादात्म्य हो सकता है।

आश्चर्यपूर्ण अवसादन शील के अत्यन्त पतन अर्थात् तामसी घोरता के साक्षात्कार से होता है। यदि किसी काव्य या नाटक में हूण सम्राट मिहिरकुल पहाड़ की चोटी पर से गिराये जाते हुए मनुष्य के तड़पने, चिल्लाने आदि की

भिन्न-भिन्न चेष्टाओं पर भिन्न-भिन्न ढंग से आह्लाद की व्यंजना करे, तो उसके आह्लाद में किसी श्रोता या दर्शक का हृदय योग न देगा, बल्कि उसकी मनोवृत्ति की विलक्षणता और घोरता पर स्तम्भित, क्षुब्ध या कुपित होगा। इसी प्रकार दुःशीलता की और-और विचित्रताओं के प्रति श्रोता की आश्चर्य-मिश्रित विरक्ति, घृणा आदि जगेगी।

जिन सात्विकी और तामसी प्रकृतियों की चरम सीमा का उल्लेख ऊपर हुआ है, सामान्य प्रकृति से उनकी आश्चर्यजनक विभिन्नता केवल उसकी मात्रा में होती है। वे किसी वर्ग-विशेष की सामान्य प्रकृति के भीतर समझी जा सकती हैं। जैसे, भरत आदि की प्रकृति शीलवानों की प्रकृति के भीतर और मिहिरकुल की प्रकृति क्रूरों की प्रकृति के भीतर मानी जा सकती है। पर कुछ लोगों के अनुसार ऐसी अद्वितीय प्रकृति भी होती है जो किसी वर्ग-विशेष की भी प्रकृति के भीतर नहीं होती। ऐसी प्रकृति के साक्षात्कार से न स्पष्ट प्रसादन होगा, न स्पष्ट अवसादन एक प्रकार का मनोरंजन या कुतूहल ही होगा। ऐसी अद्वितीय प्रकृति के चित्रण को डंटन (Theodore Watts-Danton) ने कवि की नाटकीय या निरपेक्ष दृष्टि (Dramatic or Absolute Vision) का सूचक और काव्य-कला का चरम उत्कर्ष कहा है। उनका कहना है कि साधारणतः कवि नाटककार भिन्न-भिन्न पक्षों की उक्तियों की कल्पना अपने ही को उनकी परिस्थिति में अनुमान करके किया करते हैं। वे वास्तव में यह अनुमान करते हैं कि यदि हम उनकी दशा में होते तो कैसे वचन मुँह से निकालते। तात्पर्य यह है कि उनकी दृष्टि सापेक्ष होती है, वे अपनी ही प्रकृति के अनुसार चरित्र-चित्रण करते हैं। पर निरपेक्ष दृष्टि वाले नाटककार एक नवीन-नर-प्रकृति की सृष्टि करते हैं। नूतन-निर्माण वाली कल्पना उन्हीं की होती है।

डंटन ने निरपेक्ष दृष्टि को उच्चतम शक्ति तो ठहराया पर उन्हें संसार भर में दो ही तीन कवि उक्त दृष्टि से सम्पन्न मिले जिनमें मुख्य शेक्सपियर हैं। पर शेक्सपियर के नाटकों में कुछ विचित्र अन्तःप्रकृति के पात्रों के होते हुए भी अधिकांश ऐसे पात्र हैं जिनकी भाव-व्यंजना के साथ पाठक या दर्शक का पूरा तादात्म्य रहता है। 'जूलियस सीजर' नाटक में अंटोनियो के लम्बे भाषण से जो क्षोभ उमड़ पड़ता है उसमें किसका हृदय योग न देगा? डंटन के अनुसार शेक्सपियर की दृष्टिनिरपेक्षता के उदाहरणों में हैमलेट का चरित्र-चित्रण है। पर विचारपूर्वक देखा जाये तो हैमलेट की मनोवृत्ति भी ऐसे व्यक्ति की मनोवृत्ति है जो अपनी माता का घोर विश्वासघात और जघन्य शीलच्युति देख अर्द्धविक्षिप्त सा हो गया हो। परिस्थिति के साथ उसके वचनों का

सामंजस्य उसकी बुद्धि की अवस्था का द्योतक है। अतः उसका चरित्र भी उसके बहुत से भाषणों को प्रत्येक सहृदय व्यक्ति अपनाता है। उदाहरण के लिए आत्मग्लानि और क्षोभ से भरे हुए वे वचन जिनके द्वारा वह स्त्री-जाति की भर्त्सना करता है। अतः हमारे देखने में ऐसी मनोवृत्ति का प्रदर्शन, जो किसी दशा में किसी की हो नहीं सकती, केवल ऊपरी मनबहलाव के लिए खड़ा किया हुआ कृत्रिम तमाशा ही होगा। पर डंटन साहब के अनुसार ऐसी मनोवृति का चित्रण नूतन सृष्टिकारिणी कल्पना का सबसे उज्ज्वल उदाहरण होगा।

'नूतन सृष्टि निर्माण वाली कल्पना' की चर्चा जिस प्रकार योरप में चलती आ रही है, उसी प्रकार भारतवर्ष में भी। पर हमारे यहाँ यह कथन अर्थवाद के रूप में कवि और कवि कर्म की स्तुति के रूप में ही गृहीत हुआ, शास्त्रीय सिद्धान्त या विवेचन के रूप में नहीं। योरप में अलबत्ता यह एक सूत्र-सा बनकर काव्य-समीक्षा के क्षेत्र में भी जा घुसा है। इसके प्रचार का परिणाम वहाँ यह हुआ कि रचनाएँ इस ढंग की भी हो चलीं जिनमें कवि ऐसी अनुभूतियों की व्यंजना की नकल करता है जो न वास्तव में उनकी होती हैं और न किसी की हो सकती हैं। इस नूतन सृष्टि निर्माण के अभिनय के बीच 'दूसरे जगत के पंछियों' की उड़ान शुरू हुई। शेली के पीछे पागलपन की नकल करने वाले बहुत से खड़े हुए थे; वे अपनी बातों का ऐसा रूप-रंग बनाते थे जो किसी और दुनिया का लगे या कहीं का न जान पड़े।

यह उस प्रवृत्ति का हद से बाहर पहुँचा रूप है जिसका आरम्भ योरप में एक प्रकार से पुनरुत्थान-काल (Renassance) के साथ ही हुआ था। ऐसा कहा जाता है कि उस काल के पहले काव्य की रचना काल को अखण्ड अनन्त और भेदातीत मानकर तथा लोक को एक सामान्य सत्ता समझकर की जाती थी। रचना करने वाले यह ध्यान रखकर नहीं लिखते थे कि इस काल के आगे आने वाला काल कुछ और प्रकार का होगा अथवा इस वर्तमान काल का स्वरूप सर्वत्र एक ही नहीं है किसी जन समूह के बीच पूर्ण सभ्य काल है, किसी के बीच उससे कुछ कम, किसी जन-समुदाय के बीच कुछ असभ्य काल है, किसी के बीच उससे बहुत अधिक। इसी प्रकार उन्हें इस बात की ओर ध्यान देने की आवश्यकता नहीं होती थी कि लोक भिन्न-भिन्न व्यक्तियों से बना होता है जो भिन्न-भिन्न रुचि और प्रवृत्ति के होते हैं। 'पुनरुत्थान काल' से धीरे-धीरे इस तथ्य की ओर ध्यान बढ़ता गया, प्राचीनों की भूल प्रकट होती गयी। अंत में इशारे पर आँख मूँदकर दौड़ने वाले बड़े-बड़े

पण्डितों ने पुनरुत्थान की कालधारा को मथकर 'व्यक्तिवाद' रूपी नया रत्न निकाला। फिर क्या था? शिक्षित समाज में व्यक्तिगत विशेषताएँ देखने-दिखाने की चाह बढ़ने लगी।

काव्य क्षेत्र में किसी 'वाद' का प्रचार धीरे-धीरे उसकी सारसत्ता को ही चर जाता है। कुछ दिनों में लोग कविता न लिखकर 'वाद' लिखने लगते हैं। कला या काव्य के क्षेत्र में, 'लोक' और 'व्यक्ति' की उपर्युक्त धारणा कहाँ तक संगत है, इस पर थोड़ा विचार लेना चाहिए। लोक के बीच जहाँ बहुत-सी भिन्नताएँ देखने में आती हैं, वहाँ कुछ अभिन्नताएँ भी पायी जाती हैं। एक मनुष्य की आकृति से दूसरे मनुष्य की आकृति नहीं मिलती, पर सब मनुष्यों की आकृतियों को एक साथ लें तो एक ऐसी सामान्य आकृति-भावना भी बँधती है जिसके कारण हम सबको मनुष्य कहते हैं। इसी प्रकार सबकी रुचि और प्रकृति में भिन्नता होने पर भी कुछ ऐसी अन्तर्भूमियाँ हैं जहाँ पहुँचने पर अभिन्नता मिलती है। वे अन्तर्भूमियाँ नर-समष्टि की रागात्मिकता प्रकृति के भीतर हैं। लोक-हृदय की यह सामान्य अन्तर्भूमि परखकर हमारे यहाँ 'साधारणीकरण' सिद्धान्त की प्रतिष्ठा की गयी है। वह सामान्य अन्तर्भूमि कल्पित या कृत्रिम नहीं है। काव्य-रचना की रूढ़ि या परम्परा, सभ्यता के न्यूनाधिक विकास, जीवन व्यापार के बदलने वाले बाहरी रूप-रंग इत्यादि पर वह स्थित नहीं है, इसकी नींव गहरी है। इसका सम्बन्ध हृदय के भीतरी मूल देश से है, उसका सामान्य वासनात्मक सत्ता से है।

जिस 'व्यक्तिवाद' का ऊपर वर्णन हुआ है, उसने स्वच्छन्दता के आन्दोलन (Romantic Movement) के उत्तर काल से बड़ा ही विकृत रूप धारण किया। यह 'व्यक्तिवाद' यदि पूर्ण रूप से स्वीकार किया जाये तो कविता लिखना व्यर्थ ही समझिए। कविता इसीलिए लिखी जाती है कि एक ही भावना सैकड़ों, हजारों क्या, लाखों दूसरे आदमी ग्रहण करें। जब एक के हृदय के साथ दूसरे के हृदय की कोई समानता ही नहीं, तब एक के भावों को दूसरा क्यों और कैसे ग्रहण करेगा? ऐसी अवस्था में तो यही सम्भव है कि हृदय द्वारा मार्मिक या भीतरी ग्रहण की बात ही छोड़ दी जाये; व्यक्तिगत विशेषता के वैचित्र्य द्वारा ऊपरी कुतूहल मात्र उत्पन्न कर देना ही बहुत समझा जाये। हुआ भी यहीं। और हृदयों से अपने हृदय की भिन्नता और विचित्रता दिखाने के लिए बहुत से लोग एक-एक काल्पनिक हृदय निर्मित करके दिखाने लगे। काव्य क्षेत्र 'नकली हृदयों' का एक कारखाना हो गया।

ऊपर जो कुछ कहा गया उससे जान पड़ेगा कि भारतीय काव्य-दृष्टि भिन्न-भिन्न विशेषों के भीतर से 'सामान्य' उद्‌घाटन की ओर बराबर रही है। किसी न किसी 'सामान्य' के प्रतिनिधि होकर ही 'विशेष' हमारे यहाँ के काव्यों में आते रहे हैं। पर योरोपीय काव्य-दृष्टि इधर बहुत दिनों से विरल-विशेष के विधान की ओर रही है। हमारे यहाँ कवि उसे सच्चे तार की झंकार सुनाने में ही संतुष्ट रहे जो मनुष्य मात्र के हृदय के भीतर से होता हुआ गया है। पर उन्नीसवीं शताब्दी के बहुत से विलायती कवि ऐसे हृदयों के प्रदर्शन में लगे जो न कहीं होते हैं और न हो सकते हैं। सारांश यह कि हमारी वाणी भाव-क्षेत्र के बीच 'शेरों के अभेद' को ऊपर करती रही और उनकी वाणी झूठे-सच्चे विलक्षण भेद खड़े करके लोगों को चमत्कृत करने में लगी।

'कल्पना' और 'व्यक्तित्व' की, पाश्चात्य समीक्षा-क्षेत्र में; इतनी अधिक मुनादी हुई कि काव्य के और सब पक्षों से दृष्टि हटकर इन्हीं दो पर जा जमीं। 'कल्पना' काव्य का बोध-पक्ष है। कल्पना में आयी रूप-व्यापार-योजना का कवि या श्रोता को अंतःसाक्षात्कार या बोध होता है। पर इस बोध-पक्ष के अतिरिक्त काव्य का भावपक्ष भी है। कल्पना को रूप-योजना के लिए प्रेरित करने वाले और कल्पना में आयी हुई वस्तुओं में श्रोता या पाठक को रमाने वाले रति, करुणा, क्रोध, उत्साह, आश्चर्य इत्यादि भाव या मनोविकार होते हैं। इसी से भारतीय दृष्टि ने भावपक्ष को प्रधानता दी और रस के सिद्धान्त की प्रतिष्ठा की। पर पश्चिम में 'कल्पना' 'कल्पना' की पुकार के सामने धीरे-धीरे समीक्षकों का ध्यान भाव-पक्ष से हट गया और बोध-पक्ष पर ही भिड़ गया। काव्य की रमणीयता उस हल्के आनन्द के रूप में ही मानी जाने लगी जिस आनन्द के लिए हम नयी-नयी सुन्दर भड़कीली और विलक्षण वस्तुओं को देखने जाते हैं। इस प्रकार कवि तमाशा दिखाने वाले के रूप में और श्रोता या पाठक तटस्थ तमाशबीन के रूप में समझे जाने लगे। केवल देखने का आनन्द कुछ विलक्षण को देखने का कुतूहल मात्र होता है।

'व्यक्तित्व' ही को ले उड़ने से जो परिणाम हुआ है, उसका कुछ आभास ऊपर दिया जा चुका है। 'कल्पना' और 'व्यक्तित्व' पर एकदेशीय दृष्टि रखकर पश्चिम मे कई प्रसिद्ध 'वादों' की इमारतें खड़ी हुईं। इटली निवासी क्रोचे (Benedetto Croce) ने अपने 'अभिव्यंजनावाद' के निरूपण में बड़े कठोर आग्रह के साथ कला की अनुभूति को ज्ञान या बोध-स्वरूप ही माना है। उन्होंने उसे स्वयं प्रकाश ज्ञान (Intuition) प्रत्यक्ष ज्ञान तथा बुद्धि-व्यवसाय-सिद्ध या विचार-प्रसूत ज्ञान से भिन्न केवल कल्पना में आयी हुई

वस्तु व्यापार-योजना का ज्ञान-मात्र माना है। वे इस ज्ञान को प्रत्यक्ष ज्ञान और विचार प्रसूत ज्ञान दोनों से सर्वथा निरपेक्ष स्वतंत्र और स्वतः पूर्ण मानकर चले हैं। वे इस निरपेक्षता को बहुत दूर तक घसीट ले गये हैं। भावों या मनोविकारों तक को उन्होंने काव्य की उक्ति का विधायक अवयव नहीं माना है। पर न चाहने पर भी अभिव्यंजना या उक्ति के अनभिव्यक्ति पूर्व रूप में भावों की सत्ता उन्हें स्वीकार करनी पड़ी है। उससे अपना पीछा वे छुड़ा नहीं सके हैं।[1]

काव्य-समीक्षा के क्षेत्र में व्यक्ति की ऐसी दीवार खड़ी हुई, 'विशेष' के स्थान पर सामान्य या विचार-सिद्ध ज्ञान के आ घुसने का इतना डर समाया कि कहीं-कहीं आलोचना भी काव्य-रचना के ही रूप में होने लगी। कला की कृति की परीक्षा के लिए विवेचन-पद्धति का त्याग सा होने लगा। हिन्दी की मासिक पत्रिकाओं में समालोचना के नाम पर आजकल तो अद्‌भुत और रमणीय शब्द योजना-मात्र कभी-कभी देखने में आया करती है, वह इसी पाश्चात्य प्रवृत्ति का अनुकरण है। पर यह भी समझ रखना चाहिए कि योरप में साहित्य संबंध आन्दोलनों की आयु बहुत थोड़ी होती है। आन्दोलन दस-बारह वर्ष से ज्यादा नहीं चलता। ऐसे आन्दोलनों के कारण वहाँ इस बीसवीं शताब्दी में आकर कार्य क्षेत्र के बीच गहरी गड़बड़ी और अव्यवस्था फैली। कविता चाहे हो, चाहे न हो, कोई नवीन रूप या रंग-ढंग अवश्य खड़ा हो। पर कोरी नवीनता केवल मरे हुए आन्दोलन का इतिहास छोड़ जाये तो छोड़ जाये, कविता नहीं खड़ी कर सकती। केवल नवीनता और मौलिकता की बढ़ी-चढ़ी सनक में सच्ची कविता की ओर ध्यान कहाँ तक रह सकता है? कुछ लोग तो नये-नये ढंग की उच्छृंखलता, वक्रता, असम्बद्धता, अनर्गलता इत्यादि का ही प्रदर्शन करने में लगे। थोड़े से ही सच्ची भावना वाले कवि प्रकृत-मार्ग पर चलते दिखायी पड़ने लगे। समालोचना भी अधिकतर हवाई ढंग की होने लगी।[2]

---

1. Matter is emotivity not aesthetically elaborated i.e. impression. Form is elaboration and expression × × × Sentiments or impressions pass by means of words from the obscure region of the soul into the clarity of the contemplative spirit. —**Aesthetics.**
2. Wherever attempts at sheer newness in poetry were made, they merely ended in dead movements. × × × Criticism became more dogmatic and unreal poetry, more eccentric and chastic.

   —'A Survey of Modernist Poetry' by Laura Riding and Robert Graves (1927)

योरप में इधर पचास वर्ष के भीतर 'रहस्यवाद' , 'व्यक्तिवाद', इत्यादि जो अनेक 'वाद' चले थे, वे अब वहाँ मरे हुए आन्दोलन समझे जाते हैं। इन नाना 'वादों' से ऊबकर लोग अब फिर साफ हवा में आना चाहते हैं। किसी कविता के सम्बन्ध में किसी 'वाद' का नाम लेना अब फैशन के खिलाफ माना जाने लगा है। अब कोई वादी समझे जाने में कवि अपना मान नहीं समझते।*

●●●

* The modernist poet does not have to issue a programme declaring his intentions toward the reader or to issue an announcement of tactics. He does not have to call himself an individualist (as the Imaginist poet did) or a naturalist (as the poet of the Georgian dead movement did).

—*'A Survey of Modernist Poetry' by Laura Riding and Robert Graves (1927)*

साहित्य

बहुधा यह प्रश्न होता है कि साहित्य क्या है? विद्या के वैज्ञानिक विभागों का नाम लेते ही हमें उनके यथार्थ धर्म का ज्ञान हो जाता है। हम लोग जानते हैं कि न्याय क्या है, ज्योतिष क्या है, सांख्य क्या है; किन्तु यह हम सुगमता के साथ नहीं कह सकते कि साहित्य से किस वस्तु से अभिप्राय है। हम यहाँ पर यह दिखलावेंगें कि साहित्य का यथार्थ धर्म क्या है और विज्ञान से उसका कहाँ तक सम्बंध है। क्या साहित्य से पुस्तक मात्र का बोध होता है? कभी नहीं। क्योंकि, तब, उसके अन्तर्गत विज्ञान, ज्योतिष, न्याय और विद्या के और भी अन्य विभाग आ जायेंगे। कभी हम लोग वेदव्यास की गीता को अध्यात्म के अन्तर्गत और कभी साहित्य के अन्तर्गत मान लेते हैं, किन्तु कोई मनुष्य, यदि वह उन्मत्त न हो, ज्योतिष या यूक्लिड (Euclid) के रेखागणित को साहित्य के नाम से नहीं पुकारेगा। क्या वाक्य रचना ही का नाम साहित्य है ? अथवा साहित्य सुन्दर गढ़ी हुई स्टाइल में लिखने को कहते हैं ? या यह लिखने की एक कृत्रिम और उपार्जित प्रणाली है?

बहुत से विचारवान पुरुष इन्हीं पूर्वोक्त बातों को साहित्य का लक्षण मान उससे घृणा करते हैं। उनके मत में साहित्य और कुछ नहीं, शब्दों की क्रीड़ा मात्र है।

साहित्य केवल लेखन-प्रणाली ही का नाम है; वाचालता का नहीं। भिन्नता उसकी प्रणाली में, उसके सर्वांग-पूर्ण और दिगन्तव्यापी होने में है। जो बात कही जाती है वह बोलने वाले के पास से बहुत दूर तक नहीं जा सकती; वायु में उसका नाश हो जाता है। जब शब्दों को, सारगर्भित और उन्नत भावों को प्रगट करने के लिए, प्रयोग करना होता है; जब उन्हें सृष्टि के अन्त तक स्थायी रखना आवश्यक होता है; और जब उनके द्वारा भावी सन्तति का

उपकार वांछित होता है, तब उन्हें लिखना पड़ता है, अर्थात् साहित्य के रूप में ढालना पड़ता है। किन्तु इससे यह न समझना चाहिए कि यह हाथ की किसी प्रकार की कारीगरी है; नहीं—यह गुण वाणी ही का है। यह कानों को सम्बोधन करता है, न कि नेत्रों को। इसको हम वाणी की शक्ति कहते हैं। जब हम लिखने लगते हैं तब ऐसे शब्दों का हम प्रयोग करते हैं जैसे 'बोलना', 'पुकारना' इत्यादि। हम इस पर अधिक जोर देते हैं क्योंकि इससे यह देखा जाता है कि वाणी, अर्थात् साहित्य, एक व्यक्ति की निज की क्रिया है। यह कई मनुष्यों के सहयोग से अथवा किसी यंत्र की सहायता से उत्पन्न हुई कोई वस्तु नहीं है। किन्तु सदा इसकी स्फूर्ति एक साथ एक ही व्यक्ति मे होती है। एक ही ध्वनि के दो पृथक् व्यक्ति कर्ता नहीं हो सकते और एक ही कथा को दो मनुष्य एक साथ नहीं कह सकते; अर्थात् वाणी एक समय में एक ही मनुष्य की हो सकती है और वह उसी की कल्पना और उसी का अनुभव है। किसी एक विशेष प्रकार की कल्पना एक मनुष्य-विशेष की निज की और स्वाभाविक सम्पत्ति है, यद्यपि संभव है कि और लोग भी वैसी ही या उससे मिलती-जुलती कल्पना रखते हों। यह कल्पना मनुष्य में वैसी ही निराली है जैसे उसकी बोली और क्रियाएँ उसमें निराली हैं, और जैसे उसका चेहरा और उसका ढंग उसमें निराला है। सारांश यह कि, साहित्य 'विचार' का बोधक है, न कि 'पदार्थ' का।

यह बात विद्या के उस विभाग की परीक्षा करने से स्पष्ट हो जायेगी जो विज्ञान से सम्बंध रखता है, अर्थात् जो ऐसी वस्तुओं का बोध कराता है जो किसी व्यक्ति-विशेष में नहीं, वरन् जो, यदि इस सम्पूर्ण संसार में कोई मनुष्य उसको जानने वा उनके विषय में चर्चा करने का भी न होता, तो भी वे स्थित रहतीं और यद्यपि शब्द उनको प्रगट करने के लिए प्रयोग किए जाते हैं, तथापि ऐसे शब्द केवल एक प्रकार के संकेत या चिन्ह-स्वरूप हैं—भाषा नहीं। चाहे कितना ही अधिक हम उनका व्यवहार करें और कितने ही प्रकार से उन्हें लिखकर स्थायी बनायें, तिस पर भी उनसे हम किसी प्रकार का साहित्य नहीं निकाल सकते और न उन्हें उस नाम से पुकार ही सकते हैं। रेखा-ग॥णेत की शक्लें इसी प्रकार की हैं। वे स्वयं-स्थित हैं; उनका होना हम लोगों को उनके समझने पर अवलम्बित नहीं और न हम लोगों की इच्छा पर; वे पदार्थों के स्वभाव से सम्बद्ध हैं और ऐसे नियमों के अधीन हैं जो हम लोगों से अलग हैं। वे शब्द जिनमें वे शकलें प्रगट की गई हैं, भाषा या साहित्य नहीं, वरन् संकेत मात्र हैं। यह बात प्रमाणसिद्ध है। जो बात गणित के विषय में घटती है वही और और वैज्ञानिक विषयों में भी पायी जाती है।

शब्दों की सहायता से केवल पहियों की भाँति लेते हैं, जो उन्हें खींचकर साहित्य-प्रदेश से बाहर ले जाते हैं। अध्यात्म, धर्मशास्त्र, अर्थ-विद्या और रसायन इत्यादि साहित्य के अन्तर्गत नहीं आ सकते, क्योंकि वे तीक्ष्ण वैज्ञानिक परीक्षा को सहन करने योग्य हैं।

इसी से अरस्तू के ग्रंथ पहले देखने में तो साहित्य-विषयक जान पड़ते हैं; किन्तु उनमें से बहुतेरे लक्षण का विचार करने पर विज्ञान के निकट पहुँच जाते हैं, यद्यपि वे वस्तुएँ जिनका वह वर्णन करता है सर्वदा सारवान और प्रत्यक्ष नहीं हैं; परन्तु उन्हें वह इस ढंग से प्रगट करता है, मानों वे उसके ऱदय की कल्पना और विचार नहीं हैं, अर्थात् उन्हें वह वैज्ञानिक रीति से प्रगट करता है। बहुत से ऐतिहासिक लेखक भी अपने ग्रंथों पर अपने मानसिक भाव, चित्त की प्रवृत्ति और पक्षपात इत्यादि का ऐसा रंग चढ़ा देते हैं कि उनमें साहित्य की सी झलक आ जाती है। सारांश यह कि विज्ञान पदार्थ, या 'तत्व' का बोधक है और साहित्य 'कल्पना' और 'विचार' का; विज्ञान ब्रह्माण्ड-व्याप्त है और साहित्य का स्थान किसी एक व्यक्ति में। विज्ञान शब्दों को संकेत की भाँति काम में लाता है; किन्तु साहित्य में भाषा का सबसे प्रशस्त प्रयोग है और अलंकार, मुहाविरा, वाक्य-रचना, माधुर्य और सरसता तथा अन्यान्य लक्षण उसमें सम्मिलित हैं। साहित्य भिन्न भिन्न लोगों का भिन्न-भिन्न प्रकार से भाषा को काम में लाना है। यह बात बहुत से ग्रंथों को देखने से विदित होती है। भाषा स्वयं अपना मूल किसी जाति-विशेष में रखती है। उसके रहन-सहन का बड़ा भारी दबाव उस पर पड़ता है; कभी-कभी तो यहाँ तक कि किसी मुहाविरे या वाक्य-विशेष की उत्पत्ति हम लोग किसी व्यक्ति-विशेष से बतलाते हैं; हम उसका इतिहास तक जानते हैं।

किसी भाषा के शब्दों के भाव और रूप, और उसको बोलनेवाली जाति के स्वभाव और आशय, में जो सम्बंध है वह प्रत्यक्ष है। बहुतेरे लोग भाषा का उसी प्रकार प्रयोग करते हैं जैसा कि वे होता हुआ देखते हैं। प्रतिभाशाली पुरुष उसका प्रयोग तो करता है, किन्तु उसे अपने आशय के अधीन रखता है और उसे एक निराले ढंग पर ले चलता है। कल्पना-समूह, विचार माला, अनुभव और उत्साह इत्यादि जो अपने चित्त में उत्पन्न होते हैं, उन्हीं को वह अपनी भाषा में व्यक्त करता है। उसकी भाषा वैसी ही बहु-रूपिणी है जैसे उसकी आन्तरिक क्रियाएँ हैं; क्रियाएँ वास्तव में उसकी छाया के सदृश हैं। जैसे उसकी कल्पना उसकी निज की है; उसके विचार उसके निज के हैं; वैसे ही उसकी भाषा या स्टाइल भी उसकी निज की है।

'विचार' और 'वाणी' एक दूसरे से पृथक् नहीं किए जा सकते। गोस्वामी तुलसीदास जी कहते हैं—"गिरा अरथ जल बीचि सम, कहियत भिन्न न भिन्न"। वे एक ही वस्तु के दो विभाग हैं। 'विचार' और 'कल्पना' भाषा द्वारा प्रगट किये जाते हैं। यही साहित्य है। पदार्थ साहित्य नहीं, पदार्थों का शब्दरूपी संकेत भी साहित्य नहीं और केवल शब्द भी साहित्य नहीं—'विचार' का नाम साहित्य है। ये विचार भाषा द्वारा प्रगट किये जाते हैं। मनुष्य की बुद्धि को पशुओं की बुद्धि से जिस अंश में विशिष्ट है उसको ग्रीक भाषा में Logos कहते हैं। Logos का तात्पर्य 'बुद्धि' और 'वाणी' से है। यह नहीं जान पड़ता कि इनमें से कौन अर्थ यथार्थ है; मेरी जान तो उसमें दोनों बातें सम्मिलित हैं; क्योंकि वे एक दूसरे से पृथक् नहीं कही जा सकतीं; वे यथार्थ में एक ही हैं। जिस प्रकार अग्नि से प्रकाश का जुदा होना असम्भव है उसी प्रकार 'वाणी' या भाषा के बिना 'विचार' का होना असम्भव है। समालोचकों को इस विषय में बहुत विचार कर सम्मति स्थिर करनी चाहिए। बहुतों का मत है कि सुन्दर रचना अर्थात् साहित्य किसी वस्तु पर ऊपर से कलई कर देना है; अथवा एक प्रकार से आभूषणों से विभूषित करना है, जिसका साधन केवल ऐसे ही मनुष्य करते हैं जिन्हें ऐसी तुच्छ बातों में रुचि होती है और उसके लिए समय मिलता है। वे समझते हैं कि विचारों का कर्ता एक पुरुष हो सकता है और वाणी या भाषा का दूसरा। जैसे कोई मनुष्य जो लिखना पढ़ना नहीं जानता है, एक पत्र-लेखक के पास जाता है और अपने चित्त का भाव उस पर किसी प्रकार प्रगट करता है। कभी वह किसी धनी आदमी से उपकार चाहता है, कभी किसी पदाधिकारी से किसी त्रुटि का संशोधन चाहता है, कभी किसी रमणी से प्रेम की अभिलाषा रखता है; इत्यादि। और वह पत्र-लेखक उस मनुष्य के भावों को ग्रहण करके उसे ऐसे शब्द ढूँढकर देता है जिनकी आवश्यकता होती है। यह बात वह उसी भाँति करता है जैसे बिसाती ने उसे कागज, कलम इत्यादि लिखने की सामग्री दी थी। सो 'विचार' और 'शब्द' किसी किसी की समझ में दो पृथक् वस्तु है; इसी से उनकी क्रियाएँ भी विभक्त हैं। (बहुत से देशों में इसी का नाम सुन्दर रचना है) वे साहित्य रचना को एक प्रकार का व्यवसाय और चातुरी मानते हैं। वे उसको ऐसा ही समझते हैं जैसे भोजन के समय सोने के पात्र और गुलदस्ते इत्यादि, जो भोजन को अधिक स्वादिष्ट नहीं बना देते, किन्तु आनन्द को बढ़ाते हैं।

परन्तु क्या यह कोई कह सकता है कि वाल्मीकि, वेदव्यास, कालिदास और भवभूति इत्यादि की रचना वाक्य-रचना ही के निमित्त थी; उन विचारों

को प्रगट करने के लिए न थी जो उनके चित्त में थे। यह कहना तो प्रचलित पद्धति के कभी अनुकूल न होगा। बल्कि यों कहा जा सकता है कि लेखक के चित्त में कल्पना अथवा विचार एक प्रकार की धारा है जो वाणी के द्वारा वेग के साथ बह निकलती है। 'कल्पना' और 'विचार' उसके अन्तःकरण के निवासी हैं जो शब्दों के रूप में परिवर्तित होकर, जैसे भाप जल के रूप में परिवर्तित हो जाता है, उसके मुख से निकल पड़ते हैं और उसके चित्त को एक तरह से हलका कर देते हैं। उसके चित्त की अवस्था और प्रवृत्ति, उसका आन्तरिक स्वभाव सौन्दर्य, तथा उसके विवेचन की सूक्ष्मता और शक्ति इत्यादि उसकी भाषा में प्रतिबिम्बित हो जाते हैं। केवल शब्द ही नहीं बल्कि उसके छन्द, अनुप्रास, समास इत्यादि भी उसके चित्त के उद्वेग से उत्पन्न होते हैं। ये सब बातें जन्म से होती हैं, उनका अस्तित्व और उनकी पूर्णता उसके गुण के उतने स्मारक नहीं है जितने उसकी शक्ति के। यह बात गद्य और पद्य दोनों प्रकार की रचना में समान रूप से पायी जाती है। कादम्बरी की शब्द-योजना का अपूर्व माधुर्य और, साथ ही साथ, उसका उन भावों के अनुकूल होना जिन्हें कवि ने प्रगट किया है, कौन नहीं स्वीकार करेगा?

जब विचार और कल्पना कवि की निज की वस्तु है तो कोई आश्चर्य नहीं जो उसका स्टाइल अर्थात लिखने का तर्ज और उसकी भाषा भी केवल उसके विषय ही का प्रतिबिम्ब न हो, बल्कि उसके हृदय का भी प्रतिबिम्ब हो। भाषा की प्रगल्भता, रचना की सरसता और शब्दों के चुनाव और प्रयोग में स्वच्छन्दता, जो प्रायः गद्य के लेखकों में कृत्रिम जान पड़ती है, स्वाभाविक उन्नत बुद्धि की कार्य-प्रणाली भी विशाल होती है। कवि की भाषा न केवल उसके उन्नत विचार ही प्रगट करती है, वरन् स्वयं उसको भी। चाहे कवि बहुत थोड़े शब्द काम में लावे; किन्तु वह अपनी साधारण कल्पनाओं को भी उपजाऊ बनाता है। उनमें नये से नये अंकुर निकालता है, और अपने पदों की गति को बढ़ाता हुआ तथा अपनी वाग्वीणा के प्रत्येक स्वरों को खींचकर एक करता हुआ अपनी शक्ति और पूर्णता का अनुभव कराता है। एक तीव्र समालोचक शायद इसको शब्दों की भरमार कहे, किन्तु वास्तव में यह हृदय की सम्पन्नता है।

कालिदास ने भी इस प्रकार के अनेक उदाहरण अपने काव्यों में दिये हैं जो सब ऐसे सुन्दर हैं कि उनमें से किसी एक को उद्धृत करने के लिए चुनना कठिन है; यथा—

पितुरनन्तरमुत्तरकोसलान्
समधिगम्य समाधिजितेन्द्रियः।
दशरथः प्रशशास महारथो
यमवतामवतांच धुरि स्थितः॥

इसीलिए संस्कृत कवि 'शब्द शिल्पकार' कहे जाते हैं। मैं यहाँ पर यह कहना चाहता हूँ कि यह लेखन-प्रणाली पूर्वकथित नियमों के सर्वथा अनुसार है। उन नियमों के अवलम्बी लेखकों में किसी प्रकार की कृत्रिमता वा भाव-रंकता नहीं पाई जाती। संस्कृत साहित्य की रचना निस्सन्देह बहुत गम्भीर और विस्तृत है। उसमें बहुत सा समय, परिश्रम और विचार व्यय हुए हैं। मैं यह मानता हूँ कि उसमें कहीं कहीं भद्दापन है। बहुत से प्राचीन और नवीन कवि ऐसे हैं जो वास्तव में लम्बे लम्बे सामासिक पदों की रचना ही में अपनी साहित्य रचना का उद्देश्य और अन्त मानने के दोषी हैं; वे विचारों और भावों को तिलांजलि देकर शब्दों ही पर टूट पड़े हैं। उनका पक्ष मैं नहीं ले सकता। इस प्रकार के कई कवि हमारे यहाँ हो गये हैं। दंडी की गद्य-रचना यद्यपि बहुत ही पांडित्य-पूर्ण है, परन्तु किसी किसी स्थान पर उसकी प्रणाली, भाव और अवसर से अनावश्यक रूप से आगे बढ़ गयी है।

इन पिछली बातों के मानने पर भी मैं यह नहीं स्वीकार कर सकता कि प्रतिभा को परिश्रम की आवश्यकता ही नहीं। प्रतिभा अभ्यास से उन्नति ही नहीं कर सकती, उसमें से भूल-चूक होने की सम्भावना ही नहीं, और जो एक बार चित्त के उद्वेग में निकला और लिखा गया वह किसी दूसरे अवसर पर पूर्ण और संशोधित नहीं किया जा सकता। चित्रकार या शिल्पकार की ओर देखिए। जिस वस्तु को उसे प्रगट करना होता है उसकी वह पहले अपने चित्त में कल्पना कर लेता है। क्या यह कोई कह सकता है कि अपने विषय का वह अध्ययन नहीं करता?क्या वह पहले हलकी रेखाएँ नहीं खींच लेता है? क्या कोई कहेगा कि शकुन्तला के पत्र-लेखन का आधुनिक रूप कल्पना को कुछ समय तक धैर्य के साथ काम में लाने से नहीं सिद्ध नहीं हुआ है? तो फिर जो बात चित्रकारी, शिल्पविद्या और संगीत के विषय में पाई जाती है वही साहित्य-रचना में भी चरितार्थ क्यों न हो? भाषा क्यों न उसी प्रकार उपयोग में लाई जाय जैसे बढ़ई की लकड़ी?शब्द क्यों न उसी प्रकार काम में लाये जायँ जैसे रंग? शेक्सपियर कहता है—

"The Poet's eye in fine frnfy rolling
Doth glance from heaven to earth, from earth to heaven

And as imagination bodies forth
The forms of things unknown, the Poet's pen
Turn them to shapes and gives to airy nothing
A local habitation and a name."

अर्थात् "कवि की मतवाली दृष्टि लहराती हुई स्वर्ग से पृथ्वी और पृथ्वी से स्वर्ग तक जाती है; और जैसे जैसे कल्पना अज्ञात-पूर्व वस्तुओं का स्वरूप सामने उपस्थित करती है, उसकी लेखनी उन्हें आकार में लाती है और अदृष्ट और असार वस्तुओं को लोक में नाम और स्थान देती है।"[1]

यह क्या कोई आश्चर्य की बात है जो उसकी लेखनी किसी समय भूल में पड़ जाय, कहीं विश्राम ले, काटे और फिर से लिखे? यह वह तब तक करेगी जब तक उसे यह निश्चय न हो जायगा कि उन भावों या कल्पनाओं को, जो उसके हृदय नेत्र के सम्मुख हैं, यथावत् प्रदर्शित करने में वह कृतकार्य हो गयी। इसके प्रमाण बहुत से कवि और ग्रंथकार हो गये हैं। ऐडिसन के समान स्वच्छंद लेखक के विषय में भी किवदन्ती है—चाहे वह सत्य हो वा असत्य—कि एक बार उसे कुछ राजकीय पत्रों को प्रकाशित करने में इस कारण देर हो गयी कि उसे लेख को कई बार पढ़-पढ़कर ठीक करने की आदत पड़ गई थी। ऐसे ग्रंथकार अपने हृदयस्थित नमूने को सामने रखकर काम करते थे और ऐसे-ऐसे शब्दों को निकालने के लिए यत्न और परिश्रम करते थे जिनसे वह ठीक-ठाक उतारा जा सके। वरजिल (Virgil) ने अपनी एनीड (Eneid) को, यद्यपि उसकी रचना बहुत ही मनोहर है, जला देना चाहा था, क्योंकि उसने उसे सर्वांग सुन्दर बनाने के लिए और अधिक परिश्रम आवश्यक समझा।

इन बातों से मेरा अभिप्राय उस दूषित लेखन प्रणाली को माननीय ठहराने का नहीं है, जिसके अवलम्बी लेखकगण विषय और भाव की ओर कुछ न ध्यान करके उपयुक्त या अनुपयुक्त शब्दरूपी भड़कीले रंग भरते चले जाते हैं। मैं उसी को स्वाभाविक चित्रकार मानता हूँ जिसके नेत्रों के सामने प्रचुर और

---

1. संस्कृत के प्रसिद्ध विद्वान सर मोनियर विलियम्स ने निज संपादित 'नलोपाख्यान' की भूमिका में संस्कृत साहित्य की अलोचना करते हुए कहा है कि—"Here the words are not used as vhicle of ideas but ideas are made subservient to them."

सुन्दर कल्पनाएँ उपस्थित हों और जिसका उद्देश्य केवल उसी को (अधिक को नहीं) यथावत रूप से प्रदर्शित कर देने का रहता है जिसे वह कल्पित करता है, या जिसका वह अनुभव करता है।

इस चित्रकार और शिल्पकार के उदाहरण द्वारा हम और और बातों का भी निर्णय कर सकते हैं। मैं अब तक साहित्य-रचना में 'विचार' और 'भाषा' का सम्बंध दिखलाता आया हूँ। मैं यह भी दिखला चुका हूँ कि यह अनुमान, कि भाषा एक बाहरी वस्तु है और कल्पना से भिन्न, मनुष्य की इच्छानुसार, काम में लाई जा सकती हैं-कहाँ तक सत्य है। अब एक दूसरी बात का विचार करना है। एक भाषा का किसी अन्य भाषा में सुगमतापूर्वक अनुवादित हो जाना साहित्य-रचना के उत्तम होने की परख नहीं है। जिन लोगों को ऐसा भ्रम है वे समझते है कि एक भाषा ठीक दूसरी भाषा के सदृश है; और जो जो भाव, जो जो कल्पनाओं की तरंगें, तथा जो जो अलंकार और शब्द-सौन्दर्य एक भाषा में हैं वही दूसरे में भी हैं। हाँ, विज्ञान-विषयक बातों को प्रगट करने के लिए संसार की सब सभ्य भाषायें किसी एक वैज्ञानिक विभाग के लिए उनसे अधिक उपयुक्त होती हैं जिनमें वैज्ञानिक तत्वों के प्रतिपादन के लिए नये शब्द गढ़ना पड़ते हैं या किसी अन्य भाषा से लेना पड़ते हैं।

जब कुल भाषाएँ वैज्ञानिक तत्वों को संकेत रूप से प्रदर्शित करने में एक ही प्रकार से उपयुक्त नहीं है, तब कब सम्भव है कि संसार की सब भाषाएँ समान प्रभावशालिनी, समान सरस और किसी सम्पन्न अन्तःकरण की जातीय रुचिर कल्पनाओं की समान व्यंजक हों। एक बड़ा ग्रंथकार अपनी मातृभाषा को चुन लेता है; उसका अध्ययन करता है; उसको पढ़ता और उपयुक्त बनाता है; और तब अपनी कल्पनाओं के समुदाय को उस अपनी प्राप्त की हुई और बनाई हुई भाषा की नलियों द्वारा बहाता है। अब यह कैसे हो सकता है कि यह सृष्टि जो उसकी निज की है, भूमंडल की किसी दूसरी भाषा में परिवर्तित कर दी जा सके। कुछ लोग समझते हैं कि ग्रंथकार वही श्रेष्ठ है जिसकी रचना किसी दूसरी भाषा में अनुवादित हो सके, अर्थात् वही ग्रंथकार का भाव एक भाषा में उसी रुचिरता के साथ समझा जाय जैसा कि दूसरी में। इस सिद्धान्त से तो पहाड़े संसार की सब साहित्य-रचना से उत्कृष्ट ठहरते हैं; क्योंकि अनुवाद करने से उनका कोई भाग नष्ट नहीं होता और वे किसी एक भाषा की सम्पत्ति नहीं कहे जा सकते। मैं तो यह समझता हूँ कि कल्पनाएँ जितनी ही अद्भुत और नवीन होंगी, उतना ही उनको शब्दों में लाना कठिन होगा; उनका किसी एक भाषा में प्रादुर्भाव होना ही उनके किसी अन्य

भाषा में कहे जाने की सम्भावना को कम कर देता है। जंगली जातियों की भाषाओं में मुश्किल से कोई उत्तम कल्पना या बुद्धि-विषयक बात प्रगट की जा सकती है। हाटेंटाट (Hotentot) वायसक्विमस (Esquimaux) लोगों की भाषा से क्या कालिदास, भवभूति और शेक्सपियर की प्रतिभा भी नापी जा सकती है?

अब फिर हम अपने शिल्पकार और चित्रकार के उदाहरण की ओर झुकते हैं। जो बात चित्रकार अपने पटल पर प्रगट कर सकता है, कारीगर उसे पत्थर पर नहीं कर सकता। एक व्यक्ति जितना ही अधिक किसी कला के विशेष नियमों और शैलियों के अनुसार अपने गुण को ले चलेगा, इतना ही कम वह उसको किसी दूसरी कला की ओर लगा सकेगा। हर एक कला-कौशल का धर्म जुदा जुदा होता है, जो आप एक के द्वारा कर सकते हैं, दूसरे के द्वारा नहीं कर सकते; जो आप चित्रकारी में प्रगट कर सकते हैं पच्चीकारी में नहीं; जो वस्तु आप स्फटिक पर प्रदर्शित कर सकते हैं; वह हाथीदाँत पर नहीं। ठीक यही बात भिन्न-भिन्न भाषाओं के विषय में भी चरितार्थ होती है। हम संस्कृत साहित्य को उस कारण क्यों दूषित मान लें कि उसका अनुवाद अंगरेजी में नहीं हो सकता? वह मनोहरता जो उसमें है, अंगरेजी के लिए नहीं बनाई गयी। जैसाकि ऊपर कहा जा चुका है, भाषा किसी जाति विशेष की सम्पत्ति है जिसका रहन-सहन और स्वभाव उसमें चित्रित रहता है और जो उसी जाति की आवश्यकताओं को पूर्ण करने के लिए बनाई गई है।

अब हम अपनी तीसरी बात की जाँच के लिए उद्यत होते हैं। वह धर्म सम्बंधी तथा वेद और स्मृति इत्यादि पुस्तकों की रचना की बात है। अब तक हम इस परीक्षा में तत्पर थे कि स्टाइल या वाक्यरचना एक बाहरी और कृत्रिम वस्तु है। इसके बिना किसी दूसरी भाषा में अनुवादित होना कठिन काम होता है। अब हम इसका विचार करते हैं कि वेद आदि धार्मिक ग्रंथ इस प्रकार की अलंकृत रचना से सर्वथा मुक्त हैं कि नहीं! क्या आप समझते हैं कि उनमें कहीं शब्द वैचित्र्य, अलंकार और सरसता नहीं है? इस वेदान्त वाक्य ही को लीजिए—

आत्मानं रथिनं बिद्धि शरीरं रथमेव तु।
बुद्धिं तु सारथिं बिद्धि मनः प्रग्रहमेव च॥
इन्द्रियाणि ह्यानाहुर्विषयांस्तेषु गोचरान्।
सोध्वनः पारमाप्नोति तद्विष्णोः परमस्पदम्॥

क्या यह समझने में कठिन नहीं है? क्या इसमें रूपक अलंकार नहीं है? मैं तो कहता हूँ कि जितना अंश ऐसे ग्रंथों का अलंकृत रचना इत्यादि लक्षणों

से रहित है, और जो शुद्ध सीधी सादी भाषा में पवित्र पदार्थों का बोध करता है, वह विज्ञान के अन्तर्गत है, साहित्य के नहीं।

ऊपर जो बातें कहीं गयीं उन सबका अब मैं सारांश प्रकाशित करता हूँ, कि साहित्य क्या है? इस प्रश्न का उत्तर यह दिया जा चुका है कि वह 'विचारों' का शब्दों में अवतीर्ण होना है। और विचारों से तात्पर्य कल्पना, अनुभव, विवेचना तथा और अन्यान्य मन की क्रियाओं से है। साहित्य उन श्रेष्ठ मनुष्यों की शिक्षा और वार्ता है जिन्हें अपनी जाति के प्रतिनिधि के रूप में बोलने का अधिकार प्राप्त है और जिनके शब्दों में उनके स्वदेशीय बन्धुगण अपने-अपने भावों का प्रतिबिम्ब देखते हैं और अपने अनुभव के सारांश का पता लगाते हैं।

उत्तम ग्रंथकार वह नहीं है जो, गद्य या पद्य में, सुन्दर भड़कीले शब्दों से गुँथा हुआ कोई पद बना सके; उत्कृष्ट कवि वही है जिसे कुछ कहना होता है और जो यह जानता है कि उसे किस प्रकार कहना चाहिए। मैं उसके लिए सूक्ष्म और गहरे विचार, ज्ञान की अधिकता, न्याय और तर्क तथा मानुषी प्रकृति का अध्ययन इत्यादि आवश्यक नहीं बतलाना चाहता हूँ। उसकी ईश्वर-प्रदत्त-प्रतिभा ही प्रगट करने की शक्ति हैं वह दो वस्तुओं का स्वामी है। 'विचार' और 'शब्द' ये दो नाम में तो एक दूसरे से भिन्न हैं; किन्तु पृथक् नहीं किये जा सकते। वह उद्वेग के साथ लिखता है, क्योंकि वह तीव्र अनुभव करता है; जोर के साथ लिखता है क्योंकि वह प्रत्यक्ष देखता है, उसकी दृष्टि स्वच्छ है, इस कारण उसकी रचना में कहीं गड़बड़ नहीं हो तो कल्पनाएँ उसके ?दय से उठती है और उसके मुख से सुन्दर सुन्दर शब्दों का रूप धारण करके निकलती हैं। जब उसके चित्त पर कोई प्रभाव पड़ता है तब उसकी सारी काल्पनिक सृष्टि कम्पायमान हो जाती है। शुद्ध कल्पना के प्रगट करने को वह शुद्ध और तद्नुकूल शब्द रखता है। एक भी शब्द अधिक किंवा कम नहीं। यदि वह संक्षेप में कोई बात कहता है तो इसलिए कि वहाँ थोड़े ही शब्दों की आवश्यकता रहती है। जहाँ अधिक शब्द रखकर वह अपनी रचना को विस्तृत करता है वहाँ भी हर शब्द अपना अपना लक्ष्य रखता है, और सब मिलकर उसकी वाणी को प्रौढ़गति को सहायता पहुँचाते हैं, न कि उसको अपने बोझ से दबाते हैं। वह उसको प्रगट करता है जिसका अनुभव सब करते हैं; किन्तु प्रगट नहीं कर सकते। उसकी बातें उसके देश के लोगों में कहावत के रूप में प्रचलित हो जाती हैं और उसके वाक्य लोगों की नित्य प्रति की बोलचाल में व्यवहृत होने लगते हैं।

हम लोगों में कालिदास और अंगरेजी में शेक्सपियर इसी प्रकार के कवियों में हैं। भाषाओं में विभिन्नता के कारण उनका संबंध किसी एक ही से

हो जाता है, किन्तु जो बात वे प्रगट करते हैं वह सम्पूर्ण मनुष्य-जाति से संबंध रखती है।

यदि वाणी की शक्ति ईश्वर का सबसे उत्तम प्रसाद है; यदि भाषा की उत्पत्ति बहुत से विद्वानों द्वारा ईश्वर से मानी गई है; यदि शब्दों द्वारा अन्तःकरण के गुप्त रहस्य प्रगट किये जाते हैं; चित्त की वेदना को शान्ति दी जाती है; हृदय में बैठा हुआ शोक बाहर निकाल दिया जाता है; दया उत्पन्न की जाती है और बुद्धि चिरस्थायी बनायी जाती है; यदि बड़े ग्रंथकारों द्वारा बहुत से मनुष्य तथा पूर्व पश्चिम एक दूसरे के सम्मुख उपस्थित किए जाते हैं; और यदि ऐसे लोग मनुष्य जाति में अवतार स्वरूप माने जाते हैं—तो साहित्य की अवहेलना करना और उसके अध्ययन से मुख मोड़ना कितनी बड़ी भारी कृतघ्नता है! हम लोगों को यह दृढ़ विश्वास रखना चाहिए कि जितना ही हम इसमें, चाहे जिस भाषा में हो, अधिकार प्राप्त करेंगे और उसके रस का आस्वादन करेंगे, उतना ही हम दूसरों को लाभ पहुँचाने में समर्थ होंगे—चाहे वे कम हों या अधिक, धनी हों या दरिद्र; क्योंकि वे सब हमारी लेखनी के प्रभाव-मंडल के भीतर आ जायेंगे।

●●●

उपन्यास

आजकल के उपन्यास लिखने में बहुत लोगों की धड़क खुल गई है। इनमें यदि थोड़े ऐसे हैं जिन्हें अपनी कल्पना और अनुभव का सहारा है तो बहुत से ऐसे भी हैं जिनका अन्य भाषाओं की विख्यात पुस्तकों ही पर गुजारा है। उपन्यास साहित्य का एक प्रधान अंग है। मानव प्रकृति पर इसका प्रभाव बहुत पड़ता है। अतः अच्छे उपन्यासों से भाषा की बहुत कुछ पूर्ति और समाज का बहुत कुछ कल्याण हो सकता है।

मानव जीवन के अनेक रूपों का परिचय कराना उपन्यास का काम है। यह उन सूक्ष्म से सूक्ष्म घटनाओं को प्रत्यक्ष करने का यत्न करता है, जिनसे मनुष्य का जीवन बनता है और जो इतिहास आदि की पहुँच के बाहर हैं। बहुत लोग उपन्यास का आधार शुद्ध कल्पना बतलाते हैं। पर उत्कृष्ट उपन्यासों का आधार अनुमान शक्ति है, न कि केवल कल्पना। तोता मैना का किस्सा और तिलिस्म ऐयारी की कहानियाँ निस्सन्देह कल्पना की क्रीड़ा हैं और असत्य हैं, पर स्वर्णलता, दुर्गेश नन्दिनी, बंगविजेता, जीवन सन्ध्या, बड़ा भाई आदि के ढंग के गार्हस्थ और ऐतिहासिक उपन्यास अनुमानमूलक और सत्य हैं, उच्च श्रेणी के उपन्यासों में वर्णित छोटी-छोटी घटनाओं पर यदि विचार किया जाय तो जान पड़ेगा कि वे यथार्थ में सृष्टि के असंख्य और अपरिमित व्यापारों से छाँटे हुए नमूने हैं।

संसार में मनुष्य जीवन सम्बंधी बहुत-सी ऐसी बातें नित्य होती रहती हैं जिनका इतिहास लेखा नहीं रख सकता पर जो बड़े महत्व की होती हैं। व्यक्तिगत और सामाजिक जीवन इन्हीं छोटी-छोटी घटनाओं का जोड़ है। पर बड़े से बड़े इतिहास और बड़े से बड़े जीवन चरित्र में भी इन घटनाओं का समावेश नहीं हो सकता। जब इन सूक्ष्म घटनाओं के संयोग में कोई उग्र घटना उमड़ पड़ती है तब जाकर इतिहास की दृष्टि उस पर पड़ती है। अपनी

असंख्यता और क्षिप्रगति के कारण ऐतिहासिक प्रमाणों की पकड़ में न आनेवाली इन घटनाओं के निदर्शन के निमित्त मनुष्य की अनुमान शक्ति उठ खड़ी होती है जो अनेक व्यापारों के अभ्यास से वैसे ही किसी एक व्यापार का आरोपण कर सकती है। इस शक्ति को रखनेवाले उच्च कोटि के उपन्यास लेखक जिन-जिन बातों का उल्लेख अपनी कथाओं में करते हैं वे सब ऐसी बातें होती हैं जो संसार में बराबर होती रहती हैं और समाज की परिचित गति के अन्तर्भूत होती हैं। जबकि इन घटनाओं का आरोप करने में सृष्टि के व्यापारों के निरीक्षण करने की अपेक्षा हुई तब वे बिलकुल कल्पना कैसे कही जा सकती है? उनका आधार सत्य पर है, उन्हें असत्य नहीं समझना चाहिए।

ऐतिहासिक आख्यानों के वर्णन करने में कविगण इन अनुमान का सहारा लेते हैं। जिन छोटे-छोटे अंशों को इतिहास छलाँग मारता हुआ छोड़ जाता है, कवि अपने सत्यमूलक अनुमान के बल पर उनकी एक लड़ी जोड़कर जीवन का एक चित्र पूरा करके खड़ा करता है। धनुषभंग होने पर परशुराम का राम और लक्ष्मण पर क्रोध करना इतिहास की बात है पर परशुराम और लक्ष्मण के बीच जो जो बातें हुईं वह कवि का अनुमान है। कवि ने लक्ष्मण और परशुराम के स्वभाव तथा अवसर को ध्यान देकर अनुमान किया कि उनके बीच ये या इसी तरह की बातें अवश्य हुई होंगी। कैकेयी का कोपभवन में जाना तो इतिहास ने बतलाया पर उसने जो चुटीली बातें राजा दशरथ को कहीं उन्हें भिन्न-भिन्न कवियों ने अपने अनुमान के अनुसार जोड़ा है। इन छोटी-छोटी बातों के समावेश के कारण कोई ऐतिहासिक काव्य वा आख्यान असत्यमूलक नहीं कहा जा सकता। बिना इन बातों को जोड़ जगाए ऐतिहासिक वृत्त स्वाभाविक मानव व्यापार समझ ही नहीं पड़ते। ऐतिहासिक उपन्यासों के बीच जो पात्र और व्यापार ऊपर से लाए जाते हैं और कल्पित कहे जाते हैं यदि वे उस समय की समाजिक स्थिति के सर्वथा अनुकूल हों तो उन्हें ठीक मान लेना कोई बड़ी भारी भूल नहीं है। क्योंकि उनके अनुमान करने का साधन तो हमारे पास है पर खंडन करने का एक भी नहीं। यदि कोई अनुभवी लेखक महाराणा प्रतापसिंह वा शिवाजी की असंख्य सेना में से किसी सैनिक को च्युत कर उसका साहस तथा किसी रमणी पर प्रेम तथा उसका गार्हस्थ जीवन आदि दिखलावे तो हमें इन बातों को अघटित और असत्य मानने को कोई अधिकार नहीं है। क्योंकि हमें तो उस समय का सामाजिक चित्र देखना है, न कि किसी व्यक्ति के विषय में छानबीन करना। इसी प्रकार किसी इतिहास प्रसिद्ध घटना के ऐसे अंगों का वर्णन करना भी उपन्यास लेखक का काम है जिन पर इतिहास ने ध्यान नहीं दिया। यदि

हल्दीघाटी की लड़ाई का दृश्य दिखाने में लिखा जाय कि 'रामसिंह ने भाला मारा, गाजी खां की पगड़ी उड़ गिरी, राजपूतों को महाराणा ने यह कहकर बढ़ावा दिया, अमुक भील ने पत्थर लुढ़काया', तो इन अनुमानित व्यापारों को उस लड़ाई के अन्तर्गत मानने में कोई बाधा नहीं है। ऐसे ही व्यापार की आंशिक वा साधारण सूचना पाकर उपन्यासकर्ता विशेष उदाहरण का अनुमान भी कर सकता है। जैसे औरंगजेब के लिए हिन्दुओं को सताना और उनके मंदिर तोड़ना साधारण बात प्रसिद्ध है। अतः यदि उस समय की कहानी लिखते हुए कोई बस्ती में एक विशेष नाम का मंदिर अनुमान करके उसे तोड़ा जाना दिखलावे तथा किसी अनुमानित व्यक्ति विशेष की पीठ पर काजी के कट्टरपन के कारण कोड़े पड़ने की बात सुनावे तो वह मिथ्या-भाषण का दोषी नहीं।

इतिहास कभी उन बहुत सूक्ष्म व्यापारों के लिए जिनसे जीवन का तार बँधा है एक सांकेतिक व्यापार का व्यवहार करके काम चला लेता है पर उपन्यास का सन्तोष इस प्रकार नहीं हो सकता। इतिहास कहीं यह कहकर छुट्टी पा जायगा कि अमुक राजाा ने बड़ा अत्याचार किया। अब इस अत्याचार शब्द के अन्तर्गत बहुत से व्यापार आ सकते हैं। इससे उपन्यास इन व्यापारों में से किसी किसी को प्रत्यक्ष करने में लग जायगा।

यहाँ पर यह भी समझ रखना चाहिए कि ऐतिहासिक उपन्यासकर्ताओं के इस अधिकार की भी एक सीमा है। यह उन्हीं छोटी-छोटी घटनाओं को ऊपर से ला सकता है जो किसी ऐतिहासिक घटना के अन्तर्गत अनुमान की जा सकें, अथवा संसार की गति और समाज की तत्कालीन अवस्था का अंग समझी जा सकें। न वह किसी विख्यात घटना में उलटफेर कर सकता है न ऐसी बातों को ठूँस सकता है जिनका अनुमान उस समय की अवस्था को देखते नहीं हो सकता। इन ऊपर लिखी बातों पर विचार करने ही से यह विदित हो गया होगा कि ऐतिहासिक उपन्यास लिखने के लिए इतिहास के पूरे ज्ञान के साथ ही साथ परम्परागत रहन-सहन, बोलचाल की आलोचना शक्ति आदि भी खूब होनी चाहिए।

सामाजिक उपन्यास जिन जिन चरित्रों को सामने लाते हैं वे या तो ऐसे हैं जो सामाजिक व्यापारों के औसत हैं अथवा जिनका होना मानव प्रवृत्ति की चरमसीमा पर सम्भव है। कहीं पर ये उपन्यास यह दिखलाते हैं कि समाज कैसा है और कहीं पर यह दिखलाते हैं कि समाज को कैसा होना चाहिए। ये कहीं तो उन असंख्य व्यापारों में से जिनसे हम घिरे हैं कुछ एक को ऐसे स्थान पर लाकर अड़ा देते हैं जहाँ से हम उनका यथार्थ रूप और सृष्टि के

बीच उनका सम्बंध दृष्टि गड़ाकर देख सकते हैं और कहीं उन सम्भावनाओं की सूचना देते हैं जिनसे यह मनुष्यजीवन, देवजीवन और धराधाम स्वर्गधाम हो सकता है। सतोगुण की जो मुग्धकारिणी छाया ये प्रतिभासम्पन्न लेखक एक बार डाल देते हैं वह पाठक के हृदय पर से जीवन भर नहीं हिलती, मानव अन्तःकरण के सौन्दर्य की जो झलक ये एक बार दिखा देते हैं वह कभी नहीं भूलती। कथा के मिस से मनुष्यजीवन के बीच भले और बुरे कर्मों की स्थिति दिखाकर जितना ये लेखक आँख खोल सकते हैं उतना अहंकार से भरे हुए नीति के कोरे उपदेश देने वाले नहीं। चाणक्य, स्माइल्स आदि नीति छाँटने वाले रूखे लेखक जन साधारण से अपने को श्रेष्ठ समझ जिस ढब से आदेश चलाते हैं वह मनुष्य की आत्माभिमान वृत्ति को अखर सकता है। ये लोग सदाचार का स्वाभाविक सौन्दर्य नहीं दिखला सकते जिनकी ओर मनुष्य मोहित होकर अपने आप ढल पड़ता है। अस्तु, चाणक्यनीति और स्माइल्स के 'कैरेक्टर' आदि की उपेक्षा उत्तम श्रेणी के उपन्यासों का पढ़ना आचरण पर कहीं बढ़कर प्रभाव डालता है।

बड़े लोगों के जो जीवनचरित्र लिखे जाते हैं वे भी मानव जीवन के पूरे और सच्चे चित्र नहीं। उनमें भी बहुत सी सूक्ष्म घटनाएँ तो आसामर्थ्य के कारण छूट जाती हैं और बहुत सी स्थूल घटनाएँ किसी विशेष अभिप्राय से छिपा दी जाती हैं। उनमें मनुष्य के अन्तःकरण की वृत्तियाँ साफ साफ नहीं झलकायीं जाती। बासवेल आदि अंग्रेजी लेखकों ने अपने चरित्र नायकों की बहुत छोटी छोटी बातें भी दर्ज की हैं पर वे जोड़ सी मालूम होती हैं, उनमें औपन्यासिक पूर्णता नहीं आई। बादशाहों तथा वैभवशाली पुरुषों के जो चरित्र लिखे जाते हैं वे तो और भी कृत्रिम होते हैं। किसी महाराज ने अपनी गाड़ी पर से उतरकर अस्पताल में जो किसी रोगी से दो बातें पूछ लीं तो उनकी दया और करुणा का कहीं ठिकाना नहीं। क्या इन बातों से मानव अन्तःकरण की सच्ची परख हो सकती है। वड्सवर्थ, थैकरे, डिकेंस और जार्ज एलियट आदि बड़े बड़े अंग्ररेजी कवि और उपन्यास लेखक तथा लेखिकाओं ने दीन से दीन और तुच्छ से तुच्छ लोगों की झोपड़ियों में जीवन के ऊँचे से ऊँचे आदर्श दिखलाये हैं।

•••

तुलसी की भावुकता

प्रबन्धकार कवि की भावुकता का सबसे अधिक पता यह देखने से चल सकता है कि वह किसी आख्यान के अधिक मर्मस्पर्शी स्थलों को पहचान सका है या नहीं। राम कथा के भीतर ये स्थल अत्यन्त मर्मस्पर्शी हैं-राम का अयोध्या त्याग और पथिक के रूप में बनगमन; चित्रकूट में राम और भरत का मिलन, शबरी का आतिथ्य; लक्ष्मण को शक्ति लगने पर राम का विलाप; भरत की प्रतीक्षा। इन स्थलों को गोस्वामीजी ने अच्छी तरह पहचाना है; इनका उन्होंने अधिक विस्तृत और विशद वर्णन किया है।

एक सुन्दर राजकुमार के—छोटे भाई और स्त्री को लेकर घर से निकलने और वन-वन फिरने से अधिक मर्मस्पर्शी दृश्य क्या हो सकता है? इस दृश्य का गोस्वामीजी ने मानस, कवितावली और गीतावली तीनों में अत्यन्त सहृदयता के साथ वर्णन किया है। गीतावली में तो इस प्रसंग के सबसे अधिक पद हैं। ऐसा दृश्य स्त्रियों को सबसे अधिक स्पर्श करनेवाला, उनकी प्रीति, दया और आत्मत्याग को सबसे अधिक उभारने वाला होता है, यह बात समझकर मार्ग में उन्होंने ग्राम-वधुओं का सन्निवेश किया है। ये स्त्रियाँ राम जानकी के अनुपम सौन्दर्य पर स्नेह-शिथिल हो जाती हैं, उनका वृतान्त सुनकर राजा की निष्ठुरता पर पछताती हैं; कैकेयी की कुचाल पर भला बुरा कहती हैं। सौन्दर्य के साक्षात्कार से थोड़ी देर के लिए उनकी वृत्तियाँ कोमल हो जाती हैं, वे अपने को भूल जाती हैं। यह कोमलता उपकार बुद्धि की जननी है—

सीता लषन सहित रघुराई। गाँव निकट जब निकसहिं जाई॥
सुनि सब बालवृद्ध नर नारी। चलहिं तुरत गृह काज बिसारी॥
राम लषन सिय रूप निहारी। पाई नयन फल होहिं सुखारी॥
सजल विलोचन पुलक सरीरा। सब भए मगन देखि दोउ बीरा॥
रामहिं देखि एक अनुरागे। चितवन चले जाहि सँग लागे॥

एक देखि बट छाँह भलि, डासि मृदुल तृन पात।
कहहिं 'गंवाइय छिनुक, स्त्रम, गवनब अबहिं कि प्रात'॥

राम जानकी के अयोध्या से निकलने का दृश्य वर्णन करने में गोस्वामी जी ने कुछ उठा नहीं रखा। सुशीलता के आगार रामचन्द्र प्रसन्नमुख निकलकर दास दासियों को गुरु के सुपुर्द कर रहे हैं, सबसे वही करने की प्रार्थना करते हैं जिससे राजा का दुःख कम हो। उनकी सर्वभूतव्यापिनी सुशीलता ऐसी है कि उनके वियोग में पशु-पक्षी भी विकल हैं। भरतजी जब लौटकर अयोध्या आये, तब उन्हें सर सरिताएँ भी श्रीहीन दिखाई पड़ी, नगर भी भयानक लगा। भरत को यदि रामगमन का संवाद मिल गया होता तो हम इसे भरत के हृदय की छाया कहते। पर घर में जाने के पहले उन्हें कुछ वृत्त ज्ञात नहीं था। इससे हम सरसरिता के श्रीहीन होने का अर्थ उनकी निर्जनता, उनका सन्नाटापन लेंगे। लोग रामवियोग में विकल पड़े हैं। सरसरिता में जाकर स्नान करने का उत्साह उन्हें कहाँ? पर यह अर्थ हमारे आपके लिए है। गोस्वामीजी ऐसे भावुक महात्मा के निकट तो राम के वियोग में अयोध्या की भूमि ही विषादमग्न हो रही है; आठ-आठ आँसू रो रही है।

चित्रकूट में राम और भरत का जो मिलाप हुआ है, वह शील और शील का, स्नेह और स्नेह का, नीति और नीति का मिलन है। इस मिलन से संघटित उत्कर्ष की दिव्य प्रभा देखने योग्य है। यह झाँकी अपूर्व है? 'भायप भगति' से भरे भरत नंगे पाँव राम को मनाने जा रहे हैं। मार्ग में जहाँ सुनते हैं कि यहाँ पर राम लक्ष्मण ने विश्राम किया था, उस स्थल को देख आँसू भर लेते हैं—

राम बास थल बिटप बिलोके। उर अनुराग रहत नहिं रोके॥

मार्ग में लोगों से पूछते जाते हैं कि राम किस वन में हैं। जो कहता है कि हम उन्हें सकुशल देखे आते हैं, वह उन्हें राम लक्ष्मण के समान ही प्यारा लगता है। प्रिय सम्बन्धी आनन्द के अनुभव की आशा देने वाला एक प्रकार के उस आनन्द का जगाने वाला है—'उद्दीपन' है। सब माताओं से पहले राम कैकेयी से प्रेमपूर्वक मिले। क्यों? क्या उसे चिढ़ाने के लिए? कदापि नहीं। कैकेयी से प्रेमपूर्वक मिलने की सबसे अधिक आवश्यकता थी। अपना महत्व या सहिष्णुता दिखाने के लिए नहीं, उसके परितोष के लिए। अपनी करनी पर कैकेयी को जो ग्लानि थी, वह राम ही के किए दूर हो सकती थी, और किसी के लिए नहीं। उन्होंने माताओं से मिलते समय स्पष्ट कहा था—

अब! ईस आधीन जग काहु न देइय दोषु।

कैकेयी को ग्लानि थी या नहीं, इस प्रकार के सन्देह का स्थान गोस्वामीजी ने नहीं रखा। कैकेयी की कठोरता आकस्मिक थी, स्वभाव नहीं। स्वभावगत भी होती तो राम की सरलता और सुशीलता उसे कोमल करने में समर्थ थी।

लखि सिय सहित सरल दोउ भाई। कुटिल रानि पछितानि अघाई॥
अवनि जमहि जाचति कैकेयी। महि न बीचु, बिधि मीचु न देई॥

जिस समाज के शील सन्दर्भ की मनोहारिणी छटा को देख वन के कोल किरात मुग्ध होकर सात्त्विक वृत्ति में लीन हो गये, उसका प्रभाव उसी समाज में रहनेवाली कैकेयी पर कैसे न पड़ता?

(क) भए सब साधु किरात किरातिनि राम दरस मिटि गयी कलुषाई।
(ख) कोलकिरात भिल्ल बनवासी। मधु सुचि सुन्दर स्वादु सुधा-सी॥
भरि भरि परन पुटी रुचि रूरी। कन्द मूल फल अंकुर जूरी॥
सबहिं देहिं करि बिनय प्रनामा। कहि कहि स्वाद भेद गुननामा॥
देहिं लोग बहु, मोल न लेहीं। फेरत राम दोहाई देहीं॥
तुम्ह प्रिय पाहुन बन पगु धारे। सेवा जोगु न भाग हमारे॥
देब काह हम तुम्हहिं गोसाईं। ईंधन पात किरात मिताई॥
यह हमारि अति बड़ी सेवकाई। लेहिं न बासन बसन चोराई॥
हम जड़ जीव जीव गन घाती। कुटिल कुचाल कुमति कुजाती॥
सपनेहुँ धरम बुद्धि कस काऊ। यह रघुनन्दन दरस प्रभाऊ॥

उस पुण्य समाज के प्रभाव से चित्रकूट की रमणीयता में पवित्रता भी मिल गयी। उस समाज के भीतर नीति, स्नेह, शील, विनय, त्याग आदि के संघर्ष से जो धर्मज्योति फूटी उससे आसपास का सारा प्रदेश जगमगा उठा—उसकी मधुर स्मृति से आज भी वहाँ की वनस्थली परम पवित्र है। चित्रकूट की उस सभा की कार्रवाई क्या थी, धर्म के एक-एक अंग की पूर्ण और मनोहर अभिव्यक्ति थी। रामचरितमानस में वह सभा एक आध्यात्मिक घटना है। धर्म के इतने स्वरूपों की एक साथ योजना, हृदय की इतनी उदात्त वृत्तियों की एक साथ उद्‌भावना तुलसी के ही विशाल 'मानस' में सम्भव थी। यह सम्भावना उस समाज के भीतर बहुत से भिन्न-भिन्न वर्गों के समावेश द्वारा संघटित की गई है। राजा और प्रजा, गुरु और शिष्य, भाई और भाई, माता और पुत्र, पिता और पुत्री, श्वसुर और जामातृ, सास और बहू, क्षत्रिय और ब्राह्मण, ब्राह्मण और शूद्र, सभ्य और असभ्य के परस्पर व्यवहारों का उपस्थित प्रसंग के धर्मगांभीर्य और भावोत्कर्ष के कारण, अत्यन्त मनोहर रूप

प्रस्फुटित हुआ। धर्म के उस स्वरूप को देख सब मोहित हो गये—क्या नागरिक या ग्रामीण और क्या जंगली। भारतीय शिष्टता और सभ्यता का चित्र यदि देखना हो तो इस राज समाज में देखिए। कैसी परिष्कृत भाषा में, कैसी प्रवचन-पटुता के साथ, प्रस्ताव उपस्थित होते हैं, किस गम्भीरता और शिष्टता के साथ बात का उत्तर दिया जाता है, छोटे-बड़े की मर्यादा का किस सरसता के साथ पालन होता है। सबकी इच्छा है कि राम अयोध्या को लौटे; पर उनके स्थान पर भरत बन को जायें, यह इच्छा भरत को छोड़ शायद ही और किसी के मन में हो। अपनी इच्छाओं को लिये हुए लोग सभा में बैठते हैं; पर वहाँ बैठते ही धर्म के स्थिर और गम्भीर स्वरूप के सामने उनकी व्यक्तिगत इच्छाओं का कहीं पता नहीं रह जाता। राजा के सत्यपालन से जो गौरव राजा और प्रजा दोनों को प्राप्त होता दिखाई दे रहा है, उसे खंडित देखना वे नहीं चाहते। जनक, वशिष्ठ, विश्वामित्र आदि धर्मतत्त्व के पारदर्शी जो कुछ निश्चय कर दें, उसे वे कलेजे पर हाथ रखकर मानने को तैयार हो जाते हैं।

इस प्रसंग में परिवार और समाज की ऊँची-नीची श्रेणियों के बीच कितने सम्बन्ध का उत्कर्ष दिखाई पड़ता है, देखिए—

(1) राजा और प्रजा का सम्बन्ध लीजिए। अयोध्या की सारी प्रजा अपना सब काम-धंधा छोड़ भरत के पीछे राम के प्रेम में उन्हीं के समान मग्न चली जा रही है और चित्रकूट में राम के दर्शन से अह्लादित होकर चाहती है कि चौदह वर्ष यहीं काट दें।

(2) भरत का अपने बड़े भाई के प्रति जो अलौकिक स्नेह और भक्तिभाव वहाँ से यहाँ तक झलकता है, वह तो सबका आधार ही है।

(3) ऋषि या आचार्य के सम्मुख प्रगल्भता प्रकट होने के भय से भरत और राम अपना मत तक प्रकट करते सकुचाते हैं।

(4) राम सब माताओं से जिस प्रकार प्रेमभाव से मिले, वह उनकी शिष्टता का ही सूचक नहीं है, उनके अन्तः करण की कोमलता और शुद्धता भी प्रकट करता है।

(5) विवाहित कन्या को पति की अनुगामिनी देख जनक जो यह हर्ष प्रकट करते हैं—

पुत्रि! पवित्र किए कुल दोऊ। सुजस धवल जग कह सब कोऊ।

वह धर्मभाव पर मुग्ध होकर ही।

(6) भरत और राम दोनों ही जनक को पिता के स्थान पर कहकर सब भार उन्हीं पर छोड़ते हैं।

(7) सीताजी अपने पिता के डेरे पर जाकर माता के पास बैठी हैं। इतने में रात हो जाती है और वे असमंजस में पड़ती हैं—

कहत न सीय सकुचि मन माहीं। इहाँ बसब रजनी भल नाहीं।।

पति तपस्वी के वेश में भूशय्या पर रात काटे और पत्नी उससे अलग राजसी ठाट बाट के बीच रहे, यहीं असमंजस की बात है।

(8) जब से कौशल्या आदि आयी हैं, तब से सीता बराबर उनकी सेवा में लगी रहती हैं।

(9) ब्रह्मण वर्ग के प्रति राज वर्ग के आदर सम्मान का जैसा मनोहर स्वरूप दिखाई पड़ता है, वैसा ही ब्राह्मण वर्ग में राज्य और लोक के हितसाधन की तत्परता झलक रही है।

(10) केवट के दूर से ऋषि को प्रणाम करने और ऋषि के उसे आलिंगन करने में उभय पक्ष का व्यावहारसौष्ठव हो रहा है।

(11) वन्य कोल-किरातों के प्रति सबका कैसा मृदुल और सुशील व्यवहार है।

कवि की पूर्ण भावुकता इसमें है कि वह प्रत्येक मानवस्थिति में अपने को डालकर उसके अनुरूप भाव का अनुभव करे। इस शक्ति की परीक्षा का रामचरित से बढ़कर विस्तृत क्षेत्र और कहाँ मिल सकता है! जीवनस्थिति के इतने भेद और कहाँ दिखाई पड़ते हैं! इस क्षेत्र में जो कवि सर्वत्र पूरा उतरता दिखाई पड़ता है, उसकी भावुकता को और कोई नहीं पहुँच सकता। जो केवल दाम्पत्य रति ही में अपनी भावुकता प्रकट कर सकें, या वीरोत्साह ही का अच्छा चित्रण कर सकें, वे पूर्ण भावुक नहीं कहे जा सकते। पूर्ण भावुक वे ही हैं जो जीवन की प्रत्येक स्थिति के मर्मस्पर्शी अंश का साक्षात्कार कर सकें और श्रोता या पाठक के सम्मुख अपनी शब्दशक्ति द्वारा प्रत्यक्ष कर सकें। हिन्दी के कवियों में इस प्रकार की सर्वांगपूर्ण भावुकता हमारे गोस्वामी जी में ही है, जिसके प्रभाव से रामचरितमानस उत्तर की सारी जनता के गले का हार हो रहा है। वात्सल्य भाव का अनुभव करके पाठक बालक राम लक्ष्मण के प्रवास उत्साहपूर्ण जीवन देखते हैं जिसके भीतर आत्मावलम्बन का विकास होता है। फिर आचार्यविषयक रति का स्वरूप देखते हुए वे जनकपुर में जाकर सीताराम के परम पवित्र दाम्पत्य भाव के दर्शन करते हैं। इसके

उपरान्त अयोध्या त्याग के करुण दृश्य के भीतर भाग्य की अस्थिरता का कटु स्वरूप सामने आता है। तदन्तर पथिक वेशधारी राम-जानकी के साथ-साथ पाठक ग्रामीण स्त्री-पुरुषों के उस विशुद्ध सात्त्विक प्रेम का अनुभव करते हैं जिसे हम दाम्पत्य, वात्सल्य आदि कोई विशेषण नहीं दे सकते, पर जो मनुष्यमात्र में स्वाभाविक है।

रमणीय वन पर्वत के बीच एक सुकुमारी राजवधू को साथ लिये दो वीर आत्मावलम्बी राजकुमारों को विपत्ति के दिनों को सुख के दिनों में परिवर्तन करते पाकर वे 'वीरभोग्या वसुंधरा' की सत्यता हृदयंगम करते हैं। सीताहरण पर विप्रलंभ शृंगार का माधुर्य देखकर पाठक फिर लंका दहन के अद्भुत भयानक और वीभत्स दृश्य का निरीक्षण करते हुए राम-रावण युद्ध के रौद्र और युद्धवीर तक पहुँचते हैं। शान्तरस का पुट तो बीच-बीच में बराबर मिलता ही है। हास्य का पूर्ण समावेश रामचरितमानस के भीतर न करके नारद मोह के प्रसंग में उन्होंने किया है। इस प्रकार काव्य के गूढ़ और उच्च उद्देश्य को समझनेवाले, मानव जीवन के सुख और दुःख दोनों पक्षों के नाना रूपों के मर्मस्पर्शी चित्रण को देखकर, गोस्वामी जी के महत्त्व पर मुग्ध होते हैं; और स्थूल बहिरंग दृष्टि रखनेवाले भी, लक्षण ग्रन्थों में गिनाए हुए नव रसों और अलंकारों पर, अपना आह्लाद प्रकट करते हैं।

यहाँ पर कहा जा सकता है कि गोस्वामी जी मनुष्य जीवन की बहुत अधिक परिस्थितियों का जो समावेश कर सके, वह रामचरित की विशेषता के कारण। इतने अधिक प्रकार की मानव दशाओं का सन्निवेश आपसे आप हो गया। ठीक है, पर उन सब दशाओं का यथातथ्य चित्रण बिना हृदय की विशालता, भावप्रसार की शक्ति, मर्मस्पर्शी स्वरूपों की उद्भावना और शब्दशक्ति की सिद्धि के नहीं हो सकता। मानव प्रकृति के जितने अधिक रूपों के साथ गोस्वामीजी के हृदय का रागात्मक सामंजस्य हम देखते हैं, उतना अधिक हिन्दी भाषा के और किसी कवि के हृदय का नहीं। यदि कहीं सौन्दर्य है तो प्रफुल्लता, शक्ति है तो प्रणति, शील है तो हर्षपुलक, गुण है तो आदर, पाप है तो घृणा, अत्याचार है तो क्रोध, अलौकिकता है तो विस्मय, पाखंड है तो कुढ़न, शोक है तो करुणा, आनन्दोत्सव है तो उल्लास, उपकार है तो कृतज्ञता, महत्त्व है तो दीनता, तुलसीदासजी के हृदय में बिम्बप्रतिबिम्ब भाव से विद्यमान है।

गोस्वामीजी की भावात्मक सत्ता का अधिक विस्तार स्वीकार करते हुए भी यह पूछा जा सकता है कि क्या उनके भावों में पूरी गहराई या तीव्रता भी है?

यदि तीव्रता न होती, भावों का पूर्ण उद्रेक उनके वचनों में न होता, तो वे इतने सर्वप्रिय कैसे होते? भावों के साधारण उद्‌गार से ही सबको तृप्ति नहीं हो सकती। यह बात अवश्य है कि जो भाव सबसे अधिक प्रकृतिस्थ है, उसकी व्यंजना सबसे अधिक गूढ़ और ठीक है। जो प्रेमभाव अत्यन्त उत्कर्ष पर पहुँचा हुआ उन्होंने प्रकट किया है, वह अलौकिक है, अविचल है और अनन्य है। वह धन और चातक का प्रेम है।

एक भरोसो, एक बल, एक आस विश्वास।
एक राम घनस्याम हित, चातक तुलसीदास॥

अपना उद्देश्य वह आप ही है। उसकी प्यास, उसकी उत्कंठा सदा बनी रहे, इसी में उसकी मर्यादा है; इसी में उसका महत्त्व है—

चातक तुलसी के मते स्वातिहु पियै न पानि।
प्रेम तृषा बाढ़ति भली, घट घटैगी आनि॥

प्रिय के लाख दुर्व्यवहार से भी वह हटनेवाला नहीं है—

बरषि परुष पाहन पयद पंख करौ टुक टूक।
तुलसी परी न चाहिए चतुर चातकहि चूक॥
उपल बरषि गरजत तरजि, डारत कुलिस कठोर।
चितव कि चातक मेघ तजि कबहुँ दूसरी ओर?

वह मेघ के लोकहितकर स्वरूप के प्रति आप से आप है—वह जगत् के हित को देखकर है—

जीव चराचर जहँ लग है सब को हित मेह।
तुलसी चातक मन बस्यौ घन सों सहज सनेह॥

जगत में सब अपने सुख के लिए अनेक साधन और यत्न करते हैं और फलप्राप्ति से सुखी होते हैं। फिर चातक और मेघ का वह प्रेम कैसा है जिसके भीतर न किसी सुख का साधन है, न फल की चाह! यह ऐसा ही कुछ है—

साधन साँसति सब सहत, सबहि सुखद फल लाहु।
तुलसी चातक जलद की, रीझि बूझि बुध काहु॥

चातक को मेघ का जीवों को सुख देना अत्यन्त प्रिय लगता है। वह जो बारहों महीने चिल्लाता है, सो अधिकतर प्रिय के इस सुखदायक मनोहर रूप के दर्शन के लिए, केवल स्वाती की दो बूँदों के लिए नहीं—

जाँचै बारह मास, पियै पपीहा स्वाति जल।

उसकी याचना के भीतर जगत् की याचना है, अतः इस याचना से उसका मान है। इस माँगने को वह माँगना नहीं समझता—

नहिं जाचत नहिं संग्रही सीस नाइ नहिं लेइ।
ऐसे मानी माँगनेहि है बारिद बिनु देइ॥

अब इस प्रेम की अनन्यता का स्वरूप देखिए—

चरग चंगुगत चातकहिं नेम प्रेम की पीर।
तुलसी परबस हाड़ पर परिहै पुहमी नीर॥
बध्यो बधिक, पर्यो पुन्यजल, उलटि उठाई चोंच।
तुलसी चातक प्रेमपट मरतहुँ लगी न खोंच॥

चातक का प्रिय लोकसुखदायी है। उसका मेघ सचमुच बड़ा है और सबके लिए बड़ा है। अतः चातक के प्रेम के भीतर महत्त्व की आनन्दमयी स्वीकृति छिपी हुई है। इस महत्व के सम्मुख वह जो दीनता प्रकट करता है वह सच्ची दीनता है, हृदय के भीतर अनुभव की हुई दीनता है, प्रेम की दीनता है। किसी महत्त्व की सच्ची अनुभूति से उत्पन्न दीनता से भिन्न दीनता को लोभ, भय आदि का बदला हुआ रूप समझिए। जिससे बड़ा चातक और किसी को नहीं समझता, उसे छोड़ यदि और किसी के सामने वह दीनता प्रकट करे तो उसकी दीनता की सच्चाई में फर्क आ जाय, उसके प्रेम की अनन्यता भंग हो जाय। जो आज एक से कहता है कि 'आपसे न माँगें तो और किससे माँगने जायेंगे?' और कल दूसरे से, वह उस दैन्य तक पहुँच ही नहीं सकता जो भक्ति का अंग है। जिस महत्व के प्रति सच्ची दीनता प्रकट की जाती है, उसका कुछ आभास लोक को उस दीनता से दिखाई पड़ता है—

तीन लोक तिहुँ काल जस चातक ही के माथ।
तुलसी जासु न दीनता सुनी दूसरे नाथ॥

इस प्रेम के सम्बन्ध में ध्यान देने की बात यह है कि यह समान के प्रति नहीं है, अपने से बड़े या ऊँचे के प्रति है। गोस्वामीजी अपने से बड़े या छोटे के साथ प्रेम करने को समान के साथ प्रेम करने से अच्छा समझते हैं—

कै लघु कै बड़ मीत भल, सम सनेह दुख सोइ।
तुलसी ज्यों घृत मधु सरिस मिले महाबिष होइ॥

इससे उनका भीतरी अभिप्राय यह है कि छोटे बड़े के सम्बन्ध में धर्मभाव अधिक है। यदि प्रिय हमसे छोटा है तो उस पर जो हमारा प्रेम होगा वह

दया, दाक्षिण्य, अनुकंपा, क्षमा, साहाय्य इत्यादि वृत्तियों को उभारेगा, यदि प्रिय हमसे बड़ा है तो उस पर आलम्बित प्रेम, श्रद्धा, सम्मान, दैन्य नम्रता, संकोच, कृतज्ञता, आज्ञाकारिता इत्यादि को जाग्रत करेगा। इसमें तो कुछ कहना ही नहीं कि हमारे गोस्वामीजी का प्रेम दूसरे प्रकार का था—वह पूज्यबुद्धिगर्भित होकर भक्ति के रूप में था। उच्चता की जैसी प्राप्ति उच्च को आत्मसमर्पण करने से हो सकती है, वैसी समान को आत्मसमर्पण करने से नहीं। यह तो पहले ही दिखाया जा चुका है कि शील बाबाजी द्वारा निरूपित भक्ति के आलम्बन के स्वरूप के—आभ्यन्तर स्वरूप के सही—अन्तर्गत है। भक्ति और शील की परस्पर स्थिति ठीक उसी प्रकार बिम्बप्रतिबिम्ब भाव से है जिस प्रकार आश्रय और आलम्बन की और आगे चलिए तो आश्रय की और आलम्बन की परस्पर स्थिति भी ठीक वहीं मिलती है जो ज्ञाता और ज्ञेय की है। हमें तो ऐसा दिखाई पड़ता है कि ज्ञान क्षेत्र में जो ज्ञाता और ज्ञेय की है, वही भाव क्षेत्र में आश्रय और आलम्बन है। ज्ञान की जिस चरम सीमा पर जाकर ज्ञाता और ज्ञेय एक हो जाते हैं, भाव की उसी चरम सीमा पर जाकर आश्रय और आलम्बन भी एक हो जाते हैं। शील और भक्ति का अभेद देखने के लिए इतना विवेचन बहुत है।

दाम्पत्य प्रेम का दृश्य भी गोस्वामीजी ने बहुत ही सुन्दर दिखाया है, पर बड़ी ही मर्यादा के साथ। नायिकाभेदवाले कवियों का सा या कृष्ण की रासलीला के रसिकों का सा लोकमर्यादा का उल्लंघन उसमें कहीं नहीं है। सीताराम के परम पुनीत प्रणय की जो प्रतिष्ठा उन्होंने मिथिला में की, उसकी परिपक्वता जीवन की भिन्न-भिन्न दशाओं के बीच पति-पत्नी के सम्बन्ध की उच्चता और रमणीयता संघटित करती दिखाई देती है। अभिषेक के समय राम को बन जाने की आज्ञा मिलती है। आनन्दोत्सव का सारा दृश्य करुण में परिणत हो जाता है। राम वन जाने को तैयार हैं और वन के क्लेश बताते हुए सीता को घर रहने के लिए कहते हैं। इसपर सीता कहती हैं—

बन दुख नाथ कहे बहुतेरे। भय विषाद परिताप घनेरे॥
प्रभु बियोग लवलेस समाना। सब मिलि होहिं न कृपानिधाना॥
कुस किसलय साथरी सुहाई। प्रभु सँग मंजु मनोज तुराई॥
कन्द मूल फल अमिय अहारू। अवध सौधसत सरिस पहारू॥
मोहिं मग चलत न होइहि हारी। छिनु छिनु चरन सरोज निहारी॥
पाँय पखारि बैठि तरु छाहीं। करिहौं बाउ मुदित मन माहीं॥
बार बार मृदु मूरति जोही। लागिहि ताति बयारि न मोही॥

दुःख की परिस्थिति में सुख की इस कल्पना के भीतर हम जीवनयात्रा में श्रान्त पथिक के लिए प्रेम की शीतल सुखद छाया देखते हैं। यह प्रेम मार्ग निराला नहीं है, जीवनयात्रा के मार्ग से अलग होकर जानेवाला नहीं है। यह प्रेम कर्मक्षेत्र से अलग नहीं करता, उसमें बिखरे हुए काँटों पर फूल बिछाता है। राम जानकी को नंगे पाँव चलते देख ग्रामवासी कहते हैं—

जौ जगदीस इनहिं बन दीन्हा। कस न सुमनमय मारग कीन्हा॥

थोड़ी दूर साथ चलकर उन्होंने देख लिया होगा कि उनका मार्ग 'सुमनमय' ही है। प्रेम के प्रभाव से जंगल में भी मंगल था। सीता को तो सहस्रों अयोध्याओं का सुख मिल रहा था—

नाह नेह नित बढ़त बिलोकी। हरषित रहति दिवस जिमि कोकी॥
सिय मन राम चरन अनुरागा। अवध सहस सम बन प्रिय लागा॥
परन कुटी प्रिय प्रियतम संगा। प्रिय परिवार कुरंग बिहंगा॥
सासु ससुरसम मुनितिय मुनिबर। असन अमियसम कन्द मूल फर॥

अयोध्या से अधिक सुख का रहस्य क्या है? प्रिय के साथ सहयोग के अधिक अवसर। अयोध्या में सहयोग और सेवा के इतने अवसर कहाँ मिल सकते थे? जीवनयात्रा की स्वाभाविक आवश्यकताओं की पूर्ति बन में अपने हाथों से करनी पड़ती थी। कुटी छाना, स्थान स्वच्छ करना, जल भर लाना, ईंधन और कन्दमूल इकट्ठा करना इत्यादि वहाँ के नित्य जीवन के अंग थे। ऐसे प्राकृतिक जीवन में प्रेम का जो विकास हो सकता है, वह कृत्रिम जीवन में दुर्लभ है। प्रिय के प्रयत्नों में ऐसे ही स्वाभाविक सहयोग की अभिलाषिणी एक ग्रामीण नायिका कहती है—

आगि लागि घर जरिगा, बड़ सुख कौन॥
पिय के हाथ घइलवा भरि भरि दीन॥

दूसरा कारण इस सुख का था हृदय का प्रकृति के अनेक रूपों के साथ सामंजस्य, जिसके प्रभाव से 'कुरंग बिहंग' अपने परिवार के भीतर जान पड़ते थे। उस जगज्जननी जानकी का हृदय ऐसा न होगा तो और किसका होगा जिसे एक स्थान पर लगाए हुए फूल पौधों को छोड़कर अन्य स्थान पर जाते हुए भी दुःख होता था।

सीताराम द्वारा श्रृंगार के संचारी भाव 'क्रीड़ा' की व्यंजना के लिए कैसा उपयुक्त अवसर चुना गया है। वन के मार्ग में ग्रामीण स्त्रियाँ राम की ओर लक्ष्य करके सीता से पूछती हैं कि ये तुम्हारे कौन हैं। इसपर सीता कहती है—

तिनहिं बिलोकि बिलोकति धरनी। दुहुँ, संकोच सकुचति वर बरनी॥

'बिलोकति धरनी' कितनी स्वाभाविक मुद्रा है! 'दुहुँ सँकोच, द्वारा कवि ने सीता के हृदय की कोमलता और अभिमानशून्यता भी कैसे ढंग से व्यंजित कर दी है। एक तो राम को खुले शब्दों में अपना पति कहने में संकोच; दूसरा संकोच यह समझकर कि यदि इन भोलीभाली स्त्रियों को कोई उत्तर न दिया जायेगा तो ये मन में दुखी होंगी और मुझे अभिमानिनी समझेगी।

इसके आगे सीताजी में शृंगारी चेष्टाओं का विधान भी अत्यन्त निपुणता और भावुकता के साथ गोस्वामीजी ने किया है-

बहुरि बदन-बिधु अंचल ढाँकी। पिय तन चितै भौंह करि बाँकि॥
खंजन मंजु तिरीछे नैननि। निज पति कहेउ तिन्हहिं सिय सैननि॥

यदि आम रास्ते पर राम के साथ बातचीत करने में ये चेष्टाएँ दिखाई जाती तो कुलवधू की मर्यादा का भंग होता और कोई विशेष निपुणता की बात न होती, रूढ़ि का अनुसरण मात्र होता। पर बीच में उन स्त्रियों को डाल देने से एक परदा भी खड़ा हो गया और अधिक स्वाभाविकता भी आ गयी। सीता में ये चेष्टाएँ अपने साथ राम के सम्बन्ध की भावना उत्पन्न दिखाई पड़ती हैं। यदि राम सीता के परस्पर व्यवहार मे ये चेष्टाएँ दिखाई जाती तो 'संभोग शृंगार' का खुला वर्णन हो जाता, जो गोस्वामीजी ने कहीं नहीं किया है।

अब प्रश्न यह है कि ये चेष्टाएँ 'अनुभाव' होंगी या विभावान्तर्गत 'हाव'। हिन्दी के लक्षणग्रन्थों में 'हाव' प्रायः 'अनुभाव' के अन्तर्गत रखे मिलते हैं। पर यह ठीक नहीं है। 'अनुभाव' के अन्तर्गत केवल आश्रय की चेष्टाएँ आ सकती हैं। 'आश्रय' की चेष्टाओं का उद्देश्य किसी भाव की व्यंजना करना होता है। पर 'हावों का सन्निवेश किसी भाव की व्यंजना कराने के लिए नहीं होता, बल्कि नायिका का मोहक प्रभाव बढ़ाने के लिए, अर्थात् उसकी रमणीयता की वृद्धि के लिए, जिसकी रमणीयता या चित्ताकर्षकता का वर्णन या विधान किया जाता है, वह 'आलम्बन' होता है। अतः 'हाव' नामक चेष्टाएँ आलम्बनगत ही मानी जायेंगी और आलम्बनगत होने के कारण उनका स्थान 'विभाव' के अन्तर्गत ही ठहरता है।

अब विचार करना चाहिए कि सीताजी की उक्त चेष्टाएँ 'अनुभव' होंगी या 'हाव'। लक्षण के अनुसार 'संभोगेच्छा प्रकाशक भ्रूनेत्रादिविकार' ही 'हाव' कहलाते हैं। पर सीताजी के विकार इस प्रकार के नहीं हैं। ये विकार राम के साथ अपने सम्बन्ध की भावना से उत्पन्न हैं और उनके प्रेम की व्यंजना करते हैं। इस प्रकार आश्रय की चेष्टाएँ होने के कारण वे विकार 'अनुभाव' ही होंगे।

सीताहरण होने पर इस प्रेम को हम ऐसे मनोहर क्षेत्र का द्वार खोलते हुए पाते हैं जिसमें बल और पराक्रम अपनी परमावस्था को पहुँचकर अनीति और अत्याचार का ध्वंस कर देता है। वन में सीता का वियोग चारपाई पर करवटें बदलनेवाला प्रेम नहीं है—चार कदम पर मथुरा गये हुए गोपाल के लिए गोपियों को बैठे-बैठे रुलानेवाला वियोग नहीं है, झाड़ियों में थोड़ी देर के लिए छिपे हुए कृष्ण के निमित्त राधा की आँखों से आँसुओं की नदी बहानेवाला वियोग नहीं है-यह राम को निर्जन वनों और पहाड़ों में घुमानेवाला, सेना एकत्र कर.नेवाला, पृथ्वी का भार उतारनेवाला वियोग है। इस वियोग की गम्भीरता के सामने सूरदास द्वारा अंकित वियोग अतिशयोक्ति पूर्ण होने पर भी बालक्रीड़ा सा लगता है।

अनुमान के प्रकट होने के पहले जानकी उद्विग्न होकर कह रही थी—

पावकमय ससि स्त्रवत न आगी। मानहुँ मोहिं जानि हतभागी॥
सुनिय बिनय मम बिटप असोका। सत्य नाम करु हरु मम सोका॥
नूतन किसलय अनल समाना। देहि अगिनि जिनि करहि निदाना॥

इतना कहते ही अनुमान का मुद्रिका गिराना और सीता का उसे अंगार समझ कर हाथ में लेना, यह सब तो गोस्वामीजी ने प्रसन्नराघव नाटक से लिया है। हनुमान को सामने पाकर सीता उसकी मर्यादा के साथ अपने वियोगजनित दुःख की व्यंजना करती हैं जिस मर्यादा के साथ माता पुत्र के सामने कर सकती है। वे पहले 'अनुज सहित' राम का (अकेला राम का नहीं) कुशल पूछती हैं, फिर कहती हैं-

कोमलचित कृपाल रघुराई। कपि, केहि हेतु धरी निठुराई॥
सहज बानि सेवक सुखदायक। कबहुँक सुरति करत रघुनायक॥
कबहुँ नयन मम सीतल ताता। होइहिं निरखि स्याम मृदुगाता॥

प्रिय के कुशलमंगल के हेतु व्यग्रता भारतीय ललनाओं के वियोग के वियोग का प्रधान लक्षण है। प्रिय सुख में है या दुःख में हैं, यह संशय विरह में दया या करुण भाव का हलका-सा मेल कर देता है, भारत की कुलवधू का विरह आवारा आशिकों माशूकों का विरह नहीं है, वह जीवन के गाम्भीर्य को लिये हुए रहता है। यह वह विरह नहीं है जिसमें विरही अपना ही जलना और मरना देखता है, प्रिय मरता है कि जीता है, इससे कोई मतलब नहीं।

पवित्र दाम्पत्य रति की कैसे मनोहर व्यंजना उन्होंने सीता द्वारा उस समय कराई है जिस समय ग्रामवनिताओं ने मार्ग में राम को दिखाकर उनसे पूछा था कि 'ये तुम्हारे कौन हैं?'

कोटि मनोज लजावनहारे। सुमुखि कहहु को आहिं तुम्हारे॥
मुनि सनेहमय मंजुल बानी। सकुचि सीय मन महँ मुसुकानी॥
तिन्हहिं बिलोकि बिलोकति धरनी। दुहुँ सँकोच सकुचति बर बरनी॥
सकुचि सप्रेम बालमृगनयनी। बोली मधुर बचन पिकबयनी॥
सहज सुभाय सुभग तन गोरे। नाम लषन लघु देवर मोरे॥
बहुरि बदन बिधु अंचल ढाँकी। पिय मन चितै भौंह करि बाँकि॥
खंजन मंजु तिरीछे नैननि। निज पति कहेउ तिन्हहिं सिय सैननि॥

कुलवधु की इस अल्प व्यंजना में जो गौरव और माधुर्य है, वह उद्धत प्रेम-प्रलाप में कहाँ?

शोक का चित्रण भी गोस्वामीजी ने अत्यन्त हृदयद्रावक पद्धति से किया है। शोक के स्थल तुलसीदासवर्णित रामचरित में दो हैं—एक तो अयोध्या में राम वनगमन का प्रसंग और दूसरा लंका में लक्ष्मण को शक्ति लगने का। राम के वन जाने पर जो दुःख फैला, वह शोक ही माना जायेगा; वह प्रिय का प्रवासजन्य दुःख मात्र नहीं है। अभिषेक के समय वनवास बड़े दुःख की बात है—

कैकयनंदिनि मन्दमति, कठिन कुटिलपन कीन्ह।
जोहि रघुनन्दन जानकिहिं, सुख अवसर दुख दीन्ह॥

अतः परिजनों और प्रजा का दुःख राम की दुःखदशा को समझकर भी था, केवल राम का अलग होना देखकर नहीं—

राम चलत अति भएउ बिषादू। सुनि न जाइ पुर आरतनादू॥

यह विषाद (जो शोक का संचारी है) और यह आर्तनाद शोकसूचक है। प्रिय के दुःख या पीड़ा पर जो दुःख हो, वह शोक है; प्रिय के कुछ दिनों के लिए वियुक्त होने मात्र का जो दुःख हो, वह विरह है। अतः राम के इस दुःखमय प्रवास पर जो दुःख लोगों को हुआ, यह शोक और वियोग दोनों हैं।

'तुलसी राम बियोग सोक बस समुझत नहिं समुझाए।'

इसमें वियोग और शोकसूचक वाक्य यद्यपि मिले हुए हैं, पर हम चाहें तो उन्हें अलग करके भी देख सकते हैं। शुद्ध वियोग—

जब जब भवन बिलोकति सूनो।
तब तब बिकल होति कौशल्या दिन दिन प्रति दुख दूनो।
को अब प्रात कलेऊ माँगत रूठि चलैगो माई?
स्याम तामरस नयन स्रवत जल कहि लेहुँ उर लाई?[1]

---

1. यद्यपि वनगमन के समय राम इतने बच्चे न थे, पर वात्सल्य दिखाने के लिए गोस्वामीजी ने कौशल्या के मुख से ऐसा ही कहलाया है।

शोक या करुणा की व्यंजना इस प्रकार के वाक्यों में समझिए—

मृदु मूरति सुकुमार सुभाऊ। ताति बाउ तन लाग न काऊ।
ते बन बसहिं सब भाँति। निदरे कोटि कुलिस सहि छाती॥
राम सुना दुख कान न काऊ। जीवन तरु जिमि जोगवई राऊ॥
ते अब फिरत विपिन पदचारी। कन्द मूल फूल अहारी॥

दशरथ के मरण पर यह शोक अपनी पूर्ण दशा पर पहुँच जाता है। उस समय की अयोध्या की दशा के वर्णन में पाठकों को करुणा की ऐसी धारा दिखाई पड़ती है, जिसमें पुरवासियों के साथ वे भी मग्न हो जाते हैं।

लागति अवध भयावनि भारी। मानहुँ कालराति अँधियारी।
घोर जंतु सम पुर नर नारी। डरपहिं एकहि एक निहारी॥
घर मसान, परिजन जनु भूता। सुत हित मीत मनहुँ जमदूता॥
बागन्ह बिटप बेलि कुम्हिलाहीं। सरित सरोवर देखि न जाहीं॥
विधि कैकयी किरातिनि कीन्हीं। जेहि दव दुसह दसहु दिसि दीन्हीं॥
सहि न सके रघुबर बिरहागी। चले लोग सब व्याकुल भागी॥
करि बिलाप सब रोवहिं रानी। महाबिपति किमि जाइ बखानी॥
सुनि बिलाप दुखहू दुख लागा। धीरजहू कर धीरज भागा॥

गोस्वामीजी द्वारा चित्रित राजकुल का यह शोक ऐसा है जिसके भागी केवल पुरवासी ही नहीं, मनुष्य मात्र हो सकते हैं; क्योंकि यह ऐसे आलम्बन के प्रति है जिसके थोड़े से दुःख को भी देख मनुष्य कहलानेवाले मात्र न सही तो मनुष्यता रखनेवाले सब करुणार्द हो सकते हैं।

दूसरा करुण दृश्य लक्ष्मण को शक्ति लगने पर राम विलाप है। इस विलाप के भीतर शोक की व्यंजना अत्यन्त स्वाभाविक रीति से की गई है। उसके प्रवाह में एक क्षण के लिए सारे नियम, सारी दृढ़ता बही सी दिखाई देती है—

जौ जनतेउँ बन बंधु बिछोहू। पिता बचन मनतेउँ नहिं ओहू।

भाव-दशा का तात्पर्य न समझनवाले, नीति के नाम पर पाखंड धारण करनेवाले, इसे चरित्रग्लानि समझेंगे। पर ऐसे प्रिय बंधु का शोक, जिसने एक क्षण के लिए भी विपत्ति में साथ न छोड़ा, यदि एक क्षण के लिए सब बातों का विचार छुड़ा देनेवाला न होता तो राम के हृदय की वह कोमलता कहाँ दिखाई पड़ती जो भक्तों की आशा का अवलम्बन है? यह कोमलता, यह सहृदयता सब प्रकार के नियमों से परे हैं। नियमों से निराश होकर, 'कर्मवाद' की कठोरता से घबराकर, परोक्ष', 'ज्ञान' और परोक्ष 'शक्ति' मात्र से पूरा

पड़ता न देखकर ही तो मनुष्य परोक्ष 'हृदय' की खोज में लगा और अन्त में भक्तिमार्ग में जाकर उस परोक्ष हृदय को सने पाया। भक्त लोगों का ईश्वर अविचल नियमों की समष्टि मात्र नहीं है; वह क्षमा, दया, उदारता इत्यादि का समुद्र है। लोक में जो कुछ क्षमा, दया, उदारता, आदि दिखाई देती है वह उसी समुद्र का एक बिन्दु है।

'आत्मग्लानि' का जैसा पवित्र और सच्चा स्वरूप गोस्वामीजी ने दिखाया है, वैसा शायद ही किसी ने कहीं दिखाया हो। आत्मग्लानि का उदय शुद्ध और सात्त्विक अन्तःकरण में ही हो सकता है, अतः भरत से बढ़कर उपयुक्त आश्रय उसके लिए और कहाँ मिल सकता है? आत्मग्लानि नामक मानसिक शैथिल्य या तो अपनी बुराई का अनुभव आप करने से होता है अथवा किसी बुरे प्रसंग के साथ अपना सम्बन्ध लोक में दिखाई पड़ने से उत्पन्न हीनता का अनुभव करने से। भरतजी को ग्लानि थी दूसरे प्रकार की, पर बड़ी सच्ची और बड़ी गहरी थी। जिन राम का उन पर इतना गाढ़ा स्नेह था, जिन्हें वे लोकोत्तर श्रद्धा और भक्ति की दृष्टि से देखते आये, उनके विरोधी वे समझे जायें, यह दुःख उनके लिए असह्य था। इस दुःख के भार से हलके होने के लिए वे छटपटाने लगे, इस घोर आत्माग्लानि को वे हृदय में न रख सके—

को त्रिभुवन मोहिं सरिस अभागी। गति असि तोरि मातु जेहि लागी॥
पितु सुरपुर बन रघुबर सेतू। मैं केवल सब अनरथ हेतू॥
धिग मोहिं भयउँ बेनु बन आगी। दुसह दाह दुख दूषन भागी॥

वे रह-रहकर सोचते हैं कि मैं लाख अपनी सफाई दूँ, पर लोक की दृष्टि में निष्कलंक नहीं दिखाई पड़ सकता—

जो पै हौं मातु मते महँ ह्वैहों।
तौ जननी जग में या मुख की कहाँ कालिमा ध्वैहों?
क्यौं हौं आज होत सुचि सपथनि? कौन मानिहै साँची?
महिमा मृगी कौन सुकृती की खल बच विसिषन बाँची?
गहि न जाति रसना काहू की, कहौ जाहि जो सूझै?
दीनबंधु, कारुण्यसिंधु बिनु कौन हिये की बूझै?

कैकेयी को सामने पाकर इस ग्लानि के साथ अमर्ष का संयोग हो जाता है। उसकी पवित्रता के सामने माता के प्रति यह अवज्ञा कैसी मानोहर पड़ती है—

(क) *जो पै कुरुचि रही अति तोहीं। जनमत काहे न मारेसि मोहीं॥*
पेड़ काठि तैं पालउ सीचा। मीन जियन हित बारि उलीचा॥

जब तैं कुमति! कुमत जिय ठयऊ। खंड खंड होइ हृदय न गयऊ॥
बर माँगत मन भई न पीरा। गरि न जीह मुँह परेउ न कीरा॥
अस को जीव जन्तु जग माँहीं। जेहि रघुनाथ प्रान प्रिय नाहीं॥
भे अति अहित राम तेउ तोहीं। को तू अहसि? सत्य कहु मोहीं॥

(ख) *ऐसे तैं क्यों कटु बचन कह्यो, री?*
'राम जाहु कानन' कठोर तेरे कैसे धौं हृदय रह्यो री॥
दिनकर बंस, पिता दसरथ से राम लषन से भाई॥
जननी ! तू जननी तो कहा कहौं? बिधि केहि खोरि न लाई॥
'हौं लहिहौं सुख राजमातु ह्वैसुत सिर छत्र धरैगो॥'
कुल कलंक मल मूल मनोरथ तब बिनु कौन करैगो॥
ऐहैं राम सुखी सब ह्वै हैं, ईस अजस मेरो हरिहैं?
तुलसिदास मोको बड़ो सोच, तू जनम कौन बिधि भरिहै॥

एक बार ते संसार की ओर देखकर भरतजी अयश छूटने से निराश होते हैं; पर फिर उन्हें आशा बँधती है और वे कैकेयी से कहते हैं कि ईश मेरा तो अयश हरेंगे, मैं तो मुँह दिखाने लायक ही जाऊँगा, पर तू अपने दिन कैसे काटेगी? वे समझते हैं कि राम के आते ही मेरा अयश दूर हो जायेगा। उनको विश्वास है कि सारा संसार मुझे दोषी माने, पर सुशीला की मूर्ति राम मुझे दोषी नहीं मान सकते—

परिहरि राम सीय जग माहीं। कोउ न कहहि मोर मत नाहीं॥

राम की सुशीलता पर भरत को इतना अविचल विश्वास है! वह सुशीलता धन्य है जिस पर इतना विश्वास टिक सके; और वह विश्वास धन्य है जो सुशीलता पर इस अविचल भाव से जमा रहे! भरत की आशा का एकमात्र आधार यही विश्वास है। कौशल्या के सामने जिन वाक्यों द्वारा वे अपनी सफाई देते हैं, उनके एक एक शब्द से अन्तःकरण की स्वच्छता झलकती है। उनकी शपथ उनकी अन्तर्वेदना की व्यंजना है—

जे अघ मातु, पिता सुत मारे। गाय गोठ महिसुर पुर जारै॥
जे अघ तिय बालक बध कीन्हें। मीत महीपति माहुर दीन्हें॥
जे पातक उपपातक अहहीं। करम बचन मन भव कवि कहहीं॥
ते पातक मोहि होहु बिधाता। जौं एहु होइ मोर मत माता॥

इस सफाई के सामने हजारों वकीलों की सफाई कुछ नहीं है, इन कसमों के सामने लाखों कसमें कुछ नहीं है। यहाँ वह हृदय खोलकर रख दिया गया है जिसकी पवित्रता को देख जो चाहे अपना हृदय निर्मल कर ले।

शीलनिरूपण और चरित्रचित्रण

रससंचार से आगे बढ़ने पर हम काव्य की उस उच्च भूमि में पहुँचते हैं जहाँ मनोविकार अपने क्षणिक रूप में ही दिखाई देकर जीवनव्यापी रूप में दिखाई देकर जीवनव्यापी रूप में दिखाई पड़ते हैं। इसी स्थायित्व की प्रतिष्ठा द्वारा शीलनिरूपण और पात्रों का चरित्र-चित्रण होता है। कहने की आवश्यकता नहीं कि इस उच्च भूमि में आने पर फुटकरिए कवि छूट जाते हैं; केवल प्रबन्धकुशल कवि ही दिखाई पड़ते हैं। खेद के साथ कहना पड़ता है कि गोस्वामीजी को छोड़ हिन्दी का और कोई पुराना कवि इस क्षेत्र में नहीं दिखाई पड़ता। चारणकाल के चन्द आदि कवियों ने भी प्रबन्धरचना की है; पर उसमें चरित्र-चित्रण का वैसा स्थान नहीं दिया गया है, वीरोल्लास ही प्रधान है। जायसी आदि मुसलमान कवियों की प्रबन्धधारा केवल प्रेमपथ का निदर्शन करती गयी है। दोनों प्रकार के आख्यानों में मनोविकारों के इतने भिन्न-भिन्न प्रकृतिस्थ स्वरूप नहीं दिखाई पड़ते जिन्हें हम किसी व्यक्ति या समुदाय-विशेष का लक्षण कह सकें।

रससंचार मात्र के लिए किसी मनोविकार की एक अवसर पर पूर्ण व्यंजना ही काफी होती है। पर किसी पात्र में उसे शील रूप में प्रतिष्ठित करने के लिए कई अवसरों पर उसकी अभिव्यक्ति दिखानी पड़ती है। रामचरितमानस के भीतर राम, भरत, लक्ष्मण और रावण, ये कई पात्र ऐसे हैं, जिनके स्वभाव और मानसिक प्रवृत्ति की विशेषता गोस्वामीजी ने, कई अवसरों पर प्रदर्शित भावों और आचरणों की एकरूपता दिखाकर प्रत्यक्ष की है।

पहले राम को लीजिए और इस बात का ध्यान रखिए कि प्रधान पात्र होने के कारण जितनी भिन्न-भिन्न परिस्थितियों में उनका जीवन दिखाया गया है, और किसी पात्र का नहीं। भिन्न-भिन्न मनोविकारों को उभारनेवाले जितने अधिक अवसर उनके सामने आये हैं, उतने और किसी पात्र के सामने नहीं। लक्ष्मण भी प्रत्येक परिस्थिति में उनके साथ रहे, इससे उनके सम्बन्ध में भी यही कहा जा सकता है। सारांश यह कि राम-लक्ष्मण के चरित्रों का चित्रण आख्यान के भीतर सबसे अधिक व्यापक होने के कारण सबसे अधिक पूर्ण है। भरत का चरित्र जितना अंकित है, उतना सबसे उज्ज्वल सबसे निर्मल और सबसे निर्दोष है। पर साथ ही यह भी है कि वह उतना अधिक अंकित नहीं है। राम से भी अधिक जो उत्कर्ष उनमें दिखाई पड़ता है वह बहुत कुछ चित्रण की अपूर्णता के कारण-उतनी अधिक परिस्थितियों में उसके न दिखाये जाने के कारण जितनी अधिक परिस्थितियों में राम-लक्ष्मण का चरित्र दिखाया

गया है। पर इसमें भी कोई सन्देह नहीं कि जिस परिस्थिति में भरत दिखाए गये हैं, उसमें बढ़कर शील की कसौटी हो ही नहीं सकती।

अनन्त शक्ति के साथ धीरता, गम्भीरता और कोमलता 'राम' का प्रधान लक्षण है। यही उनका 'रामतत्व' है। अपनी शक्ति की स्वानुभूति ही उस उत्साह का मूल है जिससे बड़-बड़े दुःसाध्य कर्म होते हैं। बाल्यावस्था में ही जिस प्रसन्नता के साथ दोनों भाइयों ने घर छोड़ा और विश्वामित्र के साथ बाहर रहकर अस्त्रशिक्षा प्राप्त की तथा विघ्नकारी विकट राक्षसों पर पहले पहल अपना बल आजमाया, वह उस उल्लासपूर्ण साहस का सूचक है जिसे 'उत्साह' कहते हैं। छोटी अवस्था में ही ऐसे विकट प्रवास के लिए जिनकी धड़क खुलती हमने देखी, उन्हीं को पीछे चौदह वर्ष वन में रहकर अनेक कष्टों का सामना करते हुए जगत् को क्षुब्ध करनेवाले कुम्भकर्ण और रावण ऐसे राक्षसों को मारते हुए हम देखते हैं। इस प्रकार जिन परिस्थितियों के बीच वीर जीवन का विकास होता हैं, उनकी परम्परा का निर्वाह हम क्रम से रामचरित में देखते हैं। राम और लक्ष्मण ये दो अद्वितीय वीर हम उस समय पृथ्वी पर पाते हैं। वीरता की दृष्टि से हम कोई भेद दोनों पात्रों में नहीं कर सकते। पर सीता के स्वयंवर में दोनों भाइयों के स्वभाव में जो पार्थक्य दिखाई पड़ा उसका निर्वाह हम अन्त तक पाते हैं। जनक के परितापवचन पर उग्रता और परशुराम की बातों के उत्तर में जो चपलता हम लक्ष्मण में देखते हैं, उसे हम बराबर अवसर अवसर पर देखते चले जाते हैं। इसी प्रकार राम की जो धीरता और गम्भीरता हम परशुराम के साथ बातचीत करने में देखते हैं, वह बराबर आगे आने वाले प्रसंगों में हम देखते जाते हैं। इतना देखकर तब हम कहते हैं कि राम का स्वभाव धीरे और गम्भीर था और लक्ष्मण का उग्र और चपल।

धीर, गम्भीर और सुशील अन्तःकरण की बड़ी भारी विशेषता यह होती है कि वह दूसरे में बुरे भाव का आरोप जल्दी नहीं कर सकता। सारे अवधवासियों को लेकर भरत को चित्रकूट की ओर आते देख लक्ष्मण कहते हैं—

कुटिल कुबंधु कुअवसर ताकी। जानि राम बनवास एकाकी॥
करि कुमंत्र मन, साजि समाजू। आए करइ अकंटक राजू॥

और तुरन्त इस अनुमान पर उनकी त्योरी चढ़ जाती है—

जिमि करि निकर दलइ मृगराजू। लेइ लपेटि लवा जिमि बाजू॥
तैसेहि भरतहि सेन समेता। सानुज निदरि निपातउँ खेता॥

पर राम के मन में भरत के प्रति ऐसा सन्देह होता ही नहीं है। अपनी सुशीलता के बल से उन्हें उनकी सुशीलता पर पूरा विश्वास है। वे तुरन्त समझाते हैं—

सुनहु लषन भल भरत सरीसा। बिधि प्रपंच महँ सुना न दीसा॥

भरतहिं होइ न राज मद बिधि हरि हर पद पाई।

कबहुँ कि काँजी सीकरनि छीर सिंधु बिनसाइ॥

सुमन्त जब राम लक्ष्मण को विदा कर अयोध्या लौटने लगते हैं, तब रामचन्द्रजी अत्यन्त प्रेम भरा संदेसा पिता से कहने को कहते हैं जिसमें कहीं से खिन्नता या उदासीनता का लेश नहीं है। वे सारथी को बहुत तरह से समझाकर कहते हैं-

सब बिधि सोइ करतव्य तुम्हारे। दुख न पाव पितु सोच हमारे॥

यह कहना लक्ष्मण को अच्छा नहीं लगता। जिस निष्ठुर पिता ने स्त्री के कहने में आकर बनवास दिया, उसे भला सोच क्या होगा? पिता के व्यवहार की कठोरता के सामने लक्ष्मण का ध्यान उनके सत्यपालन और परवशता की ओर न गया, उनकी वृत्ति इतनी धीर और संयत न थी कि वे इतनी दूर सोचने जाते। पिता के प्रति कुछ कठोर वचन वे कहने लगे। पर राम ने उन्हें रोका और सारथी से बहुत विनती की कि लक्ष्मण की ये बातें पिता से न कहना।

पुनि कछु लषन कही कटु बानी। प्रभु बरजेउ बड़ अनुचित जानी॥

सकुचि राम निज सपथ दिवाई। लषन संदेसु कहिय जनि जाई॥

यह 'सकुचि' शब्द कितना भावगर्भित है। यह कवि की सूक्ष्म अन्तर्दृष्टि सूचित करता है। मनुष्य का जीवन सामाजिक है। यह समाजबद्ध प्राणी है। उसे अपने ही आचरण पर लज्जा या संकोच नहीं होता है, अपने कुटुम्बी, इष्टमित्र या साथी के भद्दे आचरण पर भी होता है। पुत्र की करतूत सुनकर पिता का सिर नीचा होता है, भाई की करतूत सुनकर भाई का। इस बात का अनुभव तो हम बराबर करते हैं कि हमारा साथी हमारे सामने किसी से बातचीत करते समय भद्दे या अश्लील शब्दों का प्रयोग करता है, तो हमें लज्जा मालूम होती है। यह संकोच राम की सुशीलता और लोकमर्यादा का भाव व्यंजित करता है। मर्यादा-पुरुषोत्तम का चरित्र ऐसे ही कवि के हाथ में पड़ने योग्य था।

सुमन्त ने अयोध्या लौटकर राजा से लक्ष्मण की कही हुई बातें तो न कहीं, पर इस घटना का उल्लेख किए बिना उससे न रहा गया। क्यों? क्या लक्ष्मण से उसमें कुछ शत्रुता थी? नहीं, राम के शील का जो अद्‌भुत उत्कर्ष उसने देखा, उसे वह हृदय में न रख सका। सुशीलता के मनोहर दृश्य का प्रभाव मानव अन्तःकरण पर ऐसा ही पड़ता है। सुमन्त को राम की आज्ञा के विरुद्ध कार्य करने का दोष अपने ऊपर कबूल हुआ; पर उस शीलसौन्दर्य की झलक अपने ही तक वह न रख सका, दशरथ को भी उसे उसने दिखाया। कहने की आवश्यकता नहीं कि इस अन्तिम झलक ने राजा को और भी उस मृत्यु के पास तक पहुँचा दिया होगा जो आगे चलकर दिखाई गयी है। इसे कहते हैं घटना का सूक्ष्म क्रमविन्यास।

राम और लक्ष्मण के स्वभावभेद का बस एक और चित्र दिखा देना काफी होगा। समुद्र के किनारे खड़े होकर समुद्र से विनय करते-करते राम को तीन दिन बीत गये। तब जाकर राम को क्रोध आया और 'भय बिनु होई न प्रीति' वाली नीति की ओर उनका ध्यान गया। वे बोले—

लछिमण बान सरासन आनू। सोखउँ बारिधि बिसिख कृसानू॥

अस कहि रघुपति चाप चढ़ावा। यह मत लछिमन के मन भावा॥

जिसके बाण खींचते ही 'उठी उदधि उर अन्तर ज्वाला' उसने पहले तीन दिनों तक हर प्रकार से विनय की। विनय की मर्यादा पूरी होते ही राम ने अपना अतुल पराक्रम प्रकट किया जिसे देख लक्ष्मण को सन्तोष हुआ। विनयवाली नीति उन्हें पसन्द न थी। एक बार, दो बार कह देना ही वे काफी समझते थे।

वाल्मीकि ने राम के बनवास की आज्ञा पर लक्ष्मण के महाक्रोध का वर्णन किया है। पर न जाने क्यों वहाँ तुलसीदास जी इसे बचा गये हैं।

चित्रकूट में अपनी कुटिलता का अनुभव करती हुई कैकेयी से राम बार-बार इसलिए मिलते हैं कि उसे यह निश्चय हो जाय कि उनके मन में उस कुटिलता का ध्यान कुछ भी नहीं है और उसकी ग्लानि दूर हो। वे बार-बार उसके मन में यह बात जमाना चाहते हैं कि जो कुछ हुआ, उसमें उसका कुछ भी दोष नहीं है। अपने साथ बुराई करनेवाले के हृदय को शान्त और शीतल करने की चिन्ता राम के सिवा और किसको हो सकती है? दूसरी बात यह ध्यान देने की है कि राम का यह शीलप्रदर्शन उस समय हुआ, जिस समय कैकेयी का अन्तःकरण अपनी कुटिलता का पूर्ण अनुभव करने के कारण इतना द्रवीभूत हो गया था कि शील का संस्कार उनपर सब दिन के लिए जम

सकता था। गोस्वामीजी के अनुसार हुआ भी ऐसा ही—

कैकयी जौ लौं जियति रही।
तौं लौं बात मातु सो मुँह भरि भरत न भूलि कही।
मानी राम अधिक जननी तें, जननिहु गँस न गही॥

इतने पर भी कहीं गाँस रह सकती है?

गार्हस्थ्य जीवन के दाम्पत्य भाव के भीतर सबसे मनोरथ वस्तु है उनकी 'एक भार्या की मर्यादा। इसके कारण यहाँ से वहाँ तक जिस गौरवपूर्ण माधुर्य का प्रसार दिखाई देता है, वह अनिवर्चनीय है। इसकी उपयोगिता का पक्ष दशरथ के चरित्र पर विचार करते समय दिखाया जायगा।

भक्तों को सबसे अधिक वश में करनेवाला राम का गुण है शरणागत की रक्षा। अत्यन्त प्राचीन काल से ही शरणागत की रक्षा करना भारतवर्ष में बड़ा भारी धर्म माना जाता है। इस विषय में भारत की प्रसिद्धि सारे सभ्य जगत् में थी। सिकन्दर से हारकर फारस का सम्राट द्वारा जब भाग रहा था, तब उसके तीन साथी सरदारों ने विश्वासघात करके उसे मार डाला। उनमें से एक शकस्थान (सीस्तान) का क्षत्रप वरजयन्त था। जब सिकन्दर ने दंड देने के लिए इन तीनों विश्वासघातियों का पीछा किया, तब वरजयन्त ने भारतवासियों के यहाँ आकर शरण ली और बच गया। प्राचीन यहूदियों के एक जत्थे का गान्धार और दक्षिण में शरण पाना प्रसिद्ध है। इस्लाम की तलवार के सामने कुछ प्राचीन पारसी जब अपने आर्य धर्म की रक्षा के लिए भागे तब भारतवर्ष ही की ओर उनका ध्यान गया; क्योंकि शरणागत की रक्षा यहाँ प्राण देकर की जाती थी। अपनी हानि के भय से शरणागत का त्याग बड़ा भारी पाप माना जाता है।

सरनागत कहँ जे तजहिं, निज अनहित अनुमानि।
ते नर पाँवर पाप मय, तिनहि बिलोकत हानि॥

शरणागत की रक्षा की चिन्ता रामचंद्र के हृदय से दारुण शोक के समय में भी दूर न हुई। सामने पड़े हुए लक्ष्मण को देखकर वे विलाप कर रहे हैं—

मेरो सब पुरुषारथ थाको।
विपति बँटावन बंधु बाहु बिनु करौं भरोसो काको?
सुनु सुग्रीव! साँचहू मो सन फेर्यो बदन विधाता।
ऐसे समय समर-संकट हौं तज्यों लषन सो भ्राता ॥
गिरि कानन जैहैं साखा मृग, हौ पुनि अनुज सँघाती।
ह्वै है कहा विभीषन की गति, रही सोच भरि छाती।

राम के चरित्र की इस उज्ज्वलता के बीच एक धब्बा भी दिखाई देता है। यह है बालि को छिपकर मारना। वाल्मीकि और तुलसीदास दोनों ने इस धब्बे पर कुछ सफेद रंग पोतने का प्रयत्न किया है। पर हमारे देखने में तो यह धब्बा ही सम्पूर्ण रामचरित को उच्च आदर्श के अनुरूप पर एक कल्पना मात्र समझे जाने से बचाता है। यदि एक यह धब्बा न होता तो राम की कोई बात मनुष्य की सी न लगती और वे मनुष्यों के बीच अवतार लेकर भी मनुष्यों के काम के न होते। उनका चरित्र भी उपदेशक महात्माओं की केवल महत्त्वपूर्ण फुटकर बातों का संग्रह होता, मानव जीवन की विशद अभिव्यक्ति सूचित करनेवाले सम्बद्ध काव्य का विषय न होता। यह धब्बा ही सूचित करता है कि ईश्वरावतार राम हमारे बीच हमारे भाईबन्धु बनकर आये थे, मनुष्यता दिखाने आये थे। भूलचूक या त्रुटि से सर्वथा रहित मनुष्यता कहाँ होती है? इसी एक धब्बे के कारण हम उन्हें मानव जीवन से तटस्थ नहीं समझते-तटस्थ क्या कुछ हटे नहीं समझते हैं।

●●●

तुलसी का भक्ति मार्ग

भक्ति रस का पूर्ण परिपाक जैसा तुलसीदास जी में देखा जाता है वैसा अन्यत्र नहीं। भक्ति में प्रेम के अतिरिक्त आलम्बन के महत्व और अपने दैन्य का अनुभव परम आवश्यक अंग है। तुलसी के हृदय से इन दोनों अनुभवों के ऐसे निर्मल शब्द-स्रोत निकले हैं, जिनमें अवगाहन करने से मन की मैल कटती है और अत्यन्त पवित्र प्रफुल्लता आती है। गोस्वामी जी के भक्ति-क्षेत्र में शील, शक्ति और सौन्दर्य तीनों की प्रतिष्ठा होने के कारण मनुष्य की सम्पूर्ण भावात्मिकता प्रकृति के परिष्कार और प्रसार के लिए मैदान पड़ा हुआ है। वहाँ जिस प्रकार लोक-व्यवहार से अपने को अलग करके आत्म-कल्याण की ओर अग्रसर होने वाले काम, क्रोध आदि शत्रुओं से बहुत दूर रहने का मार्ग पा सकते हैं, उसी प्रकार लोक-व्यवहार में मग्न रहने वाले अपने भिन्न-भिन्न कर्तव्यों के भीतर ही आनन्द की वह ज्योति पा सकते हैं जिससे इस जीवन में दिव्य जीवन का आभास मिलने लगता है और मनुष्य के वे सब कर्म, वे सब वचन और वे सब भाव-क्या डूबते हुए को बचाना, क्या अत्याचारों पर शस्त्र चलाना, क्या स्तुति करना, क्या निन्दा करना, क्या दया से आर्द होना, क्या क्रोध से तमतमाना—जिनसे लोक का कल्याण होता आया है, भगवान् के लोक पालन करने वाले कर्म, वचन और भाव दिखाई पड़ते हैं।

यह प्राचीन भक्ति मार्ग एकदेशीय आधार पर स्थित नहीं, एक एकांगदर्शी नहीं। यह हमारे हृदय को ऐसा नहीं करना चाहता कि हम केवल व्रत-उपवास करने वालों ही पर श्रद्धा रखें और जो लोग संसार के पदार्थों का उचित उपभोग करके अपनी विशाल भुजाओं से रणक्षेत्र में अत्याचारियों का दमन करते हैं, या अपनी अन्तर्दृष्टि की साधना और शारीरिक अध्यवसाय के बल से मनुष्य-जाति के ज्ञान की वृद्धि करते हैं, उनके प्रति उदासीन रहें। गोस्वामी जी की रामभक्ति वह दिव्य वृत्ति है जिससे जीवन में शक्ति, सरसता,

प्रफुल्लता, पवित्रता, सब कुछ प्राप्त हो सकती है। आलम्बन की महत्व-भावना से प्रेरित दैन्य के अतिरिक्त भक्ति के और जितने अंग हैं—भक्ति के कारण अन्तःकरण की जो और-और शुभ वृत्तियाँ प्राप्त होती हैं सबकी अभिव्यंजना गोस्वामी जी के ग्रंथों के भीतर हम पा सकते हैं। राम में सौन्दर्य, शक्ति और शील तीनों की चरम अभिव्यक्ति एक साथ समन्वित होकर मनुष्य के सम्पूर्ण हृदय को उसके किसी एक ही अंश को नहीं—आकर्षित कर लेती है। कोरी साधुता का उपदेश पाषंड है, कोरी वीरता का उपदेश उद्दंडता है, कोरे ज्ञान का उपदेश आलस्य है और कोरी चतुराई का उपदेश धूर्तता है।

सूर और तुलसी को हमें उपदेशक के रूप में न देखना चाहिए। वे उपदेशक नहीं हैं, अपनी भावुकता और प्रतिभा के बल से लोक-व्यापार के भीतर भगवान् की मनोहर मूर्ति प्रतिष्ठित करने वाले हैं। हमारा प्राचीन भक्ति-मार्ग उपदेशकों की सृष्टि करने वाला नहीं है। सदाचार और ब्रह्मज्ञान के रूखे उपदेशों द्वारा इसके प्रचार की व्यवस्था नहीं है। न भक्तों के राम और कृष्ण उपदेशक, न उसके अनन्य भक्त तुलसी और सूर। लोक माधुर्य का अनेक रूपों में साक्षात्कार करके मुग्ध होना और मुग्ध करना ही इन भक्तों का प्रधान व्यवसाय है। उनका शस्त्र भी मानव हृदय है लक्ष्य भी। उपदेशों का ग्रहण ऊपर ही ऊपर से होता है। न वे हृदय के मर्म को ही भेद सकते हैं, न बुद्धि की कसौटी पर ही स्थिर भाव से जमे रह सकते हैं। हृदय तो उसकी ओर मुड़ता ही नहीं और बुद्धि उनको लेकर अनेक दार्शनिक वादों के बीच जा उलझती है। उपदेशवाद या तर्क गोस्वामी जी के अनुसार 'वाक्यज्ञान' मात्र कराते हैं, जिससे जीव कल्याण का लक्ष्य पूरा नहीं होता—

वाक्य-ज्ञान अत्यन्त निपुन भव पार न पावै कोई।
निसि गृह मध्य दीप की बातन तम निवृत्त नहिं होई॥

'वाक्य-ज्ञान' और बात है, अनुभूति और बात। इसी से प्राचीन परम्परा के भक्त लोग उपदेश, वाद या तर्क की अपेक्षा चरित्र-श्रवण और चरित्र-कीर्तन आदि का ही अधिक नाम लिया करते हैं।

प्राचीन भागवत सम्प्रदाय के बीच भगवान् के उस लोक-रंजनकारी रूप की प्रतिष्ठा हुई, जिसके अवलम्बन से मानव-हृदय अपने पूर्ण भाव संघात के साथ कल्याण मार्ग की ओर आपसे आप आकर्षित हो सके। इसी लोक-रंजनकारी रूप का प्रत्यक्षीकरण प्राचीन परम्परा के भक्तों का लक्ष्य है, उपदेशा देना नहीं। उसी मनोहर रूप की अनुभूति से गद्गद और पुलकित होना उसी रूप की एक-एक छटा को औरों के सामने भी रखकर उन्हें मान-जीवन के सौन्दर्य- साधन में प्रवृत्त करना, भक्तों का काम है।

गोस्वामी जी ने अनन्त सौन्दर्य का साक्षात्कार करके उसके भीतर ही अनन्त शक्ति और अनन्त शील की वह झलक दिखाई है जिसके प्रकाश में लोक का प्रमोदपूर्ण परिचालन हो सकता है। सौन्दर्य, शक्ति और शील, तीनों में मनुष्य मात्र के लिए आकर्षण विद्यमान है। रूप-लावण्य के बीच प्रतिष्ठित होने से शक्ति और शील को और भी अधिक सौन्दर्य प्राप्त हो जाता है, उनमें एक अपूर्व मनोहरता आ जाती है। जिसे शक्ति-सौन्दर्य की झलक मिल गयी, उसके हृदय में सच्चे वीर होने की अभिलाषा जीवन भर के लिए जग गयी, जिसने शील, सौन्दर्य की यह झाँकी पायी उसके आचरण पर इसके मधुर प्रतिबिम्ब की छाप बैठी। प्राचीन भक्ति के इस तत्व की ओर ध्यान न देकर जो लोग भगवान की लोक मंगलविभूति के द्रष्टा तुलसी को कबीर, दादू आदि की श्रेणी में रखकर देखते हैं वे बड़ी भारी भूल करते हैं।

अनंत-शक्ति-सौन्दर्य-समन्वित अनन्त शील की प्रतिष्ठा करके गोस्वामी जी को पूर्ण आशा होती है कि उसका आभास पाकर जो मनुष्यता को पहुँचा हुआ हृदय होगा वह अवश्य द्रवीभूत होगा—

सुनि सीतापति शील सुभाउ।

मोद न मन, तन पुलक, नयन जल सो नर खेहर खाउ॥

इसी हृदय पद्धति द्वारा ही मनुष्य में शील और सदाचार का स्थायी संस्कार जम सकता है। दूसरी कोई पद्धति है ही नहीं। अनंत शक्ति और अनन्त सौन्दर्य के बीच से अनन्त शील की आभा फूटती देख जिसका मन मुग्ध न हुआ, जो भगवान् की लोकरंजन मूर्ति के मधुर ध्यान में कभी लीन न हुआ, उसकी प्रकृति की कटुता बिल्कुल नहीं दूर हो सकती।

सूर, सुजान, सपूत, सुलच्छन, गनियत गुन गरूआई।

बिनु हरिभजन, इँदारून के फल, तजत नहीं करूआई॥

चरम महत्व के इस भव्य-मनुष्य ग्राह्य रूप के सम्मुख भावविह्वल भक्त-हृदय के बीच जो-जो तरंगें उठती हैं उन्हीं की माला विनय-पत्रिका है। महत्व के नाना रूप और इन भाव-तरंगों की स्थिति परस्पर बिम्ब-प्रतिबिम्ब समझनी चाहिए। भक्ति में दैन्य, आशा, उत्साह, आत्मग्लानि, अनुताप, आत्मनिवेदन आदि की गम्भीरता उस महत्व की अनुभूति की मात्रा के अनुसार समझिए। महत्व का जितना ही सान्निध्य प्राप्त होता जाएगा उसका जितना ही स्पष्ट साक्षात्कार होता जाएगा उतना ही अधिक स्फुट भावों का विकास होता जाएगा, और इन पर भी महत्व की आभा चढ़ती जाएगी। मानो ये भाव

महत्व की ओर बढ़ते जाते हैं और महत्व इन भावों की ओर बढ़ता आता है। इस प्रकार लघुत्व का महत्व में लय हो जाता है।

सारांश यह कि भक्ति का मूल तत्व है महत्व की अनुभूति। इन अनुभूति के साथ ही दैन्य अर्थात् अपने लघुत्व की भावना का उदय होता है। इस भावना को दो ही पंक्तियों में गोस्वामी जी ने बड़े ही सीधे-सादे ढंग से व्यक्त कर दिया है—

राम सों बड़ो है कौन, मोसों कौन छोटो?
राम सों खरो है कौन, मोसों कौन खोटो?

प्रभु के महत्व के सामने होते ही भक्त के हृदय में अपने लघुत्व का अनुभव होने लगता है। उसे जिस प्रकार प्रभु का महत्व वर्णन करने में आनन्द आता है, उसी प्रकार अपना लघुत्व-वर्णन करने में भी। प्रभु की अनन्त-शक्ति के प्रकाश में उसकी असामर्थ्य का, उसकी दीन दशा का बहुत साफ चित्र दिखाई पड़ने लगते हैं। इस अवस्था को प्राप्त भक्त अपने दोषों, पापों और त्रुटियों को अत्यन्त अधिक परिमाण में देखता है और उनका जी खोलकर वर्णन करने में उस समय बाधक नहीं हो सकता। इस प्रकार अपने पापों की पूरी सूचना देने से जी का बोध ही नहीं, सिर का बोझ भी कुछ हल्का हो जाता है। भक्त के सुधार का भार उसी पर न रहकर बँट सा जाता है।

ऐसी उच्च मनोभूमि की प्राप्ति, जिसमें अपने दोषों को झुक-झुककर देखने की ही नहीं, उठा-उठाकर दिखाने की भी प्रवृत्ति होती है; ऐसी नहीं जिसे कोई कहे कि यह कौन बड़ी बात है लोक की सामान्य प्रवृत्ति तो प्रायः इसके विपरीत ही होती है, जिसे अपनी ही मानकर गोसाईं जी कहते हैं—

जानत हू निज पाप जलधि जिय,
जल-सीकर सम सुनत लरौं।
रज सम पर-अवगुन सुमेरू करि,
गुन गिरि सम रज तें निदरौं॥

ऐसे वचनों के सम्बन्ध में यह समझ रखना चाहिए कि ये दैन्य भाव के उत्कर्ष की व्यंजना करने वाले उद्‌गार हैं। ऐतिहासिक खोज की धुन में इन्हें आत्म-वृत्त समझ बैठना ठीक न होगा। इन शब्द-प्रवाहों में लोक की सामान्य-प्रवृत्ति की व्यंजना हो जाती है, इससे इनके द्वारा प्रत्येक मनुष्य अपने दोषों और बुराइयों की ओर दृष्टि से जाने का साहस प्राप्त कर सकता है। दैन्य भक्तों का बड़ा भारी बल है।

परम महत्व के सान्निध्य से हृदय में उस महत्व में लीन होने के लिए जो अनेक प्रकार के आन्दोलन उत्पन्न होते हैं, वे ही भक्तों के भाव हैं। कभी भक्त अनंत रूप-राशि के अनुभव से प्रेम-पुलकित हो जाता है, कभी अनंत शक्ति की झलक पाकर आश्चर्य और उत्साह से पूर्ण होता है, कभी अनंत शील की भावना से अपने कर्मों पर पछताता है और कभी प्रभु के दया-दाक्षिण्य को देख मन में इस प्रकार का ढाँढ़स बाँधता है—

कहा भयो जो मन मिलि कलिकालहिं कियों भौंतुवा भौंर को है।

तुलसिदास सीतल नित एहि बल, बड़े ठेकाने ठौर को है॥

दिन-रात स्वामी के पास रहते-रहते जिस प्रकार सेवक की कुछ धड़क खुल जाती है, उसी प्रकार प्रभु के सतत् ध्यान से जो सान्निध्य की अनुभूति भक्त के हृदय में उत्पन्न होती है, उसके कारण वह कभी-कभी मीठा उपालंभ भी देता है।

भक्ति में लेन-देन का भाव नहीं रह जाता। भक्ति के बदले में उत्तम गति मिलेगी, इस भावना को लेकर भक्ति हो ही नहीं सकती। भक्त के लिए भक्ति का आनन्द ही उसका फल है। वह शक्ति, सौन्दर्य और शील के अनन्त समुद्र के तट पर खड़ा होकर लहरें लेने में ही जीवन का परम फल मानता है।

गोस्वामी जी एक बार वृन्दावन गए थे। वहाँ किसी कृष्णोपासक ने उन्हें छेड़कर कहा"आपके राम तो बारह ही कला के अवतार हैं। आप श्रीकृष्ण की भक्ति क्यों नहीं करते जो सोलह कला के अवतार हैं?" गोस्वामी जी बड़े भोलेपन के साथ बोले—"हमारे राम अवतार भी हैं, यह हमें आज मालूम हुआ।" राम भगवान् के अवतार हैं इससे उत्तम फल या उत्तम गति दे सकते हैं, बुद्धि के इस निर्णय पर तुलसी राम से भक्ति करने लगे हों, यह बात नहीं है। राम तुलसी को अच्छे लगते हैं, उनके प्रेम का यदि कोई कारण है तो यही।

जौ जगदीश तौ अति भलो, जौ महीस तौ भाग।

तुलसी चाहत जनम भरि, रामचरन अनुराग॥

तुलसी को राम का लोकरंजन रूप वैसा ही प्रिय लगता है, जैसा चातक को मेघ का लोकसुखदायी रूप। राम प्रिय लगने लगे, राम की भक्ति प्राप्त हो गयी, इसका पता कैसे लग सकता है? इसका लक्षण है मन का आप से आप सुशीलता की ओर ढल पड़ना—

तुम अपनायो, तब जनिहौं जब मन फिरि परिहै।

इस प्रकार शील को राम-प्रेम का लक्षण ठहराकर गोस्वामी जी ने अपने व्यापक भक्ति क्षेत्र के अन्तर्भूत कर लिया है।

भक्त यही चाहता है कि प्रभु के सौन्दर्य, शक्ति आदि की अनंतता की जो मधुर भावना है वह अबाध रहे उसमें किसी भी प्रकार की कसर न आने पाये। अपने ऐसे पापी की सुगति को वह प्रभु की शक्ति का एक चमत्कार समझता है। अतः उसे यदि सुगति न प्राप्त हुई तो उसे इसका पछतावा न होगा, इस बात का कि प्रभु की अनन्त शक्ति की भावना बाधित हो गयी—

नाहिंन नरक परत मो कहँ डर यद्यपि हौं अति हारो।

यह बड़ि त्रास दास तुलसी कहँ नामहुँ पाप न जारो॥

प्रभु के सर्वगत होने का ध्यान करते-करते भक्त अन्त में जाकर उस अवस्था को प्राप्त करता है जिसमें वह अपने साथ-साथ समस्त संसार को उस एक अपरिछिन्न सत्ता में लीन होता हुआ देखने लगता है, और दृश्य भेदों का उसके ऊपर उतना जोर नहीं रह जाता। तर्क या युक्ति ऐसी अवस्था की सूचना भर दे सकती है 'वाक्य ज्ञान' भर करा सकती है। संसार में परोपकार और आत्म-ज्ञान के जो उज्ज्वल दृष्टान्त कहीं-कहीं दिखाई पड़ा करते हैं, वे इसी अनुभूति मार्ग में कुछ न कुछ अग्रसर होने के हैं। यह अनुभूति मार्ग या भक्तिमार्ग बहुत दूर तक तो लोक-कल्याण की व्यवस्था करता दिखाई पड़ता है; पर और आगे चलकर यह निस्संग साधक को सब भेदों से परे ले जाता है।

●●●

हिन्दी की पूर्व और वर्तमान स्थिति

समस्त उत्तरी भारत के बीच हिन्दी की स्थिति क्या थी और अब क्या है इसका संक्षेप विचार आवश्यक जान पड़ता है। देश के गार्हस्थ्य, सामाजिक, राजनैतिक तथा धर्म संबंधी जीवन से इसका कितना लगाव रहा है तथा और देशभाषाओं से इसका क्या सम्बंध चला आ रहा है यही देखने का थोड़ा बहुत प्रयत्न हम यहाँ करेंगे।

कोई भाषा जितने ही अधिक व्यापारों में मनुष्य का साथ देगी उसके विकास और प्रचार की उतनी ही अधिक संभावना होगी। वह भाषा जो किसी विशेष अवसर वा स्थान के लिए गढ़ी जाती है, लाख उपाय करने पर भी जन साधारण के नित्य प्रति के व्यवहार में नहीं घुस सकती। जिन बातों को हम अधिक सुनते हैं, जिन वस्तुओं को हम अधिक देखते हैं, जिन शब्दों को हम अधिक बोलते हैं, उन्हीं के लक्ष्य में किए हुए जो साहित्य चला है वही हमारा साहित्य है और वही भूले भटकों को प्रकाश का काम देगा। हमारे हृदय को उन शब्दों को सुनकर द्रवीभूत होने का अभ्यास अधिक रहता है जो हमारे घरों में सुनाई पड़ते हैं क्योंकि यहाँ प्रकृति से हमारा मेल अधिक रहता है। अब यदि हम इन शब्दों और वाक्यों को बिलकुल छोड़ दें तो हमारी लिखने पढ़ने की भाषा में वह शक्ति नहीं रह जाती। समाज भी गार्हस्थ्य जीवन का एक विकास है अतः हमारी हिन्दी की जो प्रेरणा इतिहास की बड़ी बड़ी घटनाओं से मिली है वह किसी से छुपी नहीं है। लाहौर के चन्दबरदाई की वीर रसोद्गारिणी कविता युद्ध में अग्रसर होते हुए महाराज पृथ्वीराज के कानों में बराबर पड़ती रही। बीकानेर के पृथ्वीराज के एक दोहे ने महाराणा प्रताप पर जादू का असर किया। भूषण के कवित्त महाराष्ट्र के वीर छत्रपति शिवाजी के मन में औरंगजेब के अन्याय को दमन करने की उत्तेजना बराबर बनाए रहे। शेख बुरहान के चेले कुतबन और शेरशाह को लोकप्रिय और हिन्दूभावों से सहानुभूति रखने वाले कवि हुसेनशाह और शेरशाह को

लोकप्रिय और प्रजापालक बनाने में सहायक हुए। 15 वीं शताब्दी से देश में हिन्दी द्वारा भक्ति का जो स्रोत उमड़ा उसने सारे उत्तरी भारत को प्रेम और शांत रस में मग्न कर दिया। सारांश यह कि 800 वर्ष से जातीय जीवन में जितने उलट फेर होते आए उन सबका आभास हिन्दी साहित्य में विद्यमान है और किसी ज.ति के साहित्य का यही लक्षण है। हिन्दी आरंभ ही से उत्तरी भारत एक बड़े भूखंड की लिखने की भाषा रही। उसी में जाति का पूर्व अनुभव संचित है और अब भी उसी तक जनसाधारण की पहुँच है।

हिन्दी को राष्ट्रभाषा बनाने का विचार देश में फैल रहा है। हिन्दी की शब्दावली को कुछ रूपान्तरों के साथ बंगला, मराठी और गुजराती आदि व्याप्त देख दूरदर्शियों को यह सूझने लगा है कि हिन्दी उन स्थानों की भी साहित्य भाषा अच्छी तरह हो सकती है जहाँ उपर्युक्त भाषाएँ बरती जाती रही हैं। यद्यपि लोगों का ध्यान इस ओर अब आकर्षित हुआ है पर यह स्थिति हिन्दी को प्राचीन समय में प्राप्त थी और उसने उनके बल पर अपनी सीमा के बाहर हाथ पैर भी फैलाए थे पर पीछे भिन्न भिन्न देशभाषाओं में साहित्य की वृद्धि हो जाने पर वह कुछ दब सी गई। हिन्दी सारे उत्तरी भारत की राष्ट्रभाषा पुराने समय में भी थी। मैथिल कवि विद्यापति ठाकुर ने अपने पदों को हिन्दी से मिलती जुलती भाषा में लिखने के अतिरिक्त कुछ कविताएं शुद्ध हिन्दी में भी रची हैं। बंग भाषा के पुराने कवि भारतचंद राय ने भी हिन्दी में कुछ कविताएं कीं। इससे प्रतीत होता है कि उत्तरी भारत में किसी समय साहित्य की परिष्कृत भाषा समझी जाती थी। गुजराती के पुराने नाटकों में पहिले पात्रों का कथोपकथन ब्रजभाषा में कराया जाता था। अब भी गुजरात में ब्रजभाषा का व्यवहार बहुत है। तुलसी, सूर आदि महाकवियों के पद बहुत दूर दूर तक फैले। जम्मू में 'सुदामा मंदिर देख डरे' आदि पद स्त्रियों में बराबर प्रचलित हैं। महाराष्ट्र के राजदरबारों में हिन्दी कवियों का बड़ा मान होता था। हिन्दी पद्य महाराष्ट्र देश में बड़ी चाह से सुने जाते थे। पहिली भेंट में भूषण के कवित्तों को सुनकर शिवाजी का प्रसन्न होना यह सूचित करता है कि शिवाजी लिखने पढ़ने की हिन्दी अच्छी तरह जानते थे। पूना, नागपुर, इंदौर आदि के मरहठे दरबारों में हिन्दी कवियों के रहने का पता बराबर लगता है। अतः यह मान लेने में कोई संकोच नहीं कि हिन्दी को राष्ट्रभाषा का रूप पहिले से प्राप्त है। हां, यह ठीक है कि जान बूझकर किसी ने एक भाषा फैलाने के विचार से कोई प्रयत्न नहीं किया था। कुछ और ही कारणों से उसने अपने लिए आपसे आप जगह की थी। उसी स्थान की प्रचलित भाषा (समुदाय, विशेष की गढ़ी हुई नहीं) का लोग दूर-दूर तक अनुकरण करते हैं जहां सामाजिक, राजनैतिक

तथा धर्म-सम्बंधी अभिप्रायों से भिन्न-भिन्न प्रान्तों के लोग कुछ दिन आकर रहते हैं। दिल्ली और आगरा बहुत दिनों तक भारतवर्ष के प्रधान नगर रहे जहां अनेक भिन्न प्रदेशों के लोगों का समागम होता था। उसके अतिरिक्त करोड़ों यात्रियों का मथुरा (आगरे के पास ही) में आकर वार्ता में दिन बिताना भी पश्चिमी हिन्दी के प्रचार का उत्तेजक हुआ। अष्टछाप के कवियों ने तो ब्रजभाषा का सिक्का और भी जमा दिया और वह साहित्य की टकसाली भाषा बन गई। यहाँ तक कि गोस्वामी तुलसीदास जी ने भी, जिनके रामचरितमानस को डाक्टर ग्रियर्सन साहब अवधी बोली में लिखा बताते हैं, कवितावली आदि की भाषा प्रायः ब्रजभाषा ही रक्खी है। दिल्ली मेरठ की खड़ी बोली भी, यद्यपि वह साहित्य क्षेत्र में अग्रसर न हो सकी, लोगों की बोलचाल पर अपना अधिकार करती रही। भिन्न-भिन्न प्रान्तीय बोलियाँ बोलने वाले लोग बड़े नगरों में परस्पर इस बोली का व्यवहार बोलचाल में करने लगे। जब मौलवी लोगों ने देखा कि बोलचाल में खड़ी बोली का प्रचार खूब हो रहा है तब उन्होंने एक कपोलकल्पना की कि वह शाहजहाँ के लश्कर से एक नई ज़ुबान उर्दू पैदा हुई है और उसमें किताबें लिखने लगे। पीछे से ज़बान की जहक़ीकात करने वाले आलिमों ने उसे 'बिरज भाषा, फ़ारसी, अरबी और तुरकी एक एक मुरक्कब बतलाया,' यह न सोचा कि इस तरह से भी संसार में कोई नई भाषा बनी है। किसी देश की भाषा में चाहे और देश के शब्द मिल जायँ, और मिलते ही हैं, तथा उनका कुछ रूपान्तर हो जाय पर एक नई भाषा नहीं बन सकती। अतः उर्दू को एक नई भाषा बतलाना भ्रम है, वह यथार्थ में फ़ारसी अरबी मिश्रित खड़ी बोली है। यही बात डाक्टर ग्रियर्सन ने भी स्वीकार की है और हिन्दुस्तानी को पश्चिमी हिन्दी का एक भेद माना है।

इसी प्रकार जिस भाषा का व्यापार, लेन देन वा केवल राजकाज ही में अधिक काम पड़ता है वह सर्वप्रिय साहित्य भाषा नहीं बन सकती। क्योंकि उसकी पहुँच थोड़े से ऐसे मानव व्यापारों ही तक होती है जिनकी अवधि और सीमा बहुत थोड़ी तथा जिनकी योगफल जीवन के और और व्यापारों से बहुत कम होता है।

●●●

हिन्दी और हिन्दुस्तानी

आज इस विज्ञ और कमकुशल समाज के बीच जो अपनी भाषा और उसमें साहित्य की गतिविधि का निरीक्षण करके दोनों का मार्ग स्वच्छ और परिष्कृत करने के लिए इस पुण्य-भूमि पर एकत्र हैं, मेरा हृदय एक अपूर्व आनन्द का अनुभव भी करता है और रह-रहकर संकोच से दबता भी है। संकोच का कारण है—जो स्थान मुझे यहाँ दिया गया है उससे यही प्रकट होता है कि आप लोग मुझसे अपने पवित्र प्रयत्न और शुभ अनुष्ठान में कुछ सहायता पहुँचाने की आशा रखते हैं। पर अपनी शक्ति और योग्यता पर दृष्टि रखते हुए उस आशा के किसी अंश की भी पूर्ति की संभावना मुझे नहीं दिखाई पड़ रही है। इस विचित्र परिस्थिति में मुझे सन्तोष इसी बात का है कि मैं उपहास का पात्र होकर भी ऐसे विद्वानों और कर्मवीरों के संसर्ग में बहुत कुछ ज्ञान, बहुत कुछ उत्साह प्राप्त करूँगा।

हम सब लोग यहाँ यह समझने के लिए एकत्र हैं कि हमारा साहित्य किस दशा में है, उसमें किन-किन बातों का अभाव है, उसकी कौन-कौन प्रवृत्तियाँ उत्कर्ष की ओर ले जानेवाली हैं और कौन-कौन अपकर्ष की ओर तथा वर्त्तमान समय में वह किस रूप में हमारे जीवन को सरस, सबल और समृद्ध करने में सहायक हो सकता है।

साहित्य किसी जाति की रक्षित वाणी की वह अखंड परम्परा है जो उसके जीवन के स्वतंत्र स्वरूप की रक्षा करती हुई जगत् की गति के अनुरूप उत्तरोत्तर उसका अन्तर्विकास करती चलती है। उसके भीतर प्राचीन के साथ नवीन का इस मात्रा में और इस सफाई के साथ मेल होता चलता है कि उसके दीर्घ इतिहास में कालगत विभिन्नताओं के रहते हुए भी यहाँ से वहाँ तक एक ही वस्तु के प्रसार की प्रतीति होती है। जबकि साहित्य व्यक्त वाणी या वाग्विभूति का संचित भंडार है तब पहले भाषा ही पर ध्यान जाना स्वाभाविक

है। व्यक्त वाणी का यह संचय असभ्य जातियों में तो केवल मौखिक रहता है, पर सभ्य जातियों में पुस्तकों के भीतर हिफ़ाज़त के साथ बंद रखा जाता है। मौखिक अधिक समय तक स्थिर नहीं रह सकता, पर पुस्तकस्थ होकर हजारों वर्ष तक चला चलता है।

साहित्य की अखंड दीर्घ परंपरा सभ्यता का लक्षण है। यह परंपरा शब्द की भी होती है और अर्थ की भी। शब्द-परंपरा भाषा को स्वरूप देते हैं और अर्थ पंरपरा साहित्य का स्वरूप निर्दिष्ट करती है। यह दोनों परम्पराएँ अभिन्न होती हैं। इन्हें एक ही परंपरा के दो पक्ष समझिए। किसी देश की शब्द-परपंरा अर्थात् भाषा कुछ कान तक चलकर जो अर्थ विधान करती है यही उस देश का साहित्य कहलाता है। कुछ काल तक लगातार चलते रहने से शब्द-परंपरा या भाषा को भी एक विशेष स्वरूप प्राप्त हो जाता है और अर्थ-परंपरा या साहित्य को भी। इस प्रकार दोनों के स्वरूपों का सामंजस्य रहता है। इस सामंजस्य में यदि बाधा पड़ी तो साहित्य देश की प्रकृतिक जीवन धारा से विच्छिन्न हो जायेगा और जनता के हृदय का स्पर्श न कर सकेगा। यदि अर्थ-परंपरा का स्वरूप बनाये रखकर शब्द-परंपरा का स्वरूप बदल जायेगा तो परिणाम होगा 'कोयल का नग़मा' और 'महात्माजी के अलफाज'। यदि शब्द-पंरपरा स्थिर रखकर अर्थ-परंपरा या वस्तु परंपरा बदली जाएगी तो आपके सामने 'स्वर्ण अवसर' आएगा, 'हृदय के छाले' फूटेंगे और 'दुपट्टे फाड़े जाएँगे।'

भाषा या साहित्य के विशिष्ट स्वरूप प्राप्त करने का अभिप्राय यह नहीं है कि उसमें बाहर से आये हुए नये शब्द और नई-नई वस्तुएँ न मिले। उसमें नए-नए शब्द भी बराबर मिलते जाते हैं और नए-नए अर्थों या वस्तुओं की योजना भी होती जाती है, पर इस मात्रा में और इस ढंग से कि उसका स्वरूप अपनी विशिष्टता बनाए रहता है। हम यह बराबर कह सकते हैं कि वह देश का, इस जाति का और इस भाषा का साहित्य है। गंगा एक क्षीण धारा के रूप में गंगोत्तरी से चलती है मार्ग में न जाने कितने नाले, न जाने कितनी नदियाँ उसमें मिलती जाती हैं, पर सागर-संगम तक वह 'गंगा' ही कहलाती है, उसका 'गंगापन' बना रहता है।

हमारे व्यावहारिक और भावात्मक जीवन से जिस भाषा का संबंध सदा से चला आ रहा है वह पहले चाहे जो कुछ कही जाती रही हो अब हिन्दी कही जाती है। इसका एक-एक शब्द हमारी सत्ता का व्यंजक है, हमारी संस्कृति का संपुट है, हमारी जन्मभूमि का स्मारक है, हमारे हृदय का प्रतिंबिंब है, हमारी बुद्धि का वैभव है। देश की जिस प्रकृति ने हमारे हृदय में रूप-रंग भरा

है उसी ने हमारी भाषा का भी रूप-रंग खड़ा किया है। यहाँ के वन, पर्वत, नदी, नाले, वृक्ष, लता, पशु, पक्षी सब इसी हमारी बोली में अपना परिचय देते हैं और हमें खींचते हैं। इनकी सारी रूप-छटा, सारी भाव-भंगी हमारी भाषा में और हमारे साहित्य में समाई हुई हैं। यह वही भाषा है जिसकी धारा कभी संस्कृत के रूप में बहती थी, फिर प्राकृत और अपभ्रंश के रूप में और इधर हजार वर्ष से वर्त्तमान रूप में जिसे हिन्दी कहते हैं—लगातार बहती चली आ रही है। यह वही भाषा है जिसमें उत्तरी भारत के बीच चन्द और जगनिक ने वीरता की उमंग उठाई; कबीर, सूर और तुलसी ने भक्ति की धारा बहाई; बिहारी, देव और पद्माकर ने श्रृंगार रस की, वर्षा की, भारतेन्दु हरिश्चन्द्र, प्रतापनारायण मिश्र ने आधुनिक युग का आभास दिया और आज आप व्यापक दृष्टि फैलाकर सम्पूर्ण मानव जगत् के मेल में लानेवाली भावनाएँ भर रहे हैं। हजारों वर्ष से यह दीर्घ परंपरा अखंड चली आ रही है। ऐसी भव्य परंपरा का गर्व जिसे न हो वह भारतीय नहीं।

हमारा गर्व यह सोचकर और भी बढ़ जाता है कि यह परम्परा इतनी प्रबल और शक्तिशालिनी सिद्ध हुई कि इधर सौ वर्ष से अर्थात् अँगरेजी राज्य पूर्णतया प्रतिष्ठित हो जाने के पीछे से बंद करने के तरह-तरह के प्रयत्न कुछ लोगों के द्वारा समय-समय पर होते आ रहे हैं, पर यह अपना मार्ग निकालती चली आ रही है। इस विरोध का मूल हमारे उन मुसलमान भाइयों की निर्मूल आशंका है जो अपनी भाषा और साहित्य को विदेशी साँचे में ढालकर अपने लिए अलग रखना चाहते हैं। यदि वे अपनी भाषा और अपने साहित्य की एक अलग परंपरा रखना चाहते हैं तो हमारे लिए यह प्रसन्नता की बात है। इधर अपनी भाषा की छटा, अपने साहित्य की विभूति हमारे सामने रहेगी, उधर उनके साहित्य के चमत्कार से भी हम अपना मनोरंजन करेंगे। यही मौका उन्हें भी रहेगा। मनोरंजन के क्षेत्र एक से दो रहें तो और अच्छी बात है। यही स्थिति मुसलमानी अमलदारी में रही है। दिल्ली और दक्खिन के बादशाह फ़ारसी कविता का भी आनन्द लेते थे और परंपरागत हिन्दी कविता का भी। फारसी के स्थान पर जब उर्दू की शायरी होने लगी तब भी यही बात रही। अनेकरूपता का नाम ही संसार है। सौन्दर्य की विभूति अनेक रूपों में प्रकट होती है। सहृदय उन सबमें आनन्द का अनुभव करते हैं। अकबर की बात छोड़ दीजिए—जो आप कभी-कभी हिन्दी में कविता करता था—औरंगजेब तक के दरबार में जाकर हिन्दी-कवियों का कविता सुनाना प्रसिद्ध है। रहीम, रसखान, गुलाम, नबी इत्यादि का नाम हिन्दी के अच्छे कवियों में है।

यहीं तक नहीं अपनी धार्मिक भावनाओं की व्यंजना के लिए भी मुसलमान यहाँ की परंपरागत भाषा को बराबर काम में लाते थे। हमारे हिन्दी-काव्य के इतिहास में सूफी कवियों का एक वर्ग ही अलग है, जिसके अन्तर्गत, कुतबन, जायसी, उसमान, नूर मुहम्मद इत्यादि दर्जनों कवि हुए हैं। उन्होंने हमारी ही प्यारी बोली में हमारे काव्यों की पदावली में, जिसमें संस्कृत का पुट बराबर रहता आया है, प्रेम कहानियाँ लिखी हैं।

यह देखना चाहिए कि हमारी भाषा और हमारे साहित्य में वह कौन-सी वस्तु है, जो अब हमारे मुसलमान भाइयों को नापसन्द है। इधर उनकी ओर से जो लेख आदि निकल रहे हैं उनसे पता चलता है कि भाषा में न पसन्द आनेवाली वस्तु हैं संस्कृत के शब्द और साहित्य में भारतीय दृश्य, भारतीय रीति नीति और भारतीय इतिहास-पुराणों के प्रसंग। इस सम्बन्ध में हमारा नम्र निवेदन यह है कि जिस देश का साहित्य होगा उस देश की परंपरागत भाषा, उस देश के प्राकृतिक स्वरूप, रीति नीति, कथा-प्रसंग आदि से वह कैसे दूर रह सकता है?

अब थोड़ा यह भी देखिए कि पुराने मुसलमान भाइयों ने अपने वर्ग के लिए एक अगल साहित्य निर्माण करने में उसका क्या स्वरूप रखा था, और कितने दिनों तक का स्वरूप वे बनाये रहे। हिन्दी में थोड़े से, अरबी फ़ारसी शब्द मिलाकर अपने साहित्य के लिए जो भाषा उन्होंने ग्रहण की, वह रेख़ता कहलाती थी। जो हिन्दी उन्होंने ली थी वह केवल व्यवहार और बोलचाल की हिन्दी न थी, परंपरागत काव्यों और गीतों को हिन्दी भी थी, जिसमें बहुत चलते संस्कृत शब्दों के साथ-साथ ठेठ घरेलू शब्द भी रहते थे।

यह तो हुई कविता और साहित्य की बात। सबसे अधिक ध्यान देने की बात यह है कि सर्वसाधारण मुसलमान जनता में इसलाम के धार्मिक सिद्धान्तों के प्रचार के लिए चार सौ वर्ष पहले जिस भाषा का प्रयोग वे अपनी किताबों में करत थे, उसमें यहाँ के धार्मिक और दार्शनिक पुस्तकों में आनेवाले इन्द्रिय विकार आदि शब्द तक भी कभी-कभी लाते थे—

(1) सराहना नेवाजनां खुदा को बहुत कि वह पालनहारा है आलम का (शरह मुरग़बुल कबूल-शाह मीराजी, बीजापुरी , सन् 1495 के पहले)।

(2) सवाल—यह तन अलाधा (अलहदः) बल्कि सतंतर (स्वतन्त्र) विकार रूप दिखाता है। एक तिल क़रार नहीं ज्यों मरकट रूप।

जवाब—ऐ आरिफ़! ज़ाहिर तनके फ़ेल से गुजर्या व वातिन करतब विषै? दूसरा तन सो भी कि इस इन्द्रियन का विकार व चेष्टा करनहारा...सुख

दुख भोगनहारा। जेता विकार रूप वही दूसरा तन...। यह तन फ़हम सूँ गुजर्या तो गुन उसका क्यों रहे?

(कलामतुल हक़ायक़ शाह बुरहानुद्दीन बीजापुरी, सन् 1582)

उर्दू के इतिहास के लेखक उर्दू का उत्थान बीजापुर और गोलकुण्डा की दक्ख़िनी रियासतों से मानते हैं। वहाँ शीया मुसलमानों की अधिक बस्ती थी। इससे इमामहुसैन की कथा को लेकर दक्खिनी उर्दू कवियों ने कई मसनवियों या प्रबंध-काव्यों की रचना की। इनमें से एक का नाम है 'करबल-कथा' (करबला की कथा)। यह कथा शब्द भला आजकल उर्दू में कभी जगह पा सकता है? श्रृंगार की प्रेम कहानियों की रचना भी दक्खिनी उर्दू में बहुत कुछ हुई है। जैसे 'वजही' की 'मसनवी कुतुब-मुश्तरी' जिसकी पद्य-रचना का रूप देखिए—

न भुइँ पर बसे वह न असमान में।
रहा शद उसी नार के ध्यान में।
भुलाई चंचल धन वो यों शाह कों।
कि लुभवाए ज्यों कहरुबा काह कों।
लगा शाह उसासाँ भरन आह मार।
कि नज़दीक ना है व गुनवंत नार।

'वजही' की ग़ज़ल का नमूना यह है—

पिउ उपनेकाँ आज मैं निस सपने देखी सोयकर।
जब पिउ चालिया सेंति सेज तब सोते उट्ठी रोयकर॥
ना पूछूँ बहमन जोयसी कब मिलना पिउ सों होयसी॥

'वजही' का रचना-काल सन् 1600 से 1625 तक माना जाता है। इसके उपरांत सन् 1650 के लगभग 'नसरती' का समय आता है, जो कुछ दिनों तक तो दक्खिनी शायरी की उपर्युक्त परंपरा पर चला, पर आगे चलकर वह 'हिन्दवीपन' को बहुत कुछ दूर हटाकर फ़ारसी रूप देने में लगा। अपना प्रयत्न उसने स्पष्ट स्वीकार किया है और कहा है 'दखिन के शायरों की मैं रविशपर शेर बोल्या नहीं, एक स्थान पर और कहता है 'मआनी की मूरत की है आरसी। दखिन का किया शेर जूँ फ़ारसी।। फ़साहत में गर फ़ारसी खुश कलाम।। धरे फ़ख्र हिन्दी वचन पर मुदाम।। मैं इस दो हुनर के खुलासों को पा। किया शेर ताजः दोनों फन मिला।।' नसरती ने जो रास्ता दिखलाया उस पर कुछ लोग धीरे-धीरे चलने लगे, पर दक्खनी शायरी की देशी-परंपरा कुछ दिनों तक चलती रही। सन् 1691 ई. में अफ़ज़ल ने हिन्दी गीत-काव्य

परंपरा के अनुसार 'बारहमासा' लिखा जिसकी भाषा इस ढंग की है—

सखी रे! चैत रितु आई सुहाई।
अजहुँ उम्मीद मेरी बर न आई।
रहे हैं भँवर फूलों के गले लाग।
मेरे सीनः जुदाई की लगी आग।
सखी दिन रैन मुझ नागिन डसत है।
फिरूँ दौरी तमामै जग हँसत है।

सन् 1700 के पीछे वली ने और दक्खिनी शायरों के समान कुछ दिनों तक हिन्दीपन को रहने दिया। उसकी उन रचनाओं में हिन्दी-काव्य परंपरा के कुछ शब्द भारतीय कथा-प्रसंगों के कुछ संकेत, प्रेम व्यापार में स्त्री-पुरुष का भेद आदि कुछ बातें बनी रहीं। जैसे—

इस रैन अँधेरी में मत भूल पड़ू तिससूँ।
टुक पाँवके बिछुवों की आवाज़ सुनाती जा॥
मुझ दिलके कबूतर को पकड़ा है तेरी लट ने।
यह काम धरम का है टुक इसको छुड़ाती जा॥
तुझ मुख की परस्तिश में गई उम्र मेरी सारी।
ऐ बुत की पुजनहारी इस बुत को पुजाती जा॥
मुख बात बोलता हूँ शिकवः तेरे कपट का।
तुझ नैन देखने को दिल ठाँठ कर चुका था॥

पीछे शाह सादुल्लाह गुलशन ने 'वली' को हिदायत की कि "ये इतने फ़ारसी के मज़मून जो बेकार पड़े हैं, इन्हें काम में ला।" फिर तो वली ने अपना रुख़ ही पलट दिया और वे इस तरह के कलाम सामने लोने लगे—

जब सनम को ख़याले बाग़ हुआ।
तालिबे नश्शए फ़राग़ हुआ।
फ़ौज उश्शाक़ देख हर जानिब।
नाज़नीं साहबे दिमाग़ हुआ।
अश्क सूँ तुझ लबां की सुरखी के।
जिगर लाल दाग़ दाग़ हुआ।

पहले के दक्खिनी शायर तो देव की श्रुति-रूचि के अनुसार जगह को 'जाघा' और 'अलहदः' का 'अलाधा' तक लिखते थे। फ़ारसी शब्दों के बहुवचन आदि हिन्दी-व्याकरण के अनुसार रखते थे, पर वली ने 'आशिक' का बहुवचन अरबी के क़ायदे पर 'उश्शाक़' रक्खा है और फ़ारसी समाज के

ढंग पर नशशए-फराग़ और 'साहबे दिमाग़' लाए हैं। वली सन् 1700 ई. में दिल्ली आए। क़ायम ने सन् 1720 में वली के दीवान का दिल्ली पहुँचना लिखा है।

यहाँ से अब दिल्ली के शायरों की परंपरा उर्दू साहित्य में चली है। सन् 1700 ई. दिल्ली में हातिम के एक शायर थे। इन्होंने फिर हिन्दी के शब्दों की छँटाई की; जिसका वर्णन उन्होंने आप ही इस प्रकार किया है—

"लस्सान अरबी य ज़बान फ़ारसी कि करीबुलफ़हम व कसीरूल हस्तअमाल बाशद व रोज़मर्रा देहली कि मिर्ज़ायाने हिन्द व फसीहाने रिंद दर महावरः दारंद मंजूर दाश्तः। सिवाए आँ ज़बान हिंदवी कि आँरा भाखा गोयंद मौकूफ करदः।"

तात्पर्य यह कि हातिम ने अरबी फ़ारसी के शब्द ला लाकर रखे और हिन्दी या भाषा के शब्दों को निकाल फेंका। अरबी फ़ारसी के बीच हिन्दी के वे ही शब्द और मुहाविरे रहने पाए जिन्हें शाहज़ादे सरदार लोग दरबार में बोलते थे। इस प्रकार उर्दू एक दरबारी भाषा भर रह गई। इतना होने पर भी इनकी कविताओं में भारतीय कथा-प्रसंगों के संकेत पाए जाते हैं—

खुदा के नूर का मथकर समुन्दर।
यही चौदह रतन काढ़े हैं बाहर॥
अगर फ़हमीदः हिकमत आशना है।
इसी नुसखे में चौदह विद्दया हैं।

हातिम ही के समय में उर्दू के महाकवि 'सौदा' हुए हैं। जो पहले हिन्दीपन से सटी हुई शायरी ही नहीं सर्वसाधारण में प्रचलित हिन्दी भाषा की कविता भी करते थे और अच्छी करते थे। कुछ उद्धृत किये बिना आगे बढ़ते नहीं बनता। सौदा की हिन्दी ग़ज़ल—

निकलके चौखट से घर की प्यारे जो पट की ओझल ठिठक रहा है।
सिमट के घट से तेरे दरस को नयन में जी आ अटक रहा है।
अगिन ने तेरे विरह की जबसे झुलस दिया है कलेजा मेरा॥
हिये की धड़कन मैं क्या बताऊँ यूँ कोयला सा चटक रहा है।
जिन्हों की छाती से पार बरछी हुई है रन में वो सूरमा है,
पड़ा वो सावन्त मन में जिसके विरह का काँटा खटक रहा है।
मुझे पसीना जो तेरे मुख पर दिखाई दे है तो सोचता हूँ,
य क्योंकि सूरज की जोत आगे हर एक तारा छटक रहा है।
हिलोर यों लेती ओस की बूंद लगके फूलों की पंखड़ी से,

तुम्हारे कानों में जिस तरह से हर एक मोती लटक रहा है।
कहीं जो लग चलने साथ देता हो इस तरह का कटर है पापी,
न जानूँ पेड़ी की धूल मैं हूँ जो मुझसे मुल्ला भटक रहा है।
कभू लगा है न आते-आते जो बैठकर टुक इसे निकालूँ,
सजन! जो काँटा है तुझ गली का सो पग में मेरे अटक रहा है।
कोई जो मुझसे य पूछता होय क्यों तू रोता है कह तो हमसे,
हर एक आँसू मेरे नयन का जगह-जगह सिर पटक रहा है।
गुनी हो कैसा ही ध्यान जिसका तेरे गुनों से लगा है प्यारे,
गयान परवत भी है जो उसका तो छोड़ उसको सटक रहा है।
जो बाट मिलने की होय उसका पता बता दो मुझे सिरीजन,
तुम्हारी बटियों में आज बरसों से यह बटोही भटक रहा है।
जो मैंने सौदा से जाके पूछा तुझे कुछ अपने भी मन की सुध बुध,
य रोके मुझसे कहा किसी की लटक में लटकी लटक रहा है।

सौदा के हिन्दी दोहे–

कारी रैन डरावनी घर ते होड़ निरास।
जंगल में जा सो रहे कोऊ आस न पास॥
बैरी पहुँचे आइके तेरी देहली पास।
बेग ख़बर लो या नबीं! अब पत की नहिं आस॥
खीझ खीझ चहुँ ओर से पड़े वह ज़ालिम टूट।
बेवों को डरपाय के ले गये घर को लूट॥
कहै हरम सर पीट कर खोकर अपनी लाज।
माटी में तू रल गयो दीन दुनी के लाज॥
खोयो तैंने नीर बिन नबी के मन को चैन।
जालिम तेरे हाथ से प्यासो गयो हुसैन।

उक्त दोहे मरसियों में आ गए हैं। उन्हीं में से अलग किए गए हैं। सौदा की पहेलियों की भाषा हिन्दी है पर उनकी ओर सब रचनाएँ हातिम की ही सरणी पर चलती हैं। उर्दू की शायरी में जो थोड़ा बहुत हिन्दीपन लुका छिपा था, वह लखनऊ जाने पर नासिख़ के हाथ से दूर किया किया गया। फिर तो वह हिन्दी से ऐसी हटी कि उसने अपना एक दायरा ही अलग कर लिया। उस दायरे से जगत, चंचल, नार, गुन, धरम, धन, करम, दया, बली, ऐसे शब्द एकदम निकाल बाहर हुए। इसी प्रकार वस्तुओं में न कमल और न भँवरे रह गए न बसन्त और कोकिल, न वर्षा ऋतु रह गई न सावन की

हरियाली; न भीम और अर्जुन रह गये न कर्ण और भोज। इस प्रकार यहाँ की परंपरागत भाषा के आधे हिस्से से और परंपरागत साहित्य के सर्वांश से अर्थात् देश के सामान्य जीवन से उर्दू दूर हटा दी गई। जबरदस्ती जान बूझकर हटाई गई, आप से नहीं हटी।

उर्दू के इस रूप में आने का परिणाम यह हुआ कि अपना प्रसार करने की स्वाभाविक शक्ति उसमें न रह गई। वह अपने को बनाए रखने के लिए मक़तबों और सरकारी दफ़्तरों की मुहताज हो गयी। यह बात अंग्रेजी अमलदारी के प्रतिष्ठित हो जाने पर हमारे नवशिक्षित मुसलमान भाइयों को स्पष्ट दिखलाई पड़ने लगी और वे उसकी रक्षा और प्रसार के कृत्रिम साधनों का अवलम्बन करने में लगे। मुसलमानी अमलदारी में सरकारी दफ्तर फ़ारसी में थे। अतः ईस्ट इण्डिया कंपनी ने भी कुछ दिनों तक सरकारी दफ्तरों की जबान फ़ारसी ही रहने दी पर पीछे अधिकारियों को यह बात खटकने लगी कि दफ़्तरों की भाषा सर्वसाधारण की भाषा से बिलकुल अलग है। उनका ध्यान देश की प्रचलित भाषा की ओर गया। सन् 1836 ई. में हमारे संयुक्त प्रदेश के सदर-बोर्ड से एक इश्तहारनामा निकला जो इस प्रकार था.....

इश्तहारनामा : बोर्ड सदर

पच्छाह के सदर बोर्ड के साहबों ने यह ध्यान किया है कि कचहरी के सब काम पारसी जबान में लिखा पढ़ा होने से सब लोगों को बहुत हर्ज पड़ता है और बहुत कलप होता है, और जब कोई अपनी भाषा में लिखके सरकार में दाखिल करने पावें तो बड़ी बात होगी। सबको चैन आराम होगा इसलिए हुक्म दिया गया है कि सन् 1244 की कुवार बद्री प्रथम से जिसका जो मामला सदर बोर्ड में हो सो अपना अपना सवाल अपनी हिन्दी बोली में और पारसी के नागरी अच्छरन में लिख के दाखिल करे कि डाक पर भेजे और सवाल जौन अच्छरन में लिखा हो तौने अच्छरन में और हिन्दी बोली में उस पर हुक्म लिखा जायगा। मिति 29 जुलाई सन् 1836 ई.।

खेद की बात है कि यह व्यवस्था चलने न पाई। मुसलमान भाइयों की ओर से इस बात का घोर प्रयत्न हुआ कि दफ्तरों में हिन्दी घुसने न पाए, उर्दू चलाई जाय। अन्त में सन् 1837 ई. से उर्दू दफ़्तरों की भाषा कर दी गई। इसके उपरान्त जब सर्वसाधारण की शिक्षा के लिए सरकार की ओर से जगह-जगह मदरसे खुलने की बात उठी और सरकार ने यह निश्चय किया कि संस्कृत की कक्षाएँ तोड़ दी जायें और हिन्दी भाषा का पढ़ना सब विद्यार्थियों के लिए आवश्यक कर दिया जाये; तब भी मुसलमान भाइयों की ओर से

विरोध खड़ा किया गया और सन् 1848 में उनकी प्रेरणा से कम्पनी की सरकार ने यह आज्ञा निकाली "ऐसी ज़बान का इल्म तमाम तुलबा-के लिए लाज़िम करारा देना जो मुल्क की सरकारी और दफ़्तरी ज़बान नहीं है हमारी राय में दुरुस्त नहीं। अलावः इसके मुसलमान तुलबा जिनकी तादाद इस देहली कालेज में बड़ी है, इसे अच्छी नज़र से नहीं देखेंगे।" हिन्दी के विरोध की यह चेष्टा बराबर बढ़ती गई। यहाँ तक कोशिश की गई कि वर्नाकुलर स्कूलों में उसकी शिक्षा जारी ही न होने पाए। हिन्दी की रक्षा के लिए राजा शिवप्रसाद को कितना यत्न करना पड़ा था, यह हिन्दी प्रेमी मात्र जानते हैं। सरकार की ओर से ज्ञान की वृद्धि के लिए संस्था (Society for Promotion of Knowledge of India through of the medium of Vernacular language) स्थापित हुई थी, जिसका उद्देश्य था अंग्रेजी, फारसी, संस्कृत आदि की पुस्तकों का देशी भाषा में अर्थात् हिन्दी, उर्दू और बँगला में अनुवाद करना। पर उर्दू को छोड़कर न हिन्दी में कोई अनुवाद होने पाया न बँगला में।

सर सैय्यद अहमद साहब वास्तव में उर्दू को क्या समझते थे, यह उन्हीं की ज़बान से सुनिए। वे फ़रमाते है—"चूँकि यह जबान ख़ास बादशाही बजारों में मुरव्वज थी इस वास्ते इसको जबान उर्दू कहा करते थे। और बादशाही अमीर उमरा थी इस वास्ते इसको जबान उर्दू कहा करते थे। और बादशाही अमीर उमरा इसको बोलते थे। गोया हिन्दुस्तान के मुसलमानों की यह जबान थी।" इस प्रकार उर्दू को उन्होंने केवल दरबारी अमीर उमरा और मुसलमानों की जबान तसलीम किया है।

मुसलमान किस तरह पहले अपने मजहब की तालीम के लिए थोड़ी अरबी फ़ारसी मिली एक ख़ास ढंग की हिन्दी काम में आए, फिर धीरे-धीरे हिन्दीपन निकालते निकालते बिल्कुल एक विदेशी ढाँचे की भाषा गढ़कर अपने लिखने की भाषा एकदम अलग कर ली, यह बात अब स्पष्ट हो गई होगी। मुहम्मदशाह के समय तक इस नई गढ़ी हुई भाषा का, जो पीछे, उर्दू कहलायी, साहित्य-रचना के लिए प्रचार न हो सका था, इसका आभास हिन्दी के सूफी कवि नूर मुहम्मद ने अपनी उस पुस्तक में दिया है जो उन्होंने अपने प्रसिद्ध ग्रन्थ 'इन्द्रावती' के पीछे लिखी। पुस्तक का नाम है' अनुरागबाँसुरी'।" नूर मुहम्मद के समय में मुसलमान देश की प्रचलित भाषा हिन्दी से किनारा खींचने लगे थे और मुसलमानों के लिए फ़ारसी में रचना करना ही जायजा समझने लगे थे। 'इन्द्रावती' लिखने पर उन्हें उनके मुसलमान भाइयों ने यह कहकर फटकारना शुरू किया कि "तुम मुसलमान होकर हिन्दी में क्यों

लिखने गये'' इसी से बेचारे को 'अनुरागबाँसुरी'[1] में अपनी सफाई इन शब्दों में देनी पड़ी।

जानत है यह सिरजन हारा। जो कछु है मन मरम हमारा॥

हिन्दू-मग पर पाँव न राखउँ। का जौ बहुतै हिन्दी भाखेउँ॥

जिसे उर्दू कहते है उसका उस समय साहित्य में कोई स्थान न था, यह नूर मुहम्मद के इस कथन से साफ़ झलकता है—

''कामयाब[2] कहै कौन जगावा। फिर हिन्दी भाखै पर आया॥

छाड़ि पारसी कंद नबातै। अरुझाना हिन्दी-रम बातै॥

जनता से अपने को बिल्कुल अलग दिखाने के लिए मुसलमानों ने ही अपने लिए विदेशी ढाँचे की एक अलग भाषा और साहित्य खड़ा किया है, यह इतनी प्रत्यक्ष बात है कि किसी प्रमाण की आवश्यकता नहीं। उर्दू की प्राचीनता दिखाने के लिए दक्खिनी शायरों की जो लंबी सूची सामने लाई गई है, उसमें कोई हिन्दू भी है? शायद एक या दो। और जाने दीजिए 'आये हयात' ही उठा लीजिए। उसमें सबके सब शायर मुसलमान ही तो है! अब और सबूत क्या चाहिए? इतने पर भी न जाने किस मुँह से यह कहा जाता है कि हिन्दुओं और मुसलमानों के मेल से उर्दू पैदा हुई। मेल से पैदा हुई चीज की यही सूरत होती है?

आज सबसे बढ़कर खेद तो तब होता है जब कोई कानूनपेशा हिन्दू, पेट के पीछे जिसके घराने का लगाव देश की परंपरागत संस्कृति और साहित्य में बिल्कुल टूट गया हो, जिसकी प्रारंभिक शिक्षा केवल फ़ारसी तथा अदालती भाषा उर्दू की हुई हो, किसी जलसे या मुशायरे में उर्दू को हिन्दु-मुसलिम कलचर के मेल से वजूद में आई हुई एक मुश्तरकः जबान बताने लगता है। हमें पूछते है कि जब तुग 'हिन्दू कलचर' से कोसों दूर पड़ गए हो जब उसका मेल कहाँ और कितना है, यह क्या पहचान सकते हो? बंगाल, महाराष्ट्र, गुजरात, इत्यादि के साहित्य की कुछ खबर है? जब तुम ऐसे कूप-मंडूक हो कि अपने तंग घेरे के बाहर नज़र ही नहीं फैला सकते, तब इस रोशनी के ज़माने में चुप क्यों नहीं रहते? साहित्य की जो देश-व्यापक परंपरा बंगाल, महाराष्ट्र, गुजरात आदि और प्रांतों में चल आ रही है, वही परंपरा तो हिन्दी की भी है—अर्थ-परंपरा भी और शब्द-परंपरा भी। इसी अर्थ-परंपरा और शब्द-परंपरा से इस देश की दस बारह करोड़ परिचित है। इसी को वह अपना समझती आयी है, जिसने उर्दू नहीं पढ़ी है। उसे जरा अपनी 'मुश्तरकः

1. यह पुस्तक अप्रकाशित है।
2. नूर मुहम्मद फ़ारसी की रचनाओं में अपना तखल्लुस 'कामयाब' रखते थे।

आम-फ़हम' में कोई 'सयासी तक़रीर' सुनाइए तो पता लगे। हमें सबसे बढ़कर क्षोभ उस समय हुआ था जब हिन्दुस्तान के किसी जलसे में एक साहब यह फरमा गए थे कि "मैं तुलसी और कबीर को समझ लेता हूँ पर आजकल की हिन्दी बहुत कम समझ पाता हूँ। इस प्रलाप का भी कहीं ठिकाना है? जो आजकल के साहित्य की भाषा नहीं समझता वह भला तुलसी की भाषा क्या समझेगा? संस्कृत शब्दों की जो परंपरा सूर, तुलसी आदि की रचनाओं में चली आई थी वहीं आजकल भी चली आ रही है।

जिस प्रकार 'हिन्दवीपन' निकाल निकालकर एक विदेशी ढाँचे की भाषा खड़ी करने का क्रमबद्ध इतिहास है उसी प्रकार उस भाषा को सबके गले मढ़ने के लिए हिन्दी को दूर रखने के घोर प्रयत्न का भी खासा इतिहास है जो उस समय से शुरू होता है जब देश का पूरा शासन अँगरेजों के हाथ में आया। इन दोनों इतिहासों का संक्षेप में उल्लेख करके अब मैं वर्तमान परिस्थिति पर आता हूँ। अब तक शिक्षा का लक्ष्य अधिकतर सरकारी नौकरी रहा है। अतः इस बात का प्रयत्न बराबर होता रहा है कि दफ़्तरों में हिन्दी न घुसने पाये। दफ़्तरों की भाषा जब तक उर्दू रहेगी तब तक झखमार कर लोगों को अपने बच्चों को उर्दू की शिक्षा देनी पड़ेगी और यह कहने का मौका रहेगा कि उर्दू पढ़े-लिखे लोगों की भाषा है। अगर दफ्तरों की भाषा होना ही प्रचलित भाषा होने का प्रमाण है तब तो फ़ारसी भी, जो कई सौ वर्ष तक दफ्तरों की भाषा रही है, देश की प्रचलित भाषा मानी जानी चाहिए।

जिस समय उर्दू के साथ-साथ—उसे हटाकर नहीं—हिन्दी को भी स्थान दिलाने के लिए सर ऐंटनी मैकडानल के समय में आन्दोलन उठा उस समय भी पूरा विरोध मुसलमानों की ओर से खड़ा किया गया। अदालतों से ही नहीं शिक्षा पद्धति से भी हिन्दी को हटाने के लिए प्रयत्न बराबर होते रहे है, यह दिखाया जा चुका है। अब आजकल की परिस्थिति देखिए। जो लोग राजनीतिक दृष्टि से हिन्दू-मुस्लिम एकता अत्यन्त आवश्यक समझते हैं वे एक बीच का रास्ता पकड़कर 'हिन्दुस्तानी' लेकर उठे हैं। इस हिन्दुस्तानी का समर्थन कुछ उदार समझे जानेवाले मुसलमान और उर्दू की गोद में पले हिन्दू भी कर रहे हैं। हम भोली भाली जनता को इस 'हिन्दुस्तानी' से सावधान करना अत्यन्त आवश्यक समझते हैं। जो हिन्दुस्तानी इन लोगों के ध्यान में है वह थोड़ी छनी हुई उर्दू के सिवा और कुछ नहीं हैं उर्दू के सब लक्षण — जैसे वाक्य रचना की फ़ारसी शैली, अरबी-फ़ारसी के अप्रचलित मुंशी-फहम शब्द अरबी-फ़ारसी क़ायदे के बहुवचन उसमें वर्तमान रहेंगे तब तो वह 'हिन्दुस्तानी' कहलाएगी, अन्यथा नहीं।

साहित्य, विज्ञान, दर्शन, इत्यादि के काम की हिन्दुस्तानी नहीं हो सकती, यह तो उसके समर्थक भी स्वीकार करते हैं। हमारा कहना है कि साधारण बोलचाल और व्यवहार के लिए जिस प्रकार के 'हिन्दुस्तानी' हमारे उर्दू-परस्त दोस्तों के ध्यान में हैं वह चलने वाली नहीं है। साधारण लिखा पढ़ी और व्यवहार में भी वही भाषा चल सकती है जिसमें ठेठ हिन्दी शब्दों के अतिरिक्त जैसे सब प्रकार के लोगों द्वारा बोले जानेवाले अरबी फारसी के शब्द आये, वैसे ही संस्कृत के भी। पर क्या भूलकर भी प्रचलित संस्कृत शब्द, जिसे गाँवों में बसनेवाली अपढ़ जनता तक बराबर बोलती आ रही है—हिन्दुस्तानी में कभी स्थान पर सकता है? जहाँ एक भी ऐसा शब्द आया कि हमारे मेहरबान दोस्तों को 'भाखापन' की गंध आने लगेगी।

साधारण लिखा-पढ़ी अदालती व्यवहार तथा बोलचाल के लिए यदि एक सच्ची समान्य भाषा 'हिन्दुस्तानी' के नाम से ग्रहण कर ली जाय तो कोई हर्ज नहीं। पर उस हिन्दुस्तानी में जिस प्रकार अरबी-फारसी के ऐसे चलते शब्द आये जैसे—

ज़रूर, काबू, इख्तियार, दावा, वक्त, सलाह, क़ायदा, कानून, हिम्मत, हैरान, सिफ़ारिश, अरजी, नरम, गरम, मुलायम, गरीब, अमीर, इज्जत, क़सूर, माफ़, मरजी, गरज, क़िफायत, नफ़ा, नुकसान, तकाजा, उम्र, दरवाजा, रंज, गुस्सा, किस्सा, तनख़ाह, तदबीर, पेशा, लाल, शकल, सूरत, ऐब, हुनर, हाजिर, सवाल, जवाब, सज़ा, मुनासिब, सही, ग़लत, मंजूर।

उसी प्रकार नित्य बोले जानेवाले ऐसे संस्कृत के शब्द भी आये जैसे—

विद्या, परीक्षा, ज्ञान, धर्म, अधर्म, पाप, पुण्य, अपराध, न्याय, अन्याय, उपाय, युक्ति, कला, आकाश, पुथ्वी, क्षमा, दया, माया, प्रेम, प्रीति, क्रोध, ईर्ष्या, शोच, चिन्ता, सुख, दुःख, सम्पत्ति, विपत्ति, शरण, चरण, धन मानु, मर्यादा, प्रतिष्ठा, कृपा, बन्धन, नाश, रक्षा, वस्तु, सन्तोष, औषध, वश, भोगविलास, आनन्द, पर्वत, जल, धारा, स्नान, शीत, ताप, शोभा, सुन्दरता, तेज, प्रताप, बल, पराक्रम, पौरुष, वीरता, शरीर, देह, कोमल, सुकुमार, शुद्ध, अशुद्ध, पवित्र, इच्छा, अक्षर, वाणी, कंठ, अर्थ, मनोरथ, कामना इत्यादि।

है ऐसी आशा? यदि नहीं तो ऐसी हिन्दुस्तानी को दूर से नमस्कार।

●●●

भारत को क्या करना चाहिए?

'भारत को क्या करना चाहिए?' यह प्रश्न इतना व्यापक है कि ध्यान केन्द्रित करने के लिए इसे कई भागों में बाँटना जरूरी होगा। वास्तव में इसमें कई उपप्रश्न छिपे हैं, जैसे अपनी *सामाजिक* स्थिति का देखते हुए भारत को क्या करना चाहिए, अपनी राजनीतिक परिस्थिति को बदलने के लिए भारत को क्या कदम उठाने चाहिए आदि-आदि। प्रश्न का ऐसा विभाजन, इसलिए भी आवश्यक है कि इसे एक अधिक व्यावहारिक सीमा में बाँधा जा सके। लेकिन यदि हमें ऐसे कार्यकर्त्ता मिलें जो इस प्रश्न के अलग-अलग पहलू को हल करने में खुद को लगाएँ और सिर्फ अपने काम से ही मतलब रखें तो इससे काम चल जाएगा ? नहीं किसी एक पहलू को दूसरे पर तरजीह देते वक्त बदलते हुए समय को ध्यान में रखना होगा। दरअसल, हमें समाज सुधारक, राजनीतिक, आन्दोलनकर्ता, कवि और शिक्षाविद् इन सबकी एक ही साथ, एक ही समय में जरूरत है। लेकिन इनमें भी ज्यादा जरूरत हमें ऐसे लोगों की है, जिनका काम यह देखना हो कि किसी विशेष कार्य क्षेत्र में किसी विशिष्ट अवसर की आश्यकताओं को पूरा करने के लिए पर्याप्त लोग है या नहीं। लेकिन यहाँ जो वस्तुस्थिति है, उसे कोई भी पसन्द नहीं करेगा। बहुधा हमें किसी एक विशेष कार्य क्षेत्र में संबंध रखनेवाले ऐसे व्यक्ति मिलते हैं जो दूसरी तरह के काम करनेवाले के बारे में बहुत हलके ढंग से बात करते हैं। किसी भी स्थिति में यह वांछनीय नहीं है। इसके विपरीत प्रत्येक व्यक्ति को दूसरे व्यक्ति द्वारा कोई विशेष परिणाम प्राप्त करने के लिए अपनाये गये तरीके के सामर्थ्य में विश्वास होना चाहिए, विशेष परिणाम, जो आगे चलकर एक बड़े सामान्य लक्ष्य का अनिवार्य अंग होने जा रहा हो। लेकिन जिस क्रम में हमें आगे बढ़ना है, वह हमारी आँख से ओझल नहीं होना चाहिए। इस

दिशा में की गई कोई भी गलती आगे चलकर अनन्त असफलताओं को जन्म दे सकती है।

महत्व के लिहाज से जिस चीज पर हमें सबसे पहले ध्यान देना चाहिए वह है सामाजिक बुराइयों को दूर करने का काम, क्योंकि इनका असर सीधे सामाजिक स्रोत पर पड़ता है, जहाँ से हमें प्रत्येक क्षेत्र में काम करने के लिए कार्यकर्त्ता प्राप्त होते हैं। यदि आप इस रचनात्मक शक्ति की उपेक्षा करेंगे, तो कायदे से आप कहीं से कुछ भी उम्मीद नहीं कर सकते। बात यह है कि किसी काम को करने के लिए पहले उपकरण खोजा जाता है, फिर उसके इस्तेमाल के तरीके को जानने के लिए अधीर होते हैं। यह बात हमारी समझ में और भी आसानी से आ सकेगी, अगर हम अपने समाज में व्याप्त किसी बुराई के प्रभाव पर ही ध्यान दे। उदाहरण के लिए बाल विवाह को ले। इस प्रथा ने समाज के विभिन्न क्षेत्रों में जो नुकसान पहुँचाया है उसे पूरी तरह कौन बयान कर सकता है? यह हमारे शारीरिक, और नैतिक पतन का एकमात्र कारण है। अपने अतिरिक्त दूसरी बातों पर ध्यान देने के लिए आवश्यक शक्ति और अवकाश से हमें वंचित करके यह प्रथा हमें स्वार्थी बना देती है और इस प्रकार हमारे अन्दर सारी राष्ट्रीय भावनाओं के विकास को अवरुद्ध कर देती है। यदि किसी स्वस्थ समाज में इस प्रथा को शुरू करके आप वहाँ उसके प्रभाव को देंखे तो आपको पता चलेगा कि यह कहाँ ले जाती है। उस समाज के व्यक्ति की गतिविधियों का दायरा उसकी अक्षमता के बढ़ने के साथ-साथ निश्चित रूप से सिमटता जाएगा और उसी अनुपात में उसकी गतिविधियों से प्रभावित होनेवाले लोगों की संख्या भी घटती जाएगी। परिणामतः यदि पहले उस समाज में जैसे लोग थे, जो एक पूरे समूह का ध्यान रख सकते थे, तो अगली पीढ़ी में (इस प्रथा को लागू करने के बाद) आपको ऐसे लोग मिलेंगे, जो सिर्फ अपने परिवारों की देखभाल करने में सन्तुष्ट हैं। उसने नीचे उतरेंगे, तो आपको यह देखकर धक्का लगेगा कि बहुसंख्यक लोग अपने आपको छोड़कर और किसी चीज की चिन्ता नहीं करते।

एक शक्तिशाली समाज के निर्माण में सफल हो जाने के बाद, जिसके सदस्य कोई भी काम करने को तैयार हों, हमें उन सदस्यों की शिक्षा देने की फिक्र करनी चाहिए, ऐसी शिक्षा, जो दूसरी बातों के अतिरिक्त एक उच्च उत्तरदायित्व के भाव से किसी को युक्त कर देती है और उसकी महत्वाकांक्षाओं के लिए क्षेत्र प्रदान करती है, जो सलाम बजाने या मालगुजारी

इकट्ठा करने के काम से बड़े होते हैं। हमें इस बात से खुशी है कि बंगाल के हमारे भाई अरसे से महसूस की जा रही इस कमी को दूर करने की कोशिश कर रहे हैं शिक्षा से मेरा मतलब सामान्य महत्व के मामलों के बारे में हमारे नेताओं की राय का अशिक्षित जनता तक सम्प्रेषण भी है, ताकि अवसर आने पर उनका सहयोग मिलने से न रह जाए। प्रत्येक ग्रामवासी को यह जानना चाहिए कि अधिक काम करने के बाद भी उसे उसके बदले में कम मूल्य क्यों दिया जाता है, प्रत्येक को यह बताया जाना चाहिए कि उसकी सेवाओं की इतनी कम माँग क्यों है और वस्तुतः प्रत्येक भारतीय को यह साफ-साफ पता होना चाहिए कि उसका देश दिन-ब-दिन और गरीब क्यों होता जा रहा है? आप अगर चाहें तो इसे राजनीतिक शिक्षा भी कह सकते हैं। इस प्रकार की शिक्षा देने के लिए हमें विभिन्न तरीके और साधन अपनाने चाहिए। स्कूल और कॉलेज ही शिक्षा के एकमात्र स्थान नहीं होने चाहिए। सुविधाजनक स्थानों पर सार्वजनिक भाषणों का आयोजन करके और ऐसे लोगों को गाँवों में भेजकर, जो अशिक्षित जनता को उन्हें प्रभावित करनेवाली परिस्थितियों के बारे में समझाकर उसे काम करने का रास्ता बतलाए, हम बहुत कुछ कर सकते हैं। भारतीय जन-मानस को एक सामंजस्यपूर्ण धरातल पर लाने में देशी भाषा के बढ़ते हुए साहित्य की जो भूमिका है उसकी शायद हम उपेक्षा नहीं कर सकते। यहाँ मैं ज्ञान के विभिन्न क्षेत्रों से सम्बन्धित किसी विस्तार में जाने की इच्छा नहीं रखता। इतना ही कहना काफी है कि इन क्षेत्रों में किसी एक पर हम कितना ध्यान दें, यह तय करने में समय की आवश्यकताएँ ही हमारे लिए सबसे महत्वपूर्ण होनी चाहिए। उदाहरण के लिए भारत की आर्थिक स्थिति की माँग यह है कि किसी भी दूसरे काम से पहले उसके उद्योग धन्धों का परिवर्द्धन और परिष्कार किया जाये और यह जिसे हम तकनीकि शिक्षा कहते हैं उस पर सबसे ज्यादा निर्भर करता है।

अब हम अपने काम के उस हिस्से पर आते हैं, जिससे लोग सबसे ज्यादा डरते हैं, हालाँकि इसमें इससे ज्यादा कुछ नहीं करना है कि सरकार से यह कहा जाए कि वह हमसे ठीक तरह से पेश आए और ऐसे कदम उठाये, जो प्रगति की दिशा में थोड़ा भी आगे ले जा सके, न कि हमारे रास्ते में बाधा बन जाएँ। दुख कि बात है कि हमारी सरकार के कुछ अपने अजीबो-गरीब पूर्वग्रह हैं। कुछ लोग इन्हीं के मुताबिक चलना पसन्द करते हैं। वे ऐसे सौभाग्यशाली लोग हैं, जिन्हें स्वर्ग के सम्राज्य में अकेले प्रवेश मिलेगा। ये

सौभाग्यशाली लोग अपनी सारी विशिष्टताएँ खो बैठते हैं और अन्ततः परम सत्ता के साथ एकाकार हो जाते हैं। इस तरह हिन्दुओं की अवधारणा के अनुसार वे मोक्ष प्राप्त कर लेते हैं। अगर सब कुछ ऐसे ही चलता रहा तो ब्रिटिश सरकार जनता के बीच बदनाम होकर रहेंगी। यदि हमारी सरकार शान्ति और सन्तोष चाहती है, तो उसे ऐसी नीति और लक्ष्य को अपनाना होगा, जो उसके चरित्र से कत्तई अलग हो। हमारे विचारों के खिलाफ़ ब्रिटिश लोग जो सबसे सामान्य दलील पेश करते हैं, वह यह है कि वे जनता के विचार नहीं हैं। हमारे नेताओं को बहुत ही चालाकी भरे ढंग से 'लाखों-लाख लोगों के स्वघोषित प्रतिनिधि' कहा जाता है। पहले मुझे पूछने की इजाजत दीजिए कि सार्वजनिक मामलों में हमें किन लोगों की राय नहीं लेनी चाहिए। क्या वे ऐसे लोग नहीं हैं (1) जिन्हें अपने खास मकसद के लिए सारी चीजों से अनजान रखा है और (2) जो आपके पूर्वग्रहों से फायदा उठा लेने के हर मौके की तलाश में रहते हैं? पहली किस्म के लोग का अपना कोई मत नहीं होता। उनके विपरीत दूसरी किस्म के लोग अपना मत रखने के दावा करते हैं लेकिन वे संख्या में और बौद्धिक दृष्टि से इतने उपेक्षणीय है कि हमारे आन्दोलन के चरित्र की प्रतिनिधिकता में कोई सन्देह सन्देह पैदा नहीं कर सकते। जहाँ तक हम देख पाए हैं, साम्राज्यवाद ही भारत में ब्रिटिश राष्ट्र की नीति की प्रेरक शक्ति रहा है। उन्होंने यह हाल कर रखा है कि भारतीय प्रशासन उनकी अपनी ब्रिटिश परिकल्पना का एक रेशा भी नहीं दिखाई देता। इसमें शक नहीं कि वे रूप को सुरक्षित रखते है लेकिन वे उसके सारतत्व को खत्म कर देते हैं। हमारे पास म्युनिसिपल बोर्ड है, लेजिसलेटिव काउंसिल हैं, क्या नहीं है? लेकिन दिखावे के अलावा उनका और कोई मकसद भी है? हमारा प्रशासनिक जगत ऐसा क्षेत्र नहीं रह गया है जहाँ प्रतियोगिता के लिए कोई जगह हो, जिसमें योग्यता की जाँच का कोई मौका हो। शिक्षा को इसके दरवाजे पर दुत्कार मिलती है, गुण को इसके कमरों में खारिज कर दिया जाता है। यह बनावटीपन और चालाकी की दुनिया हैं यहाँ सिर्फ 'अनुभव' की जरूरत है, जो सलाम बजाने और 'हुजूर' के हुक्म को दोहराने का ही दूसरा नाम है। जिस आदमी के पास यह योग्यता नहीं, वह कितना ही विद्वान क्यों न हो उसे यहाँ प्रवेश नहीं मिल सकता । हमारे अफसरों पर, खासकर जिला अफसरों पर ज्यादा से ज्यादा लोगों के मुँह से 'हुजूर' सुनने की सनक इस बुरी हद तक सवार हो गई है कि वे किसी भी देशी आदमी को अँगरेजी में बोलते हुए भी बर्दाशत नहीं कर पाते अगर वह कम से कम उनको सुनाने

के लिए खुशामदी बाते न करता हो। ऊपर जो बात कही गयी है वह मुख्य तौर पर यह दिखाने के लिए कि राजकीय मान्यता को उच्चतर उपलब्धियों के लिए प्रेरक नहीं माना जा सकता। हमें अपना पुरस्कार कहीं और खोजना होगा। हमें इसे या तो ईमानदार दिलों में खोजना चाहिए या फिर अगर हम पैसे के स्वार्थ में काम करते हैं तो बटुओं में खोजना चाहिए। यदि आप योग्य हैं तो हमारे कवि आपका यश गायेंगें, हमारी जनता खुली बाँहों से आपका स्वागत करेगी, हमारी स्त्रियाँ आप पर फूल बरसाएँगी या यदि बुरी स्थिति में फँस गये हैं तो आपके लिए आँसू बहायेंगी । आप जहाँ भी जाएँगें आपके साथ एक सच्चा और राष्ट्रीय उत्साह का सागर चलेगा, जो झूठे और बनवाटी उत्साह के विरुद्ध होता है। आपकी एक झलक पाने को लोग बेचैन रहेंगे। क्या मानवीय अ़हं की तुष्टि के यह लिए पर्याप्त नहीं है?

जब इस प्रकार हम शिक्षा के दायरे को बढ़ाकर और ज्यादा लोगों को सुसंस्कृत बना लेंगे, तब अपनी योजना को सफल बनाने के लिए हमें ऐसे उपाय करने होंगे, जिनसे लोग अपने जीवन में आगे बढ़ सके। यह तो तय है कि उन सारे लोगों को हमारी कचहरियाँ रोजगार नहीं दे सकेंगी। ऐसी स्थिति में उनकी सेवाओं का उपयोग करने के लिए उन्हें इनका मूल्य देने के लिए हमें उद्योग और शिक्षा के विभिन्न केन्द्र खोलने होंगे। कितने ही ज्यादा लोग क्यों न हों, काम हमेशा उनके लिए काफी होना चाहिए।

इस दिशा में स्वदेशी आन्दोलन द्वारा एक प्रयास किया गया है। यह लाखों लोगों को भुखमरी से बचाने के लिए और नियमित रोजगार के अभाव में भटक रहे लाखों लोगों को काम देने के उद्देश्य से चलाया गया आन्दोलन है। इसके मूल में कोई दुर्भावना या कोई बदले की भावना काम नहीं कर रही है। यह एकदम शुद्ध और निश्छल है, इसलिए इसके साथ बरिसाल वाला सुलूक नहीं किया जा सकता। हम सहानुभूति की भावना से प्रेरित हैं। सदाशय क्रिश्चियन भाइयों, क्या हम आप से भी ऐसी ही उम्मीद करें? क्या आप मानवता के नाम पर मदद के लिए हाथ बढ़ाएँगे? या यह कहेंगे कि "हमें किसी भी दूसरी चीज की परवाह नहीं। हम सिर्फ अपना 'बटुआ' भरना चाहते हैं?" "भरते रहो और भूखे मरते रहो"—क्या यही आपका शासक सिद्धान्त होगा? आज तक हम अपने कर्त्तव्य के प्रति आँखें मूँदे हुए थे। अब हम उसके प्रति सजग हो गये हैं। इस क्षण में जो हमारे साथ हैं वे हमारे दोस्त हैं जो खुद को अलग रखे हुए हैं, उदासीन है और जो हमारी मुखालिफ़त करते हैं, वे हमारे दुश्मन हैं। मेरे देशवासियों, जो इलाज आपने खोजा है, वही

एकमात्र इलाज है, उसे दृढ़ता से पकड़े रहिए। अपनी पकड़ ढीली न होने दीजिए, वरना वह हमेशा के लिए हाथ से निकल जाएगा और फिर आपका विनाश सुनिश्चित हो जायेगा। अपने दुश्मनों को अपने बारे में यह कहने का मौका न दीजिए—"उनका सोचना ज्यादातर एक दूत की बीमारी की तरह होता है। वे किसी मत को ऐसे पकड़ते हैं, जैसे उन्हें सर्दी लगी हो। और जब तक यह दौरा उन पर रहता है, तब तक इसके अलावा छोटी या बड़ी कोई भी दूसरी चीज ऐसी नहीं होती, जिसे लेकर वे इतना भयानक गर्जन तर्जन करें। लेकिन दौरा गुजरने के एक घण्टे के अन्दर ही वे सब कुछ भूलकर बैठ जाते हैं।"

●●●

असहयोग और अव्यापारिक श्रेणियाँ

संसार में कहीं भी जनसंख्या का व्यापारिक एवं अव्यापारिक श्रेणियों में विभाजन इतना स्पष्ट लक्षित नहीं है जितना भारत में। जाति की प्रथा ने मानवता के वंशानुगत प्रकारों के विकास को प्रभावित किया जो अन्ततोगत्वा दो स्पष्ट समूहों में निर्धारित हो गए। ब्रिटिश शासन द्वारा उत्पन्न प्रतिकूल परिस्थितियों के बावजूद राजनीतिक एवं कृषक श्रेणियाँ आधुनिक वाणिज्यवाद की धूम के बीच अपने को व्यापारिक लक्ष्यों से अलग रखने में सफल रहीं। राज्य के उद्दश्यों के निर्मित्त भारतीय शासकों ने अव्यापारिक राजनीतिक श्रेणियों को स्थायी रूप में भूमि से सम्बद्ध करके तथा उन्हें राजकीय सेवाएँ देकर उनके लिए एक पृथक प्रभाव क्षेत्र सम्पोषित किया। इस प्रकार समाज में पूरा संतुलन कायम रखा गया। जबकि व्यापारिक वर्ग धन संग्रह करने में लगे हुए थे, राजनीतिक एवं कृषक वर्ग उतनी ही आय से सन्तुष्ट थे, तो सत्तापूर्ण पद या उनके क्षेत्र का पार्थक्य कायम रखने हेतु यथेष्ट हो। अधिक प्रतिष्ठित कुटुम्ब अनुदानी द्वारा वशीभूत किए गए थे। जबकि इतर जन उत्पादन के निमित्त उनसे भूमि खंड पाते रहते थे। व्यावसायिक श्रेणियों के लिए एक पेशे के रूप में कृषि बहुत पहले ही अपना आकर्षण समाप्त कर चुकी थी तथा अन्य लोगों के साथ राजनीतिक वर्ग की अपेक्षाकृत निर्बल श्रेणियों द्वारा सम्पादित की जा रही थी। साम्राज्यगत शक्ति युद्ध के समय जन एवं समाग्री के लिए इन्हीं पर निर्भर रहती आई है, जैसा कि अन्ततः इसने विश्वयुद्ध में किया।

जनसमुदाय एवं उनकी वृत्तियों का व्यापारिक एवं अव्यापारिक श्रेणियों में विभाजन आज भी उतना ही यथार्थ है जितना दो हजार वर्ष पूर्व था। अब भी अव्यापारिक वर्ग के जीविकोपार्जन का मुख्य खेती या सरकारी सेवा है। पैतृक गाँव छोड़ने की प्रवृत्ति होने पर ब्रह्मण या क्षत्रिय शहर की गलियों में वस्त्र विक्रेता न होकर सरकारी नौकर होना चाहेगा उसी प्रकार एक सेवारत कायस्थ

जिसने संयोग से कुछ बचत कर ली है फुटकल परचून की दुकान खोलने के बजाय जमींदारी खरीदने का विचार करेगा (जैसा कि वह अब क्रय की वस्तु बना दी गई है)। वे या तो मिट्टी से संयुक्त रहना पसन्द करते हैं या वेतन के रूप में उसी के राजस्व अंश पर स्वयं को दावा करने योग्य बना लेते हैं। इसमें कुछ भी कौतुहलजनक नहीं है। पश्चिम के बड़े-बड़े व्यावसायिक देशों में भी लोग व्यवसाय से धनोपार्जन करने के स्थान पर सरकार के अधीन कार्यरत देखे जा सकते हैं। भारत में एकमात्र अन्तर यह है कि यह मनोवृत्ति यहाँ वंशानुगत है और जनसमुदाय के खास भागों में ही लक्षित होती है।

अंगरेजों के आगमन के पूर्व इन दोनों में से प्रत्येक समुदाय अपने अपने क्षेत्र में सन्तुष्ट थे। एक समुदाय धनोपार्जन की निजी परियोजनाओं में पूर्णतया दत्तचित था तो दूसरा समुदाय अपनी जीवनचर्या में राज्य को सैनिक तथा लोकसेवाएँ अर्पित करने की यथेष्ट भूमिका निभाता था। दोनों की स्थिति एक दूसरे से पूर्णतया भिन्न समझी जाती थी। शासक सौदागर नहीं हो सकता था, सौदागर शासक नहीं बन सकता था। इस युक्तिसंगत सिद्धान्त में अनभिज्ञता अथवा इसकी उपेक्षा ने पुरातन क्लासिकल देशभक्ति के संकीर्ण विचारों के साथ जुड़ कर योरप के लगभग सभी राज्यों को बेरहम शोषकों के इतने अधिक समूहों में बदल दिया। ईस्ट इंडिया कम्पनी के रूप में योरप के घृणित व्यापारवाद ने भारत में कदम रखा और समाज के द्विस्तरीय विभाजन के आधार पर जो सामंजस्य इतने से चला आ रहा था उसे अस्त व्यस्त कर दिया। कम्पनी अपने व्यापारिक प्रचार प्रसार के लिए बनियों पर आश्रित थी। इसलिए उसने केवल उन्हीं के अनुकूल परिस्थितियाँ उत्पन्न की। कम्पनी के गुमाश्ता और एजेन्ट की हैसियत से वृहत्तम लाभ कमाने के अतिरिक्त उन्होंने अपने क्रय के लिए ही दूसरों से खाली कराई गई जमीन भी हासिल कर ली। बड़े क्षेत्रों के राजस्व का कार्यभार उन्हें सौंपा गया, वे ही दीवान बनाए गए एवं अन्य अनेक उपायों से उन्होंने महत्त्व अवाप्त किया। इस नई राजनीतिक प्रतिष्ठा का उन्होंने क्या उपयोग किया यह इतिहास के विद्यार्थी को अज्ञात नहीं है। बर्क ने अपनी पुस्तक 'हेस्टिंग्ज का इंपीचमेंट' में इस स्थिति का स्पष्ट रूप से वर्णन किया है। भूमि से कृषक श्रेणियों के सम्बन्ध का स्थायित्व सदा के लिए लुप्त हो गया और वे उत्तरोत्तर बढ़ती कंगाली की अवस्था में छोड़ दिए गए। लोभी वकीलों की सेना के साथ न्यायालयों ने उनकी बरबादी पूरी कर दी। कानूनी जटिलताओं के कारण मुकदमा भूमिगत हितों का ऐसा अपरिहार्य लक्षण हो गया है कि सरकारी माँगों के भुगतान के बाद औसत

जमींदार के पास कुछ शेष नहीं बचता। वे भूमि पर अपना कब्जा बनाए रखना अब सम्भव नहीं पा रहे। उन शहरी महाजनों के हाथ में उनकी अधिकांश भूमि हस्तांतरित हो गई और अब भी होती जा रही है जो केवल अपने अतिरंजित शक्तिवर्धन के लिए भूमि ढूढ़ते फिरते हैं। सरकारी भूराजस्व नीति बहुत हद तक जमीन के सच्चे अधिकारी एवं कृषक श्रेणियों की शोचनीय अवस्था के लिए उत्तरदायी है। जमीन और मिट्टी पर जनसंख्या के दबाव से उत्पन्न कठिनाइयों के अतिरिक्त भूमि अधिकारी या कृषक प्रत्येक अवसर पर किसी राजस्व कर्मचारी या अन्य को अपना उत्पीड़न करते हुए पाता है। व्यापारिक क्षेत्र के विरुद्ध इस प्रकार की कोई व्यापक तन्त्र व्यवस्था नहीं है। व्यापारिक समुदाय के पक्ष में विदेशी व्यवसाय व्यवसाय द्वारा उद्योग हेतु उत्पन्न विस्तृत सघन क्षेत्र शासन से एकदम अनदेखे गुजर जाते हैं और सरकार पुरानी रीतियों का अनुगमन करती हुई अब भी जमीन को राजस्व का मुख्य स्रोत मानती चली आ रही है। जमीन से जुड़े हुए वर्ग इतने बुरे तरीके से प्रभावित न होते यदि उनका मामला सरकार के सामने प्रस्तुत कर दिया जाता है।

जमीन से जुड़े वर्ग जबकि प्रतिदिन इस प्रकार विनाश की ओर खींचे जा रहे हैं, नगरों के बनिया आयात निर्यात उद्योग द्वारा प्रचुरतम लाभ पैदा कर रहे है। स्वदेशी उद्योगों का विध्वंश उनके लिए अभिन्दनीय हुआ। कलकत्ता, बम्बई तथा अन्य औद्योगिक केन्द्रों में मारवाड़ियों का विपुल आप्रवासन इस तथ्य का पर्याप्त संकेत करते हैं। सरकारी माँगों की बलपूर्वक वसूली जमींदारों से और उसके परिणामस्वरूप किसानों से होती है। इसकी तुलना में महाजन या उद्योगपति को अपने वृहद लाभों में से कुछ नहीं देना पड़ता। जबकि एक वर्ग सरकार द्वारा अपने ऊपर लादी गई असुविधाओं के मातहत श्रम कर रहा है और दूसरा वर्ग ब्रिटिश संरक्षण के सारे आशीर्वादों का पूरा आनन्द लेता हुआ उनका मजाक उड़ा रहा है। जितनी जल्दी यह विसंगति दूर की जाय उतना ही अच्छा है। चूँकि भारतीय जनसंख्या का प्रधान भाग गाँवों में बसता है, इसलिए सरकार के ध्यान पर इसके हित का सर्वप्रथम अधिकार है। आशा की जाती है कि उन सामान्य जनों के प्रति अनिवार्य कर्त्तव्य के पूर्ण बोध से सरकार शीघ्र ही जागृत होगी जिनके पास वह आपत्तिकालीन स्थिति में स्वभावतः आशान्वित होकर धन, समाग्री एवं जनशक्ति के लिए पहुँचती है। उनकी प्रतिष्ठा की पुनर्स्थापना के लिए उनके पक्ष में राजस्व कर का पुनर्निर्धारण, संरक्षात्मक कानून, जमीन सम्बन्धी कानूनों का सरलीकरण, ग्रामीण न्याय परिषदों की स्थापना तथा इसी प्रकार के अन्य अनेक उपाय

आवश्यक हैं। उनकी संवेदना तथा भावनाओं का सम्मान करना होगा।

जिन व्यक्तियों के पास शासकीय सत्ता नहीं है या जो शासक परिवार के नहीं हैं उन्हें राजा महाराजा की उपाधि से विभूषित किए जाने को बहुसंख्यक हिन्दू अपने राष्ट्रीय गौरव के लिए अत्यधिक अपमानजनक समझते हैं। अब यह देखना है कि सरकार इस अपमानजनक उपहास को समाप्त करने का उपाय कब तक करती है। जैसा कि प्रत्येक व्यक्ति जानता है, 'राजा' शब्द का अर्थ 'किंग' या कम से कम शासक राजकुमार है। क्या कोई 'किंग' की उपाधि से किसी अंगरेज को या बादशाह की पदवी से किसी मुसलमान सज्जन को विभूषित करने का विचार कर सकता है? 'राजा' शब्द सम्पत्ति का नहीं वरन् शासकीय सैनिक शक्ति का प्रतिनिधित्व करता है। उत्तर प्रदेश और अवध में क्षत्रिय परिवार हैं जिनके पूर्वज वास्तविक शासक रहे हैं। कब और कैसे वे सत्ता खो बैठे यह स्पष्टतः ज्ञात नहीं है। राजा की पदवी यदि इन परिवारों में कायम रहती है तो इसे विरासत माना जा सकता है जिससे उनके साथ सम्बन्ध निर्वाह करते रहने वाले राजकुमार भी ईर्ष्या नहीं महसूस करेंगे। सामान्यतया वे प्राचीन अच्छे परिवारों का प्रतिनिधित्व करते हैं और उनकी रियासतें किसी मध्यकालीन अधिपति से प्राप्त अनुदान या किसी पर विजय की परिणाम रही हैं (रिपोर्ट ऑन दी इंडियन कांस्टीच्यूशनल रिफार्म)। उनकी स्थिति की खोजबीन के साथ उन सबके लिए सैनिक पेशे के दरवाजे खुले रखना आवश्यक है। रायल मिलिटरी कॉलेज, सैन्डहर्स्ट में अपने पुत्रों को भेज सकने का अवध के तअल्लुकेदारों द्वारा अभी हाल ही में प्राप्त विशषाधिकार उनके सच्चे चरित्र का बहुत दूर तक पुनरुज्जीवन करेगा। रियासतों के लिए सैनिक सेवाओं के आरक्षण का कानून बनाना सरकार का अनिवार्य कर्त्तव्य है।

यह समझने के लिए कल्पना का अधिक प्रयास उपेक्षित नहीं है कि देश में अभी हाल में राजनीतिक क्रियाकलापों का जो स्वरूप उभर कर सामने आया है, वह बहुत हद तक व्यापारिक समुदाय के अचानक अन्तःप्रवेश के कारण है। लगभग चार वर्ष पूर्व मुझे कलकत्ता का एक मारवाड़ी नवयुवक मिला था, जिसने अभी अपनी विद्यालयी शिक्षा भी नहीं पूरी की थी, किन्तु राजनीति के नाम पर तमाम तरह की अनर्गल बातें कर रहा था और रहस्यवादी शक्ल में मि. गाँधी के व्यक्तित्व की विवेचना कर रहा था। मैंने निश्शंकतः अन्दर ऐसे व्यक्तियों के टाइप देखे जो राजनीतिक क्षेत्रों में तेजी से अपना मार्ग बना रहे हैं। मि. गाँधी योरपीय आन्दोलनकारी के सारे युक्ति कौशल में प्रशिक्षित होकर दक्षिण अफ्रीका से आए हैं। आन्दोलनकारी के रूप

में वे अतुलनीय हैं। भारत को उनके जैसे व्यक्ति की अत्यधिक आवश्यकता थी। किन्तु आन्दोलनकर्ता समस्त मामलों में एक अच्छा प्रशासक भी सिद्ध होगा, यह मेरे सामने उतना स्पष्ट नहीं है। मि. गाँधी उन बिन्दुओं को अच्छी तरह जानते हैं जिन्हें स्पर्श किया जाय तो वे तीव्रतम उत्तेजना पैदा कर सकते हैं। उनके अर्द्ध राजनैतिक प्रवचनों ने करोड़ों के हृदय झकझोर दिए। व्यापारिक समुदाय को तो लगभग मतान्धता की ओर परिचालित कर दिया है। इसका ही यह परिणाम था कि कलकत्ता के विशेष काँग्रेस अधिवेशन में वयोवृद्ध एवं सम्मानित नेता केवल नगण्य ही नहीं हुए अपितु उनके अनुयायियों द्वारा वे खुलेआम अपमानित भी किए गए। हमें नहीं मालूम कि मि. गाँधी सदैव यह अनुभव कर पाते हैं अथवा नहीं कि उनके शब्दों से कभी-कभी ऐसे परिणाम उत्पन्न हो सकते हैं, जो उनकी पकड़ से बाहर हैं। हमें तो यही दिखाई देता है कि उनकी अहिंसा किसी भी प्रकार शान्ति एवं व्यवस्था का पर्याय नहीं है।

मनोभूमि के जो ढाँचे अहिंसा के सिद्धान्त से सहमत हुए, उनका संक्षेपीकरण इस प्रकार किया जा सकता है—

1. पंजाब के नृशंस अत्याचारों के विरुद्ध सत्यनिष्ठ और सहज राष्ट्रप्रेम युक्त क्रोध तथा सरकार के प्रति विश्वास का ह्रास—

पंजाब में ढाए गए क्रूर नृशंस अत्याचार और इस जुर्म के कर्णधारों का बिना दंड पाए मुक्त घूमना प्रत्येक राष्ट्रभक्त भारतीय के हृदय को गहरे क्रोध से भर देता है। इन अन्यायों के विरुद्ध सशक्त प्रदर्शन में सम्पूर्ण देश सम्मिलित हुआ और वह अपनी माँगों को सुनिश्चित रूप देने जा ही रहा था कि तभी मि. गाँधी ने असहयोग की अनिश्चित योजना प्रारम्भ कर दी। इसने जो शोर और कोलाहल पैदा किया उससे मुग्ध होकर इसके असन्तुलित चरित्र को बिना सोचे विचारे लोग इसकी ओर दौड़ पड़े। किन्तु यह पूर्णतया स्पष्ट है कि कोलाहल का सृजन मात्र, जिसमें असहयोगियों ने निश्चितरूपेण उल्लेखनीय सफलता अर्जित की है, किसी भी तरह अन्यायों का निराकरण नहीं कर पाएगा और न ही उनकी (अंगरेजों की) ख्याति के अवसरों में कमी कर सकेगा। विभाजन के विरुद्ध बंगाल में जिस प्रकार आन्दोलन संगठित किया गया, उसी प्रकार अधिक सुनिश्चित एवं अधिक लक्ष्योन्मुख कार्य प्रदर्शन की आवश्यकता है। सत्याग्रह आन्दोलन की नियति देखकर मि. गाँधी की प्रणाली के प्रति विश्वास डिग जाना चाहिए था, किन्तु व्यक्तियों के प्रति रहस्यवादी भक्ति भारतीय जन समूह की चारित्रिक विशेषता है। लोकमान्य तिलक की मृत्यु ने राष्ट्रवादियों के पूरे दल को मि. गाँधी की अनुकम्पा पर छोड़ दिया है।

इससे बहुत से विचारशील नेता जिनमें महाराष्ट्रीय लोग भी सम्मिलित हैं, अपनी पीठ पर तमाम सामाजिक एवं आर्थिक विचारधाराओं की गठरी लादे हुए काँग्रेस की प्रतिष्ठा कायम रखने के लिए चुपचाप असहयोगियों की कतार में शामिल हो गए। और स्पष्ट कहा जाए तो उन्होंने ऐसा इसलिए किया है, ताकि वे अनभिज्ञ एवं तरुण लोगों की हूटिंग से अपने को बचा सकें। देश का पूरा गौरव उन निर्भीक एवं विवेकशील नेताओं के कारण ही शेष है जो अपने विश्वास पर डटे हुए हैं। उनकी मनःस्थिति उन लोगों के साथ अपना अनुकूलन नहीं कर सकती जो अधिक तात्कालिक परिणामों की लालसा के समक्ष अपने प्रत्येक सिद्धान्त मातहत कर देने के लिए तैयार हैं। सरकार की अनुदार नीति से क्षुब्ध एवं निराश कुछ नेता इस आन्दोलन द्वारा पैदा किए गए कोलाहल को तटस्थ और सम्भवतः कुछ हद तक सन्तुष्टि के भाव से देख रहे हैं, यद्यपि स्वयं आन्दोलन के लिए उनके मन में उपेक्षा का भाव है।

किन्तु उन्हें इस तथ्य को सामने रखना चाहिए कि जहाँ इस आन्दोलन में कुछ ऐसे निःस्वार्थ एवं ईमानदार कार्यकर्ता हैं जिनका उदात्त एवं राष्ट्रभक्ति पूर्ण बलिदान प्रत्येक सम्मान के योग्य है, वहीं ऐसे व्यक्तियों की संख्या भी किसी प्रकार कम नहीं है जो दूसरों की कीमत पर दोहरा खेल खेलना चाहते हैं और जनसंख्या के वृहद भाग के विरुद्ध अपने क्रियाकलापों के क्षेत्र ढूँढ़ रहे हैं। कार्यरत अन्तर्धाराओं को हमारे निरीक्षण से नहीं छूटना चाहिए। इस असहयोग आन्दोलन के ऐसे लक्ष्यहीन और असन्तुलित चरित्र को अनावृत्त करने तथा इसकी पताका के नीचे छद्मवेश में छिपी हुई दुष्ट शक्तियों का पर्दाफाश करने के लिए जनता के समक्ष स्पष्ट और सुनिश्चित स्वराज्य प्रचार (होम रूल) विकल्प के रूप में प्रस्तुत करना चाहिए। क्योंकि अपने देश के दुःख भोगों को देखते हुए जनता आलसी बनकर अलग नहीं बैठ सकती। वह करने के लिए कुछ चाहती है।

2. मिथ्या अहंकार एवं दंभ में मूलस्थ व्यक्तिवादी महत्व की अतिरंजित धारणा—

पाश्चात्य शिक्षा ने हमारे नवयुवकों के मस्तिष्क को वैयक्तिक स्वतन्त्रता के विचारों से भर दिया जो अधिकांश स्थितियों में इतने अस्पष्ट एवं असन्तुलित हैं कि वे सामाजिक एवं नैतिक अनुशासन के सम्पूर्ण बोध को निष्प्रभ कर देते हैं। उनके लिए अधिकार का अस्तित्व पारिवारिक, सामाजिक या राजनीतिक किसी भी क्षेत्र में और किसी भी रूप में घृणास्पद है। प्रशासन में ये मशीन को अधिकतम और व्यक्तित्व को न्यूनतम देखना चाहते हैं। वर्नाक्यूलर प्रेस की एक श्रेणी के विवेक शून्य लेखों ने उन्हें देशभक्ति के

अर्थ के साथ इस मनोवृत्ति को मिला देने के लिए प्रेरित किया है। सच्ची एवं सृजनात्मक राष्ट्रभक्ति के स्वस्थ विकास के साथ यह भावना सम्पूर्णतः असंगत है। यह ऐसा तथ्य है जिसे किसी व्याख्या की आवश्यकता नहीं है।

3. सत्ता एवं शक्ति के प्रति पूँजी के दंभ से उत्पन्न द्वेष एवं एक व्यापक स्तर पर धन के साथ सत्ता को जोड़ देने की बलवती इच्छा जिसके द्वारा उन कृषक वर्गों को अपने प्रवाह के मातहत लाया जा सके जो अपने को स्वतन्त्र रखते आए हैं अथवा जो सत्ता की स्थिति में हैं।

अब हम देख सकते हैं कि असहयोग आन्दोलन ने व्यापारिक श्रेणियों के साथ इतनी अधिक पक्षधरता क्यों प्राप्त की और ऐसे बेमिसाल जोश के साथ उनमें से इतने अधिक लोग सिद्धान्त का उपदेश देने क्यों अग्रसर हुए। सर्वप्रथम तो यह उनसे त्याग की लेशमात्र अपेक्षा नहीं रखता, जबकि अव्यापारिक श्रेणियों को जो कुछ अब भी उनके पास शेष बचा है, वह सब बलिदान कर देने को कहता है। यद्यपि असहयोग के कार्यक्रमों में 'बहिष्कार' भी एक है तथापि इतना समझने के लिए वे पर्याप्त चतुर हैं कि अव्यावहारिक घोषित हो जाने से बहिष्कार एक उपेक्षणीय इकाई हो जाता है जिसका दबाब किसी गम्भीरता के साथ उन पर नहीं डाला जा सकता। इसकी व्यावहारिकता तो पूरी की पूरी अव्यापारिक श्रेणियों के पक्ष में लागू होती है। विद्यालयों तथा महाविद्यालयों से वापसी, राजकीय सेवाओं के त्याग, जमींदार और किसान के रूप में परस्पर एक दूसरे से युद्ध करते रहने से अधिक व्यावहारिक तथा विदेशी व्यापारियों के साथ किसी एक भी वस्तु की सौदेबाजी के त्याग से बढ़कर अव्यावहारिक और क्या हो सकता है? यह विषमता प्रतिदिन प्रमुख होती जा रही है। इसलिए जन सामान्य का दृष्टिकोण निश्चित रूप से कम सहिष्णु होता जाएगा। कोई चाहे तो कह सकता है कि जब नए ढंग से परिस्थितियों के संचालन की आवश्यकता होगी तब इसे करने में श्री गाँधी पूरी तरह से अवसर के अनुकूल होंगे लेकिन अभी हम वास्तविक स्थिति को ही लेते हैं—

दलाल, आढ़ती, सट्टेबाज, आयातक, निर्यातक एवं डीलर को अपना सम्बन्धित व्यापार पूरे ऐश्वर्य एवं शानोशौकत के साथ जारी रखना है। यह तो केवल अव्यापारिक और राजनीतिक श्रेणी हैं जिन्हें अपने क्षेत्र से बाहर आना है और उस व्यापारिक समुदाय की शरण में अपने घुटने टेक देना है जिनकी पूँजी अभी तक उन्हें आकर्षित पर पाने में असमर्थ रही है। जैसा कि पहले ही स्पष्ट किया जा चुका है, जमीन से जुड़े वर्ग केवल अपनी अधिकांश जमीन से ही नहीं अपितु अपनी सम्पत्ति से भी वंचित हो गए जिसकी काफी

बड़ा भाग विदेशी सौदागरों को हस्तान्तरित करने के पूर्व मध्यस्थ बनियों ने ऐंठ लिया। बटोर कर जो सम्पदा उन्होंने जोड़ी उसके साथ ही कई जगह जमीनों का अधिग्रहण भी कर लिया जिसके परिणामस्वरूप उनके भीतर संरक्षक भाव से उन क्षेत्रों में भी घूमने की महत्वाकांक्षा पैदा हो गई जिन्होंने उन्हें सम्मानित दूरी पर रखा था। किसी भी दूसरे देश में ऐसी महत्वाकांक्षा की पूर्ति सरल ही नहीं अपितु बिल्कुल स्वाभाविक होती। किन्तु एक ऐसे देश में जहाँ समाज संगठन में वंशानुगत अभिरुचियाँ महत्वपूर्ण भूमिका अदा करती हैं स्थितियों ने भिन्न ग्रहण किया है। अव्यापारिक तथा राजनीतिक श्रेणियों के सदस्यों ने जमीन से जुड़े रहने की सुरक्षा अब आगे सम्भव न पाकर अँगरेजी शिक्षा का लाभ उठाया, सरकारी नौकरी पर टूट पड़े और इस प्रकार व्यापारिक वर्ग के आक्रमणों के विरुद्ध अपनी प्रतिष्ठा एवं आत्मसम्मान की रक्षा की।[1]

शासकों की राष्ट्रीयता कोई भी हो, पीढ़ियों से ब्राह्मण, क्षत्रिय, कायस्थ तथा कुछ अन्य लोग भारत के प्रशासकीय ढाँचे के अंग रहे हैं। ब्रिटिश शासन के प्रवेश एवं विकास ने इन श्रेणियों को नई परिस्थितियों के अधीन अपने वंशानुगत पेशों को जारी रखने के निमित्त अपने को सक्षम बना लेने के लिए प्रोत्साहित किया। (रिपोर्ट ऑन इण्डियन कांस्टीच्यूशनल रिफॉर्म) स्पष्ट कहें तो ब्रिटिश शासन द्वारा प्रस्तुत प्रतिकूल स्थिति के बीच से इस प्रकार किसी भी किस्म का मुआवजा वसूल कर लेने का उनकी तरफ से यह एक दयनीय प्रयास है। कृषक एवं राजनीतिक भूमिधर श्रेणियों के वंशज ही हैं जो अधिकांशतः सरकारी नौकरियों में लगे हुए हैं। शक्ति उनके जीवन का सार है और जब तक वे इसे क़ायम रख पाते हैं, धन की परवाह नहीं करते। उनके लिए सम्पत्ति शक्ति नहीं है, वरन् शक्ति ही सम्पत्ति है। वे उस बृहद भाग का निर्माण करते हैं जिसे शिक्षित मध्यवर्ग कहा जाता है। वे अपनी सैनिक और नागरिक शक्ति के कार्यान्वयन में देश की सरकार के साथ सहयोग करना अपना अधिकार समझते हैं। उनमें से अधिकांश की भूमि सम्बन्धी स्थिति समाप्त हो गई और उन्होंने शहरी आदतें अर्जित कर ली हैं। यदि उनके पुत्र सरकारी नौकरी में प्रवेश नहीं करते तो वे उनके लिए जीविकोपार्जन का कौन सा साधन खुला पाएँगे? उन्हें सम्पत्ति के सम्मुख उसी प्रकार नतमस्तक होना पड़ेगा, जिस प्रकार उनके पिता आज उस सत्ता के आगे झुके हैं जिसका ढाँचा पूँजी बनाती है और जब तक संसार अस्तित्व में है इस साष्टांग दण्डवत का

1. हिन्दू की ऊँची श्रेणियाँ।

निर्माण करती चली जाएगी। क्या यही नैतिक भविष्य की सम्भावना है उनके सामने! यदि हम मान लें कि यह श्रेणी आत्मसम्मान के समस्त बोध से पूर्णतया रहित है—यद्यपि कठिनाई से ही ऐसा सोचा जा सकता है तो क्या यह माना जा सकता है कि हमारे व्यापारिक कर्णधार अपनी परिकल्पनाओं में इतने दूरगामी हो सकते हैं कि वे पूरे देश में कार्यालयों और संस्थाओं का जाल बिछा दें जैसा कि सरकार ने किया है और शिक्षित मध्य वर्ग की एक भी पीढ़ी का निर्वाह कर दें?

सौदागरों को, जो अब शक्ति को संदिग्ध दृष्टि से देखते हैं, स्मरण रखना चाहिए कि ब्रिटिश शस्त्रों के संरक्षण के सहारे ही वे इतने लम्बे समय तक सोना, चाँदी बटोरने और रखने में समर्थ रहे हैं। उनके बहुत से गम्भीरमना बन्धुगण इस तथ्य के प्रति पूर्णतः सचेत हैं और अपने महत्व के मिथ्या मूल्यांकन द्वारा उन्होंने अपने को विचलित नहीं होने दिया। शिक्षा क्षेत्र के हमारे नवयुवकों को यह समझ रखना चाहिए कि देश में कोई भी संवैधानिक व्यवस्था लागू हो, किसी राष्ट्र के प्रत्येक नागरिक का सत्ता में समस्तरीय अधिकारी नहीं हो सकता है। मैं इस स्पष्ट तथ्य की ओर उनका ध्यान आकर्षित करना चाहूँगा। मनोवेग के अनुपालन में ज्यादा जोश में आकर उन्हें स्वयं को ऐसी स्थिति से प्रतिबद्ध नहीं करना चाहिए जहाँ से किसी भी समय उन्हें अपने कदम पीछे लौटाने के लिए बाध्य होना पड़े।

मि. गाँधी की उक्तियों में बोलशेविज्म का स्पर्श लोकप्रिय (पापुलर) कल्पना को तभी तक आकर्षित कर रहा है जब तक इसका तरीका पक्षधर है। थोड़े से भी चिन्तन से वे यह देखने में समर्थ हो जाएँगे कि यह असहयोग केवल एक सतही विद्रोह है जिसमें बहुत से परस्परविरोध असन्तुलनीय तत्व स्वयं को स्थापित करने का प्रयास कर रहे हैं। हमें इस आन्दोलन में ऐसे व्यक्ति मिल जाएँगे जो योरप के किसी नवीनतम उन्माद को मानव प्रगति का चरम बिन्दु समझ कर स्वीकार कर लेते हैं और प्रत्येक वस्तु का पूरा सफाया कर देना चाहते हैं जो अतीत से उपलब्ध हुई है, साथ ही साथ ऐसे व्यक्ति भी इसमें सम्मिलित हैं जो प्राचीन भारत के स्वप्नचिन्तन में निरत हैं एवं पुरातन अवशेषों की प्रत्येक वस्तु के पुनरुत्थान का विचार कर रहे हैं, इस आन्दोलन में लगे हुए ऐसे व्यक्ति भी हैं जो अपनी जन्मभूमि के देश के प्रति भक्ति के आधुनिक बोध से ओतप्रोत हैं, साथ ही साथ ऐसे व्यक्ति हैं जो जाति, धर्म या मत के आधार पर एकता के विचारों को दृढ़ता से पकड़े हुए हैं। ये सभी व्यक्ति समूह इस विश्वास से अभिप्रेरित हैं कि वे अपने भिन्न आदर्शों एवं उद्देश्यों की पूर्ति की ओर बढ़ते जा रहे हैं। इस प्रकार का विलक्षण सम्मिश्रण

अपने विभिन्न घटकों को अधिक दिन एक साथ नहीं रख पाएगा। अतएव मि. गाँधी के स्वराज्य सम्बन्धी विचारं कल्पना विलासी हैं। वह या अन्य कोई भी महात्मा इस प्रकार की परस्पर विरोधी चीजों में सामंजस्य लाने का चमत्कार नहीं दिखा सकता।

उपर्युक्त तीन मनोभूमियों में से अन्तिम दो ऐसे हैं जिनका असहयोग के बहुसंख्यक अनुयायियों पर अधिक प्रभुत्वपूर्ण प्रभाव है और वे राष्ट्रवाद की एक नई किस्म की मानसिकता का निर्माण करते हैं। इसका अनुमान उन आक्रमणों से लगाया जा सकता है जो ऐसे परिक्षेत्रों के विरुद्ध किए जा रहे हैं जिन्हें सम्मान प्राप्त है अथवा जो किसी प्रकार की सांस्कृतिक, सामाजिक या राजनीतिक शक्ति कायम रखे हुए हैं।

हमने यह सोचने की आदत डाल ली है कि जमीन से जुड़ी श्रेणियाँ शिक्षित लोगों के क्रियाकलापों पर निरन्तर अंकुश के रूप में कार्यरत हैं। लेकिन मैं बलपूर्वक कहता हूँ कि नगर के कोठीवालों की तुलना में ये दूसरों का कहीं अधिक ध्यान रखते हैं तथा स्वार्थपूर्ण प्रभावों के प्रति कहीं कम नमनशील हैं। ग्रामीण क्षेत्रों में जो कुछ सुन्दर है उसका पूर्ण तिरोभाव तथा इनके सतत अपमान की प्रक्रिया से शहर के पूँजीपति तथा महाजन के अहंकार का जितना मनोरंजन हो सकता है उतना किसी अन्य वस्तु से नहीं। उन्हें उन शहरी पूँजीपति तथा महाजन वर्गों के विरुद्ध एक सामान्य उद्देश्य बनाना चाहिए जो अपनी अनुकूल परिस्थितियों का नाजायज फायदा उठा कर उन्हें यथसम्भव निम्नतम स्तर तक गिराने का प्रयास कर रहे हैं। क्योंकि किसान और जमींदार के बीच कोई अभेद्य दीवार नहीं है। एक किसान जमींदार हो सकता है और एक जमींदार किसान हो सकता है। वे स्वयं देख सकते हैं कि इन चीजों का वास्तविक उद्देश्य सम्पूर्ण ग्रामीण जनसंख्या को अधिक कमजोर दीन किसानों में इस प्रकार बदल देना है जिससे उनमें से किसी के पास सामाजिक गौरव एवं प्रतिष्ठा अर्जित करने का कोई अवसर शेष न रह जाए। शहरी व्यावसायिह भद्रता को ही देश में एकमात्र भद्रलोक होना है। अभी यह देखना बाकी है कि भारत जैसा कृषि प्रधान देश इसे कैसे सहन कर सकता है। यह आशा की जाती है कि हाल की घटनाएँ जमीन से जुड़ी श्रेणियों को व्यावहारिक असहयोग के अभिप्राय से अपनी भूमिका में संयुक्त कार्यक्रम की आवश्यकता के प्रति जागृत करेंगी।

गाँव की जनसंख्या में जमींदार, किसान और मजदूर होते हैं। इन तीनों में सर्वाधिक अनभिज्ञ और सहज विश्वासी मजदूरों की अधिकांश जनसंख्या के बीच आन्दोलनकारी अपने उत्तेजक भाषणों से सबसे अधिक अशांति उकसाने

में व्यस्त रहे हैं। वस्तुतः उनकी आतंकवादी बर्बर गतिविधियों से किसान और जमींदार समान रूप से उत्पीड़ित हुए हैं। ऐसे समय में जब श्रम का अभाव गरीब कृषकों में पहले ही गम्भीर चिन्ता उत्पन्न कर रहा है और कृषि उत्पादनों में अत्यधिक व्यवधान डाल रहा है, वहाँ जाकर उनके लिए समस्याओं को और अधिक जटिल बना देना क्या मानवोचित है? जमींदार शब्द से हम प्रायः बड़े भूमिपति का अर्थ लेते हैं और उन छोटे काश्तकारों के विषय में कभी नहीं सोचते जो अपनी कुलीनता के प्रति जागरुक होते हुए भी अपनी न्यून आय में बड़ी कठिनाई से अपना जीवन निर्वाह कर पा रहे हैं। वे भी उसी प्रकार से उत्पादक हैं जिस प्रकार उनके आसामी। यह वे हैं जो हमारे आन्दोलनकारियों की उदारता के शिकार हुए हैं। शहरों में महाजनों की गद्दियों में श्रमिक जनसंख्या के बृहद भाग को खींच लिया। इसलिए किसान और जमींदार इस बात से चिन्तित है कि कृषि कार्य कैसे चलाया जाय। जाति का कठोर नियम उच्चतर श्रेणियों को हल पकड़ने की अनुमति नहीं देता। स्थिति को समझ कर मेरे एक मित्र दस वर्षों से बड़ी बहादुरी से इस नियम के विरुद्ध आन्दोलन चला रहे हैं। तथ्यों के परिप्रेक्ष्य में यह समझ लेना कठिन नहीं है कि जिनके चैम्पियन के रूप में ये आन्दोलनकारी अपने को प्रस्तुत करते हैं, उन किसानों के लिए श्रम की आपूर्ति सम्पूर्णतः भंग कर देने का प्रयास कितना विनाशकारी है। क्या हम इस प्रकार के आन्दोलनकारियों को अधिक बलपूर्वक नगरीय जनों के एजेन्ट नहीं कह सकते जो एकमात्र उनके ही उपभोग में लाने के लिए ही ग्रामीण शक्ति को गाँवों से उखाड़ने के लिए वचनबद्ध हैं?

शासक राजकुमारों पर आक्रमण की नियमित योजना

केवल उक्त उद्देश्य से एक हिन्दी साप्तहिक आरम्भ किया गया है। आक्रमण का पहला निशाना मारवाड़ी समुदाय का घर राजपूताना है। स्पष्टतः देशी शासक वर्ग ने अपने जनतान्त्रिक चरित्र को सिद्ध नहीं किया। समय आ गया है जब रियासत के प्रमुख अपने समस्त राष्ट्रीय आदर्शों के साथ सामने आएँ और स्वयं को जनता की सुख सुविधा के लिए समर्पित कर दें जिससे लोक निन्दा के लिए कोई आधार न मिले। इसी प्रकार से वे उस डिजाइन को विफल करने में सफल होंगे जो द्वेष के द्वारा विगत कुछ वर्षों से उनके विरुद्ध गुप्त रूप से बुनी जा रही है। उन्हें प्रभावी ढंग से इस बात को साबित कर देना चाहिए कि वे अपने दायित्व को उनसे अधिक समझते हैं जो उनकी त्रुटियों पर आँख टिकाए हैं और ब्रिटिश भारत के नगरों से उन पर आक्रमण

करने में आनन्द ले रहे हैं। उन्हें अपने चारों ओर जनतान्त्रिक कार्य प्राकारों (डेमोक्रेटिक बुल वर्क्स) का निर्माण करना चाहिए और सरकार के उस स्वरूप का पर्याप्त प्रमाण प्रस्तुत करना चाहिए जिसका वे प्रतिनिधित्व करते हैं। अपने उदात्त आचरण के उदाहरण से उन्हें यह दिखा देना चाहिए कि शक्ति और अधिकार के साथ शील, समानता, करुणा, क्षमाशीलता, निःस्वार्थता एवं अन्य उच्च गुण किस प्रकार चमक सकते हैं। देशी रियासतों की जनता को भी व्यक्तित्व के मशीनीकरण के प्रति अपने को सावधान रखना चाहिए। उन्हें अपनी शिकायतों को स्वयं समझना चाहिए। पूर्वग्रहग्रस्त एवं स्वार्थी व्यक्तियों द्वारा आशंका से उठाई गई झूठी चिल्लाहट के सामने नहीं झुकना चाहिए।

इन प्रयत्नों एवं असहयोग के प्रति आकर्षण के मध्य एक समानान्तरवाद स्पष्ट है। हम स्पष्टतः उस दिशा को लक्षित कर सकते हैं जिस ओर से क्रिया कलाप उन्मुख हैं। इनमें किसी को विश्व आन्दोलन की प्रतिध्वनि भी सुनाई पड़ सकती है। किन्तु यह खेद का बिषय है कि इसमें ऐसा कुछ नहीं है। पश्चिम के राष्ट्र अपने को जिससे मुक्त करने की चेष्टा कर रहे हैं, उसी पूँजीवाद की ओर यह एक बढ़ता कदम है। यह पूँजी बटोरने और समाज में व्यक्तिवादी जीवन मूल्यों के क्षुद्र अमेरिकी मानदण्ड स्थापित करने का प्रयास भर है।

सम्पूर्ण स्थिति का सर्वाधिक आतंककारी पहलू यह है कि सारा हिन्दी प्रेस व्यापारिक समुदाय के चंगुल में आ गया है। राष्ट्रवादी हिन्दी समाचार पत्रों में से अधिकांश अपने अस्तित्व के लिए इनकी पूँजी पर आश्रित हैं अथवा अपने प्रचार प्रसार के लिए इस पूँजी के मोहताज हैं। कलकत्ता के हिन्दी दैनिक 'बड़ा बाजार' के विचारों से अत्यधिक प्रभावित हैं। इसका कारण वर्नाक्यूलर साहित्य का बहिःप्रवाह है जो सामाजिक सुव्यवस्था एवं अनुशासन के सभी नियमों का विरोध करता है। ऐसी स्थिति में अव्यापारिक समुदाय को ऐसे राष्ट्रीय अंगों की आवश्यकता है जो अस्वस्थ व्यापारिक प्रभावों से मुक्त हो और जो भारतीय जीवन के प्रत्येक स्तर के साथ सुसंगत राष्ट्रवाद का आदर्श निर्मित करते हो। सिद्धान्तों का प्रतिपादन एवं मानदण्डों का निर्धारण करना होगा। जब तक देश के प्रत्येक भाग में इस प्रकार के समाचार पत्र नहीं प्रारम्भ किए जाते तब तक गैर जिम्मेदार उत्साहियों के विसंगत प्रस्तुतीकरण से अव्यापारिक, राजनीतिक एवं कृषक श्रेणियों के हितों को हानि होती रहेगी। असहयोग सिद्धान्त के गुणों अवगुणों पर बहस प्रारम्भ करना या इसकी स्थापनाओं एवं परिकल्पनाओं में से किसी पर प्रश्नचिह्न लगाना मेरा उद्देश्य नहीं है। मेरा लक्ष्य सिर्फ उस पक्षधर तरीके की ओर इंगित करना है जिसके

द्वारा इसका उपदेश दिया जाता है और व्यवहार किया जाता है। यदि अव्यापारिक राजनीतिक श्रेणी को राजकीय सेवा से अपने को हटा लेने का निर्देश दिया जाता है तो व्यापारिक श्रेणियाँ भी ब्रिटिश या विदेशी वस्तुओं के साथ अपना समस्त व्यापार छोड़ देने को तैयार रहे। जब असहयोग राजस्व का भुगतान न करने की सीमा तक जा सकता है तो भूमि अधिकारी या कृषक वर्गों के पास क्या गारण्टी है कि जिस समय उनकी भूमि नीलामी पर रखी जायेगी उस समय व्यापारिक समुदाय के सदस्य उनकी जमीनों को खरीद लेने के लिए आगे बढ़कर भाग-दौड़ नहीं करेंगे। दोनों वर्गों द्वारा समान त्याग का सिद्धान्त असहयोगियों की नीति में चरितार्थ होना चाहिए। यदि वे वास्तव में सरकारी कार्यतंत्र को बन्द कर देने एवं ब्रिटिश व्यवसाय को पंगु बना देने में अपने को सक्षम समझते हैं तो उन्हें अपने कर्म में अनिवार्यतः एक वृहत्तर दृष्टिकोण अपनाना होगा। अब तक किये गये गौरवपूर्ण बलिदान अव्यापारिक श्रेणियों तक ही सीमित रहे हैं। व्यापारिक वर्ग उदारता के अत्यन्त न्यून प्रदर्शन के साथ केवल कोलाहल और भाग-दौड़ में सम्मिलित हुआ है। इसके कुछ सदस्य ऐसे हैं जो असहयोग के मंचों पर गला फाड़ रहे हैं किन्तु उनकी साझेदारी ही असहयोग आन्दोलन के चरित्र को उन लोगों की दृष्टि में संदिग्ध बना देने के लिए काफी है जो उन्हें पहचानते हैं। ऐसे लोग जितनी जल्दी अपनी सीमा में लौटाये जा सकें असहयोग आन्दोलन के लिए उतना ही अच्छा है।

•••

हिन्दी और मुसलमान

(आपत्तियों का विस्तृत जवाब)

माननीय श्री चिन्तामणि ने नागरी के पक्ष में जब अपना प्रस्ताव पेश किया तो कौंसिल के मुसलमान मित्रों से उनके विरुद्ध मोर्चा बनाने के अलावा कुछ और अपेक्षित न था। यद्यपि इस विचाराधीन प्रस्ताव में सम्बन्धित पक्ष की वास्तविक आवश्यकता से अधिक कोई माँग न की थी, फिर भी इसने कुछ सदस्यों को इस हद तक विचलित किया कि वे भावनाओं की अभिव्यक्ति में आनुपातिक विवेक पूर्णतः खो बैठे। माननीय नवाब अब्दुल मजीद तो ब्रिटिश शासन के प्रारम्भिक काल में हिन्दी भाषा जैसी किसी चीज के अस्तित्व को ही नकारने की सीमा तक चले गए। उन्होंने हिन्दी को एक ऐसी मनगढ़न्त भाषा कहना पसन्द किया जिसका अस्तित्व कुछ समाजों की स्थापना और कुछ पुस्तिकाओं (Tracts) के प्रकाशन से सामने आया। भारत की लगभग दो तिहाई जनसंख्या द्वारा बोली जानेवाली भाषा के उद्‌भव का ऐसा विचित्र सिद्धान्त? आज के हिन्दुओं का सौम्य एवं विनम्र स्वर यह संकेत कर रहा है कि ब्रिटिश शासन से पूर्व उत्तर भारत की जनता या तो उर्दू बोलती थी या व्यावहारिक रूप से गूँगी थी।

नवाब को यह भलीभाँति स्मरण होगा कि हिन्दी भाषा जैसी चीज का अस्तित्व ब्रिटिश शासन के प्रारम्भ से नहीं, मुसलमानी शासन के प्रारम्भ से ही स्वयं मुसलमानों द्वारा स्वीकार किया गया है। ईस्ट इंडिया कम्पनी के प्रारम्भिक दिनों में जब उर्दू कवि इंशा ने अपनी 'ठेठ हिन्दी की कहानी' लिखी तो उनकी नजर में यह उस समय की सामान्य भाषा में लिखकर एक विस्तृत फलक पर अपनी छाप छोड़ने की सहज अन्तःप्रेरण का अनुपालन था। खुसरों, जायसी और परवर्ती कई अन्य मुसलमान हिन्दी कवियों के नाम तो इतने सुप्रसिद्ध हैं कि यहाँ उनके उल्लेख की आवश्यकता ही नहीं है। यहाँ

यह प्रत्यक्ष है कि जो व्यक्ति स्वयं को यह कहकर छलता हो कि हिन्दी कोई भाषा ही नहीं है, वह थोड़ा ही आगे चलकर यह भी कह सकता है कि हिन्दुस्तान जैसा कोई देश और हिन्दू जैसी किसी जाति का भी अस्तित्व नहीं है।

इतने बड़े नकार के बाद काबिल नवाब यह कहते हैं कि 'हो सकता है हिन्दी अक्षर अस्तित्व में रहे हों पर उनका प्रयोग वैसे लोगों का कार्य समझा जाता था जो कभी भी शिक्षित और सभ्य नहीं कहे जा सकते।' हाँ, ठीक! बिल्कुल वैसे ही, जैसे इन दिनों फ़ारसी में लिखना ऐसे लोगों का कार्य समझा जाता है जो इस लिपि से जनता की अनभिज्ञता का लाभ उठाने में कभी नहीं चूकते। शिक्षा और संस्कृति के सम्बन्ध में हमारे मुसलमान मित्रों को स्व. डॉ. सैयद अली बिलग्रामी के विवेकपूर्ण शब्दों को कभी नहीं भूलना चाहिए। उन्होंने साफ कहा था कि शिक्षा की दृष्टि से मुसलमानों की पिछड़ी हुई दशा का प्रधान कारण दोषपूर्ण फ़ारसी वर्णमाला है, जो उनके बच्चों को बरसों व्यर्थ उलझाए रखती है। उन्होंने अपेक्षाकृत सरल एवं व्यवस्थित नागरी वर्णमाला स्वीकार करने का सुझाव दिया था, जिसे कुछ ही महीनों की अवधि में सीखा जा सकता है। उतनी ही ईमानदारी से इसमें मैं यह जोड़ सकता हूँ कि बुराई और अधिक गहराई में है अर्थात् खुद उर्दू भाषा में है। जिस भाषा के पास अपना भाषाशास्त्रीय इतिहास न हो, निश्चय ही वह भाषा नाम की अधिकारिणी नहीं हो सकती। जो व्यक्ति केवल उर्दू जानता है, सम्भवतः वह भाषा की संरचना को नहीं समझ सकता और शब्दों के व्युत्पत्तिमूलक महत्व से पूर्णतः अनभिज्ञ रहता है। ऐसे ज्ञान को बड़ी कठिनाई से भाषा ज्ञान कहा जा सकता है, यह प्रायः अज्ञानता के समरूप है।

हिन्दी में यत्र तत्र आए संस्कृत शब्द नवाब को विशेष रूप से असंगत जान पड़ते हैं। हिन्दी, संस्कृत की अप्रत्यक्ष वंशज है। भारत की किसी भी अन्य देशज भाषा के समान हिन्दी भी उस (संस्कृत) भाषा के अक्षय भंडार से शब्दों का विवेकपूर्ण ऋण लेते हुए उससे अपना स्वाभाविक सम्बन्ध बनाए रखती है। यह कोई नया चलन नहीं है; यह उतना ही पुराना है, जितना स्वयं हिन्दी भाषा। यह किसी आविष्कार, योजना या दुष्प्रचार का प्रतिफल नहीं है।

पूरे भारत के लिए एक सामान्य भाषा की आकांक्षा अब देश में स्वयमेव मुखरित होने लगी है। ऐसी भाषा के विकास एवं प्रसार का आधार निर्मित करने और किसी बेतुकी, विजातीय और कृत्रिम भाषा के अतिक्रमण को रोकने के लिए उन सभी देशी भाषाओं—जो अपने संश्लिष्ट और वैज्ञानिक विचारों की अभिव्यक्ति के लिए हिन्दी के समान ही संस्कृत का आश्रय लेती हैं—के

प्रतिनिधियों का यथाशीघ्र आह्वान किया जायगा। बंगाली, हिन्दी, मराठी और गुजराती में परस्पर इतनी अधिक समानता है कि इनमें से किसी एक भाषा के लिए दूसरी भाषा के क्षेत्र में कमोबेश फैल जाने की सम्भावना बन जाती है। इस व्यापक सामंजस्य को कोई तत्व हानि न पहुँचाए, यह देखना आगामी पीढ़ी का कार्य होगा। सदा की तरह अब भी सभी भारतीय भाषाओं में संस्कृत के शब्द ऐसे प्राप्ति कारक के रूप में हैं जो इन्हें परस्पर निकट लाते हैं।

अतः यह स्पष्ट है कि संस्कृत से निर्बंध ऋण लेने से हिचकने वाली कोई भाषा या भाषा का रूप इस भाषिक गठबंधन में सम्भवतः प्रवेश नहीं पा सकता। भारत की सभी साहित्यिक भाषाओं में इस समय उर्दू अकेली भाषा है जो ईर्ष्यावश संस्कृत शब्दों से परहेज करती है और केवल अरबी तथा फ़ारसी से खासतौर पर शब्द उधार लेती है। इस प्रकार सभी भाषाओं में व्याप्त सामग्री के अभाव में इसका पृथक् अस्तित्व नियत है [षड्यन्त्र के तहत यदा कदा बहक जाने के] वैशिष्ट्य से युक्त उर्दू हिन्दी से पूरी तरह मेल खाती है। घुलने मिलने की स्वाभाविक प्रक्रिया से भाषा के संघटन में शामिल हो चुके अरबी फ़ारसी के शब्दों का हिन्दी में बेधड़क प्रयोग है। हर विद्वान् जानता है कि उर्दू कोई स्वतन्त्र भाषा नहीं है। यह पश्चिमी हिन्दी की एक शाखा मात्र है जिसे मुसलमानों द्वारा अपनी ऐकांतिक रुचियों और पूर्वग्रहों के अनुकूल एक निजी रूप दे दिया गया है। इस प्रकार हिन्दी और उर्दू एक ही भाषा के दो रूप हैं। एक ही और समान भाषा के दो रूप होने के कारण यह तार्किक है कि जो रूप सभी निकटवर्ती भाषाओं के समान लक्षणों से युक्त है, वह उस रूप की अपेक्षा जो अपने स्वतन्त्र विकास का प्रयास कर रहा हो, अधिक सामंजस्य बिठा सकता है। वह दिन दूर नहीं जब जनता में उर्दू से अधिक बंगाली, मराठी और गुजराती स्वीकार्य होंगी; ठीक वैसे ही जैसे सैयद रजा अली ने हिन्दी से अधिक रूसी, इतालवी और फ्रेंच का प्रयोग किया है।

हिन्दी के विरुद्ध अपने पवित्र जेहाद में नवाब अब्दुल मजीद वह हर युक्ति अपनाते हैं जिसमें उनकी तरह सोचने वाले व्यक्ति विशेष रूप से निपुण कहे जाते हैं। क्या गलतबयानी, क्या भ्रान्त व्याख्या, क्या धमकी, क्या शेखी, क्या स्तुति, क्या निन्दा—वे सबका सहारा लेते हैं। यदि सहारा नहीं लेते तो सिर्फ उचित तर्क देने का। वे अँगरेजों के उस निष्पक्ष न्याय की स्तुति करते हैं जिसने इतने दिनों तक हिन्दी को घर से बाहर रखने का प्रबन्ध किया। नवाब साहब हिन्दुओं को याद दिलाते हैं कि पुराने समय में वे मुसलमानों के अधीन थे। यहाँ वे यह तथ्य पूर्णतः विस्मृत कर जाते हैं कि दिल्ली के मुसलमान बादशाह ब्रिटिश सुरक्षा में आने के पूर्व मराठों की सुरक्षा

में रहे थे। 'पुराने समय' के मुसलमानी साम्राज्य की अपेक्षा सिख और साम्राज्य जनता की स्मृति में अधिक है।[1]

गलत वैशिष्ट्य बताते हुए नवाब कहते हैं—"उर्दू एक ऐसी भाषा है जिसे पूरे भारत में एक देहाती तक बोलता और समझता है और हिन्दी अपने सभी खूबसूरत संस्कृत शब्दों के साथ उसी वर्ग तक सिमटी हुई है, जो इसे आविष्कृत कर रहा है।" उर्दू को हिन्दी, हिन्दी को उर्दू और संस्कृत को अरबी शब्द से बदलकर कोई भी औसत जानकारी का व्यक्ति इस कथन को ठीक कर सकता है। हर व्यक्ति जानता है कि देहाती उर्दू का नाम तक नहीं जानते। तथ्य यह है कि सामान्यतः वे इसे अरबी-फ़ारसी कहते हैं और सामने बोले जाने पर वे इसे सुनकर भी समझने का प्रयास नहीं करते। यही लोग वास्तविक भुक्तभोगी हैं। ये वे लोग हैं जो सम्मन आदि मिलने पर गूढ़ लिपि और दुरूह शैली में लिखी गई इबारत का अर्थ जानने और उसे अपनी भाषा—जो और कुछ नहीं हिन्दी है—में समझने के लिए मुंशी की तलाश में जगह जगह भटकते हैं। इन्हीं लोगों की सूचना के लिए (नागरी लिपि) में दी गई एक अदालती नोटिस का मूल पाठ मैं नीचे दे रहा हूँ—

'लिहाजा बज़रियः इस तहरीर के तुम रामपदारथ मज़कूर को इत्तला दी जाती है कि अगर तुम ज़र मज़कूर यानी मुबलिग. पन्द्रह रुपये छह आने जो अज़रुए डिगरी वाजिबुल अदा है इस अदालत में अन्दर पन्द्रह रोज़ तारीख़ मौसूल इत्तलानामा हाज़ा से अदा करो वरनः वजह ज़ाहिर करो कि तुम मुन्दर्जा ज़ैल खेतों से जिनके बाबत बकाया डिगरी शुदा वाजिबुल अदा है, बेदख़ल क्यों न किए जाओ।'

ऊपर दी गई नोटिस में क्रियाओं और सर्वनामों के अतिरिक्त सभी शब्द अरबी और फ़ारसी के हैं और जिन लोगों ने मौलवी का प्रशिक्षण प्राप्त नहीं किया है, उनकी समझ से पूर्णतः बाहर हैं। बोधगम्य बनाने के लिए इसी नोटिस को हिन्दी में इस प्रकार लिखा जा सकता है—

'सो इस लेख से तुमको जताया जाता है कि तुम ऊपर कहा हुआ रुपया जिसकी तुम्हारे ऊपर डिगरी हो चुकी है इस नोटिस के पाने से पन्द्रह दिन के

---

1. अंगरेजों ने भारत को मुगलों से नहीं बल्कि हिन्दुओं से जीता। विजेता के रूप में हमारे उभरने से पूर्व मुगल साम्राज्य ढह चुका था। हमारे निर्णायक युद्ध दिल्ली के बादशाह या उसके विद्रोही शासकों से नहीं, दो हिन्दू राज्यसंघों—मराठों और सिखों—से हुए।
(इंपीरियल गजेटियर—भाग VI)

भीतर इस अदालत में चुकता करो, नहीं तो कारण बतलाओ कि तुम नीचे लिखे खेतों से जिनके ऊपर डिगरी का रुपया आता है क्यों न बेदखल किए जाओ।'

इस प्रसंग में डॉ. फैलन (Dr. Fallon) द्वारा तैयार की गई 'हिन्दुस्तानी-इंग्लिश डिक्शनरी आव ला ऐंड कामर्स' की रोचक 'भूमिका' (Preface) पढ़नी चाहिए। इसमें वे मानते हैं कि—"कानूनी अदालतों की भाषा...समग्र रूप से विलायती अरबी पदों से बनी हुई है। इस कोश के अरबी पदों के बगल में दिए गए हिन्दी समतुल्यों के अनेक दृष्टान्त स्पष्ट कर देते हैं कि किसी हल्की-सी सफाई के बिना अरबी पदों को मात्र इसलिए रख दिया गया है कि यह विद्धानों की भाषा मानी जाती है; जबकि हिन्दी केवल इस देश के निवासियों की देशी भाषा है।"

उपर्युक्त कोश में दी हुई सरल हिन्दी शब्दों की सूची—जिसे जानबूझकर विचित्र अरबी पदों से बदल दिया गया है—अत्यन्त शिक्षाप्रद है।

नवाब अब्दुल मजीद जनगणना के आँकड़ों को सही नहीं मानते हैं। वे कहते हैं कि उर्दू बोलने वालों ने जनगणना के समय प्रविष्टियों में अपनी भाषा हिन्दी दर्ज करा दी थी। हम भी उसको उसी रूप में स्वीकार करना पसन्द नहीं करते। हम जानते हैं कि एक संगठित योजना के तहत अपनी भाषा उर्दू लिखवाने वाले व्यक्ति ही नहीं थे, बल्कि ऐसे व्यक्ति भी थे जिन्होंने जनता की निरा अनभिज्ञता के कारण लोगों की भाषा उर्दू दर्ज कर दी। इस प्रकार हिन्दी के आँकड़े को घटाने वाली दो अशुभ शक्तियाँ एक साथ कार्य कर रही थीं—पूर्वग्रह और अनभिज्ञता। डॉ. ग्रियर्सन द्वारा पूर्वी और पश्चिमी हिन्दी के व्यापक वैविध्य को स्पष्ट कर देने के बावजूद भी गणनाकरों ने पश्चिमी हिन्दी की एक शाखा खड़ी बोली (दिल्ली के आसपास, मेरठ और रुहेलखंड के हिस्से की बोली) बोलने वाले सभी लोगों की भाषा उर्दू दर्ज कर दी। 'हम आवत हैं', 'तुम जात हौ' की जगह जो भी व्यक्ति 'हम आते हैं, 'तुम जाते हो' बोलता हुआ पाया गया उसे उर्दू भाषी दर्ज कर दिया गया। बनारस में इसका एक विचित्र दृष्टांत देखा गया। वहाँ गणनाकार ने एक पंडित की भाषा उर्दू दर्ज कर दी थी। जो उस भाषा से नितान्त अपरिचित था।

दो समुदायों के मध्य निर्बाध मित्रतापूर्ण सम्बन्ध कायम रहे, नवाब की इस वाह्य चिन्ता के लिए हम उनके प्रति आभार प्रदर्शन के अलावा और कुछ नहीं कर सकते। निश्चय ही ऐसे अवसर बहुत कम आते हैं जब उनकी जैसी मनोवृत्ति के व्यक्ति इतना विवेकपूर्ण रुझान प्रदर्शित करते हैं। अवसर का लाभ

उठाते हुए मैं यह स्पष्ट करना चाहता हूँ कि ऐसे सम्बन्धों को सहिष्णुता की भावना से ही अच्छा बनाए रखा जा सकता है। यदि एक समुदाय दूसरे समुदाय की समान सुविधा को अपना सबसे बड़ा दुर्भाग्य मानता है तो ऐसे सम्बन्ध कायम नहीं रह सकते। यदि मुसलमान नागरी आन्दोलन के इतिहास को अपने कष्टों का इतिहास कहते हैं—जैसा कि जनाब सैयद रजा अली कहते हैं—तो वे अपनी ओर से इस सम्बन्ध को बनाए रखने की इच्छा का लेशमात्र भी प्रमाण नहीं देते। हिन्दू जहाँ जनता की सुविधा के आधार पर अदालतों में नागरी का प्रवेश चाहते हैं, वहीं मुसलमान अपने राजनीतिक महत्व के प्रतीक के रूप में उर्दू का एकमात्र वर्चस्व बनाए रखने का प्रयास करते है। क्या माननीय श्री चिन्तामणि ने यह सुझाव दिया था कि उर्दू या फ़ारसी लिपि को अदालतों से बेदखल कर दिया जाय। यदि ऐसा सुझाव गया होता तो मुसलमान सदस्यों द्वारा प्रस्ताव के ऐसे वीरोचित विरोध का आधार बनता। प्रस्ताव में तो हिन्दी को दीवानी अदालतों में बराबर की मान्यता देने का अनुरोध किया गया था जिसमें निस्संदेह मुसलमानों के लिए कोई कठिनाई नहीं थी। उनमें से कोई भी कुछ ही महीनों की अल्प अवधि में नागरी लिपि सीख सकता है, जैसा राजस्व अदालतों और अधिशासी विभागों में कई लोग कर चुके हैं। लेकिन हमारे मुसलमान मित्र ऐसा समझौता नहीं चाहते हैं। वे हमसे अपनी भाषा खोने या उनका सहयोग खोने में से एक को चुनने के लिए कहते हैं। लार्ड मार्ले के शब्दों में—

"राजनीति एक ऐसा क्षेत्र है, जहाँ कार्रवाई दीर्घकालिक द्वितीयक प्रक्रिया है। वहाँ दो भयानक गलतियों में से अनवरत एक का चयन करना पड़ता है। हमें दूसरे विकल्प को चुनना पड़ सकता है।"

माननीय सैयद वजीर हसन यह स्वीकार करते समय कि हिन्दी भाषा जैसी कोई चीज है, एक धूर्ततापूर्ण प्रश्न उठाते हैं कि क्या रामायण में पाई जानेवाली भाषा ही इन प्रान्तों के निवासियों की बोलने और लिखने की भाषा है? माननीय सदस्य यह भी पूछ सकते हैं कि क्या चासर और स्पेंसर की भाषा ही आजकल बोलने और लिखने की भाषा है। आज हम आधुनिक हिन्दी के रूप में जिसे (जिस भाषा को) प्रस्तुत करते हैं, वह ऐसी भाषा है जिसमें प्रतिवर्ष हजारों पुस्तकें प्रकाशित होती हैं और सैकड़ों पत्र निकाले जाते हैं। व्यक्तिगत पत्राचारों और सार्वजनिक भाषणों में सामान्यतः इसी भाषा का प्रयोग किया गया है। तत्वतः यह वही भाषा है जो इंशा की 'रानी केतकी की कहानी' और लल्लू लाल के 'प्रेमसागर' में प्रयुक्त हुई है।

माननीय जनाब रजा अली ने श्री चिन्तामणि से 1898 ई. के पहले का कोई ऐसा दस्तावेज प्रस्तुत करने के लिए कहा जिसके आधार पर यह तर्क दिया जा सके कि सरकार हिन्दी भाषा को मान्यता दे चुकी है। सदस्य महोदय और कुछ नहीं सरकारी दस्तावेज ही चाहते हैं तो मै उनका ध्यान ऐसे अनेक दस्तावेजों की ओर आकृष्ट कराना चाहता हूँ। 1839 ई. में पश्चिमोत्तर प्रान्त की सदर दीवानी अदालत के सामने जब भाषा की समस्या आई तो उसने यह आदेश जारी किया—

"सरकार की इच्छा है कि इस बात का ध्यान रखा जाय—खासतौर से मामले को आरम्भ करते समय—कि बहसें और कार्यवाहियाँ स्पष्ट उर्दू या हिन्दी में लिखी जायँ।"

1844 ई. में पश्चिमोत्तर प्रान्त की सरकार के सचिव ने (पत्र सं.-750 दिनांक 17 अगस्त, 1844) आगरा कॉलेज के प्रिंसिपल को लिखा था—'हिन्दी एक देशी उपभाषा है'। पश्चिमोत्तर प्रान्त के राजस्व बोर्ड ने सभी कमिश्नरों और कलेक्टरों को सम्बोधित एक परिपत्र (आदेश संख्या 8, सन् 1857 ई.) में कहा था—

'बोर्ड सभी कमिश्नरों और कलेक्टरों का ध्यान सरकार के उस प्रस्ताव (सं. 4011, दिनांक 30 सितम्बर, 1854 ई.) की ओर आकर्षित करता है जिसमें यह आदेश दिया गया है कि, पटवारियों के आँकड़े अधिकांश जनता की सुपरिचित भाषा और लिपि में लिखे जाएँगे। सामान्य रूप से वह भाषा हिन्दी होगी और लिपि नागरी। अपवाद हो सकते हैं लेकिन केवल कमिश्नर की अनुमति पर ही इसकी मंजूरी दी जानी चाहिए।'

बाद के वर्षों में आकर 1874-75 ई. की शैक्षिक प्रगति की वार्षिक रिपोट में पश्चिमोत्तर प्रान्त की सरकार को अपने आदेश में हम यह कहते हुए पाते हैं कि 'अधिकांश जनसामान्य की सुपरिचित भाषा होने के अर्थ में हिन्दी न्यायोचित रूप से मातृभाषा कही जा सकती है।"

अब नवाब अब्दुल मजीद की केवल एक और टिप्पणी पर विचार किया जाना शेष है। वह टिप्पणी इस प्रकार है—हिन्दी लिपि की खूबी यह है कि अपने ही लेखकों द्वारा यह आसानी से पढ़ी और समझी नहीं जाती और लिखने में उर्दू की अपेक्षा अधिक समय लेती है। यह ऐसी लिपि है, जिसकी विशेषज्ञता पाने में मुसलमान कठिनाई का अनुभव करते हैं। सच यह है कि फ़ारसी लिपि की अपठनीयता लोकोक्ति का रूप ले चुकी है और इससे कई रोचक प्रसंग भी जुड़े हुए हैं। यहाँ हम अधिक न कहकर पायनियर के 10

जनवरी, 1873 के अंक में छपे एक महत्वपूर्ण लेख में जो पाया गया है, उसे ही दे रहे हैं—

फ़ारसी लिपि तेज गति से जा सकती है। लेकिन ... यदि विषय अपरिचित और शैली असामान्य हो तो भले ही फ़ारसी में साफ साफ लिखा गया हो विरोधाभासी रूप से प्रायः अपठनीय होता है। इस लिपि की वर्णमाला लिखने के उद्देश्य से स्पष्टतया उतनी दोषपूर्ण है जितनी की कल्पना की जा सकती है।'

एक रोचक घटना यहाँ अप्रासंगिक न होगी। विशेष शासकीय कार्य पर नियुक्त एक सब इंस्पेक्टर मुफस्सिल से प्राप्त कुछ कागजातों को पुलिस सुपरिटेंडेंट के सामने रखने के लिए व्यवस्थित कर रहा था। जब उसने बहुत समय लगा दिया तो सुपरिंटेंडेंट ने अधीरतापूर्वक पूछा—

'तुम वहाँ क्या कर रहे हो?'

उसने जवाब दिया—'नुक़्ते लगा रहा हूँ, महोदय।'

'इसका क्या मतलब है?'

'कागजातों में व्यक्तियों तथा स्थानों के नाम उर्दू अक्षरों में हैं और इस प्रकार की जाँच और सुधार के बिना वे सही सही नहीं पढ़े जा सकते।'

जहाँ तक विद्वानों की राय का प्रश्न है तो वे एक स्वर से फ़ारसी लिपि की निन्दा करते हैं।

अब हम माननीय श्री बर्न की चर्चा करते हैं। वे कोई ऐसा लाभ ढूँढ़ पाने में असफल रहे जो इस प्रस्ताव को स्वीकार करने पर सरकार को न्यायसंगत ठहराए। कौंसिल के कई हिन्दू सदस्यों द्वारा ऐसे लाभों को पूरी तरह गिना देने के बाद मुझे यहाँ उन्हें दोहराने की आवश्यकता नहीं है। उन्होंने इस समस्या को ऐसे रूप में प्रस्तुत कर दिया है कि हर निष्पक्ष मस्तिष्क में उनकी बात दृढ़तापूर्वक बैठ जाए। इतने स्पष्ट रूप से बताए गए लाभों की ओर से आँखें मूँदने के उपरान्त भी मुसलमान सदस्य यह प्रमाणित करने में असमर्थ रहे कि यदि प्रस्ताव स्वीकार कर लिया गया तो परिस्थितियाँ बद से बदतर हो जाएँगी। यह एक बड़ी असंगति है कि दीवानी अदालतों के समक्ष उपस्थित होनेवाले पक्षकार [अपने प्रपत्र नागरी में प्रस्तुत करें] और पीठासीन अधिकारी उन्हें पढ़ने में सफल हो सकते हैं और नहीं भी। जैसा कि उर्दू लिपि का प्रयोग व्यवहार या चलन के रूप में स्थापित हो चुका था। इसलिए सरकार कोई ऐसा कदम उठाने के लिए तैयार नहीं थी जो इसे क्षतिग्रस्त कर देने की ओर अभिमुख हो। लेकिन ऐसा कोई भी व्यवहार या

चलन नहीं है जिसमें अनुभव के आधार पर सुधार न किया जा सके। हमें पूरा विश्वास है कि सरकार परिस्थितियों की वास्तविकताओं को भाँपने में आगे असफल नहीं होगी।

माननीय श्री बर्न द्वारा प्रस्ताव के विरोध में दिए गए विचित्र तर्कों में से एक यह है कि 'मुंसिफ का कार्य प्रायः अदालत के अन्दर सीमित है जबकि डिप्टी कलेक्टर और सिविल अधिकारियों का अधिकांश कार्य अदालत के बाहर फैला हुआ है। इस प्रकार माननीय श्री बर्न अपनी समझ के अनुसार दो भाषाओं का अस्तित्व स्वीकार करते हैं—एक 'भीतरी भाषा' और एक 'बाहरी भाषा'। यदि ऐसा है तो 'भीतर' और 'बाहर' की भाषा एक ही क्यों न रहे या यदि यह अव्यावहारिक जान पड़ता है तो दूसरी भाषा को भी अन्दर आने दिया जाए।

[श्री चिन्तामणि के इस प्रस्ताव के विरोध पर दूसरे साहित्यकारों ने भी तीखी प्रतिक्रया व्यक्त की थी। आ. महावीरप्रसाद द्विवेदी ने इस कृत्य का विरोध 'कौंसिल में हिन्दी' (सरस्वती अप्रैल 1917) लेख लिखकर किया था। यह लेख साहित्यालाप में संकलित है। इसे महावीर प्रसाद द्विवेदी रचनावली के भाग-1 में भी देखा जा सकता है। हिन्दी के विरोध में कैसे-कैसे तर्क दिए जा रहे थे, इसे इन लेखों में आसानी से देखा जा सकता है।—संपादक]

●●●